泡沫经济——

透视中国的第三只眼

史仲文
庞　毅　著

中华工商联合出版社

责任编辑：蔡今
封面设计：文等

图书在版编目(CIP)数据

泡沫经济：透视中国的第三只眼/史仲文，庞毅著. —北京：中华工商联合出版社，1996.7
ISBN 7-80100-261-X

Ⅰ.泡…　Ⅱ.①史…②庞…　Ⅲ.经济-问题-研究-中国
Ⅳ.F12

中国版本图书馆 CIP 数据核字（96）第 13773 号

中华工商联合出版社出版、发行
北京市西城区地安门西大街 24 号(北海公园党校内)
邮编：100009　　电话：64153909
北京市朝阳区飞达印刷厂印刷
新华书店总经销

850×1168 毫米　1/32　印张：17.25　400 千字
1996 年 8 月第 1 版　　1996 年 8 月第 1 次印刷
印数：1—20000 册
ISBN7—80100—261—X/F·80
定　价：23.80 元

卷首语

公元 1996 年的某一天，一位记者向李光耀先生提问：

“你认为中国怎么样？中国将来不仅会成为一个经济大国，而且它跟日本不同，还将成为一个政治大国和军事大国。”

李光耀答道：

“绝对如此。日本认定它有了一个幸运的发现——一个它在战争中干了那么多坏事之后不配得到的发现。它喜出望外，决定不参加所有这些争夺实力的竞争(事实上未必如此——编者注)，只去作一个富裕幸福的国家，现在它已经成为这样的国家。中国则不同。它不欠任何国家的情。它一直在艰苦奋斗，振兴国家。它希望自立，而且在它自立之后，它想要在主桌上得到一个位置。”

历史的中国，曾经强大；

未来的中国，必将强大；

现实的中国，正处在走向强大的历史进程之中。

这是一个不争的事实。

然而这不等于说，中国没有缺点，没有困难，没有失误，没有许许多多烦人、恼人、恨人、怕人、折磨人、讨厌人的东西存在。

学者们常说：世纪之交的中国，希望与困难并存，机遇与挑战同在。

为战胜困难，迎接挑战，中国人必须将自身的缺点——且不问这缺点是源于历史，还是源于现实；是出自此处，还是出于彼处，都应该勇敢无畏地揭示出来，以警世人，以教来者。

闻过始可言智；

知耻方能言勇。

鲁迅先生写《阿Q正传》，阿Q大叔可不是中国人的楷范。但鲁迅先生绝对爱国。因为他爱之深，所以才痛之切。

世纪之交的中国，又是一个充满希望的中国。中国不但要战胜贫困，而且要超越自己；中国人不但要超越自己，而且要和世界对话。

我们深知：今天的中国尚有许多艰苦卓绝的历史任务需要完成；还有很漫长的艰难困苦的历史道路要走。为着中国的明天，为着孩子们的明天，我们不怕困难，不畏险阻，奋力前行。

本书正是站在这样的立场，透过“经济泡沫”现象，分析中国的现实，观察中国的希望，预测中国的未来。

目　录

一、泡沫经济：诱人更害人的魔杖

假资产、假数字、假商品、假合资、假成绩……虚假的繁荣，却带来生命的冲杀。

国家落一个虚名，钱却被不知什么人拿走了。

刚才还金碧辉煌，而今不过几星水点。

1. 泡沫经济实为何物

按照某种习惯，讨论泡沫经济，总应该对这个问题来一个定义，什么是泡沫经济。可惜，过去我们没有碰到过这样的事情，西方虽然有过，可惜我们不曾留意。所以这几年中国虽然出版物甚多，但还没有给泡沫经济下过定义。1993年7月20日《经济日报》大约也感到没个定义不好讨论，于是专门在第一版，发表《什么是“泡沫经济”》的文章，给它下了一个定义。文章说“什么是‘泡沫经济’？‘泡沫经济’指的是以资产（股票、房地产）价格超常规上涨为基本特征的虚假繁荣，其直接原因是不切实际的高赢利预期和普遍的投机狂热”。

这个定义是西式的，西式定义未必适合中国实际。

这个定义讲了三个内容，一个是泡沫经济的对象——股票、房地产；一个是它的特征——价格超常规上涨的虚假繁荣；一个是它的原因和表现——不切实际的高赢利预期和普遍的投机狂热。

为什么说那定义是西式的呢?因为中国的泡沫经济,虽然也表现在股票、房地产方面,但今日的中国股票才有多长历史,房地产才有多长历史?不唯如此,中国的泡沫经济还有不同于它国的种种特殊表现,它与别人的泡沫相比,仿佛相似,又不相同。

因此,我们可以这样说,泡沫经济,是投机者出于高功利预期并形成社会群体热潮所产生的其价格与利益超常规上涨的经济现象和文化现象。它的本质是假。

为什么不讲“高赢利预期”而讲高功利预期,为什么中国的泡沫经济不但是一种经济现象而且是一种文化现象,我们一会儿再讲。

2.形形色色话“泡沫”

“泡沫经济”是市场经济的产物,虽然并非正品。泡沫经济也是一种市场经济,不过它不是市场经济的健康表现,而是它的畸形儿。

中国的泡沫经济,尤其具有领域宽阔、时间短促、暴涨暴落、瞬息万变的特征。

当然,股票和房地产是它的两个重要领域。

中国的股票,古已有之。完全现代意义的股票市场,在中华民国时代也有长足发展。茅盾的长篇小说《子夜》,写的就是股市上民族资产阶级和垄断资本的一场惊心动魄的厮杀与搏斗。

但股票实际上并非一种完全的赌博行为,证券交易所绝不是一种变相的赌博场所,它实质上是市场经济不可缺少的一个组成部分。它交易的是股票,而股票是一种资产性商品,因此它是资产进入市场的一种不能缺少的形式。

但它有极强的投机性,而且越是在市场机制不成熟的条件下,这种投机表现得越强烈。

中国因为受40年计划经济教育,对股票本来不感兴趣。想当初,上海股票上市的时候,很是冷冷清清。很多人把股票看作是债券,认为不过是另外一种形式的债券。发行股票的人,不但要向社会解释、宣传,而且近乎推销和乞求。但是,曾几何时,股票的行情,一下子涨了起来。于是,人们的情致很快被吸引过来,而且不上则已,一上便成蜂拥之势。把个上海股市,弄得牛而又牛,火而又火。据说,有一位股民,买股票时,纯属一种随意选择——因为他的国外亲属给他一笔钱,他用这钱买了一部分股票。既然股票有市,他们又有“用”,于是今日卖出,明日买进,出出进进,倒也有趣。不过收入不多,兴趣也就慢慢没了。但这一回,股市大涨,一夜之间,1元便能变成10元,1万就能变成10万。甚至10万还能变成100万,200万。中国改革开放10多年来,虽然万元户产生了不少,但能在一夜之间便腰缠万贯的,有几个?特别是那些无权无势无门无路,无横财可发却并不比别人傻多少痴多少笨多少的人们,这等好事岂能不上?加上,中国人最好传言,传一加十,传五加百,更使上海股市牛得不行。

上海股票行情大好,深圳股市岂能落后,于是天下股民齐聚深圳。他们来自四面八方,有男有女,有老有少。有钱的要来,没钱的借钱也来,既然这么多财富就放在你的面前,伸一把手就可以抓住的,又不犯法,又不担忧,又不偷偷摸摸,除非行尸走肉,谁能不热血沸腾?于是个人买股,集体也买股,买股还要卖股,卖了还要买回。千千万万股民都在自己或者丰富或者贫乏的大脑中开辟出一个新的“炒股角”。

这是多么奇妙的事情,又是多么奇妙的字眼儿——炒。要知道,这可不是炒青菜、炒肝尖、炒瓜籽、炒土豆丝——那些东西能炒出什么来?顶多也就是炒一个特级厨师出来。请问一个特级厨师值多少钱。如果在国营企业，最多就和中国的大学教授一样，值不了三瓜两枣。连小偷都躲你三尺远，以求尊重人才。炒股可不一样，说不定一炒就炒一个百万富翁出来——？不，不是说不定，简直是一定可炒出无数富翁出来。

然而，牛极了，便"熊"。终于金刚化佛，成了一摊鼻涕。于是，个别心理脆弱的股民，不过损失几千块钱，就自己亲手结束了自己不争气的生命。当初股票热得烫手的时候，管理者们也有些眼红心热，难以按捺。深圳股市，领张表，就要交100元。而且还供不应求，打破了脑袋。一旦股市变熊，那些千里迢迢、万里迢迢来深圳为着发大财的人们，就禁不住热血沸腾起来，愤怒起来，于是，闹出一场不大不小的股票街头案。

这实在很像一场游戏，像一场小孩子玩吹气泡一样的游戏。不过孩子们玩的是天真，股民们玩的却是血汗。血汗变成黄金，哪一个不乐，血汗变成债务，哪一个不悲。然而，悲，尽管悲；甚至死，也尽管死。中国人口众多，又最怕人多，死几个，算什么？但从死者那一面看，从与死者有关的人那一面看，这个悲剧也就不算小了。因为"泡沫"带来生命的冲杀，可叹也夫，可悲也夫，可痛也夫！

然而，不要紧的，野火烧不尽，春风吹又生。中国人的泡沫癖好，简直和西方人的吸毒差不许多。

股票以外的大"泡沫"，就是炒房地产。

房地产在西方是极其重要的行业，价值高，资金数量大。有一年，美国人统计世界十大富翁，列在第一位的，是一位日本人，因为他拥有黄金地段的房产，仅此一项，便名列世界富豪之首。中国土地归国家所有，土地无偿使用，人民又是国家的主人，从逻辑上看主人占有自己的土地，占多少也应该白占；从实际上看，若无权力者的批准，你虽是国家主人，但一寸土地也不能擅占。这种情况不适应中国现实发展的历史阶段。如不改正,土地没价,害在国家,造成的经济损失和社会文化损失都是不可估量的。一旦土地有了价,便一发而不可收拾。或者干脆贱卖,你也办开发区,我也办开发区,看谁能以更多的优惠招揽投资商。1993 年 3 月 5 日《南方周末》有一篇报道,题为《圈地的怪圈》。文章说,"有一块神奇的土地,她荒芜多年,寸草不生,日本、香港的大财团却撒下 180 亿港元的'种子',期望 18 年时间就能'长'出一个现代化的大都市。这就是位于海南省西海岸的洋浦开发区。"如此好事,何乐不为,于是,你也圈地,我也圈地,你圈一块,我圈二块。中国人最好刮风,一旦风起,用 10 000 颗原子弹都抵挡不住。更有奇者,"西南某市,引进会上,市长掷下令旗:凡靠公路的土地,一律辟为开发区。"这等开发,令人瞠目结舌。好像只消因挂 10 000 个鸟笼,忽的一声,便能招来 10 000 只凤凰来。圈地者已然荒唐,炒地者尤其疯狂。一块土地,你倒给我,加价一倍,我倒给你,又加一倍,倒来倒去,土地依然荒芜,开发区,不开发。虽然它的地价扶摇直上,到头来还是一块荒地而已。炒土地,炒房主,有一位朋友告诉我,前几年,海南的房产简直炒疯了,一座大楼从 3 500 万元开价,炒到 1 个亿还打不住。以至一个有钱的公司 3 次买进,4 次卖出。从中赚了大批的"银子"。但以其经济实质看,也不过泡沫而已。不过,这泡沫确实给炒家带来巨额利润,只是当它破灭的时候,破在谁那里,谁就是一屁股债。

房地产以外,还在炒外汇。炒外汇主要是炒美元。因为中国人要去美国的很多,所挣美元也相对比较多。人民币与美元比价,究竟多少合适,长期无定准,过去,中国人搞封闭的时候,并非天生只好封闭,你要开放,人家也不允许。何况我们认定了凡外国人行的,我们无所不能,就是关起国门,一样可富甲天下。那个时候,人民币与外汇的比价,靠不住。说人民币值多少个美元,只有自己信。要进入世界货币市场,不可能。就好像你拿一只茄子硬换人家一部风扇,没人干。随着市场的开放,人民币与美元的比价趋向合理。前几年国家牌价大约在1美元=5.6元人民币左右,似乎还大有偏差,加上外汇不能自由兑换,于是出现黑市。有几年,黑市的比价约在1:7上下。但从1992年上半年开始,不论国家牌价也好,外汇市场也好,还是黑市也好,人民币一路下滑,到1993年5、6月份,10元人民币在黑市换1美元都不行了。当然,这两年人民币对外又有所升值。现在还不能说,人民币曾下滑是不是炒出来的,但至少可以说,这和中国人的某种心态有关,国外的外汇比价也有波动,原因也复杂,其中政治因素是重要的一项,中国的外汇比价波动,主要和人们的喜爱发财、惧怕亏本的心理有关。政治因素固然存在,不是很多。实际上,人民币的实际购买力,没有那么惨,据一些专家的综合分析,二者的实际购买力差距并不很大。《文摘周报》1993年5月9日摘登《华商日报》的消息说,"中国曾委托一家国际金融研究所研究,结论是1990年中国的国民生产总值为1.4万亿美元,人均1 220美元,与中国国家统计局用人民币计算的数据对照也好,1元人民币等于0.8美元"。更有甚者,世界银行干脆说中国已经成为世界第4个经济大国,弄得中国政府赶紧反驳,说中国虽有发展,远远达不到那么高的水平。

《华商日报》引国外金融研究机构认为1元人民币相当于0.8美元,《中国经营报》则引联合国研究人员意见,说:"联合国一位高级研究员有一篇关于中美两国综合国力对比的文章中提到过,1美元在美国的购买力相当于1.4元人民币在中国的购买力。"(见1993年3月13日《采风报》)

外国人认为人民币与美元的实际购买力相近,中国人到外国居住,也多有同感。但人民币与美元的比价却从1992年上半年始,发生大的波动,略去原因不论,只论这种背离实际价值的上涨,就具有泡沫经济的性质。不消说,在这场波动中,确实有人发了一笔,也确实有人触了霉头。而实际结果,是多数人跟着空忙一场,不免伤了元气又折兵。后来,中国金融系统一经整顿,美元与人民币比价马上下落。据一些记者去某些黑市采访,黑市已然自动关闭。兑换美元的比价如何?几乎简单明确——无价。既看不准泡沫后面到底是什么,于是只能举出“无价”的牌子,所谓“无价”并非真的没有兑换价格而是停止兑换之雅谓也。

泡沫经济其实有狭义广义之别。狭义的泡沫经济,主要有以下三个特点。

一是以赢利为基本目的,或者说唯一目的。一切手段,只在赢利。

二是以热为度,就是非有一定的热度,或者以价格上涨度为保证,才能成功。没有热度不行,有热度,热度不够也不好,不烧则已,一烧就是45℃,那才开心。

三是要有冒险意识,还要有投机准备。“炒”是一种主观行为,而且是有目的的主观行为,说得难听一点,就是弄个圈套,让别人入套。实际上和北京市所谓的“托儿”也差不许多,但要有比较大的资本才行。资本比较雄厚,取胜机会就多,因为你投入的多,发烧友的“烧”才能够水平。实际结果则无异于大鱼吃小鱼,小鱼吃虾米。赢钱的往往是大户,输钱的都是一些最可怜的人。

所有上述特征的泡沫经济现象中,在我国还有一些特殊的类型。比如早几年东北的君子兰大战,近几年全国邮市的集邮大战,也是如此。

君子兰,是一种非常名贵的花卉。因为东北各方面条件较好,也培养了许多新的品种,如和尚头等等。但它的实际价格,不应太高。但早些年,东北却出现十分奇异的君子兰市场价格,一盆名贵的君子兰，竟然卖到10万元，以至更多。一时间，君子兰成为财富的象征。那些看准时机有培育才能和投机才能的人，几乎个个成为巨富，坐私人车，买豪华住宅，连养的狗也是名种。一盆君子兰能有这样的作用，真令人啧啧不已。于是，赶着进君子兰交易市场的人一下多起来，买卖的人多了，资金积累更多，于是火上浇油，火外生风，风助火势，火借风威。但这价格完全没有价值根据，一盆君子兰毕竟不值10万元。于是如同一切肥皂泡一样，顷刻之间，烟消火灭。一位老干部，向朋友借钱两万，弄来一盆“无价之宝”，不曾想，昔日无价之宝，曾几何时，落得哀声叹气，叫苦不迭。

君子兰的风波刚刚止息，邮市的风暴又骤然而起。有一本《中国邮市忧思录》专讲这件事，写得绘声绘色，很有见地。有兴趣的读者，可借来一阅。单看那题目，已经十分惊人。现在抄几段目录如下：

“特写：触目惊心的勾当一三个小时，倒手六次，赢利33 510元。”

“并非在神话里，2 000元变成400 000元。”

读者诸君，请您细想，花2 000元本钱，转眼之间，成为40万巨款，这等好事，岂非神话，纵然《太平广记》中有这样的故事，也没有许多。论这故事的奇妙，《太平广记》已经不行，比《拍案惊奇》，还更“惊奇”。东北一个小集邮公司，进了大量“猴票”，卖不出去，一位县级领导，早年曾有集邮爱好，他看到这种情况，便把几十版“猴子”买了下来。除去送朋友外，还给儿子留下20版。不想几年之后，一版猴票升值到20 000多元，他儿子一下子暴富起来。“到1991年8月，每版成交价23 000元，连那位领导自己也想象不到，这邮票竟给儿子带来40多万元的价值。”

然而，一朝风败，忽喇喇大厦将倾。邮票不值钱了，书中有这样的标题：

“邮价暴跌，张慌的人群”。

“兵败如山倒，‘下跌，下跌，再下跌’——四则日记”。

“跳楼，还是不跳？”

“一落再落，雪上加霜”。

“北京打喷嚏，全国犯感冒”。

“竭尽心机，也无可奈何”。

“最后一拉，还是哑炮”。

够了，打住吧！这样的文章，读之令人心惊。这样的事实，遭遇者就不仅心惊而已。他们可能因此而倾家荡产，从此一蹶不振，再难恢复。

《中国邮市忧思录》的妙处，在于它不仅写了邮市的涨落，而且写出了引起这涨落的原因。他不仅写邮市，而且通过邮市社会，把一切与之相关的不合理的体制，管理机制，阴暗心理，阴谋诡计，都写得荡气回肠，淋漓尽致。

中国邮市也曾有过这样一段泡沫现象，它给人的启发，岂止方寸天地。

但中国的泡沫经济还有其它种种类型，即不仅经济类型，也不仅是已讲过的三个特征，它们所表现的也是泡沫，但却不一定全是经济原因，目的也不一定全是赢利，甚至和赢利没有多大关系。所以我们才说，前面引述的《经济日报》给泡沫经济下的定义，是一个西式定义，并不合乎中国实际。

蓦然回首当年事，未知是笑还是哭。

3.具有中国特色的“泡沫经济”

凡搞市场经济的国家，都有过泡沫经济现象。但当代中国的泡沫经济有自己的特色，或者可以说，别人的泡沫经济属于狭义的范畴，它只是表现在经济领域之中，而具有中国特色的泡沫经济则属于广义范畴，它不仅属于经济这个范围，尤其属于大文化范畴。

不论中国也好，西方也好，泡沫经济反映的都是虚假繁荣。而具有中国特色的那部分泡沫，主要特点则是弄虚作假，繁荣不繁荣且不管它。

狭义的泡沫经济需要一个热度，热度不够，赚钱不多。中国特色的泡沫经济则特别需要冷静，冷冷静静，弄虚作假，而且还要假得天真，假得可爱，假得让你对他充满同情，说不定，他还要摆出一付大放血大甩卖的架式，好象雷锋、焦裕禄、白求恩都比不过他。

中国特色的泡沫经济，其中的众多品种，并不一定以赢利为目的，但也绝不因为没有直接利益要求而具备半分纯洁。在他们自己看来，固然是一万分地纯洁无瑕，理也直气也壮，但未来历史评价他们，恐怕是比之有明确赢利目的泡沫经济更加不如。丑鬼只能入画，大粪只配肥田。最具中国特色的那部分泡沫，连大粪都不如，只能污染环境，作恶国家。

但在假这一点上，却有无所不能的“真”功夫。只要是假的，什么全能造出来。这里包括，假资产，假数字，假商品和一切假的社会成绩或经济成绩。

1989年6月贵州人民出版社出版了一本极受读者欢迎的著作《山坳上的中国》，作者是主张研究问题学的。问题而成学，似和中国文化传统有意闹别扭；但书中的分析却特别有力，书中讲到统计数字，极富说服力，又极富震撼力。且作者不听传闻，不信小道消息，专门引用权威部门的经济统计资料。作者写道：

"《中国统计年鉴(1983年)》第一次公布了中国30多年来的统计数据。其中30年来的工业生产年平均增长率又是超过日本，居世界第一。即使只计算1966—1982年的数据，不过17年，其中10年为被彻底否定的动乱时期，再加几年恢复时间，我国工业生产年平均增长率达9.5%，还是超过日本(7.4%)，在罗马尼亚之后，名列世界第二！中国真是享尽了统计上的幸福了。"

按照这样的速度，3年超英，5年超美，原本不算希罕，而且一不留神，把小小的日本丢进爪洼国去了。但是实际情况呢？老天爷心里明白，可千万不要开口说话。

"1984年，山东有一篇文章说，'从1950年到1979年，我国的工业生产每年平均增长速度为13.5%。比同期美国快两倍，比英国快5倍。从1950年到1979年，农业每年平均增长速度，我国为4.3%，美国为1.9%"。①

美国人真正不自量，凭你们那点发展速度，年年还为中国的最惠国待遇吵吵嚷嚷。"蚂蚁撼大树，可笑不自量。"按这位山东先生的统计，绝不应该由美国人年年考虑中国的最惠国决定，而应该让美国人、日本人、欧洲人以及一切(除罗马尼亚之外)的国家向中国申请最惠国待遇——且看我们批是不批！

可惜的是，事实并非如此。《山坳上的中国》一书，又引用另一组数据，这是一组令人心里难过的数据。书中说："1955年，中国国民生产总值(GNP)占世界总数的4.7%，到1981年下降到2.8%；1960年，中国的国民生产总值与日本相当，而1980年只为日本的1/4，到1985年更下降到1/5；1960年，美国的国民生

① 《山坳上的中国》第146页。

产总值超过中国 4 600 亿美元，到 1985 年，超出数竟高达36 800 亿美元。”①

要知道，这是 80 年代中期中国人自己公布的数字呢！两组数字，相去何其遥远乃尔，如果我们有闲心，有胆量敢于厚着脸皮去翻一翻中国大跃进前后公布的“卫星数字”，保管连孔夫子都会羞得不愿作中国人的。

不消说，这也是一种泡沫经济，不过是一种与经济事实大相谬误而又没有任何经济目的的泡沫经济。

不但有假数字，还有假冒伪劣商品。外国的假冒伪劣商品怎么样，中国人知道不多，但中国自己的假冒伪劣商品，却十足令人惊讶不已，痛心不已。

而且假冒伪劣商品之多之广，几乎举不胜举。假名牌，假广告，假商标，假支票，假烟，假酒，假文物，假药品，几乎无所不有。而且越是畅销的商品，假的越多。现代中国人喜欢云烟，可惜，假的最多。好在假烟也是烧成灰，真烟也是烧成灰，反正烟不是什么好东西，你要吸，吸到假的，顶多也只能替您的钞票惋惜。然而酒呢，因为喝假酒而造成失明和死亡的案子也曾发生过。于是舆论大哗，亲朋愤怒。然而，愤怒之后，依然如故。高档酒如洋酒、茅台，低档的如北京的二锅头，谁能说出到底是真的多还是假的多。中国政府是最主张人的基本权力和生存权的，连生命都因为喝假酒喝死了，我们堂堂中华，岂能忍受此等耻辱？

人们敢于造假酒假药，敢卖假酒假药，能卖假酒假药，是因为确能因此而赚大钱，而使一方土地都染上钱的颜色。死个把人，瞎个把人，看来也没有什么！别看中国假酒假药的制造者和保护者们，对公民的生命视为儿戏，他们对于田间的害虫却表现

① 《山坳上的中国》第 149 页

得十分心慈面善,一副菩萨心肠。他们制造的假农药,绝对是害虫的福音,一切害虫请到中国来,吃了中国人制造的假农药,保你们身体健康,子孙昌盛。

1993 年 3 月 12 日,《南方周末》第五版,近整版篇幅报道了《中国假药第一案——河南省周口地区第一制药厂特大假药案调查纪实》。

内容触目惊心,这里不一一引述,最令人惊奇的是,这个从 1986 年开始年年制造假药的厂子,竟然被河南省沈丘县评为先进单位。"是沈丘县的 9 个特级企业之一。1991 年,该厂被县政府命名为'重合同守信用'企业,1992 年,县农委三次表扬该厂为'先进企业'"。"厂长王志强,中级政工师,今年被评为优秀共产党员和劳动模范。1992 年 2 月,王志强被提拔进县农业局领导班子,定为副局级干部。"

这样的厂长居然成为优秀共产党员和劳动模范,毛主席英灵不灭,您老人家有何感想?

假冒伪劣商品中,最好的——请原谅本作者用辞不当——表现是不合格产品冒充合格产品进入市场。1993 年 4 月 20 日《采风报》摘录《经济新闻报》星期刊的一篇文章,题目叫作:《忧!13 类商品不合格率高得惊人》。文章说:"有合格证的商品未必合格。13 类商品平均不合格率竟高达 40.9%。这一让人瞠目结舌的消息是最近由商业部、国家工商行政管理局、中国消费者协会公布的。"

中国的多少商品,对内在骗同胞,对外在骗友邦。独联体国家中,凡和中国交易的,大约都吃过中国假冒伪劣商品的苦头。有的老人,用辛辛苦苦积攒的一点钱为孙子买一双中国产名牌鞋,结果穿不两天,就完事大吉,老人欲哭无泪,这样的事情在人家的心中造成的伤害是何等巨大。

中国消费品市场确实算得繁荣，但算不得良好。如果把40%之多的不合格产品去掉，那么，中国的税收，中国的经济成绩，中国的市场，中国商人的利润，会是什么样子？这问题，恐怕只有上帝明白。不过，上帝仁慈为本，他老人家不爱多说话。

假的已经令人愤慨，百无一用的更让人莫明其妙。中国的许多大企业，生产出来的东西，其实没用，市场上没人光顾，流通部门也不敢接受。过去搞计划经济，卖方市场，老子天下第一，岂但天下第一，简直就是只此一家，别无分店，好也是好，不好也是好。一搞改革开放，经济活了，顾客自然要买可心的商品，可是那些傻大黑粗的商品，那些过了时的商品，那些已经和消费市场脱钩的商品，都还在源源不断地生产。计划经济，最讲数量，多就是好。可是市场经济，非有买主才能实现自己的价值。产品不需终极认定，商品则需要终极认定。明明没人要的东西，还生产不绝，而且数字惊人，上报国家，还是荣誉，这也是一种泡沫经济。这种泡沫经济，写在纸上好看，对于商品市场而言，却有百害而无一利。它挤占资金，于金融有害；摆在仓库，于成本有害；不能流通，于市场有害。库存产品，就象一只老虎，虽然不事生产，却目光灼灼，专想吃人。而降服这只老虎，即使有3 000个武松，也未必管事。

假冒伪劣商品之外，还有假资本，假合资，以及名目繁多的经济节日和展销活动、服务项目，等等。看起来五光十色，按下去流脓如水。

所谓假资本，即注册公司的资本其实是假的。中国在“左”的年代，只知道扼杀私人公司、不知道发展私营公司，人人夹着尾巴，还费力不讨好。后来允许注册私人公司、集体公司，而且私人经济、集体经济确实也发展起来了。但注册手续却成了难事，注册一个公司，不费九牛二虎之力，甭想成功。而且好象一切程序都是秘密,没有人真正指导你怎么办,也不公开"办"的方式,只好托人送礼,四处瞎碰。1992年初后,注册的速度快了,但注册要求的资金依然不低。美国人注册一个公司,有的几十元美金就够了。香港人注册一个出版社,也不需要几个钱。但在中国,没有几十万,人家不批。只好想方设法,弄虚作假,假资金证明,假公证证明,或者,把朋友的钱,别人的钱,暂时转出来,所谓"只用三天",决不赖帐!于是公司成矣,大家欢喜。但这其实是一个水泡。我们几乎天天可以看到,某地某地三周就注册了多少公司,某地某地上半年注册了多少公司。公司个个是真的,资金常常是假的。但愿国家统计单位不要把这些资金也统计进去,如果那样,中国经济发展的速度,水份又大了。我们中国人真有才能,不冒泡而已,一冒泡就冒它个千奇百怪,五光十色。

所谓假合资,是拿自己的钱用国外名义和自己合资,这个在好几年前就有了。为什么自己的钱要先交给别人,然后,再拿回来呢!因为要享受合资企业的种种优惠。其方式也多,其手段也多,有个人,也有集体,还有国营单位。早几年,笔者见到一位极能干的买卖人。他说自己的公司,名为合资,实际上就是他和几个朋友的。他们找合资对象的办法也很绝,专门去香港找那些活不下去的失业者,或者找作生意赔了赔得想跳楼的人。他说,你搞合资,找阔老板干什么,找阔人只能出卖自己,听人家的。找那些走投无路的人,用他的名义,做自己的事。自己是真老板,享受了外资名义,也救活了这些境外的绝望者的生命,甚至赐给了他福音。钱虽然全由自己掏,但也用不着害怕钱一寄出就肉包子打狗一去不回。给对方多少钱,对方要写个借条给自己,寄来一笔,减去借据上一笔,如此这般,保险异常。

假合资在沿海某些地方特别盛行,而且有人对此还理直气壮。《南方周末》1993年3月12日登有一篇题为《给"假合资"的一个新说法》的文章。文章说："人们对'假洋鬼子'最大的痛恨就是它'钻政策的空子'。国家对合资企业有种种优惠，如从获利年度起，两年免征三年减半征收所得税，作为投资的进口设备免征进口调节税，税率低于国营企业等"。对国营企业的外派机构做"假合资"勾当，反对者也多。文章说："'假洋鬼子'的'其他种种形式'毕竟是少数，规模不大，且不去管他。大头的'外派机构在境外开的公司又回来投资'，这种'假洋鬼子'倒是值得讨论讨论，其是否'损了国家，肥了自己，好大喜功，捞取政治资本，自己欺骗自己'"。如此等等。

这办法，有人反对，也有人赞成。该文引述赞成者话说："假？它哪一点是假？它哪一元钱是假？""第一，这公司是不是真的？它在香港成立了公司，就是香港法人，香港法人为什么不能来大陆投资？不仅中国，它在哪国都可以投资，为什么要对它另眼相看？第二，外国人的公司可到大陆赚钱，我们自己办的海外公司为什么就不可以回来赚钱？"也有人认为："肥水不流外人田，如果我自己的境外企业有能力回来投资，为什么不让自己家里人做而一定要给洋鬼子？"

看来所谓"假合资"问题，是一个颇有争论的疑难问题，争论的双方，理由都很充分。

反对者说，假合资，其实就是欺骗国家，你是国家的企业，换个牌子，就少纳税或不纳税了，这样的事无论如何说不过去。比如你是人家的儿子，换个合同，就不尽儿子义务了，这个可以吗？你自己虽然认为可以，但受到伤害的一方就认为不行。

支持者说，儿子之类的比较，纯属驴唇不对马嘴。企业是市场的主角，职工是国家的主人，谁是谁的儿子？外国企业可以不纳税或少纳税，钱让他们赚走了，你们不心疼？为什么中国企业同样取得境外法人地位，就非得低人一等？西方国家，也有在国外办公司的,哪里税少,就去哪里,最终还是有利于国家。所谓欺骗云云,不是企业办合资要骗国家,而是被逼无奈,只好如此。

反对者说,你们作为中国企业,无论私营的也好,集体的也好,全民的也好,国家为你们的发展提供多少服务?比如,通电通水通邮通车等等,都是国家的投资,而国家的投资,说到底是人民纳税的结果。你们也是中国大陆公民,却变个方式,就不来纳税,以逃税为荣,其结果,等于侵害了同胞的利益,让与自己一样的大陆公民为你们白白纳税。

支持者说,此说又差矣。中国税制本不健全,把企业分成三六九等更不合理。外资企业不纳税,利在他人,它同样享受公共设施服务,还不是花的人民税款。中国自己的企业就不能享受同样待遇,岂非厚人薄已,自己和自己过不去。老实讲,如果国外企业能生产出中国人生产不出的产品,能带来中国人不能带来的利益,能传给中国人自己一时没有的技术成果,那么,他们享受种种优惠,也无二话。问题是多少国外企业来中国投资,并没有这种种优势,生产的产品,还是卖给中国人。说是向境外出口,其实,出而又返。说是先进技术,其实并无特色。这样的事情,中国人自己不能办,而让外国人办,实在于理不通。

反对者说,中国大陆境外派出机构以合资面目在大陆出现,这一点本身就是对其它大陆企业的不平等竞争。有些企业享有国外作生意的种种便利,而你们不是利用这种便利为国家服务,而是另起炉灶,别作他想,试问一下,如果国家承认这一点,而且允许给一切有能力在国外注册企业的人和法人都提供方便,岂不等于要把中国的几乎所有能赢利的企业都变成外资企业?这样的事情,有哪一点合情合理。

支持者说,这话别提,实际上,谁能去国外注册,都该允许。如果说,国家未能给企业和个人提供这样的方便,不是企业和企业负责人的过错,而是国家体制本身有问题。

争论恐怕还有多多,细想起来,“假合资”现象或者是国内管理体制有缺陷,或者是所谓“假合资”者有不宜。

中国企业如此,外商进入中国,也“入乡随俗”,用种种手段,欺骗中国管理者。《人民日报》1993 年 3 月 9 日在“读者来信”版面,有一篇记者文章,“不少外商有形资产投资出现虚报,中方合法利益受损,税收大量外流”。文章说:“江苏、福建、天津等省市的商品检验部门从 1991 年 11 月到 1992 年底,共鉴定 155 批外商投资财产,其中 152 批高报价格。155 批外商投资财产总报价 7 628 万美元,商检部门鉴定总价值只有 5 425.4 万美元,高报了 2 202.6 万美元。”

文章又说:“据统计,凡在我国的外商投资中,90%以上以实物形式投资。1992 年,外商实物报价高达 80 亿美元。如果有一半高报价,中方的损失就达数亿美元,而且吃亏是长期的,因为外商年年按虚报的投资额分红。”

中国人真是太傻了,而且傻得不能让人同情。什么叫如果有一半?伟大领袖不是教导我们“世界上怕就怕认真二字,共产党就最讲认真”吗?“如果有一半高报价”,说得太轻松,太敷衍,太不负责任,太假模假式了。——然而即使是这样的报道,我们还应该庆幸哩!看了这样的报道,真让中国老百姓犯疑,我们的许多管理机构,他们到底在干什么!

中国特色的泡沫经济,不止上述种种。虚假现象多得很,而且大凡有了什么名目,都能很快成为繁荣,但不是国家的繁荣,国家落一个虚名,钱却被不知什么人拿走了。比如今日中国的节日多得不得了,经济节日尤其数不胜数,我们曾编过一本商业文化辞典,要收罗一下中国现在的特别是新生的节日,才知道,这件事是如此之艰难,因为节日太多了。节日特多,点子更多。此无他也，无非假其虚名以求私利者也。

节日多，展销会也多，评奖还要多。多到得奖不得奖都让人心烦。评奖成为怪圈。得了奖，没啥意思，但人家都得，偏你不得，也麻烦。而且，据有的报刊登载，一些企业干脆到国外花钱买奖。好在国外的金奖、银奖，买起来也容易，加上有奖销售，大办年鉴，出版名录，搞各类工程，还有种种连哄带骗软磨硬泡、名目繁多的种种捐款。如此等等，好不繁荣。但这类繁荣，都没有太多价值，说它是具有中国特色的泡沫经济，或许并不夸张。

4."泡沫"三论

经济问题，最难论证，中国的经济问题，尤其如此。美国的一位经济学史家曾有过这样一段议论，他说：

"当需要提出实际建议的时候，经济学家们立刻就会陷入一种充满互相冲突的主张和判断的七嘴八舌的争议之中。五个经济学家凑在一起，可以很容易地对手头上的问题提出半打以上的不同意见"。①

对于中国近几年的泡沫经济现象，笔者孤陋寡闻，不知道究竟有多少种意见。仅以我们知晓的情况而言，大约可以归纳为三种完全不同的理论判断，即：

"泡沫"有益论；

"泡沫"必然论；

"泡沫"有害论。

以下，分而解之。

第一，"泡沫"有益论。

这是一种肯定论，甚至是一种赞许论，持有此论的人，认为

① 《当代12位经济学家》第1页。

“泡沫经济”，非但必须，而且很好。中国需要泡沫，泡沫也是一种繁荣，或者说，中国这几年的经济发展，正是以“泡沫”形式体现了经济的繁荣。

他们认为，“泡沫”现象不是任何一个时期，任何一个国家，甚至任何一个时代都可以随心所欲地创造的。比如中国的50年代，虽然高举三面红旗，高呼大跃进的口号，但是，那不是泡沫经济，因此，即使表面的繁荣也不曾出现。中国的60年代中期之前，正处在大动乱的边缘，也不会产生“泡沫”现象。60年代中期之后，开始进入十年动乱时期，经济濒于崩溃，你想繁荣，怎么繁荣？你想弄点“泡沫”，哪怕只是三两个小泡泡，也绝无可能。即使在改革开放初期，甚至在1990—1992年的所谓经济疲软时期，一样没有出现“泡沫经济”的社会条件。这就是说，“泡沫经济”只能产生于经济大发展时期，产生于经济繁荣时代。换个角度看，没有相应的经济发展作为基础，想要泡沫也不可能。搓肥皂可以出沫，碰石头只能出血。泡沫虽然有种种负作用，但和“疲软”相比，究竟哪个好些？这样浅显的道理，怎么还不明白？

具体地考察，泡沫经济的出现，至少是整个社会对经济繁荣充满信心的表现。它不但反映了投资者的信心，反映了管理者的信心，也反映了消费者的信心。比如你手头有1万块钱，——实在说，中国老百姓手上的1万元钱是绝对不肯轻易拿出来的。如果别人让你投资，你不一定同意；让你买国债，你不一定乐意；让你捐助希望工程，你不一定答应；让你用于家庭现代化，你也不一定有这样的兴趣。然而，在“泡沫”时期，不要让别人动员，你就要去买股票，甚至去关心房地产，不惜万里迢迢，下广州，跑深圳，赴上海，看浦东。为什么，因为你对经济繁荣对发财致富充满了信心。于是，财神老爹都拦你不住，你就是一门心思要从缝得密密实实的口袋里取出钱来。

要知道,对于市场经济而言,信心是一种非常非常难得的财富,唯有信心才能产生奇迹,而这种信心并不是随处可见,更不是随意可得的。

况且说,"泡沫经济"现象所获得的不仅仅是信心而已,它确实吸收了资金,引入了资金,确实创造了繁荣,甚至创造了奇迹。据一位欧洲记者报道,自 1992 年以来"中国的经济增长率达到了全球的最高水平(1993 年和 1994 年为 14%,1995 年为 11%),整个国家都变成了一个巨大的建筑工地。①

或者说:"泡沫经济"是伴随着经济过热而来的一种现象,然而,经济过热,并非全然坏事。甚至可以说,"热"比"冷"好。冷了一次,万象皆疲,生产者缺钱,销售者缺钱,消费者也不买账。这种情形,是任何一个希望中国强大,希望人民幸福,希望发财致富,希望生活幸福的人所不愿看到的。纵观中国几十年经济发展,甚至可以说,冷遇常在,热机难得。

自然,也有人认为,中国的泡沫经济现象,只是富了少数人,使少数有各种关系的人,一夜之间成为巨富。但是肯定者坚决认为,即使富裕的只是少数人,也比大家一起受穷的好。即使受益的只是南方几个少数省份,也比大陆 30 个省、市、自治区一起同舟共济,共得贫穷让人高兴。

当然,因为这几年的经济调整,公开为"泡沫经济"现象大声喝彩的人不多了,但怀念那个时刻的人确实不少。我们的一位南方朋友,曾为南方某城市的一座"名园"引入 1 个亿的资金,其人也成了一位腰缠万贯的富翁。但是因为"泡沫"一散,房地产资金被牢牢套住,动转不得。使得这位朋友名义上虽有很多资产,实际上已经难于经营。但他并不后悔,他的观点是:不管怎么样,引

---

① 转引自《参考消息》1996 年 5 月 16 日《巨人的变革》。

入1个亿资金是不是实实在在的?而且,一旦经济再热,他坚信,必有光明前程。

第二,"泡沫"必然论。

必然论不同于有益论。这派观点,认为"泡沫经济"现象是经济发展,尤其是经济高速发展时期的一种难于避免的现象。它可能是不好的,但却是难免的;它可能是有害的,却又是必然的。好比感冒并非好事,但绝对不患感冒是不可能的。相反,倒是患过感冒的人,可以获得某种免疫力。

必然论者认为,泡沫经济现象随着经济过热而发生,而出现经济过热现象,乃是一种合乎规律的必然现象。经济作为一种社会存在,必然有它的自身规律,经济既要发展,就不可能是绝对均速状态,它必然会有快速发展期,慢速发展期,还会有停滞时期。而这种发展速度的演化,不是人为完全可以控制的。所谓失控云云,乃是人们的一种主观理解。经济自有规律,有冷必然有热。热是一种自然现象,好像人的生命有生有死,有青春年华也有孩提时期一样。过热固然不是好事,但没有热度即没有生命。

过热难免失调,失调也是必然。绝对的平衡正如绝对的均速一样,在理论上可以存在,现实生活中不能存在。还如一个孩子的成长过程,成长必定打破旧有的平衡,打破旧的平衡就是失调。或者说,失调才能发展。如果永不失调,就和哪吒三太子一样,3 000年前是一个粉面少年,3 000年后还是一个粉面少年。失调不是什么好事,由失调走向协调就成为好事。好像涨价不是好事,通货膨胀更不是好事,但合理的涨价可以使物质得到丰富,就是好事。过去北京的西红柿2分钱一斤,外国人一见,惊讶不置。但是那是一种违背经济规律的现象,可以令人惊讶,却不能维持长久。其后果,是生活必需品越来越少,这也要证,那也要票。西红柿由2分一斤,变成2块钱一斤,今与昔比,价格上涨

100倍,猛一听,吓一跳。然而即使在严寒的北京,您想吃西红柿,依然十分方便。这样的涨价,“虽然失调”,也是好事。

即使由于经济发展带来的种种虚假现象,像假冒伪劣商品比比皆是,在一定阶段上讲,也是一种必然现象。社会主义计划体制,其后果,就是短缺。短缺是个好听的名字,说得通俗点,就是生活贫穷,甚至连生活必需品也不能满足供应。因为短缺,所以先应解决“有”的问题,由短而长,由缺而有,由有而多,再由多而好。或者通俗地讲,对一个几乎什么都缺的社会来说,首先是解决由缺到有这个问题,管你什么好与不好,甚至假与不假,先有了再说。“有”了之后再谈其“多”,“多”了之后,再求其“好”。《北京晚报》有一位苏文洋先生,专写老百姓喜闻乐见且又擅写一针见血的好文章。《北京晚报》1996年3月30日第三版上有一篇他写的题为《多点未必是坏事》的文章,文章说:“如果让我来谈对我的那些从事经济报道的同行的好印象,大体可以分为“喊多派”和“喊少派”。每个时期里,大家自说自话,说的都有理。”又说:“最近,‘喊多派’又占了上风,先喊北京的房地产发展多了,接着喊北京的车子发展多了,跟着又喊北京的商场发展多了。前些年,还喊过宾馆多了,广告公司多了,开发还多了,什么什么都多了。”

然而,中国或者说我们北京,真到了物质如此之多的状态了吗?回答说,非也。不但不多,还是很多必须品嫌其不够哩。比如,北京的住房,就绝对不多。本作者全家3代5口,住24.1平方米的住房,困难固然困难,然而在康居榜上,还只有排队的资格。因为至少在1997年之前,只能解决人均4平米以下困难户的困难。您的住房虽然困难,但在人均4平方米之上。虽然困难,不算特别困难,耐心排队,以待后效。广告公司多了吗?多不多不晓得,但真买东西,例如买房子,要寻找信息,又十分不容易,弄得东奔西跑，灰头灰脸，依然找不到准路径。这一点，本作者可算是有亲身体会的。各位请想，想寻找商品房的信息都如此不容易，要找其它生活急需但赢利不多的商品信息，是不是更难上加难？难怪苏文洋先生要说："我是一个'喊少派'，北京不用去同发达国家的大都市相比，就是按照12亿中国人民，千多万北京人的要求，而且从不断增长的要求来看，恐怕还没有多少值得喊多的地方。"他因此而感慨道："北京的车辆恐怕不比东京那个弹丸之地多，其它东西也是如此。大概多的也许是人口而已。迄今为止，还没有人给出一个数据，告诉我们北京拥有多少车辆或多少商厦就正合适。然而，偏偏有人却说车子多了，商厦多了，岂非咄咄怪事！"

实在说，计划经济模式的失败，就因为它的直接经济后果就是造成短缺。因为什么都缺。所以早几年，才有那么多中国倒爷。背着大包小包来往于中俄交通线上。如果什么都不缺，还有这些背着大包袱的倒爷们的市场吗？中国的个体倒爷——请原谅我们用这种并非出于贬义的称谓称呼你们——尽管神通广大，却没有去西方工业国家大倒特倒的本领。此无他，因为想当初，俄罗斯确实物品贫乏，而西方工业国家却是地地道道的买方市场。别说你大包小包，就是包装不好，人家还要挑三拣四哩！

由少而多，难免良莠不齐，这是一条千古不移的定律。你不接受这定律，也无法可想。对于一位天天有雅兴去下馆子的人来说，面对食谱，还要上下搜寻千挑万选。而对于一位饿得两眼发蓝的穷人来说，只要有可以果腹的东西，都是美味佳肴。如同黑旋风李逵一见烧酒只管埋头痛饮，宋徽宗赵佶却是一位美食专家。

但"泡沫经济"的必然论者，并非对"泡沫"现象一味肯定。他们认为它仅出于必然，并非认为它值得赞赏。所谓"存在的就是合理的”，而合理的并非是美妙的。小偷小摸固然不好，但小偷现象的存在却不能只在小偷身上去找原因。他们认为，对于必然存在的事物。只有因势利导，才能去伪存真。

不但如此，他们还认为，正是通过这些现象，可以教育正在市场经济探索的人们。或者套用一句俗话，即坏事也可以转化为好事的。

中国前两年出现的泡沫经济现象，至少教育了投资者、投机者、管理者和与之相关的一切社会中人。比如中国的银行体制改革，就和中国泡沫经济的冲击有直接关系。现代人应该具备充足的金融意识，恰恰中国人金融意识不强，虽然我们许多同胞发财的心绝对不比任何人差，但金融观念却绝对不比任何发达地区的人强。南方经济一热，各种贷款、各种拆借，几如雪片纷飞，将中国的金融秩序，搅得一片混乱。若说这全是由于一些坏人的捣乱，则不是事实；若说这是银行管理者无知，也不是事实。事实是，市场经济建设，绝不亚于一场革命，而革命不是请客吃饭，没有一点血的教训，人们怎能走向成熟走向理智，社会怎能走向有序走向法治！

历史的经验证明，近现代经济在其发展过程中，都有一个从无序到有序，从粗放到集约，从野蛮到文明，从投机到规范的过程。大凡读过英国经济史的人，没有对英国工业化过程中的野蛮行为不留下深刻印象的。羊吃人，人吃人，童工女工，饥饿失业，种种难堪，不一而足。大凡读过美国经济史的，也没有不对美国工业大发展期不留下深刻印象的，特别是其间的投机取巧，巧取豪夺，乃至违法乱纪，行贿受贿，甚至政府也实行明目张胆的分肥制，凡此种种，或许可以说是市场经济发展过程中的必然现象，或许可以说是人类在面对现代市场与现代工业骤然兴起时的束手无策。然而，无序终究达到有序，野蛮终将走向文明，粗放必定走向集约，投机必定趋于规范。

以现代中国人的心态而言，人们经过将近16年的改革开放时期，心态也已经日趋成熟。如果说，80年代的中国人，对于改革开放主张是一种兴奋的急切的以为一经改革便一顺百顺的心理状态，那么，今天的中国人，面对许许多多新的社会情况，无疑要冷静得多，沉着得多，继而也成熟得多了。人们不再认为，只要一经改革，马上一切都会好起来，而是要研究改革究竟应该如何进行。人们不但对于改变旧体制旧规章有浓厚的兴趣，而且对保护自己，有了更为深刻的认识。如果说，昔日人们还有点以革命的方式看待改革开放，今日则以改革开放的方式看待社会生活。虽然依然有人认为改革乃是一场新的社会革命，但这场革命毕竟和过去的任何一种革命不同，它是以满足人们的社会生活需要为最基本的出发点的，是以保障人类的文明发展和人自身的文明追求为基本目的的。因此，它应该最大限度地考虑一切公民的合法权益和要求。它并非主张不要任何牺牲，但牺牲不是目的，避免无谓的牺牲，获得最大最快最好的社会效益和生活效益才是目的。

简而言之，主张“泡沫”必然论的人们，其基本方法，是以过程论的观点看待泡沫经济现象的存在，并且力图给它们以规律性解释，其目的在于因势利导，化害为利。

第三，“泡沫”有害论。

“泡沫”有害论，至少在目前，属于主流派理论。它之所以成为主流派理论，不但因为有中国现实的教训存在，而且还有日本的前车之鉴作为启迪。

日本经济在二战后，特别是六七十年代的发展，堪称一大奇迹，以至诸多经济学家时日本的经济奇迹产生惊讶，诸多社会学家认为日本经济模式是最有魅力和效力的经济模式之一。然而，高速发展带来更高的价值期望值,于是产生经济泡沫,加上日本经济基础比中国雄厚得多,其泡沫后果,也远比中国这几年出现的泡沫现象所带来的后果更严重。单单是房地产亏蚀一项,就足以令人谈虎色变。据日本大藏省的报告说,仅"日本住宅金融"、"第一住宅金融"、"总合住宅"等7家地产贷款公司的亏蚀总额既已达到6.27万亿日元,约合627亿美元,而坏账总额则达到8.13万亿日元之多。

8.13万亿日元究竟是一个什么概念,不太熟悉经济的朋友或许很难一下得到一个清晰的形象认识。8.13万亿日元约合813亿美元,如果折算成人民币,大约合6 910亿元左右。6 910亿人民币,如果以1993年中国各省市的生产总值计算,那么,当年的广东省的生产总值为3 140亿元,山东省为2 650亿元,而山西仅为632.2亿元,新疆只有460亿元,将这几个省、自治区的生产总值加在一起不过6 882亿。这样大的坏账,确实令日本政府十分难堪。

日本的泡沫经济使日本经济奇迹失去光泽,而且自90年代以来,一直处于停滞徘徊状态。日本政府、行业、企业相互协调的经济运行方式业已遇到严重挑战,而因其特别的方式带来的腐败、官僚等黑暗现象,更是引起人们的极大不满。一些极其著名的政界人物,也因经济问题纷纷落马,甚至成为日本法律的惩治对象。

中国的泡沫经济现象,在深度和广度方面虽然远不能和日本的泡沫经济相提并论,但中国 特色的"泡沫"现象,却又有更多的令人厌恶的品性。

泡沫经济是一种诱人的经济活动,因为它诱人,产生的危害也更大,其预后情况也更不妙。毒蛇样子可怕,人们不易受到伤害。请问一般没有特别技能的人,遇到一条大眼镜蛇,会怎么办?

抬起脚就跑——如果能跑的话。可是，若这眼镜蛇变成美女，而且是世间无二、天上无双的美女，你还想跑吗？

泡沫经济诱人，因为它确实可以让人们发财，不但可以发财，而且发财奇快，昨日一贫如洗，今日百万富翁。这哪里是泡沫，简直是一根魔杖，一盏神灯。魔杖在手，要啥有啥；神灯在照，无限光明。泡沫经济如同赌博，世界上禁止赌博的历史有多久，法律有多少，但没有用。中国自1949年算起，吸毒曾经绝迹，妓女曾经绝迹，性病曾经绝迹，唯赌博这件事，几乎没有断过。此无他，因为赌博即使没有发财的可能，却永远存在发财的希望。加上其它种种原因，总是禁而不止。何况泡沫经济有赌博的一切好处，却没有赌博的一切不合法处，如此好事，能不为之？

但泡沫经济的害处很多，大致说来，有三大危害。

(1)**扰乱市场**

市场经济特别需要秩序，虽然历史证明，市场经济本身就表现为利润与秩序的搏斗，但没有秩序，市场经济就不能生存。但是泡沫经济的表现在于违背价值规律，其结果，必然打破市场秩序。比如就有奖销售而言，有奖销售并非绝对不可，但大家较起劲来，无法无天，你奖衬衫，我奖毛料；你奖毛料，我就奖电器；你奖电器，我就奖电脑；你奖电脑，我就奖摩托车；你奖摩托车，我就奖小轿车；你奖小轿车，我就奖三居室。这样比下去，一时可以获利，久远则两败俱伤。但人家奖，你不奖也不行。你不奖，顾客都让别人拉走了，你怎么办？但奖的结果，还不是羊毛出在羊身上，其中奖品所代表的那一部分价值，大多数都将由顾客贴上。有奖销售，销不出名牌，也奖不出真正的明星企业。顾客为利而来，99%以上要扫兴而去，其结果，于绝大多数顾客不利，于市场不断繁荣不利，于企业发展不利，于公平竞争不利，最后，于中国现代市场经济的形成也不利。

(2)**扰乱金融市场**

凡发展中国家,资金短缺,是一大通病。基础设施落后,是第二大通病。这一点不论东、南、西、北,凡发展中国家莫不如是。发展中国家最缺的是资金,最薄弱的环节是基础设施落后,本质还是缺少资金。资金如此之少,正应该好钢用在刀刃上。国家应鼓励向基础设施投资,把有限的资金给予合理的投放。但泡沫经济的特征,就是要把这有限的资金吸过来。其结果,这里的资金猛涨猛落,而急需资金的地方却犹如热锅上的蚂蚁,除去乱蹦,毫无办法。何况,中国的泡沫经济最讲究一个"炒"字。炒是一种主观安排,前面刚刚说过。要炒,先得有"火"有"油",这"油"就是资金。早几年的邮市大"炒",资金多来源于个人。少数人手中攥有数十万元,就可以利用种种手段,改变邮市面貌,把一些本不足珍的邮票价格"炒"起来。但邮市比起股市,范围小,资金也少,比起炒汇档次也低。一进入炒房地产、炒股票、炒外汇这样的领域,非有巨额资金投入不可。吴荪甫那样的企业家都会败下阵来,只有赵伯韬之流,才能深深得意。中国人现在固然有许多大亨,毕竟还没大到能垄断股市的份上。真正炒股的资金,在中国目前的情况下,只有从金融部门投资,才能炒出大名堂。而金融部门出资——且不论这资金如何出法——炒股,必定将中国金融市场弄得方寸大乱。实在说,1991年,出现的粮食打白条,许多城镇乡村学校没有工资可发,邮政打绿条——寄出的钱,对方取不出来,等等,绝非等闲现象。应该说,中国的资金虽缺,但不可能到这个份上。其中原因很多,最大原因既和金融秩序混乱有关,也和泡沫经济有关。

(3)**浮动人心**

泡沫经济能赚大钱,但它的规律是大鱼吃小鱼,小鱼吃虾米,虾米无所吃,只好吃青泥。弱肉强食,本为商品经济一大特色，如果把它的副作用扩大10倍，弱肉强食的特色就会产生乘数效应，不但可吞弱者的肉，甚至连血也喝尽，骨头也嚼、，毛发也吞掉，连影子都不给留下的。本人没有能力去深圳炒股，或跟踪炒股者足迹，但从各方面汇总来看，真的小小股民，发财的不多，发点小财也发在金融大老板没有出面的时候。一旦有巨员出现，倾刻飓风腾飞，别人只好随之上下沉浮。眼睁睁看着股票炒上去，一牛，再牛，三牛，四牛，让你禁不住卖了又买，买了还卖。忽一日，人家急速抛出，股市牛气大消，熊气骤来，而且一熊，再熊，三熊，四熊，熊得你不能不买，又不能不卖。泡沫经济，是一种弱者必败的投机经济。大鱼可以因之一变成精，小鱼只能变成鱼屎。1993年7月23日，天津《采风报》转载《中国商报》一篇报道："南方房地产价大幅下降"，"'热点'城市的房地产价格降幅很大，有些已达30%—40%。"文章说："一位北京的朋友带了2 000万元到海口炒地，以500元一平方米购得一块地皮，而最近正忙于以300元一平方米脱手。""炒房地产就是赌，先来的赚后来的，谁也不知道栽在谁手里！痛定思痛，他们才大彻大悟"。

其实未必大彻大悟，因为金融秩序一整顿，许多以非法手段拆借来的资金——诸神归位，资金一去，房地产价格能不下来？眼看泡沫破了，方才还是金璧辉煌，而今落在脸上，不过几星水点，说不定里面还有肝炎病毒，管叫你哭也不是，笑也不是。

笔者没有调查，不知道参加各种"炒"事的人，是伤心者多，还是开心者多。但看赌场中的豪放场面，总是青年人的天下。就知道，这是一块没有长胜者的所在。

从眼下的情况看，中国大陆上的泡沫已经或正在被一风吹散，将来还会有的，重要的事情在于寻找原因。那么，产生泡沫经济的原因都有哪些呢？

二、中国泡沫经济的背后

计划经济何以变成政府性经济、权力性经济、政治性经济？

市场经济对于东方社会主义国家的意义特别重大。为这一场深刻、艰难、辉煌的革命的成功，要防止泡沫经济的泛滥。

计划经济体制下，没有狭义泡沫经济，有"泡沫"，也是中国特色的泡沫。实际上，中国特色的泡沫经济，恰恰反映了中国社会体制由计划经济向市场经济转变的这个历史特色。因为它处在转变时期，所以，既有市场经济造成的泡沫经济现象，又有计划体制造成的泡沫经济现象，而且二者相互扭曲，都没有达到特别强大的地步。西方也有股市大跌，如1988年的黑色星期五，纽约股票，一落千丈，一下子影响到整个西方世界。中国的股市不过一小块试验田而已，与旧体制比，好似已经开放，与世界股市，其实没有联系。虽然中国人已有风狂雨骤之感，在西方金融界看来，不过是微风细雨而已。风乍起，吹皱一池春水，但这反映的社会原因，却是非常特别的。这些原因中，既有整体原因，也有具体原因，这里说的整体原因，是指整个社会由计划经济向市场经济的转化这个根本原因。所谓具体原因，并非指某些具体的事件，而是指构成社会总体转化的方方面面。本章先对整体原因进行分析，以下诸章再对其它原因一一剖解。

1. 走出政治性经济

我在《猛醒的中国——关于中国经济的哲学思考》一书中曾经说过，中国经济走向现代化，有4个基本问题，必须处理好的。即A. 市场问题，B. 指导理论问题，C. 所有制问题，D. 分配序列问题。这4个问题当中，市场问题是最重要的。中国是实行计划经济还是市场经济，争论久矣，但没有明确结论。从历史实际看，除去中华人民共和国成立时的一段过渡时间外，计划经济体制是中国大陆的根本体制。后来越搞越左，计划以外的部分，越来越小。先是三大改造，给了私营企业致命的一刀，又有三面红旗：总路线、大跃进，人民公社，加上后来的文化大革命。中国的计划经济是计划到了登峰造极的地步，中国人的“左”派病也到了登峰造极的地步，中国的经济也随之走到崩溃的边缘。

东方社会主义国家终究应该采取什么体制，实际上马克思、恩格斯并没有说明。这两位大师的社会主义理论是建立在对西方工业国家的分析基础上的。但西方资本主义还有很旺盛的生命力，它还没有走到尽头，因此，马克思的社会主义、共产主义理论是对未来的一种设想。而他对资本主义弊病的批判，对资本主义体制的批判，确实对西方人很有启发。在东方国家搞社会主义，首先是列宁那一代人。列宁很伟大，他领导了十月革命，目的当然是要搞计划经济的，但他看到苏联当时的现实，他认识到在当时的条件下，搞计划经济不行，于是提出新经济政策。列宁是真正弄懂马克思理论的人物，而他的后来人，就不能那么说。东方社会主义国家搞的社会主义体制，主要是斯大林模式。这个模式，有人称其为战时模式，有人称其为军事共产主义模式，有人说是空想性计划经济模式，也有人说不要那么罗嗦，斯大林模式就是纯计划经济模式。

计划经济的理想，当然其妙无比。但那需要具备相应的很高的条件。按照马克思的看法，首先是物质极大丰富。然而谈何容易。极大丰富是什么意思，极大丰富就是说可以使每个人都能得到充分的物质享受，甚至可能得到一切他想要得到的东西。而不是如中国过去几十年搞的那样，办几个大食堂，大饼管够，就是共产主义了。小时候，早听人家说，再过几十年，就可以到共产主义。共产主义什么样："楼上楼下，电灯电话"。现在看来，不免令人失笑。何况说，连大饼都吃不上、吃不饱的地区不少哩。即使1996年的中国，全国的老百姓都脱贫了吗？广东大概是最先进的省份，广东山区老百姓的生活怎么样？广东人明白，我们也明白。

物质极大丰富，已经是很高的历史目标，还要"使个人的才能全面涌流"。这个标准即使不比第一个标准更高，至少也是达到第一个标准的前提条件。个人才能全面涌流，请问"个人"有多大才能，阿Q也是"个人"，鲁迅也是"个人"，毛泽东也是"个人"，涅槃的狗爷也是"个人"。何况中国现在还有千万以上的残疾人。既有很多天才，让我们兴奋得晚上睡不着觉的；也有很多白痴，让有同情心的人感到阵阵心酸。实在说，个人才能的全面涌流，需要极高的教育成就、教育手段，不但包括现代意义的教育，而且包括教育的现代化和向更深层次的发展。如优生、优育、胎教种种。个人才能全面涌流的社会，一定是没有白痴的社会，而且是没有文盲的社会。可是就连这些低而又低的要求，世界能做到吗？中国能做到吗？落后的非洲能做到吗？先进的美国能做到吗？

还需要"各尽所能，按需分配"。且不说各尽所能，先说按需分配，已然万分复杂。你知道全世界50亿人都需要什么？你怎么知道他需要，而且保证不浪费，真是勉为其难。况且说，这还不够，还需人们文明程度的极大提高，要把劳动不仅作为生存手段，而且把它作为生活的第一需要。第一需要？需要什么？其实劳动与劳动不同，如果到了那样美好的时代，依然存在光着屁股挖煤的矿工，存在大街小巷围着垃圾堆拣垃圾的人群；依然有成百上千的乞丐大军或者黑社会；仍然挥大板锹，登三轮车；仍然忍受各种各样的环境污染；依然没日没夜地为生个儿子而奋斗，那么，这样的社会，还不如资本主义好，干脆不要也罢。

这不是说，未来社会不可能达到计划经济要求的水平，而是说现在这个历史阶段不能。不仅中国不能，西方也不能。因为按马克思的理论，生产力的发展，制约着生产关系的进步。好比你让一个 3 岁的孩子骑烈马，舞丈八长矛，你就别逼他了，干脆把他宰了得了。何况说，硬要在现在东方国家生产力水平上实行共产主义式的计划经济，已经不是让 3 岁的孩子骑烈马、舞丈八蛇矛，简直就等于让他们造原子弹，建核反应堆，开航天飞机。老实说，开航天飞机这种事，连毛泽东同志还不会哩！你让一个小孩子去办，不是诚心要他的命么！

过去有一种超越理论，认为东方国家，可以不经过资本主义，一下子进入社会主义，直达共产主义。

历史阶段可不可超越，恐怕不能一概而论。有些可以超越，有些不能超越。比如直到现代还存在的某些原始部落和奴隶制社会，那个可以超越。对于原始部落来说，不需要再经由奴隶社会，一个脚印一个脚印地向前走。比如奴隶制，也应该而且必须废弃，谁不同意废弃，那么好，就请他老人家先当几天奴隶试一试。让他也穿穿木靴，戴戴锁链，体会一下作奴隶的妙处。但是社会生产力的发展水平，恐怕超越不得。你可以三个战役，赶跑蒋介石，但你不能通过三个战役，以至 30 个战役，就使中国大陆的生产力达到或超过西方工业国家水平。

又是能够超越，又是不能超越，表现在哲学思维方面，即有一个有关特定的历史长度和深度的理念问题。所谓长度，即在特定的历史时期，只能作历史允许他作的事情。所谓深度，即对那些特别落后的内容，可以也必须改造，而对生产力水平只能循序渐进，一步一步走完必须的历史过程。

就中国现在这个历史阶段的生产力水平而言，只有市场经济一条路，除此之外，没有第二条路可走。

过去有人讲，中国的现实是落后的生产力和先进的生产关系的矛盾，这说法其实并不科学，但比起连落后的生产力也不承认来，倒也还要正确得多。其实，所谓先进的生产关系云云，是一种历史的比较。比方我们说封建时代的生产关系比奴隶制时代的生产关系先进，这是历史性的。但作为生产关系和生产力的比较，则没有什么先进不先进而言，只有适应不适应之别。你自以为先进，但并不适应生产力发展水平，也是白瞎。就如同我们前面讲过的，你让一个孩子去开航天飞机，对不起，你把孩子杀了得了。

也有人说，中国经济问题的重点，应该在解决生产关系方面。这个说法也有些道理。但中国的现实生产关系，不是太过先进，而是很大部分不合时宜。重视生产关系就是把它改造得合乎生产力发展的历史水平。

但东方社会主义国家是从战争中诞生的，又是从经济比较落后的国家诞生的，所以他们从一开始起，就带有浓重的军事共产主义色彩，带有浓重的小农经济色彩，又带有浓重的封建文化色彩。这一点，在中国这样的国家表现得还特别强烈。

从这一点出发，就不能把社会主义国家出现的封建色彩浓郁的个人崇拜之类全算在某个个人身上。例如把中国过去的问题全算在毛泽东等领袖人物身上。因为几乎所有社会主义国家没有一个反对个人崇拜的，那么，这就证明，这不是人品问题，而是体制问题。是不适当的体制造就了不合历史发展方向的社会文化。

那么，旧的体制不可取了，新的体制还没有诞生，新旧体制的根本转变，不表现在其他方面，主要和根本地表现在从计划经济走向市场经济这一根本方面。

市场经济和计划经济的差别是根本性的，首先它们的运行机制就不一样。因为运行机制不一样，它们的目标追求也不一样，文化观念也不一样，管理方式也不一样。就二者的根本追求看，计划经济，追求的是所谓“断指效应”，而市场经济讲究的是“木桶效应”。

什么叫断指效应？断指效应是中国古代兵法一句名言的转化，所谓“伤其十指，不如断其一指”。这一点中国古代大军事家运用得十分自如，中国现代军事政治界代表人物毛泽东更是运用这原则的大手笔。断指效应，最重要的思想是要集中优势兵力，攻其一点，不及其余。好像和一个人决斗，你砍伤他 10 个手指，不如砍断他一个手指。因为伤其 10 指，他还可以恢复，而断其 1 指，他便少了一指，如此三断四断，便可顺手擒敌。

断指效应并非没有作用，相反，只要找到合适对象，它还很有作用。比如应用于战争，它是最好的战略战术方法；比如面对大的自然灾害，它也是一种极其好的行为方式。抗震救灾，尤其是抗大震救大灾，这时候，一切服从救灾，人不分老幼，也不分男女，包括犯人在内，都应行动起来，此时只知救人要紧，其他一切都排在第二位、第三位。或者说，符合救人救灾原则，则一切可为，不合救人救灾原则，则一切禁止。再比如，大的庆典活动，断指效应作用也很大。比如中国人办亚运会，就办得不错，其实我们的经济实力未必强于他人，架不住上上下下共同努力，不努力也不行，于是众人拾柴火焰高。

可以这么说，凡是需要集中最大力量，进行大面积突击性歼灭性抢救性应急性任务的，断指效应就是最好的选择。

然而，经济的发展，靠断指效应就不行了。不但不行，一实行断指效应，非出乱子不可。比如过去搞的农业以粮为纲，工业以钢为纲。中国是个农业大国，人口众多，耕地奇缺，以粮为纲，其实不错。但一形成断指效应，以为只有种粮，只能种粮，一种别的就是大逆不道，就产生极坏效果。结果，森林被破坏，烧林种粮；草原被破坏，毁原种粮；海滩被破坏，毁滩种粮，如此等等。造成的损失，恐怕几十年上百年都不能根本恢复。工业生产固然没有钢材不行，但一讲以钢为纲，就铺天盖地，人人炼钢，砸锅毁犁，也要炼钢。结果呢，炼来炼去，炼出多少怪物。中国真正的钢产量，还在那几百万吨上徘徊。徘徊且徘徊，两眼泪婆娑。

计划经济是断指效应的基础，因为你要计划，而且是硬性计划，让你产啥就产啥，斩钉截铁，说一不二，非出现断指效应不可。中国过去几十年，尽搞运动，今天说国家改变颜色了，明天说党内出了走资派了，后天说阶级敌人要反攻倒算，大后天又说知识分子靠不住了，资产阶级知识分子统治我们学校的现象再也不能继续下去了。1949 年的时候，中、日发展基础相差无几。1960 年，两国的国民生产总值还不相上下。但是，多么好的形势，也抵挡不住年年月月人为的破坏。自 1949 年起，一直到 1976 年，中国搞了多少运动。可以这么说，除去建国初期的短暂恢复和三年经济困难时期，几乎年年都在搞运动。不是你整我，就是我整你，有首诗歌说的倒好："欲怒何曾怒，欲喜何曾喜；人生天地间，无非你和我。"你和我要天天大战，尔虞我诈，请想一想，这个国家怎么能好。

然而不运动也不行——谁让你搞计划经济的。反过来说，搞计划经济就必然搞运动。这好比魔鬼和他的影子,没有影子的魔鬼是不存在的,虽然他本身就是虚妄的化身。

计划经济的本意是防止出现周期性危机,防止生产过剩,防止贫富不均,防止集体力量不能发展,防止个人才能受到压抑,但其结果,却变成:政府性经济,权力性经济,政治性经济。

你主张断指效应,要登门学大寨,但你那里是以放牧为主的,不行,学不了。这里又是以养鱼为主,不行,也学不了。这里是河北三河县,历史上以出老妈子著称,现在没有老妈子了,本应因势利导,发展成为一种专门从事家庭服务特色行业,你让他学大寨,也学不了。那里是河北吴桥,专门以杂技表演取胜,硬让人家改行开荒学大寨,还是学不了。怎么办?学不了也得学,人家都学,就你不学,你想破坏社会主义怎么的?你想否定党的领导怎么的?你想复辟资本主义怎么的?不是中国人好以大帽子压人,实在因为计划经济不合中国实际,结果帽子异化了,人也异化了。死物压垮活人,活人反倒要当帽子的奴隶。

计划经济在中国,在东方,都是行不通的。搞斯大林模式,上面越搞越容易有短期效应——砍断一个指头还有一分成绩,但从长远来看,这不是一条致富的路,而是一条致穷之路。无论中国,还是前苏联,还是其他搞计划经济的国家,统统证明了这一点。其历史结果,就是原本大体在一条起跑线上的地区,如南、北朝鲜,原东、西德国,都远远拉开了距离。1993 年人民中国出版社出版了一套《国是论衡》丛书,有一本很走红的专讲中国走向市场经济的书,正题叫《存亡之秋》。其中引过一段资料,很能说明问题。书中说:“与中国不到 400 美元的人均年收入相比,日本的人均年收入是 23 810 美元,美国是 20 910 美元,英国是 14 610 美元,加拿大是 19 030 美元。同样是华人占主要地位的东南亚地区,台湾是 9 800 美元,新加坡是 10 450 美元,香港是 10

350 美元;连韩国也达到 4 400 美元。"

断指效应不行,木桶效应的作用就呈现出来了。什么是木桶效应?木桶效应就是一种综合性发展的系统水平效应。如果我们把中国经济比作一个木桶,这个木桶,是由一个桶底,三道桶箍,外加若干块木板做成的。如这木桶的高有 40 厘米,而其中一块只有 30 厘米,那么,这木桶的容积就只能以 30 厘米的高度来计算。如果其中一块板只有 10 厘米,那么,它的容积就只能以 10 厘米作乘高来计算。你不要说,12 块板组成的东西,只有一块不好,有什么了不起。没有什么了不起,就是容积小了。不要说,缺一块板,就是该桶一点也不少,只有一块木板上有一个小洞,这木桶依然是"坏"的——因为它漏水。

应该这样说,断指效应是一种破坏性攻击性效应,它最适用于破坏或消灭。比如你要杀死一个敌人,最好办法,就是攻击他的要害,不管三七二十一,先给他心脏一枪,保管就是个死的。但你培养一个人,就不能用断指效应,人的生命,什么最重要,心脏最重要,但只有一个心脏不行。哪怕你有一只举世无双的心脏,依旧不过是一个举世无双的心脏而已。或者说,大脑最重要,但你只有一个伟大的头颅,同样不过是一个最伟大的头颅而已。如果说灵魂最重要,那么,假使你只有一个灵魂,就应该到地狱里和阎王老子谈生活去。因为一个心脏,一个头脑,一个灵魂,还不是一个人,一个人的成长,非全面发展不可,哪一个部分少了,就是残疾。

经济的发展,需要木桶效应为发展标准。问题的关键在于,木桶不是自然形成的,尤其不是某些领导者可以主观造成的。但看中国的形势,许多领导者,虽然嘴上大讲市场经济,这不过旧瓶装新酒而已。他们不是要包办,而说自己已经懂得了全面发展的规律。实际上,对于市场经济而言,现在还没有一种方法可以完全掌握它的。市场经济的木桶效应，需要市场经济本身的运动来调节。国家固然可以干预，也能够干预，但这种干预不是计划经济思维方式的干预，而是市场经济基础上的干预。此时的干预，无非因势利导而已。如果“势”都被破坏了，那么，就不是干预，而是毁坏了。

2. 不是中国人无能

中国人自古有吃苦耐劳的美德，中国人从来就有富于智慧的名声。但中国人在过去几百年时间，却大大落后于历史前进的步伐。在过去几十年极左路线笼罩下，日子越过越穷。有的地方，直到80年代，还一家人盖一条被子，夫妻俩个穿一条裤子。有的老红军去老区，看到那里的情况比之30年前、40年前并没有什么变化，不免老泪纵横。他们扪心自问，农民这样苦，将来如果再发生打游击战的情形，农民还会帮助我们吗？农民穷，工人也穷。在70年代，一个四五十岁的工人，工资也不过四五十块钱。知识分子更是连穷带臭，苦不堪言。

这不是中国人无能，而是中国实行的经济政策不对。1978年实行改革开放政策后，一旦打开市场，马上引起一股春风。

中国的改革是从农村开始的。首先是实行联产承包责任制，土地一分，马上丰收。要吃粮，找紫阳，要吃米，找万里。他们俩位哪有那么许多本事，给十亿多人口变粮变米出来，不过是他们先支持农民的要求，实行联产承包责任制罢了。回顾这十几年的变化，只要不打乱市场，不横加干预，不犹豫徘徊，非驴非马；新鲜事物就会层出不穷，中国经济的发展就会充满活力。美国总统杰克逊曾经说过：“最好的政府，就是最少管事的政府”。只有生活在专制气氛下的人们，对这句话的理解才能特别深刻。中国改革开放十几年，逐渐尝到了市场经济的甜头。农民也有买飞机的了，乡镇企业也有年产值超过亿元的了，中国人也有买下美国成套设备的了。开始几年，万元户成为一个诱人的字眼，好像有些可望而不可及似的。现在呢？万元之户何足道哉，10 万元户何足道哉。中国人忙着到全国各地作生意，到世界各地作生意，买中国的，卖中国的；买世界的，卖世界的；中国经济真正“火”起来了。

我曾经去过一些先富起来的农村，也曾问他们，致富的原因主要是什么？回答自然是五花八门的。有说党的政策好的，有说全靠科技兴农的，还有说是全村同心协力又有好带头人的。但说来说去，关键一点还是实行市场经济。过去大体上也不过是这些人，天天让你学大寨，让你割资本主义尾巴。卖一个鸡蛋也是资本主义，作一点木匠活也是资本主义，发一句牢骚也是资本主义。夜里偷偷摸摸到自留地干点活也是资本主义。甚至在家前门后种几棵葱也是资本主义。几棵大葱就可以把中国引向资本主义，中国的社会主义未免太脆弱了。但在那个时代，人们就这样默默地忍受，忍受着贫穷，忍受着无奈。这一点，恐怕只有我们中国人才有这样大的耐性哩！

现在可以这样说，在中国现在的历史条件下，贫穷是与计划经济联系在一起，而富裕则和市场经济联系在一起。不管出现什么毛病，沿着市场经济这条路走下去，都是对的。有点泡沫，又能怎样？只不过，市场不是天然物，它同样需要不断为它付出，为它的成熟作出种种牺牲和不懈努力。

3. 中国市场的六大优势

现实的中国市场，好比无数喷溅不尽的地上泉水，未来的中国市场，更有无量的前途。中国市场比较他人，有六大优势：

第一，中国市场刚刚在开发，好似一片无垠的的处女地。过去毛泽东不是说一张白纸,好画最新最美的图画吗,如果用来比喻中国市场,还真有这点意思。

过去中国几乎没有市场,现在一进市场,便有收获。过去是南方人向北方跑,农村人向城里跑。南方人到了北京,把缝皮鞋、炸油条、修眼镜这些行业,几乎都承包了。他们一进大城市,发现处处是钱,拣破烂能发财,弄个小摊能发财,就是给别人当雇工,也能挣钱。城市是市场经济的宠儿,过去,中国多少大城市处在睡眠状态,现在一觉醒来,阳光居然如此灿烂。

中国的市场经济,刚刚起步,许多地方都是空白。我的家乡,不过一个1 000多人的小村子,早几年,有了一个私人小摊,生意好不红火。于是又有了第二个小摊,你在东,我在西。很快又有了第三个小摊,你在南,我在北。现在好了,东、西、南、北、中,各有一个小铺。请想一下,一个千人的小村,就能有这样的商业窗口,如果把中国的空白市场都填补起来,那还了得。

很多东西,过去不以为可以赚钱,一经发起,就成财源。江西有一位张果基,现在名气大得很,他是当代活着的大陆人中第一个被国际天文组织将姓名命名卫星的人。他靠什么起家——作佛龛,而且专门给日本人作佛龛。只这一项就使他成为亿万富翁。还有一位鼎鼎大名的赵章光,他研制的101生发精,已经走向世界,也使他成为中国巨商。不仅如此,就是现在中国名山大川的香火收入,也都非常可观。中国少林寺虽然千年历史,但我们可以这样说,中国少林武术虽然源远流长,而论它的经济状况,还从来没有这般好过!

第二,市场广阔,基础雄厚。中国有12亿人,人是太多了,人多包袱重。大家你挤我挤,都有些喘不过气来。但中国人多,市场也大,特别是消费市场——吃、穿、住、行、用、玩,那市场大到没边。不要说别的,就说方便面,如果1个中国人,每周只吃一包方便面，那么一年他就吃52包，12亿人呢？乘以52，等于624亿包。624亿包方便面，这将有多大的利润。中国人如果每人消费一件服装，那就是12亿件服装。请问，世界上哪有这样大的消费市场？

当然，这只是一种理论推论。实际上，中国人的消费能力还不行，潜力虽大，水平不是很高。中国人的消费力比美国人差得远了。但中国有这个前途，中国的市场，在今天不过是牛刀小试，在明天、后天，才会大显光华。

第三，中国市场优势明显。我们的市场优势，就目前来说，主要是三个便宜。一是劳动力便宜，二是土地便宜，三是技术便宜。

便宜是什么意思？便宜就是商品成本低。

过去20年间，亚洲四小龙为什么能够腾飞，其中一个主要原因，就是他们占了劳动力便宜的光。因为劳动力便宜，才能在来料加工领域打开窗口。然后便从这窗口伸出头去看世界，伸出手去把自己觉得可能取得的利润拿来。

中国的劳动力便宜，比他们更有过之。一个学者，写一本书，要出版，好难好难。就算求爹求娘，将它出了，有时候连稿费也没有。你想出，好，包3 000册书，这个就顶了稿费了。你想想，中国知识分子经商颇不容易，你给他3 000册书，他有什么办法？于是急得有的作者，便胸前挂一个牌子，到天安门广场自我推销，弄得安全部门好不紧张。可是，忽一日，有台湾出版商来访，约其一稿，每千字10美元。哇！哇！！这可不得了啦！1千个字，就能得10美元。10个美元，就是八九十块人民币哩！如写一本50万字的书，好家伙，那就是5千美元！当然这样好事，不是人人可得，偶然碰上一次，真有点兴奋得透不过气来。连老婆都要讽刺，第一次亲吻时还没有这模样呢！

这不是中国人太贱，而是历史让我们太穷。中国劳动力如此便宜,怎不使境外企业界眼红。香港人是看中了这一点,台湾人也看中了这一点,一些西方人同样看中了这一点。

劳动力便宜,土地更便宜。劳动力还要工资,土地呢?很长时间,根本没价。只要有人批准,白用。现在土地终于有了价格,也是贱得可怜。外国企业界看中了这一点,专拣最好的地带投资。有人把城市不同地段依其经济价值比喻为金、银、铜、铁。铁的不要,铜的也不要,银的都不要,要来,非金的不可。况且我们中国人自来慷慨,你要金的,就给金的。地价之贱,令人惊异。很多黄金地段,都成为合资企业。有些一用就是半个世纪。而我们还要为此沾沾自喜。将来终会有一天,我们这些没有经济头脑的中国人,也会算出在土地出让中,中国人到底出了多少"血"。

技术也便宜。中国大陆的技术,过去不曾开放,待字闺中人未识,一旦开放,面纱微露芳姿,让西方企业界看过,便令他们大为惊异。台湾有一位同胞,看了西安的科技水平,认为只要其中的一小部分投入市场,就能创造出巨大的商业利益。而且他认为台湾没有能力把这些科技成果都吸收过去。

第四,中国市场有儒家文化圈支持。中国传统文化在大陆遭非议很多,也理所当然。中国是一个大国,一个大国的历史变革,如果不和自己的文化传统进行彻底清算,则这种变革简直就无法成功。但这不是说,与自己的文化传统清算,就不要继承了,不是这个意思。或者应该这么说,传统文化,需要改造,文化传统,理应继承。

儒家文化,在东亚、南亚都有极大影响,而且因为这种影响,我们彼此也特别容易沟通。这种文化传统,很有可能使东亚、南亚形成一个特别的经济文化圈,从而为世界经济文化发展作出巨大贡献。

第五,就中国人的本质而言,我们有讲究实际的文化风格。

中国人的讲实际，在世界上都是出了名的。有时候，竟然弄到言行不一的程度。你说尽管说，我表面上可以同意你，但执行起来，你上有政策，我下有对策，看你有什么脾气。这才是我们中国人的智慧哩——做好事不怕多撒谎，你会界定，我会变通。难怪我们中国人能创造出孙大圣来，你嫌猴脸不雅，变个美人何如？

中国人讲实际虽然理论不多，但在关键时，哪能赚钱，便向哪去。不管你说得天花乱坠，他非要一个实际不可。中国人的这种特性，决定了中国的改革必从经济生活开始。罗素先生早就发现了中国人这种天才，而且给予充分肯定。

第六，经过 10 年改革，已有相当基础。改革开放的十几年，是中国经济发生巨变的一段时间。这期间，取得的经济成就有目共睹。人民的生活状况发生巨大变化，过去没有见过的，现在见过了，过去没有吃过的，现在也吃过了。北京早就有大饭店，如前门饭店、北京饭店，但老百姓有几个去过这样的地方。当个劳动模范，去上一次两次，就是一生的荣耀。现在呢？进高级宾馆，住高级饭店，坐飞机，坐新型飞机的已不全然是那些高官显贵。虽然能进这些地方的老百姓的比例还很小很小，但毕竟已有了新的气象。北京的“赛特”、“燕莎”等商场，生意同样红火。“赛特”商品价格很高，日本货高于日本，中国货也高于其它商场的平均价格，而且不高则已，一高就是一大截。价格虽有争议，同样有人光顾，生意照样不错。

中国人已经有了相当的购买力，尽管这点购买力还远远够不上世界先进水平。

因为有了这样的基础，所以“家庭宠物”、集邮活动、古钱收藏应运而生，以及歌星影星才有那么红火的生活场面。举个小例子，《天津青年报》1992 年 7 月 17 日发表一篇短文，“小心！你口袋中有十亿港币”。

请问，谁口袋里有10亿港币。回答：歌迷口袋里有10亿港币。文章说："素有'谭校长'之称的港星谭咏麟日前宣称，他有信心，'四大天王'以中国大陆市场为腹地，赚取10亿港币"。作者就此发表评论："当然，'谭校长'此言并不轻狂，大陆流行音乐的确是一片肥得流油的土壤，哪个歌星也不肯让这块肥肉不翼而飞。但是，先让我们来算一笔账，港台歌星在大陆开演唱会出场费已达200万人民币，而发行唱片的版税为每盒1.2港币，这样算来，以'商演义演真假难辨'这类开演唱会的方式频繁出现于北京、上海、广州、大连、福州、南京、武汉、杭州、沈阳等大陆各大城市，大把大把的钞票便从那些"追星族"口袋流入歌星手中。而发行唱片的利润更是自不待言，《吻别》已发行100余万，《花心》也发行80余万。看来，'谭校长'不愧为谭校长，这笔账算得的确不糊涂。""且不说港台及海外是如何采取措施保护本地唱片工业的，单就大陆的有关现状而言，我们便着实应摸摸自己的口袋了，原来，我们口袋里面有10亿港币呢？"

市场经济是一个聚宝盆，只消中国市场能健康发展，10亿港币又算什么！

中国市场有这样的优势，境外商业因而要争先进入。他们可以进来，我们可以出去，虽然从目前的情况看，出去的优势还不算大，但进入世界统一市场是人类的共同使命。中国的市场有人家的一份，世界其它各地的市场，也有中国的一份。且不要说中国人贪得无厌，偏喜欢吃着碗里，看着锅里。

4. 有些泡沫也比一潭死水好

中国自计划经济走向市场经济，是一场深刻的革命，是一场艰难的革命，也是一场辉煌的革命。

因为它是深刻的，所以它触动到上上下下，内内外外，每一根神经；因为它是艰难的，所以每走一步都会遇到种种意想不到的困难。想当初确立深圳特区，就有“杀一条血路出来”的说法。办特区是极好的事情，为什么还要讲杀一条血路出来？中央实行一元化领导体制，为什么还会有杀一条血路才能前进的现象？殊不知，阻力产生于外界，容易克服。阻力产生于内部，产生在身边，甚至就产生于自己的灵魂深处，产生于自己的每个细胞之中，克服起来就难了，连心牵肉，如何不难。但我们现在正在走的市场经济道路，毕竟是一场辉煌的革命，唯有市场经济可以改变中国的贫困面貌，可以改变中国的传统文化属性，可以造就新的中国人的民族形象和民族灵魂。

市场经济的意义，对于东方社会主义国家，特别重大，很多过去难以解决的问题，一入市场，就有了希望。比如越南曾经是战争的能手，却不是经济的能手，这几年改变旧有经济形态，进入市场领域，形势上很快发生重大改变。俄罗斯原本是世界的粮仓，19 世纪前，全世界出口粮食总量的一半来自俄罗斯。但在斯大林模式下，情况越来越糟，不但不再是世界的粮仓，而且连粮食自给自足都成为不可能。据说前苏联的农业部长谁上任谁倒霉，连赫鲁晓夫这样的豪杰之士都在农业问题上摔了死跟头。但是，俄罗斯实行市场经济不过几年时间，据 1993 年 7 月 24 日《参考消息》报道：“俄今年粮食可望大丰收”。据国际文化电讯社报道，“俄罗斯国家采购局的负责人说：‘俄罗斯农业部长赫雷斯通说，俄罗斯今年的粮食产量可能会比去年增加 2 500 万吨。俄罗斯过去粮食最高产量是 1990 年时的 1 167 亿吨。”

这不是说赫雷斯通有三头六臂，比他的前人多生了两个脑袋，而是有市场经济作保证，俄罗斯农业确实出现前所未有的活力。

市场经济带来新成就，改变了旧观念；但也出现了新问题，而且有的问题还相当严峻。泡沫经济只不过是其中的一个小小的表现罢了。

可以这么说，中国引入市场机制以来，有过多少好事，就有过多少波折。中国人从来没有见过的好事，从来很少见到的坏事，统统都产生了。

共产党领导几十年，有过这么多吸毒人吗？有过这么多明娼暗妓吗？有过这么多刑事犯罪分子吗？有过这么多腐败分子吗？有过这么多假冒伪劣商品吗？

50年代，刘青山、张子善作为特大案件，他们两位一共贪污多少钱，不过几万人民币，他们还是老红军，身上还有为解放中国留下的伤疤和子弹哩！现在呢？贪污几万，不过小菜一碟罢了。几十万，几百万，上千万，上亿的案子都发生了。有人说，如果毛主席在，准把他们一个一个全都枪毙。有一位老革命，因为把公家的椅子搬回家两把，还给开除党籍了呢！今天这个样子，毛主席他老人家在纪念堂中能够睡稳吗？也有人说，毛主席是反对贪污，但他没能解决中国的贫困问题，没有贪污固然好，连饭都吃不饱就不好了。我们宁可正视社会上有许多贪污现象，也不允许让12亿中国人再饿肚皮。

单以泡沫经济而论，计划经济是不会出现泡沫经济现象的。一个一个都管得很死，连螃蟹都不吐沫了，何况本来就不会吐沫的人手！不要说螃蟹无沫可吐，要是再那么下去二三十年，说不定连它们也会饿得直着跑呢！

泡沫经济现象是社会引入市场机制，经济投机活动达到一定程度的必然产物。因为有机可投，有利可图，人们才有更多的追求，更大的幻想。于是一旦发生有机可乘的机会，决不放过。你也不放，我也不放，大家一哄而上，就有热度。你也竞争，我也竞争，资金明显超过一定界限，其市场价格就会背离原来商品的经济价值，于是形成泡沫。

这里顺便讲几句关于“投机”这个词的意义。中国人过去最害怕听到投机倒把四个字，这四个字是和经济犯罪联系在一起的。不要说投机倒把了，连竞争这两个字都听不得。以为资本主义才讲竞争，社会主义只讲协作。其实这是违背共产党最为提倡的辩证法，没有竞争哪有协作；如同没有白天就没有黑夜一样。

人生均有个性，经济更有个性。有个性就有长处，有长处就要竞争。不要说人类，就是自然界，如果兔子不会蹦，驴子不会叫，鸭子不会水，鸽子不认路，甚至煤球不黑，元宵不白，鸡仔不黄，青草不绿，您说会怎么样？

计划经济把人人搞死，不是没有投机倒把，而是无机可投，无物可倒。于是北京小吃找不见了，传统工艺看不到了，鱼米之乡缺少米，大草原上少牛羊。

1993 年 2 月 25 日《羊城晚报》报道，广东省副省长刘维明提出：“不要再批判‘投机倒把’”。他说：“搞市场经济不会投机，就不会有效益。”他问：“选择时机买进卖出商品，获得较大利益，有何不好？”他申明：“我历来主张，对长期批判的投机倒把要重新去认识，对炒买炒卖、囤积居奇、买空卖空也不要再批判了。”

实际上中国人所说的投机倒把，包括的含义都很丰富。这里面有些属于经济的行为方式，有些属于企业决策者对商品入市的选择。“投机倒把”其实也需要必要的规则，不过作为计划经济向市场经济过渡的一种经济现象，它却有十足值得肯定的理由存在。

由此观之，泡沫经济虽非好事，作为市场经济的一种必然会出现的经济现象，它也有自己的特殊意义。

如果以市场经济取代计划经济这个大前提为理由，有些泡沫总比一潭死水好，岂是好，而且好 1 000 倍，好 10 000 倍。纵然在这样特有的经济现象中弄了一头一脸的泡沫，甚至因此而奋勇捐躯，也带有开拓者的含义。

为着市场经济的确立和成熟，纵然为“泡沫”而死，也死不足惜。

5. 中国，离市场经济的大目标还有多远？

市场经济不是一句话，它是一个非常复杂的系统工程。

市场经济也有广义狭义之分。广义的市场经济，可以从古希腊算起。但狭义的市场经济，只能从文艺复兴以后算起。西方工业国家，从开始市场经济的第一天起，经过了多少年的努力，经过多少狂风巨浪，才达到20世纪中叶以后的繁荣。

资本主义初期的市场经济，即资本的原始积累阶段，是一段火与剑的历史。这一点，不但马克思是深恶痛绝的，就是当时西方最著名的政治家、思想家、文学家、艺术家，也同样对那种老虎吃人、羊也吃人的社会现象给予了严厉的批判。

从此以后，西方世界出现过工业革命，出现过资产阶级革命，出现过本世纪20年代末的经济大萧条，出现过法西斯主义，出现过殖民侵略，出现过贩卖黑奴，出现过军国主义。美国是西方最发达国家，它不但经历过独立战争，而且经历过解放黑奴维护国家统一的南北战争。因为经济利益和其它原因，在本世纪前半叶不足35年的时间里，就爆发过两次世界大战。全世界死亡数千万人，受害者不下十几亿人。现在的中国人，看到西方工业国家的经济繁荣、科学进步、社会福利远远高于东方国家，禁不住十分向往。现代青年人，希望去西方国家的大有人在。有人曾写过一本叫作《世界大串联》的书，绘声绘色地描写了中国青年人要求出国，如何出国的艰苦卓绝的努力。但是我们应该提醒自己注意，西方市场经济能达到今天的水平，已经不是一代人二代人的努力，而是经过几百年时间，几十代人的努力，才达到今天这样的水平。而今天这样的水平，就能够满意了吗？至少西方人不能满意，不但不能满意，现在他们的领导人还为经济停滞不前、失业率很高而满腹怨肴呢！

中国是历史上历时最漫长的封建国家，而且是中央集权的以小农经济为基础的封建国家，在这样的历史文化基础上，建立市场经济，则难上加难。据 1993 年 2 月 17 日《中华工商时报》报道："市场经济体制的最终目标将于 30 年内实现。"30 年确实不是一个很短的时间，本作者年届不惑与天命之间，到了 30 年后，差不多就和孔夫子去世的时候一样大了。"人生七十古来稀"，能不能看到那一天，都要划一个问号，何况，现代的中国人，三四十岁还算青壮年呢！那篇报道说："实现社会主义市场经济体制的最终目标大致需要二三十年。改革分三阶段推进。"

"第一阶段从今年至 1995 年，第二阶段从 1996 年至 2000 年。到本世纪末前两阶段结束时，应初步建立社会主义市场经济体制的基本框架。其标志：基本理顺产权关系，新的企业制度基础确立；以商品市场为基础，要素市场为重点的市场体系较发达；全社会的社会保障体系较健全；适应社会主义市场经济的法律体系基本形成；市场经济间接调控体系基本形成并有效运作。从而基本理顺国家与企业、中央与地方的经济关系。"

"第三阶段从 2001 年至 2020 年，社会主义市场经济体制比较成熟，比较完善，为我们在下世纪中叶赶上中等发达国家的经济水平奠定坚实的体制基础。"

如果我们把这篇文章的思路换个角度考虑，那么，要建立中国历史上第一个市场经济体制，要解决的问题还有很多很多。现在的改革成效还只是一段不长的序幕，或者说大幕方才拉开，正剧刚刚开始。

三、林冲的酒葫芦装不得法国白兰地

计划经济模式中的“大政府”有四大弊端。

北京百货大楼曾交100个大楼的利润，好还是不好？

“没有永远的敌人，也没有永远的朋友，但有永远的利益。”

一切合法的公私财产均神圣不可侵犯。

旧瓶装新酒，不过是种比喻。比喻都有缺点，所以要指明比喻的确切含义。旧瓶可不可装新酒，应该说，可装也不可装。一斤茅台酒，装在玻璃瓶子里可以喝，装在瓷瓶子里也可以喝，难道因为换一换酒器，茅台的味道就变了吗？但是，旧瓶未必全能装新酒的，法国白兰地多少钱一瓶，XO多少钱一瓶，美国威士忌多少钱一瓶，您把它们装在林冲先生的大酒葫芦中试试，看看还能不能卖出去。

旧瓶可以装新酒，但要在没有发生质变的条件下。旧瓶不能装新酒，因为社会经济体制发生根本性变化，要装，也装不进去。

中国的市场经济刚刚起步，许多旧的内容仍然存在，旧体制还在，旧思想还在，旧理论还在，旧的行为方式也还在。旧的与新的，装出了矛盾。这些矛盾冲突的结果，是给中国现代经济带来种种奇异的现象。中国式的泡沫经济不过是其中的一种现象而已。

中国人完成计划经济向市场经济的过渡,要解决的问题成千上万,实在说,这些问题的解决,只能一面发展,一面探索,一面修正,一面建设。但是其中最基本的几个问题,延误一天,都会造成极大的损失。特别是理顺政府与企业,中央与地方,东部中部与西部,各个社会阶层,特别是个人、集体与国家的关系问题,显得特别重要。这其中最重要的一个是产权关系,一个是利益关系。利益关系即分配序列,这个问题和产权关系其实是不能分开的。

1."大政府"的四大弊端

计划经济,一切由中央包办,中央也确实异常辛劳。累是累,到头来,人民弄得很穷,大家还不满意。计划经济模式中的政府,必定是大政府,从一些国家情况看,大政府必定有如下四大弊端。一是机构庞大,而且越来越庞大,越精减越庞大,弄得整个社会头重脚轻;二是官僚作风严重,以至成灾成患;三是个人廉洁无法长期保持,最好的政府有时也会滋生特权阶层;四是内部斗争激烈,因为大政府是领导一切的政府,而领导一切的政府,它的矛盾自然没人能够解决,有了分歧便往往激烈。看东方社会主义国家的政权历史,几乎没有一个国家可以逃脱这个规律的。许多领导人,被杀、自杀、被捕、被斗、出逃、被迫害致死,其实如果放在市场经济模式里,都是不会发生的,至少不会普遍发生。里根当总统不久,挨了一枪,生命有些危险,当时的国务卿黑格就急急忙忙说自己是总统的第一继承人。其实他差得远呢!按顺序排,先后还有副总统,两院议长,然后才到他这儿。这要在中国,非按野心家处理不可。当然美国人也不赞成黑格的表现,但他们没大动干戈,最终以辞职了事。

大政府首先是机构臃肿,其臃肿的程度,令人惊讶。机构臃肿了，起动不灵，效率不高，开支膨胀，不堪重负；于是精减。但计划体制，政府事事要管，件件要管，事事需人，件件需人，人一减少，马上不灵，于是又增。1949年以来的40多年时间里，几次精减，可是机构越减越繁复，人员也越减越多。

《经济参考报》1993年3月13日发表一篇题为《衙门、官员、经费——某县体制考》的文章。文章说："西北某县，人口不足15万，在全国不显山不露水，绝无特殊之处。然粗略考察其体例沿革，怵目惊心"。什么事怵目惊心呢？15万人的一个小县，标明"干部身份"的行政工作人员就有2 400人，还有相当数量的"以工代干"、"挂职干部"和机关合同工、临时工，人数可能超过干部数的10%。反映在经费上，"1955年，该县的财政收入89万元，经费支出34万元。1990年，财政收入增长到1 160万元支出却达2 250万元，成了'伸手县'。""50年代，县政府养了几匹马，领导下乡骑上就走。现在县城里有30多部小车。可放到浩浩荡荡的干部队伍中，就太微不足道了。有一位老干部说，现在再给每个干部养匹马，草料要堆放几个城关镇。县长说，给我现代化我也不敢要，每人配一辆小汽车，烧水都还得再凿几口大井哩。"

一个县如此，全国更不得了。据国家人事部副部长张志坚在《瞭望》周刊上发表的文章说，目前，地方党政机构膨胀相当严重，"各省设置党政机构平均达到70多个，地区达到50多个，城市达到65个，县级达到45个。有些省、市党政机构设置多达100个，党政工作部门内设机构膨胀更加严重，还不包括大量非长设机构。全国1990年机关单位数比1984年增加了5.5万个，平均每年增加0.9万个。机构增加，领导干部人数也相应增多。有些省机关厅、处级干部占全部人数40%左右。1989年底，全国地方各级机关共超编40多万人，1990年超编50万人。近几年，全国干部队伍以每年100万人的速度增长，目前总数已接近3

400 万人。国家干部队伍每年经费达 1 000 亿元,占国家财政支出的 36%。”①

如此多的干部,中国的财政怎么受得了?

值得说明的是,现在很多文章,一讲机构臃肿,人浮于事,就拿目前的情况和 50 年代比。比当然可以,但这种比法,其实并不能完全说明问题。50 年代中国政府管多少事,那时候的政府事情要少得多。要比,最好拿中国机构和西方工业国家比,这样才能真正找出差距。我们中国人从来都以为我们比西方要先进得多,实际上,至少在经济体制方面,我们并不先进。

因为实行计划经济体制,必然要采取官本位。万般皆下品,唯有做官高。千军万马上独木桥,只有做官才能有名有利。官本位本是中国文化传统,加上高度集中的计划经济,二病归一,官本位显得更加彻底。不但政府官员是官,军队干部是官,公、检、法干部是官,连党的干部也是官。不但行政人员统统是官,连工商企业、学校、科研单位,统统都给个官的级别。最可笑的事情,莫过于连尼姑、和尚也定官级。某个寺庙为正处级,某个寺庙为副局级。副局级的大和尚可以坐汽车,而正科级的和尚就只好用两腿走路。这样的怪事,不禁令人啼笑皆非。而在当初,人们为着一个级别是可以用尽各种心机的。

那也不怪他们,连毛泽东都说:“男儿有泪不轻弹,只因未到授衔时。”本来嘛,干革命干了一辈子,为什么他是处级,老子就是科级,于是你争我比,干部越来越多。很多地方,一个科室,三个科长,一个干事。作者工作过的一所北京高校,院机关有将近一半的单位,只有处长,副处长,没有处员。但大家倒也相安无事。他们相安无事,在第一线教书的先生怎能不气愤填膺,司机

① 转引自《白猫黑猫》第 86 页。

班的工人怎能不经常闹点连院长都没办法的小脾气。

因为是官本位，所以必然滋生官僚主义。因为机构越来越臃肿，官僚主义的毛病也就越来越重。有的地方，申请一合资企业，六五计划时提出的事情，到了七五计划还没有批准。为着一个什么项目，最多要盖 270 个图章还没有履行完手续。自从 80 年代以来，凡是头脑不呆不傻的中国人，一定听说过："时间就是金钱，效率就是生命"。可是办一件事要盖 270 个公章，还能有什么效率。

计划经济因为是一种现代人无能力把握的经济模式，往好里说它带有空想性质，而把空想性质的模式硬当成现实模式，怎能不碰得鼻青脸肿。计划经济必然要求大政府，大政府，小社会，结果必然是头重脚轻。头重脚轻根底浅——因为经济基础不行——穷。明明已经很穷，还愣是说好。说来说去说不出什么真东西。

市场经济则要求小政府，大服务。按照中华人民共和国的国体，人民才是国家的主人。企业也是国家的主人，经济天地，企业是主人，企业不是政府的附庸。而现在国有企业，特别是大中型企业为什么总是搞而不活，活而又死，就和政、企不能真正分开有关。政、企不分，政府不为企业服务，企业法人和国家管理人员不能达到真正的社会平等。这种体制如不彻底改变，中国经济至少国有经济就不能有所作为，更不能繁荣昌盛。

党、政分开，政、企分开，一点都不能含糊。在企业就是要按照已经有的法律规定，收回本该属于自己的一切权力。而作为政府，就应该把一切属于企业的权力还给企业，把一切属于公民的权力还给公民。这不是说政府没事干了。政府的责任依然有千钧重万钧重。政府应该负责好自己的职责，而且要真正为企业服务，为企业建立必要的保护条件，使企业在市场海洋中游泳游得很舒服，更舒服。

2. 中国，全民企业还有无活路

全民所有制企业，这是过去最为正规的叫法，这个叫法也最能体现计划经济的特点。但是这名称并不科学，不仅名称不科学，实际上也无法实现其全民性质。企业是全民的，全国12亿人口，只要还具有公民资格，就人人有份。虽然人人有份，你生活上有了困难，去拿一点出来，却不行。偷偷摸摸地拿固然不行——那是偷，在光天化日之下硬拿更不行——那是抢。全民企业，全民不能作主，这叫什么全民企业。不但企业外的人员不能作主，连企业内的职工也不能作主，赢利了也没有权力增加收入。亏损了也不负任何责任。所以有时干脆躺在全民企业上睡大觉。早两年中国经济疲软，有的企业还编了亏损歌，说"亏损好，亏损好，亏损摊派不要了，税务工商不来找，贷款也就不还了，还有补贴送来了。"

大约，后来各位专家也觉得叫全民企业不很恰当，于是改叫国有企业，国家成立了国有资产局，专管负责国有企业的相关事宜。

改为国有企业，又带来新的问题。国有企业自然也要进入市场的，但既然要进入市场，就可能赢利，可能发达，也可能破产。但国有企业为国家所有，国家是国有企业的老板，国家不破产，国有企业怎么破产。于是成了悖论，按照市场规律，任何企业经营不善都必须破产，但企业是国家的，国家没有破产，企业怎能破产？

悖论所反映的不是一律的内容，悖论不合逻辑，因为它不合逻辑，所以就难定是非。但于国有资产能否破产，就有是非。现在中国的国有大中型企业，大约40%亏损，30%保本，30%企业赢利。虽然亏损的企业也是国家资产，但国家资产的来源都是人民的税款，人民不能以自己的血汗劳动结晶去永远填补那些没有赢利希望的企业。国家不破产是因为有人民的支持，而国家为着人民的支持和人民的利益，就没有权力去滥用人民的血汗钱去维持那些亏损的经济实体。

从另一个角度理解，国有资产实际上是一种投资。既然是一种投资，就有可能产生正效应，也有可能产生负效应。也就是说，如果产生正效应，则这些投资就可以成倍收回，如果产生负效应，而这种负效应一直达到一定的程度，从而丧失了继续经营的可能，那么，这些投资的价值就已经丧失。于是投资无法收回——它没有了，资产已无，企业破产。这正是市场经济所要求的，也正是市场经济所必须遵循的客观规律。

在市场经济条件下，不论你是什么性质的企业，都应该适应市场经济的需要，可大，可小，可买，可卖，可破产，可兼并，可改变性质，可交换产权。

什么叫可大？企业赢利，得到发展，就大了，这是最起码的常识。但这个常识在计划经济条件下被忽视了，忘记了，扭曲了。很多国营企业，原本极有潜力，也很能赢利，但赢利尽管赢利，要发展却不行。比如北京百货大楼，在全国都有极大的名气，但大楼建成40年，还是那座楼，真有点象一部电视片唱的了：路还是那条路，井还是那口井，山还是那座山，梁还是那道梁。据统计，百货大楼交给国家的利润已经可以重建100个百货大楼了。一个大楼，交了100个大楼的利润，怎么样？好得很？不，糟得很！为什么糟得很？因为，虽然北京百货大楼交了100个百货大楼的利润，可它本身没有发展，还不过是一个大楼而已。如果换个办法，把上交的利润砍掉一半，那么，剩下的钱就可以再建50个百货大楼了。纵然建不到50个，只建30个，请想一想，这样是不是对国家更有利，对顾客更有利，对大楼本身也更有利。这样的好事情不去做，而一味沾沾自喜上交利润的额度，岂不是糟得很。不仅一个百货大楼，过去好象我们常常听说，这个地方用了三年时间已收回全部投资，那个地方用了 5 年时间已经回收双倍投资。收回投资怎样呢？还不是大头入国库，从而限制和影响了企业本身的发展。当然，这不是企业的过错，企业没有过错，这是计划经济的弊端。计划嘛，国家建厂，国家收利，而国家财产，按社会主义定义，全是人民的，这有什么不好？理论上听起来确实没有什么不好，实际上各方都没有得到真正的实惠，已经十分不好。计划经济对于企业来说，是一种萎缩性经济，好象人得了萎缩性胃炎，吃也尽管往嘴里吃，就是不消化，白白地让美丽的西施姑娘心口疼，别人还站在那儿津津有味地欣赏美人呢！

什么叫能小？不能赢利，没有发展，就必须变小。计划经济，一方面不能变大，一方面，也不能变小。企业也是有官级的，正团级、正师级、正军级。一旦入级，永不降级。他是个正军级厂长，虽然干得非常糟糕，糟糕是厂子糟糕，级别方面绝不含乎，大凡正军级享有的一切待遇，他老人家一样也不少。不但他不少，到厂里，各机关首长，以至所有中层行政领导，下级领导，该给到的全都不少。不但行政领导一样不少，党的干部也照样不少。厂长是军级，书记也是军级，谁比谁小？两头称大，谁都不小。所以，厂长给 4 室 1 厅，书记也就不能少。不但执政党的企业领导干部，就是工会、共青团、妇联干部，也人人有级。而且一旦上去，就是天王老子看他不顺眼，也不能咋样？市场经济的妙处在于，没有利润，自然变小，什么是否军级，如果连一分钱的利润都挣不来，那么好吧，先把工资去掉 1/3，看看这正军级是否变了点味道？

什么叫可买，可卖？不论投资也好，企业也好，搞得好时，可以买入，搞不好时，可以卖出。企业本来是卖商品的，如果永远生产不出来适销对路的产品，那么对不起，就只好卖自己了。按照计划体制，企业都是国家的，反正，国家还可以自己收买自己，能不能销，把左腿上的肉割下来，放到右腿上去。但是，市场经济不允许这个，如果企业不能买卖，就是企业未能进入市场。市场经济者，世间万事万物皆可因其价值而交换之所谓也。或者换句话说，凡与市场沾边的东西，没有不可卖的。企业是市场的主体，而且是活动的主体，买卖才能使之增加活力。

可破产，这已说完了。可兼并，意思也差不多。你发展得好，他发展得不好，就可以把他吃过来。吃过来没有坏处，对自己则壮大了力量，对对方，则解决了危机，对国家则减轻了负担，对职工则找到了转机，这样的好事不办，你想死呀！听说，北京东安集团想当初要兼并北京一个手表厂的时候，就有人激烈反对，认为这个不行，商业吃工业，作为国家企业没法交待？其实这是糊涂思想。你自己办不好，上级部门管不好，管不了，女儿要嫁，男婚女嫁，你没有理由不同意嘛！谁不同意，请他来当厂长，看他能不能把这样没有出路的厂子救活？

可改变性质，可转换产权。改变什么性质？改变企业的所有制性质。过去这样说不得，你想改变全民企业所有制性质。这不是想变天吗？只此一念，枪毙五次都不为过。中国过去几十年历史，只见过说过国营企业兼并私营企业，今日收一批，明天收一批，先改后收，或先收后改，就跟八路军、新四军、解放军收编俘虏与起义部队一样。现在猛不丁听说国营企业正规军要被别人收去，怎么接受得了？

然而，接受不了，有什么办法？你自己没有本事，一个好端端的企业交给你，赔钱、赔钱、就是赔钱，赔来赔去，连中华人民共和国这么大一个国家都吃不住劲了，只好让人“吃”去。我在《猛醒的中国》一书中说过，如果中国的企业搞不好，被别人吃去，也理所当然。假设有一天，一个美国公司把鞍钢买走了，把京广铁路买走了，也不稀奇。如果买走的是亏本企业，这企业再大，资格再老，历史再辉煌，我都要拍手称快。这不是本作者没有爱国之心，而是与其让这些原本极有希望的企业在自己手中赔下去，不如交给人家，从而使这个企业活起来。将来有一天，我们中国强大了，也可以把半个美国的股份都买下来，那才好哩！现在国有大中型企业居然有 40%的企业长期亏损，如此亏损下去，受害的是谁，还不是国家，还不是民族，还不是年年月月为这国家纳税的纳税人与潜纳税人，还不是这些亏损企业中吃尽苦头的职工和管理者。这样的企业，如长期不能改观，不如卖掉的好。

1993 年 4 月 6 日《采风报》摘登一篇题为《国企改革似无出路，民企介入才有希望》的文章。文章引北京中国人民大学经济系教授魏杰的意见说："中国大中型国营企业的改革似已无出路可走。关键是政府和企业职能没有得到清楚的界定，政府依然置身于生产关系之中。政府而不是企业才是改革的中心问题，在目前的情况下，他认为应该让民营企业介入国有企业，逐渐把政府从生产关系中'逼出去'。"

其实，国有的所有制并非真的动不得，比如中外合资，性质不是变了吗？中国的事情有许多是想让你变，不变也得变；不让你变，想变也难变。然而，行政权力终究阻挡不过经济规律，市场经济不是当代中国人的一种自由选择，而是一种无法更改的历史命运。

你硬不让改变也可以，只要经济还在发展，终有一天，会因为你和历史命运过不去，而让历史抛弃了你。举个例子说，1993 年 7 月 26 日《北京晚报》在经济新闻版有一篇《国有餐饮业争口气》的文章。文章说："据统计，1990 年全北京市大小餐馆 1 万多家，到 1992 年达到 2 万家以上。1991 年，一个东城区就有1 020 家，去年春天一过，又出现一次猛增，达到了 1 728 家，一年之中，净增 708 家。东单北大街，不到一百米的地段上，挤压各种空当之中的餐馆、酒楼就有十多家。然而，国有餐馆却一个没有增加。”

文章又说，“据商业部门统计，国有商业的销售额在中国改革之初占全国商品零售总额的 90%，但是目前只占 30%左右了。”

文章指明集体、合资、个体餐馆和国有餐馆的消涨态势，对读者说：“集体、合资、个体的高、中、低档餐馆一下子对国有餐馆构成了‘围点打援’之势。国有餐馆地盘相对缩小，经营严重受损。”

过去有个说法，叫作打土围子，无产阶级是游击队，地主武装是土围子，现在，个体、集体、合资企业成了游击军、正规军，国有企业反而成了土围子，令人耽心的是，这样一个土围子，还经得起打吗？

实在说，旧有全民所有制，本身就是说不通的。国有企业的说法虽然说得通，但它的产权形式、运行机制已经走入死胡同。从这条死胡同中走出来的最好方式，还是推行企业股份制。国有资产，本质上是一种投资，将投资作为股份，不但于国家有益，而且于形成中国的股份市场也很有益。

应该说，股份制是中国企业产权关系未来的最好选择。

为什么？

因为股份制至少有如下种种优势：

其一，便于集资。改革的中国，国家资金紧张，企业资金也很紧张。但在老百姓——至少其中一部分老百姓手中掌握一定数量的资金。这资金全放在银行，不是好办法，用来吃喝消费，简直就是藏在山洞中的老虎，如猛虎下山，招架不住。如果把它作为股份，投资到最有前途和最需要的企业，就是一举三得的好办法。

应该这样理解，中国公民的钱，集体企、事业单位的钱，国家的钱，说来说去都是人民自己的钱，不要怕它们合流共处，反而应该鼓励它们走到一起。怎么走到一起？一方吃了一方，那是强盗逻辑。一方欺骗一方，那是蟊贼逻辑。一方依偎一方，那是妓女逻辑。双方平等相处，各取所得，有什么不好的。中国很多乡镇，他们有比较充裕的资金，却苦于找不到投资项目。有些企业，只办些小煤厂、小酒厂、小冶炼厂，一方面弄得环境污染严重，一方面效益也不高。虽然抢了些眼前利益，却损伤了本来就无比宝贵的资源，也侵蚀了大中型企业的利益。与其让它们憋得难受，不如开一个小口子，就请它们把钱投到大中型企业上来，买点股票。一方面，需要资金的企业可以得到资金，一方面，想要投资的人们找到投资对象，这类美事，竟然迟疑不做，令历史老人为之叹息。

其二，便于监督。凡股份制，必有股东大会，股东对企业就要实行监督。国家要监督，股东也要监督，二者的责任才能真正分开。魏杰先生讲要把民企引入国企，希望将国家逼出去，意见是好的。但所谓“逼出去”的方式，还是要在产权这个根本上下功夫。其实国家也没有被逼走，那些国有股份仍然属于国家。唯有允许各种股份进入企业，由股东进行监督，才能真正落到实处，搔到痒处。一个企业只能有一个婆婆，与其要和自己利益相关的股东婆婆，也不要只会给企业下命令搞摊派的国家婆婆。企业不要国家作婆婆，不是不尊重国家的权威，而是希望国家放下企业这个大包袱，站在一边好好为企业服务，并且做好原本属于自己职责中的事。

其三，便于请更多的人参与管理。参与管理的人当然主要是股东，确切地说，不是直接管理，而是为企业多出好主意，多提好建议。国有企业之所以运转不灵，效益不好，主要的原因，是企业利益和职工关系不密切，有时候甚至利益分离。私人企业的条件未必比得上国有企业，但它与职工的利益非常明确，干好干不好就是不一样，既不一样，还有谁会诚心干不好呢！

现在有个说法，或说有种现象，叫作是谁的吃谁，谁办的吃谁。一些大城市倒卖火车票，早已成风，屡禁不止，而且好像总禁不止。执法人员在和倒卖集团打拉锯战，你治我躲，你进我退，你打我停，你退我追。一些售票人员，明明有票，硬说没有，没票是因为你没给“好处”，好处一给，马上有票。一些外国人到大陆来，他买不到票好不心焦，一打听就是满员，再打听还是满员，怎么不心急火燎。但是不要紧，一旦你给人家“方便”，自己马上得到“方便”。最让人好不惊异的是，一旦上了飞机，或者上了软卧，飞机上只不过七八个人，卧铺三三两两，多有空闲。于是感慨万端。中国的某些售票单位，宁可有票不卖，绝不放弃个人私利。这种现象，真让这些老外大开眼界。股份制可以使职工利益和企业利益更为一致，可以使他们把关心自己的所得和关心企业发展联系起来。在股份制条件下，虽然仍然有某些缺乏职业道德的人，也容易被同行所监督，被管理者所发现。

其四，便于上市。市场经济，所有商品都有双重经济活动；一方面，是商品的活动。一方面是商品等价物——金钱的活动。两种活动产生 1+1 大于 2 的效益。现代企业也具有双重活动，一方面是所生产的销售商品的活动，一方面是企业资产——股票的活动。谁不知两条腿走路要比一条腿走路要好得多，股份制企业，可以股票上市，就是多了一条腿。多上一条腿不打紧，使企业可以进有进路，退有退路。

自然，搞股份制也不是一件轻而易举的事情，如果假借股份之名，而把国有资产偷偷摸摸变成个人资产，就荒唐了。但从大趋势论，国有企业不走股份制道路，恐怕出路不多，如果长久执迷不悟，未来的前途或许还要等而下之。

3. 利益不均，上下左右理不顺

一位英国哲人说过："英国没有永远的敌人，也没有永远的朋友，但有永远的利益。"利益这件事，儒学先人所不耻，君子喻于义，小人喻于利。但利益是否定不掉的，最令人痛心的是，越是那些极力否定利益的人，往往还越是贪心不足。从中国古代的情况看，刘邦与项羽比，论品行，刘邦不行；论武功，他更不行；论实力，他也不行。但他对当时各阶层的利益处理得好，于是一个流氓无赖打败了叱咤风云的楚霸王。武则天人品也不甚好，连自己亲生的女儿，作太子的儿子都舍得下毒手，可说是心肠狠毒，有异良善。先前侍奉父亲，后来又侍奉儿子，再后来还养了一群面首，可说妇人中无耻之尤者也。她对李家下手无情，有点危险征兆的人物让她杀得干干净净，可说是李氏王朝一大祸害。对内臣也不手软，只要不利于她的意图，马上想方设法处死，可谓无仁君之德。惯用酷吏，镇压良臣良民，反过来又处死酷吏，以显示自己的清明，堪为酷吏之师。依仗武家，又不能使武家避祸，不免当事者愚。但她在处理当时的阶层利益时，同样有高明的见解。盛唐之盛，除去李世民之外，她的功劳最大。此外还有赵匡胤、朱元璋、雍正皇帝，大都可以归入此类。实际上，只有将各阶层的经济序列处理得当，才能民心安定，只有民心安定，社会经济才能繁荣，国家才能强大。对于政治家来说，往往不以人品高低论英雄，主要看他对历史贡献的大小。

中国是个大国，中国又处在历史大变革期间，从计划经济走向市场经济，不能不给各种利益关系带来巨大的冲击和变化。旧有的模式打破了，新的模式一时未能建立起来。过去穷怕了，现在一有发财机会，岂能放过。于是一有机遇，马上心跳加速，血脉喷涨，必欲得而后快。中国式泡沫经济的产生正好反映这样一个历史阶段的历史特点。

但是，我们可对历史负责任地讲，如果当代中国人各种现实利益总不能处理得当，那么，中国现代化事业就会不断遇到危机和挑战。

但是各方各面经济利益的确定，不仅是一个单纯的理论问题，而是一个现实问题，不属于静态模式，而是一个动态模式。这里讲的几种利益的分析，不过是一种供各方参考的理论模式而已。

十多年来，除去1989～1991年这一段时间，中国经济发展很快，而且有一种压抑不住，后劲滔滔不绝的态势。这实在是因为现在中国取得了一个百年不遇千年可遇的历史时机。但唯其如此，各种利益的冲突而显得十分尖锐。这些利益包括：

各级政府与企业的利益关系；

中央与地方的利益关系；

地方与地方间的利益关系；

国家、集体与个人的利益关系；

不同阶层的利益关系。

第一，各级政府与企业的利益关系。政府与企业的利益关系，主导一直在于政府。双方利益不尽一致，并非坏事。因为过去搞计划经济习惯了，认为社会主义内部没有根本的利害冲突，这一点，毛泽东就不同意，因此他才做了《正确处理人民内部矛盾》的讲话。但在总体思维方式下，还是认为，企业是国家的下属，国家让你怎么办，你就得怎么办，只有服从国家的权力，没有不同意国家意见的权力。

改革开放以后，情况发生巨大变化，实际上，政府和企业总是有许多矛盾，高明的作法，是正确处理这些矛盾。怎么正确处理，不是仅仅靠忍让，靠说教，靠行政命令，靠以民族大义为重，老实说，说教已经不解决问题，真正解决问题的办法，还是找到正确处理双方经济利益的方式，并且用法律把它固定下来。

企业与政府的经济关系，是通过纳税来表现的，过去搞税利分流，后来干脆以利代税，可谓南辕北辙，越是加劲，相去越远。实际上，企业与国家除去税的关系外，不应再有别的经济义务。企业既已按法律纳税，国家就不能在经济上再对企业提出额外要求。但可惜，这一点做得还不好。

现在国家财政紧张，免不了要在各个方面大找原因，同时，也使用了一些失误办法。一个是向银行挂帐，错了；一个是向企业摊派，又错了；一个是加收各种费用，也错了。

国家财政紧张，应该分析其紧张的真正原因。真正原因，主要有三个：一个是旧的社会福利制度，压力太重，各种补贴不堪重负。1992 年以前，北京市财政局用于居民生活补贴的款项，就占去全部收入 40%以上。这样的巨负，如何得了。这个可以称为民补。二是亏损企业面极大，一般不低于 30%，有时高于 50%。亏了怎么办？补!？不补，企业不干，谁让我是国家的企业，好像旧时代精明的父母生了无赖的儿女。我是你儿子，就得吃你，任你逃到天涯海角，也要追你一个公鸡不打鸣，母鸡不下蛋，而且还有杀手锏，无赖儿女的杀手锏是动不动闹自杀，不给钱，好，不活了。现在企业的杀手锏，是频繁上报不安定因素，于是没办法，补。实在是在用金钱买安定。金钱能买安定？令人怀疑。即使能买，政府也不会屙金尿银，哪有许多金钱可补。这个可以称为企补。民补加企补，已经伤了元气，可怕的是政府机构臃肿庞大，人浮于事，开支狂涨，连年不绝，使得各级财政，日子紧上加紧。于是有主张过紧日子的，有主张印票子的，有主张提高预算的，有主张提高物价的，这些都不是根本办法。根本办法，是按照市场经济规律办。

第一，该给企业的要给足。而且对各类企业的税率应尽快达到统一。

第二，自己的毛病自己改。消肿减肥，敢吃泻药。

第三，包袱已经背不动了，各类无益补贴，应有步骤尽快取消。物价该放则放，亏损企业该破产就破产，俗话说，旧的不去，新的不来。亏损的不减少，赢利的难发展。好比向两个水缸挑水，一个好的，一个漏的，挑两桶，漏一桶，等于花两桶水的气力，没有吃到一桶水。这样的成本计算，如何不亏。如果不亏，就该砸烂赵公元帅的招牌。

个体企业、集体企业、合资企业与独资企业为什么比国有企业效益好，和他们少纳税、不纳税有关。就这些所有制形式来说，外资和独资企业无疑处在更有利的位置。个体企业固然逃税而且成功逃税的很多，但各种摊派他们很难逃过。总的来讲，对这些企业，纳税应严格，摊派应取消。

老实说，只有更多的企业富了，国家财政才有滚滚不断财源来。

第二，中央与地方的利益关系。中国版图很大，各地方间差异也大。实际考察，有经济比较富裕的沿海地区，也有经济很贫困的边远地区，还有处在两者之间的中间地带。中国大陆版图很像一只雄鸡，沿东北、西南方向划两条斜线，那么东部地区比较先进些，西部地区经济上则比较落后，中间地带处在二者之间。

对于不同的地区具有不同的经济关系特点，即使同类地区，处理方式也有优劣之分。

以东部地区而言，上海是中国旧有的纳税大户，上海经济比较发达，广东经济也比较发达，上海在20世纪前半叶被称为东方的纽约，后来经济停滞，不但落在东京等城市后面，和香港的差距也日益拉大。但上海一直是中央财政的支柱。广东过去并不十分发达，但改革开放以来，几乎处处走在前面。广东的路子对头，步伐很快，不论从哪个方面讲，如今的广东都是中国最发达最富有的地区。但广东给中央纳税不如上海，所以前几年就有争论，说究竟是上海的模式好还是广东的模式好。有人说，从国家的贡献，还是上海大，上海人虽然生活得苦些，也是为了国家。这种说法，好像还有点悲壮的意味。

其实，这观点并不正确，而且也不能说上海上交利税多就是为国家为民族作牺牲。其实，政府并不等于国家，虽然政府是国家的代表。政府更不等于民族，这是起码常识，连解释都不要。政府富更不能等于国家富。上海上交税利多了，但自己发展慢了。上海如果保持远东纽约的地位，请想想，是不是对国家的贡献更大。

上海和广东比较，结果是不言自明的。只有地方富了，国家才能真正有发展的基础。有些人害怕地方钱多了，国家发生动乱。其实，只有经济发展起来，如广东十多年来走过的道路一样，国家怎么会乱呢？好比小孩子玩的蹦蹦床，经济发展就好比这床，只要床的弹性好，基础好，功能好，床越结实，越不怕震动。虽然有些震动，床是坏不了的，床既坏不了，床上玩的人得到的就是愉快而不是恐惧。

边远贫困地区和中央的经济关系，中央显然要给予扶植。不但中国如此，日本也是这样。日本政府的税收，中央政府要取得其中的60%以上，地方留下35%左右，但有二次分配，二次分配就流向不发达地区。但二次分配后，中央财政的收入就在40%

以下了。

对于边远地区不帮助不行，但只讲帮助，就成施舍。施舍绝不是最好的保护办法。举个也许不恰当的例子。世界上有一种极为珍贵的鸟类朱鹮，这鸟类快绝种了，现在日本还有几只，中国还有二十几只，整个世界只有几十只朱鹮，真是何其危险乃尔。如此危险，当然非保护不可，但是，毫无疑问，最好的保护，就是繁殖，两年前，北京动物园一下子繁殖出5个小朱鹮，这是一个多么惊人的消息，对于贫困地方最好的保护也是使他们能发展起来。因此，不但给财政支持，还要给技术帮助、文化帮助、经济政策帮助。中国人聪明，聪明人有聪明的说法，叫作救贫不救穷。只有使贫困地区增添经济发展的活力，才是最好的帮助。不要点石成金的金块块，而要点石为金的手指头。

中央与一般地方的经济关系，则应该帮助他们找到自己的优势，以使他们跟上东部地区，成为经济发展方面的后起之秀。

第三，地方与地方的经济关系。所谓地方与地方的经济关系，至少从目前状况考察，主要就是省与省之间的经济关系。处理好地方之间的经济关系，一个是应该互补，共建中国大市场；一个是各自寻找优势，以优势作龙头，加速本地区经济的发展。

共建中国大市场说起来容易做起来难，偏偏中国旧有割据传统，地方之间矛盾重重，且由来已久。计划经济，全都搞大而全、小而全，更加加深了地区之间的种种矛盾。各省各市甚至各县进行相互封锁，搞诸侯经济。这个危害很大，以后再专门讨论。这里只是说，相互封锁并无好处。有时侯，封锁半天，吃亏的还是自己。现在信息发达，交通方便，国家开放，很多资源不再只有一个源头。比如广东需要粮食，你湖南是产粮区，偏不卖粮食给广东，那他不怕，吃不到湖南大米，吃泰国大米好了。从整体粮价上考虑，外米未必比内米贵多少，而质量还要好得多。过去广东没有纺织业，现在也有了比较现代的纺织厂，广东本不产棉，不产棉靠什么建纺织厂?，他主要不是靠千山万水由内地运输，而是同样靠进口原料发展自己。过去中国人总好以政治观念看经济，以政治方法治理经济，经济政治化了，同时也就僵化了。现代经济不必要一切条件都自己创造，自己具备。比如日本，它的资源比中国差得多，但它同样可以发展，而且一发展就成为世界第二经济强国。看那架式，就是有朝一日超过美国也并非全无可能。

封锁不好，如果相互帮助相互沟通，必然彼此都有好处。但比较起来，还是发达地区受益更多，利润更高，于是相对落后的地区就有点气不平。气不平其实也没办法好想。为什么中国企业在西方工业国家一点优势也找不到，而西方企业来中国投资，我们就得千方百计给人家创造尽可能好的条件。这不是不平等吗？是不平等。但因为他们发达，你需要别人的资金、技术和管理经验，人家不需要或者说不像你需要人家那样需要你，所以只好忍得一时不平，求得未来发展。把这个道理放在国内地方间的关系上，虽然二者有诸多不同，但相对落后的地区只要是找到自己优势，以自己的优势求得别人的帮助这一点并无不同。

过去几年河南省不算景气，别人看着心里麻烦，自己那里也不顺气。但河南古称中州，是中国最主要的陆地交通枢纽。这几年，看到自己优势，不搞别的，先搞市场。河南郑州粮食市场，其势逼人，在国内产生很大影响，对河南经济也是一大助力。河南的发达，应以发展全国性市场为重点，这是河南的优势，如果这个优势利用好，河南完全可以成为中国经济发展最快的省份之一。

山西产煤，晋煤外运，千难万难，难于登蜀道，上青天。但近日有人提出山西的经济战略，应改为变煤为电。既然运输如此艰难，何不就地消化，变煤为电。我不知道变煤为电需要多少投资，还有什么别的技术要求，但这个思考很显然是非常新奇大胆的。如果能把运输费用改成发电费用，其结果，不但于全国有利，而且于山西的经济必然大有裨益。

地方之间的经济关系和相互发展水平的协调，是一种极其重要的事情。当然这不仅仅是地方的事情，还有中央的责任，也需全国全民的共同努力。据说美国未来学家托夫勒前两年来中国访问之后，就曾提到，中国经济发展已经形成南与北、东与西之间的差距，即大陆东南沿海得风气之先，占地利之便，发展的势头很好，但却把和内陆之间的差距拉大了。拉开了差距怎么样？拉开了会钳制中国经济的长远发展。

第四，不同行业与社会阶层的经济关系。所谓经济序列，或者说分配序列，一是表现在区域上，一是表现在行业与阶层上。西方人讲白领、蓝领，中国人习惯讲工、农、商、学、兵。兵且不去说它，应该加上一个政府工作人员。政府工作人员特别重要的是建立公务员制度，这问题复杂，后面再专门讨论。但也有另一种分法，即体力劳动与脑力劳动的区别，或者说简单劳动与复杂劳动的区别，管理人员与操作人员的区别。中国还有几千万贫困人口，许多边远和经济不发达地区，穷人还不少哩！有些生活水平也比非洲某些落后地区好不到哪儿去，而劳动强度又比他们大得多了。

对于不同行业和阶层的各种划分方法，代表了不同的视角。应该说各种划分法各有意义，从而也说明这问题的复杂程度。但从现阶段的中国经济的深层问题而言，有这样几个问题最为突出。

一是体脑倒挂。体脑倒挂，人们已经嚷嚷了好多年了。但问题总没解决，不但没有解决，还有恶化趋势。北京大学一位德高望重的老前辈出于对教育事业的一片忠诚，说现在的高等教育，人材流失,情况危急:"老年的退光,中年的死光,青年的走光"。所谓"三光政策"。其实不是政策,而是某种不恰当政策的后果。对体脑倒挂,虽然多少人以各种方式去呼吁,去奔走,去牢骚,去反映,去乞求,去要求赞助,但效果均不明显。本作者连年写书,连年呼喊此事,现在已经口干舌燥。说了没用,甚至有了不如不说的感觉。什么造原子弹的不如卖茶叶蛋的,拿手术刀的不如拿剃头刀的等等。现在一些行业有不正之风,例如医院,搞不正之风的人固然有责任,难道主管部门就没有责任吗?中国有这么多的这么好的医务人员,他们的生活水平却处在中、下层水平,那些自称是人民公仆的人们不应该感到面有愧色心有愧感吗?

中国体脑倒挂现象有历史原因,但主要是政策问题。中国的许多私营个体户稀里糊涂地便先富起来,并非他们的劳动成果就比知识分子大,而是国家在政策方面给他们以更多的自由和优势。反过来说,知识分子的贫穷拮据,也和知识部门改革进展极慢,和国家政策有缺陷有关。比如工资,一个教授,只有几百元职务工资,相当于一位副局级干部,这种比值,大约只有中国人才能想得出来。

正因为如此,造成的后果不仅是严重的,而且是各方面的。中国的职称为什么弄得铺天盖地,而水准日益下降,不能说和中国实行的知识分子经济政策无关。

二是工农剪刀差。中国的改革是从农村开始的,而且改革能有今天,农民确实有许多功劳。但自1985年以来,随着物价特别是农机农药等与农业密切相关商品物价的上涨,农民种粮积极性一年不如一年。

农民的意见,一是打白条,二是提留摊派不胜其多,三是粮价太低,入不敷出。河北这几年来,一些种棉地区,种一亩棉花,不但没有收益,而且会亏损8元多钱。就我们肉眼看到的情况,至少北方农民，真正用心种粮种棉的不多，长年在农村的也大半是妇幼老弱，尽是一些“老弱残兵”。中国的中老年农民真是国家的忠臣。不论如何，他们还要种地，一面向在外面工作的亲人要钱，买化肥、买农药、交电费、交水费、交各种费用；一面还始终如一地种粮种棉交粮交棉。这实际上是以工补农，不过这样的补助，国家不管，集体不管，而是农民家庭自己掏钱。中国人好啊！没有这么多的任劳任怨任宰任欠的农民，中国的经济形势能否稳定，值得怀疑。但把经济形势的稳定建立在这样的基础上，无疑是对市场经济规则的一大讽刺。

从消费市场看，《经济日报》1993 年 7 月 20 日在“市场”一版，连续发布 4 条消息。

其一，“集团消费居高不下增势强劲”；

其二，“地区间市场增长不均衡加剧”；

其三，“不同类型商品零售额增速差距拉大”；

其四，“城乡市场形成较大反差”。

单说这最后一条消息，消息说：“上半年城市消费品零售额 3 379 亿元，比上年同期增长 31%，而农村市场平均发展则严重滞缓，县及县以下消费品零售额 2 842 亿元，仅比上年同期增长 15.9%，若剔除价格影响，实物量所增无几，城乡市场增幅之差达 15.1 个百分点，成为近几年以来增幅差额最大的时期。”

总体说来，中国是一个农民国家，或者说是一个以农民为基础的农业国家，农民经济利益如果长期受到伤害，其后果不仅是经济方面，也是政治方面的。中国古人对于地震有一种传说，说大山是伏在一条大鳌鱼的脊背上的，鳌鱼一翻身，大地就震颤起来——地震了。中国农民就是驮起中国大地的鳌鱼，如果这鳌鱼怒起来，它背上的大地会颤抖不已的。

三是各类企业职工经济收入差距太大。所谓各类企业，包括合资企业、独资企业、国有企业、集体企业、个体企业，也包括重工业、轻工业、商业、服务业、金融业、通讯业、交通业等。

各类企业间的收入差距很大，究竟有多大，没见到正式的统计，但人人都有感觉，而且是一种十分令人不安的感觉。大约其中的差距不会少于三四倍吧，这样大的差距，不能不使低收入职工充满怨气。而且这些充满怨气的职工，一大半属于国有企业职工，特别是大中型国有企业的职工。现在的解决办法，主要是允许从事第二职业。像北京每天有早市、晚市，多少工人起早贪黑，为第二职业奋斗。搞第二职业行不行，不行也得行，这也是以牺牲企业利益换取安定的一种办法。搞第二职业好不好，至少像现在这种搞法，不算很好。不算很好也只能如此。

由于各类企业收入差距过大，带来的各种矛盾日益突出。因为有差距，各类企业间自然有竞争，但竞争是在不平等的基础上进行的，所以国有企业只有招架之功，没有还手之力。1992 年底 1993 年初，东北出现“两机”事件，即国有企业大连机床厂的总经济师、总统计师、总会计师，被大连甘井子区后张镇的一家乡镇企业挖走。到 93 年 1 月初，大连机床厂未经组织批准离厂投奔该乡镇企业的已有 44 人。其中工程技术人员 22 人，管理干部 15 人，关键工种技工 7 人。管理干部中包括分厂厂长和设计部主任，关键工种的技工中包括曾派往德国深造的技工骨干。有记者谈论这件事，说是老大（国有企业）碰上老乡（乡镇企业），一场大战，老大挡不住老乡，大机打不过小机。“雏凤清于老凤声”，一叫，全给叫到那边去了。那边风景独好，这一边怨气冲天。为此大连机床厂厂长周魁表示，国营企业和乡镇企业的竞争不是在同一个起跑线上，国有大厂负担重，欠帐多，转换机制也要有个过程，提高生活待遇也要慢慢来，“如果马上拿出和他们一样的条件，我们既没有这个权力，也没有这个财力。”

周厂长讲的，自然也全是实话。而且国有大厂之所以负担重，欠帐多，也不能全由企业负责，讲转换机制要有个过程，也有道理，但这个过程不能太长哟。你一年二年总不转变，谁还等你，“花堪折时直须折，莫待无花空折枝”，连蜜蜂都知道往有花蜜的地方飞，人为什么，凭什么非还在一棵树上吊死呢！“提高生活待遇也要慢慢来”？更靠不住了。慢慢是多长时间，一个人没有几年青春，也没有几年壮年，“莫等闲，白了少年头，空悲切”。连800年前的岳飞元帅都怕的事情，我们为什么偏偏不能设身处地去想一想呢？

周魁厂长还说，“他要是走，待遇会更好，但都走了，就不要讲为人民服务了，还要共产党干什么。”一位在工会工作的年轻人则称，有钱就能买走人。沈阳、大连国有企业多，很多厂就那么几个人撑着，都走了对大中型企业损失太大，也将给本地工业带来冲击。①

这些话其实也是说不通的。你国有企业是为人民服务。乡镇企业就不是为人民服务了吗？既然“很多厂就那么几个人撑着”，为什么不给这些人应有的待遇。人家没有为人民服务的精神，你们有，但人家一走，你们的厂子就有些拦不住？大连机床厂因为走了这44个人“已给工厂带来严重后果，工作处于半瘫痪状态。”“该厂承接了1994年组合机床的任务，产值达1.35亿元人民币，然而，负责两条设计线的设计室主任已离厂而去，设计线完成不了，也将严重影响来年的生产”②。看来，光有为人民服务精神还不行哩！

国有企业对技术人员，特别是有重大贡献的管理技术人员，如果不能比较近乎公正地对待他们的劳动成果，技术管理骨干

---

① 引自1993年3月9日《参考消息》。
② 引自1993年3月9日《参考消息》。

还会继续流失。社会主义不是最讲各尽所能按劳分配吗？你今天不按劳分配，明天不能按劳分配，人家走了，你又横加指责，马克思还要指责你呢！谁让你们狂妄自大，总不听马克思博士的教导的，碰了大倒霉钉，也是活该。

解决各类企业间的收入差距问题，一是要深化改革，二是制定职工最低收入保障法，这种方法在世界大部分地区实际上是通行的。中国政府这么热爱人民，看来在这方面，也不应落后于人家。

四是国家工作人员收入过低。国家工作人员，包括一般人员，也包括各级官员，经济收入普遍偏低。但高级官员享有各种福利和方便，隐形收入很高。如果光靠工资收入，很多高级干部，连烟都吸不起的，酒当然就更喝不起。

国家工作人员——不知数量多少——作风不正，虽然不知道究竟有多少，但可以这样说，中国大陆有2 000多个县，200多个市，30个省、市、自治区，如果这些县、市、省没有贪污腐败问题，没有官僚主义问题，没有作风不正问题，没有大吃大喝问题，没有以权谋私问题，就不会形成腐败风，反过来说，如果乡乡，县县，市市，省省，都有这样的问题，这问题是够大的了。

为什么会变成这个样子，原因极多，最主要原因还是缺少法制。但其中一个重要原因，和国家工作人员收入过低也有关系。解决这个问题，除去其它方法之外，高薪养廉，是一个非常重要的方面。

但在前几年，一些“左爷”对我们这个说法义愤填膺，如丧考妣。什么高薪养廉，红军长征时吃草根吃树皮，谁给过高薪，连低薪也没有，不是一样革命吗？抗日战争时期，打地道战，地雷战，随时都有死的危险，有什么高薪养廉。还有第二次国内革命战争，抗美援朝，三年困难时期，一说起来，唾沫星子乱飞，滔滔不绝。但我要说，说这话的人，如果不是居心叵测，就是在那里滥唱高调。80年代的中国不是30年代的中国，90年代的中国更不是40年代的中国。不错，红军时期，没有高薪，连低薪也没有，但那个时候，有政权吗？有市场经济吗？有现代化吗？有对外开放吗？毛泽东主席有游泳池吗？朱老总有别墅吗？彭德怀、林彪有自己的小轿车吗？

当然，有自愿放下薪金不要，一心一意学雷锋的人，我们也欢迎，不但欢迎，而且佩服。如果那些发表反对高薪养廉的人能够带一个头，先把多分的房子退出来，高级轿车交出来，所享受的特殊待遇降下来，个人存款献出来，甚至除去生活费连工资都不要，那有多么好！如果他们真能这样，我先要向他们鞠躬致敬。中国现在改革需要雷锋，但更需要那些天天号召学雷锋的人，不要叶公好龙，而要身体力行。

理顺政府工作人员的经济关系问题，最根本的途径还是实行公务员制度。公务员制度早晚都会实行，但这事情比较复杂，一下子达到规范，我看不可能。西方人的经验，公务员制度主体部分是职业公务人员。这些人员把公务员作为终身职业。根据国家选举制度，他们和执政党的关系，是执政党通过选举执政人和他们发生联系。比如美国，民主党执政，公务员是这些人，但当共和党执政，也还是他们。作为国家公务人员不要求他们有什么创造性劳动，而是不能发生过错。大体说来，一是有企业知识和专业素养，二是无过即有功，三是无过即按时升迁。所以，西方国家的公务员队伍是稳定的，专业素质也比较高。而对内阁成员，国家元首和政府首脑等国家高级管理人员，则主要通过选举、组阁等方式产生，他们的收入自然也很高，但他们不能永久性连任，而且要公布自己的财产情况。对他们的要求，就不是无过即有功了，而是无功即有过，如果没有成绩，选民就会不满意，没办法，请下台休息，谢谢。

但从中国目前的实际情况来看，一下子全面实现公务员制度，特别是实行高薪收入，还有许多问题有待解决。主要是国家工作人员太多，机构也太多。本来就人浮于事，你再多给便利好处，人会更多的。现在当务之急是搞好改革，把多的人员、机构裁减下来。把减下来的经费转到别的开支中去。北京的很多中学，早就实行课时工作制了，优化出许多人来，大家的收入就有了改善，隐形失业问题也得到解决，效率也提高了。但中国传统，治民易，治官难。古代开明皇帝大都强调吏治，然而，说起吏治来自然可以头头是道，真正办起来，可就难了。为什么呢？老天爷明白，老百姓也明白，明白固然明白，然而说不出来。

第五，个人与集体和国家的经济关系。这实际上是两类关系，一是个人与集体的关系，一是个人与国家的关系。

先讲个人与集体的关系。计划经济中，99%是讲个人服从集体，剩下1%，允许你提点意见，提意见也未必听你。这就严重束缚和压抑了个人的积极性。市场经济中的个人与集体，相互选择，互有自由，而且双方的利益应该得到充分保护。双方的经济关系是契约关系。契约有法律效应，法律以外的事情，大家全都自由，无须多问。这在很多老先生那里是不能接受的，因为他们从小就在组织关心教育哺育下长大的，个人的事情，什么都要向组织报告。恋爱也要报告，结婚也要报告，离婚也要报告，有点什么隐私也要报告。所以他一变成领导，便自命为组织，也要别人向他报告。你不报告，他就不高兴，就要拼命关心你，关怀你，约束你，生怕你犯错误。衣服也管，发型也管，口红也管，高跟鞋也管，管来管去，管得别人十分生厌。在很多人眼里，一进企业，就是进入组织的怀抱，要想调走，万万不能。你想走，得我批准，我不批准，让你没法。现在好了，你爱批不批，不批也走，处罚也走，在档案里放点什么也走。听说广东为了招聘人才，因为被招人员为调动事受到的处分，一律不承认，不但不承认，还要当着本人的面，打开档案，拿出处分决定，一条一条，撕个粉碎。本来中国人的档案一辈子不与本人见面，就是一大悲剧。你又没有什么见不得人的东西在里头，让他本人知道有什么不好？这个且不说他，只说个人与集体之间，如果利益不合，就该各走各路。如果个人利益和集体利益受到伤害，也要根据已有契约和有关法律，要求保护自己。

个人与国家的经济关系，最基本的一条，是国家应该允许公民通过自己的劳动得到越来越多的报酬，同时保护这些报酬不受任何人和任何力量的侵犯。公民和国家在经济利益上，有一致的地方，也有不一致的地方。一致的地方，国家的主人是公民，国家如不能保证公民的幸福，这个国家就没有前途。反之，公民如不对国家履行自己的义务，国家也不能强盛，最终公民也会失去幸福。但在具体经济分配上，国家得的多了，公民的所得就会减少。总而言之，是一碗干饭，这边多些，那边自然少些。要提高生产率，发展生产，使一碗干饭变成两碗，才能大家富裕，国家也富裕。

在目前情况下，还是应该提倡使一部分人先富起来。一部分先富，不是说另一部分永远受穷，而是说，通过一部分先富，最终达到共同富裕的目的。

但这几年有了争议，有人说那部分先富的人太富了。富得国家都穷了。其实，中国人总的来讲，还是穷的。如果比美国人还富，还有那么多人拼死拼活往美国跑吗？就是有些人先富了——请注意，我这里讲的只包括劳动致富者在内——其实也只是中国的水平。比如中国一些歌星收入很高，一些体育明星一拿到奥运会奖牌，得了好几十万。有人对此眼红，其实，这不需要眼红。

要知道，歌星的收入多，他们对社会创造的财富也多。《采风报》1992 年 6 月 6 日摘登一篇文章，题目叫做《骇人听闻的歌星出场费》，还有一个副标题："——关于歌星出场费的现价大披露"。遣词造句，让人听着直起鸡皮疙瘩。其实没有什么了不起的内容，无非是说中国某些歌星出场费太高了，高得让人眼晕——骇人听闻。那么有多高呢？

韦　唯	每场 5 000—7 000 元
毛阿敏	每场 5 000—6 000 元
杭天琪	每场 5 000—6 000 元
刘　欢	每场 5 000 元
李玲玉	每场 5 000 元
张　行	每场 4 000—5 000 元
田　震	每场 4 000—5 000 元
孙国庆	每场 3 000—4 000 元
范琳琳	每场 3 000—4 000 元
解晓东	每场 3 000—3 500 元
蔡国庆	每场 3 000—3 500 元

该文作者生怕读者不"骇人听闻"，还特别提示说："请注意，这里的数字都是演一场的价格，如果按每个歌星每年平均演出 100 场的话，(有的歌星远远不止——原文如此)那么以北京韦唯的每场 6 000 元来算的话，年收入就是 60 万元。两年就是 120 万元。"

两年 120 万元，有什么了不起，这就"骇人听闻"了吗？实际上，这几年来歌星的出场费已远远高于 1992 年的标准了。香港歌星来大陆演出，一年的收入目标是 10 亿港币。60 万人民币和 10 亿港币是个什么比率，如果以 1 人民币兑换 1 港币的话，不过 0.6%罢了。香港人赚 10 亿港币也不骇人听闻，中国人据推算可能赚 60 万人民币，就骇人听闻，有点晕菜。这不是因为别的，实在因为中国人还是太穷。

歌星的收入多，贡献也大。大红大紫的歌星，有这么高的出场费，因为他们创造的票房收入远远高于此数。如果比这个数字还小，哪还有人千方百计去请他们出场？没了，不但没人请他们出场，他们想出场都不可能出了。你要说，为什么人家韦唯唱几支歌就拿 6 000 块，我进一次卡拉 OK 厅反而要自己掏腰包，这没办法，谁让你没有韦唯的本事。实在说，提这问题的人本身就有点奇怪，怪兮兮的，有点精神不甚正常似的。

歌星们钱多，说明他们的艺术受人欢迎，他们不但为社会创造了财富，而且为改变社会精神面貌作出了贡献。韦唯、毛阿敏仍是这个时代的某种代表，这好像梅兰芳、程砚秋代表了本世纪前半叶的情况一样。

当然，歌星收入很高，而作曲的人收入很低，《十五的月亮十六圆》作曲家可怜巴巴，只拿 16 块钱，是太不公道了。但这不是歌星的不公道，是社会分配制度的不公道。不公道的事情就应该改过来，总是吵吵嚷嚷，却一点不会改变，你说怨谁？

歌星以及其他高收入阶层作为一种社会现象，至少有三大好处。

其一，可使人们开了眼界，原来中国人也可以凭本事真正富起来。

其二，为别的行业带了好头。现在听说中国某些管理部门办会计制度改革之类的班，一位处长讲一次课，讲课费也已经突破 1000 元了，跟歌星差不许多，讲上五六个月，也有了 10 万、8 万的收入。有的著名经济学家，出场费也日见其涨，1993 年已达 600 元。1993 年 7 月时听说有时竟达 10 000 元，比韦唯怎样？这些不知是真是假，但我们希望是真的，真能如此，乃中华民族之幸也，中国知识分子之幸也。

其三，国家税收随之增加。前几年有偷漏税现象，其实不纳税的中国人中，歌星毕竟是少数。没有纳税，补上就是了。——这是中国现阶段情况造成的某种异常现象。后来有人又披露说歌星接受出场费，要求拿税后款。言外之意，还是逃税。这不正确，这不是逃税而是要求增加收入。即使真的因此造成偷税漏税，偷税漏税的也不是歌星而是主办单位。

中国公民能够真正富裕起来，对国家的好处，多得很，大得很，真正好得很。《北京晚报》1992 年 2 月 29 日文摘版，有一篇《中国鸡王在想什么？》的小文章。鸡王指的是大连韩伟养鸡场的主人韩伟，是年 37 岁，他的鸡场“全部设备都由微机控制，每年上市 1 600 万公斤商品蛋，占大连市场的 1/4，完全可以影响市场价格。”一个大连市，有 1/4 的鸡蛋市场归韩伟主宰，其威力已不下汉王 10 万神兵了。他本人也很自信，曾对大连市长说：“以后在鸡蛋供应方面，不要再开会了，有问题，找我研究一下就行咧。”

过去，有了问题，要找党，找组织，现在，鸡蛋市场有了问题，找韩伟就行咧。诸位前辈，你们不要以为这不是一件好事，这是一件非常好的事情，中国人当中如果出 10 000 个韩伟，你想一想是什么成色？

说实话，韩伟，张果喜，他们不过是改革开放以后在中国出现的第一批花朵。今后还应该有更多更艳更美更大的鲜花怒放。

如果中国的汽车公司超过美国通用汽车公司，中国的商业银行超过美国的八大银行，中国的铁路运输超过日本的新干线，中国的人均产值达到德、日、美的平均水平，那个时候，中国人才可以说，有点富裕的味道了，伙计们，瞧好吧！

4. 一切合法的财产权神圣不可侵犯

私人财产神圣不可侵犯,企业财产只要符合法律规定,也符合社会原则,同样神圣不可侵犯。但这一点,在中国过去的历史上,并没有做到。

没有做到,也有中国独特的历史原因。

中国自 1840 年以来,一直处于激烈的政治斗争和社会动荡的历史环境中,对内有反封建问题,对外有反侵略问题,内外交汇,成为历史上最为复杂的一段,也成为政治史上极其辉煌的一段。对于封建生产关系,理应予以废除,这一点,不但中国大陆,日本、台湾也是如此。毛泽东领导了中国大陆的土地改革,蒋介石领导了台湾省的土地改革,麦克阿瑟领导了日本人的土地改革,这也可以说是世界现代史上很有意味的一件事情,毛公、蒋公、麦公,三个人是多么的不同,三个地方的土改自然也不尽相同,但在废除封建土地制度这一点上,又何其相似乃尔。

因为中国的近、现代历史文化,有极强烈的政治色彩,对于那些不合历史需要的生产关系,需予以猛烈的冲击和改变,因此,所谓私有财产不可侵犯云云,就成为一件不被重视,甚至不被社会承认的事情。这是第一个原因。

中华人民共和国,是在马克思主义指导下,共产党领导下取得政权的。共产主义者的一个最为主要的信念,就是实现两个决裂,一个是和旧的传统文化观念的决裂,一个是和私有制的决裂。不但决裂,而且彻底。于是,对私有财产不免深恶痛绝,而对共产主义,才有无限向往。这是第二个原因。

在整个新民主主义革命期间,以至中华人民共和国成立以后的相当一段时间里,由于种种历史原因,共产党人习惯于用政治手段治理经济。所谓政治是统帅,经济是基础。政治统率经济,成为几十年一贯的思想，遇到经济问题，首先从政治上着手，虽然也有用经济方式解决经济问题的经验，政治色彩依然浓烈。究其原因，因为在新民主主义时期，实行的是军事共产主义制度。在中华人民共和国成立之后，实行了计划经济体制。这种体制，就决定了必定是对经济发展采用行政主导的方式。而行政主导的方式自然会和价值规律产生不可调和的冲突。以至有些过去的十分成功的经验，从历史的宏观空间考虑，对中国经济的长远发展没有多少益处。

比如过去计划体制下的商品出口，中国的办法，是由国家统一收购，统一定价，统一出口，统一创汇。而为了增强这些产品在国际市场上的竞争力，只能人为地压低价格，低价出售，以换取必要的外汇。这办法，看起来很有效，因为商品的价格很低，竞争力不弱。但从本质上看，这种作法，利在一时，害在长久，会产生种种弊端。

一个弊端，出口价低，其依据的收购价更低，而特别低的收购价格，必然会严重挫伤生产单位的积极性。

一个弊端，因为收购价格太低，所以虽然有些国际上畅销的产品，却很难在国内大面积推广生产，因为大家没有生产这种产品的积极性。大家不愿干，就用行政命令的方式命令人家干，政治挂帅。如果再不干，只好又搞运动，揪些坏人，杀一儆百。说句不客气的话，这样的方式，对付猴子还差不多，用于人类身上，虽有一时效果，哪能长久？最后就变成出工不出力，实际上，社会主义经济之所以一个个慢慢全变成短缺经济，这是最主要的原因。

一个弊端，虽有创汇，但利在国家，创汇单位绝无好处。这实际上是一种改变方式的一平二调，只见人人为国家，不见国家为人人。或者说，看起来是国家为人民，而人民不能因为自己所付出的独特劳动来获得实际利益。

一个弊端，这种参予国际竞争的方式，虽然过去也曾沾沾自喜，说中国虽然不算发达，但我们以一个国家的能力去对付一个资本集团，好像昔日和蒋介石的战争，战略（总体）上虽处于劣势，但在战役战术（具体方面）上却处于优势，这叫集中兵力打歼灭战。然而，这种集中兵力打歼灭战，最充分显示社会主义计划经济优越性的方式，用在一个相对封闭的环境下，可以取得暂时的成功。如在三大改造前，对待当时的手工业、工商业者时，还很管用，一方面要求提高雇员工资，一方面压低收购价格，一方面国家提高供给私营企业的原料价格，七压八挤，中国私人工商业者只好举手投降。明明是投降，偏说是改造，而且还要他们敲锣打鼓，自己送上门来。这种办法，从历史的角度来看，效应也并不好。但毕竟在当时的对外封闭情况下，取得了计划上的成功。这方法一旦用在国际市场上，很快就会遇到抵制，你用背离商品价值的方式搞倾销，人家就会来个反倾销法，一下子把关税提高100%，让你销不出去。其结果，是既害了自己的生产者，又没有得到想得到的宝贵的外汇。

这如上种种，不过是后来人对于前人的总结，而且这种总结，直到今天，也不见得能为人人所接受。但在当时的条件下，这几条原因加在一起，便使一切私有财产，成为肮脏的东西，好像越穷还越光荣，越富越麻烦。本来嘛，共产党的政权就是穷人的政权，你是贫下中农，就是依靠对象，天生便是国家的主人；你是地主富农，就只剩下挨斗的份了。

这个理论逻辑的无限扩大，便慢慢变成，凡是富的，就是坏的，凡是私有的，就是该改造的。有钱也不好，讲个人利益更不好，原本属于自己或祖传的宝物，最好捐出来，且不管你的财产来于何处，降自何方。字画也献给国家，文物也献给国家，图书也献给国家，文稿也献给国家，连自己的生命和灵魂统统交出来，那还不行，还要斗私批修，硬让自己脱胎换骨，重新做人。

但是，我们这些聪明的中国人忽略了这样一个事实，过去之所以主张革命，全国最多数的人民之所以支持革命，并不是支持贫困，支持劳苦，支持一无所有，却恰恰相反，需要争得富有，得到尊重！

如果社会主义就等于越来越穷，那么，自1840年以来，中国人已经够穷的了，还革命还斗争还打仗还牺牲干什么呢？

因为贫困才不怕牺牲，付出牺牲又寻找贫困，请问这样的逻辑，能为历史真正接受吗？

但搞“左”的人们竟然堂而皇之地鼓吹这种越穷越光荣的理论，宁要社会主义的草，不要资本主义的苗，中国人真是疯了。而这种文化和历史的疯狂，给中华民族带来的灾难，是太深太重也太大了。

实行市场经济，走现代化道路，其中特别重要的一条，就是国家财产、集体财产、个人财产，一切合法收入和资产均受法律保护，任何人不得剥夺之。企业应该对自己的资产，有投资权、使用权、经营权、转移权和其它一切合法权力。个人对于自己的合法收入，同样享有投资权、使用权、继承权、转移权、馈增权等一切合法权力。只有资产得安，人们才会彻底改变那种怕富怕露富的奇异思维方式，才会把自己的财产如实公布出来，才会使中国人的灰色收入得到抑制，才会使中国特色的泡沫经济现象去掉一个公民资产方面的来源，也才能使国家税收有一个比较可靠的基础。

四、从历史重负下发出的呼唤

"假"、"乱"背后的人治与法制问题。

中国经济的人治传统与西方经济的法制传统的历史文化渊源。

几年前那位副教授卖馅饼合法吗?

前面已经说过,中国特色的泡沫经济的最大特点,是"假"的影响。中国刚刚开始市场经济进程,假的现象可以说是无所不在,假冒伪劣产品,假公证,假产值,假统计数字,假的现象之严重,历史上都是极为罕见的。一面是假一面是"乱",乱收费,乱摊派,乱发指令。加上趁乱谋私。自己搅浑了水,自己摸鱼。有人说:浑水正好摸鱼,谁知道鱼少了多少。

单以"假"论,只要我们随便翻翻身边的材料,各种"假"案就会纷纷而至。《北京晚报》前两年曾报道北京一些珠宝商场出现假货问题,而且谆谆告诫诸位,假珠宝用肉眼是无法辨别的,就是进了假货,商场也不认识。商场都不认识,顾客怎么认识?只好将错就错,假的就楞当真的戴。一些珍贵珠宝,动辄数万元,花数万元人民币买一串假货回来,不知感想如何。假货如此泛滥,就真的无法可治了吗?也不是,其实,中国本来有极具权威的珠宝检验机构,可惜一些商店为着赢利,并不认真检验货的真假及合格证件。只要有利,只要能卖,只要不因此而赔本,就是原子弹，恐怕也有人敢于经营。1993年7月28日《北京晚报》又登了一条炊事机械质量的检测消息。消息说："本市饮事机械平均抽查合格率过五成。"看口气，好象过了五成就很不错似的。但看那消息的内容，可没有如此轻松。消息说："判为劣质产品的主要依据是接触食品部位的材质不合格，和面机整个面斗、搅拌器全部使用了镀锌材料；电烤箱在炉门密封部位使用石棉制品，在炉体内壁喷涂银粉漆，严重违反了国家标准、行业标准和国家食品卫生法的有关规定。这些劣质品如进入用户，用于食品生产，将会对消费者的健康造成损害。"

将会对消费者的健康造成损害的商品当然是罪恶的商品，这样的商品居然放在首都市场，而且还如此之多，令人惊骇莫名。这样的商品当然不能卖了。那么卖出去的呢？已经使用过的呢？使用的人甚至已经造成健康损害了呢？造成健康损害怎么办呢？如果要求赔偿，应该赔偿多少钱呢？造这些劣质品的厂家是否明知故犯呢？如果不是明知故犯，应该怎么办呢？法律管不管，法律要管管到什么程度呢？卖这些劣质品的商场应该怎么处罚呢？这些产品是谁批发的呢？如此追问下去，就成了一个大的违法网络。而之所以形成这样的网络，是因为我们虽然天天在嚷法治法治，其实法治并没有完全到位。不但如此，就是那些专门执法的单位，违法现象也时有发生哩！凡此种种，都对中国刚刚起步的市场经济造成莫大的危害。从另一个角度看，之所以有这么多的冒牌货，也恰恰说明我们还没有真正建立起法制经济模式。简单地说，市场经济首先是法制经济，而传统农业经济则是人治经济。中国市场经济的发展和完善，应该也必须和中国的法制建设同步。没有法制权威作保护，市场经济特别容易走向混乱，而且一旦形成气候，就会造成巨大的经济损失。

1. 既要看中国历史，也要看世界历史

毛主席在世的时候，最重视总结历史经验，他说，历史的经验值得注意。还说，看一个人的过去就知道他的现在，看一个人的过去和现在，就知道他的将来。但可惜，他老人家最爱看的还是中国的历史书籍，最喜欢总结的还是新民主主义革命时期的历史经验。比较起来，他对世界历史关心不够，对国外尤其对西方工业国家的历史经验知之不多。

他反对言必称希腊，言必称希腊固然不好，言必称中国也未必就好。现代中国处在历史巨变的关头，实际上只看中国自己的经验不行，如果中国自己的经验已经全部够用，而且富富有余，马克思主义就不会传到中国来，中国也不会派那么多留学生到国外去了。

历史经验证明，重商主义经济史是能随着法制发展的，而小农经济为主导的历史文化则必然走向人治模式。

历史上最著名的文化传统，一个是古希腊古罗马造就的历史文化传统，一个是中国先秦到秦汉之际造成的中国文化传统。西方传统，自古有法制特点，这是因为古希腊古罗马都是以商业经济为主导经济成份的国家，而商业为主导的经济基础，必定确立相应的民主机制和法制规范。这不是以人们的意志为转移的，也不是西方人就比中国人来的聪明，来的高明，来的有见识。实际上，中国古代经济也只能是小农经济，这不是人们主观思想的结果，而是一种历史的必然选择。

美国著名作家卡尔·A·魏特夫有一部《东方专制主义——对于极权力量的比较研究》，他认为东方极权国家，都属于治水文化模式这个历史范畴。其实，治水文化，说白了就是小农经济，不过中国古代农业经济有自己的伟大创造。这就是人们说

的，小农经济原本是马铃薯经济，经济成份分散，形不成统一的中央集权式的国家组织形式。但那只是西方中世纪的情况。中国封建文化，是典型的中央集权文化模式，它的小农经济形态虽然也呈马铃薯式的分散状态，却发明了自己独有的一套混凝土式的组织管理方式。唯其如此，中国古代农业自然经济才有那么坚韧的生产力。虽然经过 2 000 年左右的风风雨雨，内外攻击，都能一次次地衰落下去，又一次一次地恢复起来，直到耗尽其自身的最后一点经济能量。奇异无比的是，作为一种文化现象，它直到今天，还具有无比强大的历史惯性和社会影响力。

市场经济，即使古典市场经济模式也罢，它有三个必不可少的基本因素。一个因素是，它必然是对外开放的经济，如古希腊那样，年年月月都要对外作战，以便俘虏奴隶，为自己的经济增添活力。一个因素是，它必须具备相当的法制基础，因为市场经济模式，不像农业经济模式那样单纯，那样具有封闭性和等级性。一个因素是，它必然形成必要的民主机制。即使古希腊古罗马有过好几次独裁统治，这种统治和中国古代历史相比，其时间是比较短暂的，其统治方式也具有很大不同。

农业自然经济，需要稳定，需要忍耐，需要在一个经济单位内部完全协调一致，而为着内部的完全协调一致，就特别需要国家的统一管理。这种管理既有强烈的伦理色彩，又以开明的君主作为中心。因为传统农业经济本质上是一种家庭所有经济，而为了保证这种家庭所有经济的生存和发展，家长就自然成为这经济单位的绝对权威，家长就是家族中的皇帝，而皇帝就是整个封建帝国的家长。

但这一切文化传统，遇到资本主义商品经济冲击的时候，马上陷入困境，而且很快越陷越深，最终便陷入烂泥中去了。

你搞小农经济，人家稿大工业，小农经济架得住大工业的冲击吗？

小农经济是一种单一的分散的家庭式的经济模式，它的经济关系、法律关系都是非常单一的。它和国家的关系，主要表现在税赋上。所以中国古代法虽然成熟得很快，但经济法律却是一个非常薄弱的环节，而且法自御出，都是皇帝既定的。皇帝既可定之，又可改之，他想认定法律就承认，一旦触怒龙颜，就不认帐，别人也没有制衡能力。中国封建经济模式，经济关系，法律关系，固然简单。家族关系，社会关系却非常复杂。中国的官职是数不清的，中国的家族亲缘关系也复杂到世界第一的程度。这种情况，就使得中国经济模式，不须许久，就弄得头重脚轻。官太多了，家长太多了，与官和家长有关系的不进入生产第一线的人太多。我们看《红楼梦》这样的巨著知道，除去贾府中数百名贵族是不干事的以外，就是大的奴才头子，也不干事的。这一位是有资格的嬷嬷，那一位是有头面的管事，还有一位是老太太的陪房，再加三十五十干戚故旧，全不干活了。你想想，要劳动者养活这许多人，而且是天天要排宴要挥霍的人们，他们能承担得起这么沉重的负担吗？

市场经济表现在社会关系、家族亲缘关系方面反而比较简单，而且连社会关系和家族亲缘关系也经济化了。动不动就讲继承权。经济关系、法律关系则规定得非常细致，一点一滴，都尽可能不发生遗漏。实际上，市场经济是一项非常复杂的社会工程，它不但种类繁多，而且层次也复杂。市场经济关系不是靠一个人的精明可以处理得好的。张家老二借了李家三叔三斗米，这个关系简单，因为它简单，连借据也不要。但开一面铺，每天要卖几千斤面粉，还加卖制成品，就不能那么简单处理了，而且还要进货，还要盘点，还要处理好与同类店铺、不同类店铺的关系，以及收税的，官府的，地主的，流氓无赖的，逃荒要饭的等种种关系。没有契约怎么行,没有法律又怎么行呢?

东、西方国家实行什么样的经济模式,是历史赋予人们的一种规律性机遇,它是不能随意选择的,但不论东方也好,西方也好,只要实行市场经济,就非建立法制权威和法律系统不可,这是一定的。非如此不可,且不论你主观上是爱它还是恨它。

2. 法制社会的六大特点

实际上,人治社会、法治社会,并非绝然两迄,它们之间也有渗透。法律国家也讲管理者的智慧,也讲管理艺术,也注重人的能动作用。在同样管理条件下,也有开明皇帝,开明的管理者,也有昏庸皇帝,白痴皇帝,以及满脸讨厌,一肚子大粪,还无比做作又对这些做作沾沾自喜的人物。但有一点要说明的,真正的法制社会,其实是没有真正皇帝的社会。人治国家也有法律,也讲律条的权威性,而且反映在一些特别领域,如治军、治吏、刑事管理等方面,法律尤有巨大权威。

既然二者有这样的交叉和浸透,那么,法制社会应该有哪些独有的特点呢?

第一,法律适用对象,没有例外。法律的第一特点,是无论对谁,一视同仁。中国古代法律也讲"王子犯法,与庶民同罪",但真的做起来,就不是这样了。实际上封建法律条文本身对于贵族与平民,官僚与百姓,甚至男人与女人的量罪就是不一样的。孔夫子说"刑不上大夫,礼不下庶民",是中国法律上的主要理论依据。即使"王子犯法,与庶民同罪"这一条规定,讲得也不彻底,应该说皇帝犯法与民同罪。然而,谁敢讲这句话,谁就先犯了罪。因为中国古代就是以忠君为最主要前提的,不讲忠君而对皇帝的龙性表示怀疑,假设真龙天子可能犯法,凭这一条,非给七刀八刀,零剐了不可。

中国法律好讲例外,民间文化也认同例外。古来法律最重忠孝,有一出戏,叫作《打龙袍》。皇帝在孝的问题上出了差错,应该痛责一顿的,但打皇帝怎么得了,可是包老太爷聪明,就将皇帝的衣服脱下来,比划几下了事。皇帝出了错剥衣服,臣子出了错剥人皮。这样的法律纵然有一万部,也算不上法治,依然是人治。即使到了今天,我们最习惯听到的声音,还是"从严"、"从速"惩罚。以法治国,当严则严,当速则速;该怎么办,就怎么办,这才是法治精神。一发现罪犯多了,或者其它什么社会原因或政治问题,就来一次从严从重从速。过了这一时,不要说了,又变成从宽从轻从缓处理了。这个至少是不成熟的法制。总给人们"赶上这一拨儿"或没有"赶上这一拨儿"的感觉。同是经济犯罪,赶上这拨儿了,杀!没赶上这拨儿,就不杀了。这类作法,造成的社会影响比量刑不当本身更为恶劣。中国经济领域,弄虚作假的内容如此之多,实在与法制不健全有重大关系。

1993 年 7 月 27 日《北京晚报》,有一消息,说"澳一州总理无照销酒被罚款"。什么事呢?事为澳大利亚维多利亚州总理杰夫·肯尼特因为 1992 年 10 月份在该州的选举中,肯尼特领导的自由国民党获胜,他很高兴,为了纪念这一胜利,他为该党的一些酒店老板充当了一回中间人,在州政府他的办公室里帮助拍卖了 86 瓶酒。他的这个举动虽然受到党内人士称赞,却违犯了商业法规,于是墨尔本地方法官判他无照经营,对他处以罚款。

这使我们想到前几年有一家北京高等院校的副教授用暑假期间卖馅饼的事。这位副教授其实也没有执照的,但大家并不追究他。不但不追究他,反而还成为一时的新闻人物。为什么无照经营不追究还成为新闻人物呢?因为他赶对了潮流。假使他在 1989 年或者 1990 年利用暑假卖馅饼,你看看会发生什么情况。

他是一位副教授，也是一位党的总支部负责人，那时候正整党呢，不好好领导整党竟然去卖馅饼，非给开除党籍不可。

只有法无例外，才能依法治“假”。

第二，法律程序，不容更改。程序好象是一种形式，殊不知形式也能决定内容。男女恋爱去民政部门领一张结婚证，也有一定程序。不要这个程序，一样可以过事实上的夫妻生活。但那意义不一样了，经过法律程序的称为婚姻，没有经过法律程序的，则被法律认为同居。你想一想，同居和夫妻是一样的吗？

法律程序还是保护法律权威的最主要的方式之一。程序不严，其内容必定受损。比如公开审判这一条，坚持公开审判和可坚持也可不坚持意义不一样了。如果想当初，德国审判国会纵火案，就采取不公开方式，季米特洛夫就没有办法把法庭作为讲坛，也没有办法发表那么激动人心，有理有据的历史文献意义的“辨护词”。当然，更不会得到无罪释放的结果。秘密审判，像中国过去白公馆、渣滓洞或者文革期间张志新所遇到的那种情况，你就是有一千条真理，一万种正义，也是白废。刚一开口，就打掉5颗牙齿，你还有办法作辨护词吗？其实人家那些惯于杀害良民的刽子手，看来也不需要听辨护词；什么辨护词，屁！人家要的是口供。招不招，不招？好，坐老虎凳，向10个手指头钉竹签，用电刑，或者干脆活剥人皮。

法律程序是法律的基本保证，没有刚性程序，就会在那种模棱两可的缝隙之间生出许多罪恶的蛆虫。如当初，刘少奇弄成叛徒，邓小平被说成四五运动的黑后台。邓小平和四五运动有什么关系，虽然没有关系，说你有关系，就是有关系，说你搞阴谋就是搞阴谋，这还要什么公开审理吗？

第三，法律标准，不准变通。中国是一个极擅变通的民族，“行事”，是我们的一个传统。这在旧时代，或许是一个优点，封建王朝，统治森严，等级也森严，上面有了不正确的规定，对抗不行，进谏又不听，怎么办呢？变通一下，形式上不和他作对，而在实质上偷偷掺进可以接受的内容。外壳是一样的，您看好不好，里面的瓤子变了，苦的欲苦还苦，甜的要甜还甜。

但变通不合法治原则。虽然不合法治原则，怎奈积重已久，要改也难。毛泽东主席在世的时候，是最有权威不过的，真个一言九鼎，谁个反对，马上完蛋。但他老人家也是变通的能手。有时候，讲个策略，并不一定言行一致。林彪发表五一八讲话，从他后来发表的给江青的信上看，他是不同意的。不同意尽管不同意，还不是正正当当作为中央文件发将下来。1970年庐山会议，林彪非设国家主席不可，又发表关于天才问题的意见。陈伯达等人积极拥护，四处游说，毛泽东火了，发表了《我的一点意见》。一点意见，就把个政治局常委搞倒搞臭了，何等厉害。但讲到林彪的时候，依然态度平和，并且说"我和林彪同志一致认为"。如果真的一致认为，也就没有南巡讲话，林彪又何必仓皇出逃呢？

变通作为一种政治手段，已不合现代潮流。用这种办法来对待法律、法规，则与法治原则绝对水火难容。但在中国目前的情况下，上有政策，下有对策，已经成为十分普遍的社会现象。你规定你的，我做我的。虽然是我做我的，表面上还和你的规定没有什么特别的分歧与冲突，你说我们中国人聪明不聪明。

上有政策，下有对策，反映在一般社会生活中，已然十分不少，反映在中央政府和各级地方政府的职能部门身上，问题更加严重。比如政企分开的问题，至少已经讲了十多年，但分来分去，分不开的。明着分开，暗着统一，表面分开，骨子里统一。任你风吹浪打，我自闲庭信步。看你有什么办法。前几年，规定政府部门办企业，必须两者脱钩，很多行政管理机构改为企业性质不再拥有原来权利。但不要紧，你有规定，我有对策，于是出现翻牌公司。什么叫翻牌公司，那办法，简直就和江湖艺人变戏法差不多，一个牌子，这一面是行政机关，那一面是经济实体，翻过来就是机关，翻过去又是实体，这就是翻牌公司。

一讲领导干部不能经商，不能经商就不经，自己不经儿子经，儿子不经老婆经，权力在手，谁干不是一样！而且谁也没有规定老子是高级领导，儿子就不能搞经营的，但那经营是怎么回事，谁都明白。包括企业法人代表，法人代表本来应该千真万确，其实，假的大有人在。工商部门不允许在职人员作法人代表，在职的不作，就请退休的作，怎么样？这回合适了吧？而实际上，退休人员不过是一个名义，实际上该是谁的还是谁的。一些残疾人可以享受税收优惠政策，家中的残疾都马上成为宝贝。办个书摊，就用残疾者名义，虽用他的名义，却是别人一手经营，这下好了，又不交税，又能得利，残疾人碗中的面汤里多了一只鸡蛋，经营者腚下面多了一辆汽车，两全其美，您看——多好！

政府部门按规定不能办经营实体，但规定归规定，我自己不办，家属办行不行？家属办不行，减掉的人办行不行？就算全都不行，我还另有办法。中国人就这么能，别看老外有钱，想用他们名义给本中国人来点服务，一点都不难。而且有时候还能找到更加冠冕堂皇的理由，就是你想反对，都不好意思。中国企业界面临的最为头疼的问题之一，是三角债，你该我的不还，好，我该他的也不还，他该你的还不还与我无关。于是重重叠叠，让人摸不到头绪。自己欠别人的不还，固然不影响睡觉；别人欠自己的不还，则难免寝食不安。中国某些地方的检查机关看到这个机会，马上成立“讨债公司”。不说别的，光这题目作的就好。你们正需讨债，手段不行，本检查院成立公司专门帮你们讨债，这办法如何？实际上，这办法更坏。检查机关真有诚心解决问题，就该通过相应的法律途径，帮助企业。不通过正常法律程序，而另行成立公司，名目虽好，意在赚钱。这下可好，原来男女成婚，结果媒人跟着入了洞房，还口口声声说本媒人服务到家，不到家绝不罢休，这类服务，好不怕人。

变通是法治大敌，不然人人会变，难免狼外婆变成小保姆，白马王子反而成了大灰狼。

第四，法出无法，不能生效。法律是一件无比严肃的事情，不能你说是谁就是谁，象阿Q幻想要娶15姨太太一样。法律本身的意义应该是清楚无误的，谁可以颁布法律，可以颁布什么样的法律；谁可以制定政策，制定什么样的政策；谁可以颁布法规，颁布哪些法规；谁可以发布命令，发布什么性质和范围的命令，都应当有严格的法律程序和法律规定。一旦违反这些程序和规定，本身已然违法，其一切后果当然完全无效。而且对于上述内容，如果发生争论，应该有法律规定的仲裁人，你说这样，他说那样，听谁的？绝不是谁的权大听谁的。而且应该有一个确定的裁判方式和裁判主体。凡此种种，既属于法制常识，也属于法治必备的条件。

可惜的是，因为中国是一个封建时代十分漫长的国家，人治时间长，独裁时间长，对法制文化十分陌生。找法不如找人，找人不如找官，找小官不如找大官，找大官不如找皇帝。皇帝发生错误，也只好如此，谁叫人家是皇帝，自己是臣子呢！君叫臣死臣不死是为不忠，而不忠乃杀头的罪名，于是成为怪圈。皇帝要想处置你你不反抗，只好掉脑袋；你一反抗，又是不忠，还得掉脑袋。所以旧中国的法治其实是不存在的，只有希望我皇圣明，我皇若不圣明，那也只好认命。就是被冤枉处死也只能谢主龙恩。就象昔日岳飞和于谦那样。

法出无据，已然违法，法出无法，就是对法律的严重亵渎。什么叫法出无法，就是你没有制造和颁布某种法律的依据，就楞自己制定和颁布，这就是法出无法。比如罚款，谁有权力罚款，从中国的情况看，好象谁都有权力罚款。法律部门可以罚，卫生部门可以罚，交通部门可以罚，什么部门也不是，他在路边立一个牌子，硬要罚你，你也只好认罚。有人硬在交通线上设卡，三条板凳，两根皮带，身旁竖立一个牌子，说××××，罚款10元，便开始收钱，凭什么罚，谁给他权力罚，不知道。毛泽东生前对共产党的权力有一个流传极广的说法：我们的权力是谁给的，人民给的。这在革命年代，有这回事。你在井岗山闹起义，谁给你权力，可不是人民给的嘛，人民不给，蒋中正能给吗？但共产党已经取得政权，就该接受人民的监督，而且一切国家权力机关都必须接受选民的监督。殊不知毛泽东说的那句流传极广的话，只不过说了半句，还应该加上后半句。权力是人民给的，人民也有权力收回。如果谁不能替选民办事，多数选民不再支持你，管你什么人，权力都可收回。

一是乱罚款，还有乱摊派。这几年中国农民收入呈下降趋势，农民意见极大。于是中央决定减轻农民负担，禁止乱收费乱摊派。农业部一查近几年的文件，认为不合理应该废止的就有150多项。仅山东省一省，也有150多项。不合理的经济收费和摊派，居然如此之多，难怪中国老百姓总有那么多的意见。

法出无据，应该无效，本应无效的居然有效，就应该从社会运行机制本身寻找原因。中国的法律如果不能确定自己的明确意义和界限，市场经济的发展就会时时遇到各种干扰。

第五，法律体系，不能简化。文革期间，认为以前的宪法内容太多，不好记，要求简化。其实，中华人民共和国成立以后的各种法律都不算复杂，本来不复杂，还要简化，结果是更不完备。

农业社会，法律无须很多，但太简单其实也不行。然而鉴于封建王朝的集权本性，一般法律并不为普通老百姓所明白。你不明白更好，搞铸刑鼎，把法律铸在鼎上，孔夫子就大动肝火，坚决反对。其实，就是铸在鼎上，能有几个人看，又能有几个人看得懂。现在都20世纪90年代了，文盲还有成万上亿，难道那个时候，识字的人比现在的比率还高？

市场经济，内容极其复杂，整个社会就是一部非常繁复的系统工程。这样一个系统工程的运行，没有必要的确定的完整的规则根本不行。举个例子说，古都北京的内城，配有9个城门，每个城门，各有一个确定的职责。如南面正阳门是皇帝出入的，左边的崇文门是税门，右边的宣武门是刑门，杀人犯从这个地方走出来。东面两个门，东直门是柴门，朝阳门是粮门。西面两个门，阜成门是煤门，西直门是水门。北面两个门，德胜门是兵门，出兵走这里，安定门是凯旋门。

这类方法在现代人看来是不可思议的，但在那个时候却十分正常，而且唯有如此，才能体现帝都的秩序。同时，也不觉得有什么交通堵塞。因为古都是皇城，一切为皇帝服务，能有多少人口，又有多少事情。现在行吗？修了长安街，觉得宽阔无边，但很快就堵车了；于是修地铁。地铁不行，又修二环。二环不行，又修三环。修了三环，又修四环。就是这样修法，还常有堵车现象，让各位老大不能准时上班呢！

现代经济，多么辉煌，因为辉煌，所以复杂。你想站在《清明上河图》的水平上考虑现代中国建设，法治就不需要了。可惜它包老太爷尽管可以成为出色的开封府府尹，用他那一套治理现代城市，就不成了。他老人家可以黑脸一怒，就用铡刀铡了负义郎君陈士美，但如果我们请他来解决令现在中国人头疼无比的三角债问题，他那三口铜铡够用吗。总不能谁欠下三角债就把谁铡了吧？

虽然这几年中国“人大”颁布了许多法律，但仍然不够，无法可依现象，依然在很多领域存在。对这一点，应该有清醒认识。

第六，有法不依，执法不严，就是犯法。无法可依，自然是悲剧，有法不依，就是犯罪，执法不严，也是犯罪。好像警察应该抓杀人犯，抓住杀人犯，不依法办理，打个耳光放了，对这样的警察，就应该对他们绳之以法。

但在我们目前情况下，把有法不依、执法不严的责任全认为是执法机关的责任也不公道。自然与他们密切相关，责任推也推不掉的，但原因却十分复杂。

首先是法律知识普及率差，很多法律，公民们不知道，不仅不知道具体内容，甚至连名称都不知道。有多少人不知道法律内容的，没有统计。正因为没有统计，才知道不知法者一定很多，但看这几年报刊杂志刊登的各种新闻，我们可以知道，至少象婚姻法这样和人民生活息息相关的事情，了解者也有限。为什么农村青年中有那么多私奔者，有那么多犯重婚罪的人，又有那么多因为婚姻问题而动杀机的人。其实，改革开放以来，中国人的离婚手续早已经不那么难办。过去讲过失离婚，特别是因为政治问题，不离也动员你离。现在已经合乎世界潮流，同意并认可无过失离婚。离婚并不证明谁是谁非，而只是证明两个人在一起生活不愉快了，分开比不分更愉快，为什么不分开呢？都是好人，不妨碍两个人性格不合，原来性格很合得来，也不排除生活发生变化。既然生活发生变化，离了算了，再泡在一起干什么。也用不着哭哭啼啼，去回忆昔日花前月下，如何如何，也不必气愤填膺，硬说对方是个骗子，大骗子，国际级恶性骗子，真的那样，更得离了。还有什么舍不得。这些都不必多谈，就是牛郎织女，因为分别已久，感情有了转化，离了也好。省得每年7月7日让喜鹊为你们受累，让多情者为你们操心。就因为不知法，而误入“禁区”，结果一失足成千古恨。这样的事情多了，会给社会带来不安定。

有法不依，执法不严的第二个原因，是执法人员缺乏。中国的管理机构，法律机构，最高权力机关，人员都不算少，不但不少，而且太多。因为太多，才弄得头重脚轻，好像得了高血压症，稍一走动，就会头晕。遇到点不愉快事，就有可能勾起心绞痛，三日五日见不得人。但是人员极多，效率不高，结构又不合理。或者说，该多的不多，不该多的太多。总的来讲，练政治工作的太多了，应该转成职业政治人员才好。管经济的也太多，管来管去，把企业管死，把自己累昏。但真正做基础经济管理的人，又太少。工商人员不够，税务人员不够，公、检、法律人员也不够，律师、信息人员更缺。

一方面是官僚主义，比如公安人员，坐办公室的人太多，真正街头执勤的太少。二是人员总量达不到国际一般水平。数量又少，又不爱出来，虽然有法，没能全力保护这法，执行这法，或者按下葫芦起了瓢，或者成为执法不严。

有法不依，执法不严的第三个原因，是用运动方式做执法工作。总和打仗似的，打一仗，歇三个月，打两仗，歇半年。战争是需要休整的，天天去打，任你什么军队非垮掉不可。但在执法上这样就不行，你不能紧三月，慢三月，法律怎能大喘气，热一阵，冷一阵。从中国过去的情况看，往往在执法方面犯有冷热二病。好像北京的交通，一遇节日，大型政治会议，或者特殊场面，马上一严百严，反映在平民百姓身上，骑车带人不行，停车压线不行，没带证件不行，甚至行迹可疑都不行。一旦过了这几天，警察也累了，骑车者绷着的弦也松了，大家友好相处，犯点事也没事。这种情况对于建立法治规范，显然十分不利。

有法不依，执法不严的第四种原因，是社会不正之风严重腐蚀执法队伍。一段时间以来，听到不少地区把以权谋私不适合作执法工作的人请出公、检、法队伍，这是好事情。但由此也可以知道中国人反对不正之风或者说刹住这股经久不息的歪风有多么困难。过去说争取几年好转，好几个几年都过去了，好转了吗？有的地方好点，有的地方更坏，既有好的变坏，也有坏的变好，东边日出西边雨，离人民满意的程度，还差好几座山哩！

法治社会的这六大特征，可以看作中国确立法治模式的六大目标。真的做到这六点，中国的市场经济建设才有法律保障。

3. 中国法治体系任重道远

中国自 1840 年起，多少仁人志士为富国强民寻找成功的道路，其间经过鸦片战争，洋务运动，戊戌变法，辛亥革命，五四运动，土地革命战争，抗日战争，第二次国内革命战争，以及中华人民共和国成立以后的种种追求。其间有成功也有失败，有辉煌也有黑暗，但比较起来，还是改革开放以来中国发生的变化更深刻。虽然深刻，却不能说明已经对明天的蓝图达到完全自觉的认识。从这个意义上说，中国的改革是摸着石头过河，也是一句老实话。我们看中国改革开放以来最大的收获之一，就是终于比较明确地认识到，中国应该也必须走市场经济道路。中国既然应该也必须走市场经济道路，中国的立法就应该和市场经济相和谐，那么中国的法治体系就应既是市场经济的产物，又是市场经济的保护体系。

因此，也就发生两个问题。一个问题，中国从改革开放以来，立法工作已经经历过 10 多年的时间，但认识到中国经济应该是市场经济则是 1992 年以来的事情。这其间，必然有二者不能完全和谐的地方。另一个问题是：中国市场经济既然刚刚起步，对很多现实问题还缺少更加全面深刻的理解，因此，立法工作也很难一步到位。鉴于这两个问题的存在，中国法律体系的建立，在目前这个历史阶段上，又带有很强烈的渐进风格和过渡色彩。

站在这个层次上，考察中国现阶段的立法工作，至少有三个问题应引起重视。

第一个问题：已经确立的法律不见得都适应市场经济的要求。

这个问题，讨论起来十分复杂。这里只以经济立法和有关政策法规作例证说明。因为我们对中国现代化经济应该走计划经济的路，还是走市场经济的路，好多年来，认识不清。特别是某些上层领域，认识更加糊涂，甚至以为计划经济就是社会主义，社会主义必须搞计划经济，市场经济就是资本主义，谁讲市场经济谁就是想复辟资本主义。中国根本就没有过资本主义，你复辟个屁。曾经有过的东西可以复辟，根本没有的东西，你怎么复辟。在中国如果能复辟资本主义，也就能复辟共产主义，因为两者都不合逻辑。

表现在具体经济行为上，很多新鲜事物和过去的体制有强烈的矛盾，也和现行法规有某些矛盾，但这些事物是有生命力的，支持他们则违法，反对他们则扼杀改革。那么怎么办呢？只能带着改革的精神，承认他们，总结他们，不是用旧法治新人，而是以新的认识去修改旧的法规、旧的政策。法律也需要改革。

比如在中国产生巨大历史意义的农村联产承包责任制，刚开始在安徽、四川搞土地承包的时候，就是不合法的，国家没有任何法律承认可以这么做，但这么做对，就得到了承认。

比较起来，农业初期改革比较单纯，后期改革则比较复杂，因为农村不能脱离城市，城市改革本身就很复杂。国有商业出租柜台问题，原商业部现国内贸易部一再重申，国有企业一律不准出租柜台，但这个规定，我们看它就是错误的，出租柜台虽有某些弊病，但经济效益明显，对出租者十分有利，对承租者也很有利，对顾客也比较有利。记得早几年，中国的大城市开始卖牛仔服的时候，国营商店一律不卖，眼睁睁看着个体户把大把大把的人民币赚走了。你不卖，人家卖，顾客要买，你没有。虽然你是国营商店，牌子大，也不管用，上帝不买你的账，你能把上帝怎么样？虽然很多国营商店的工作人员根本就不怎么把上帝放在眼里，但是，你不敬上帝可以，你不敬上帝的钱袋可就蠢了。总的来说，国营商店运转不灵，进货渠道也不很灵，靠自己经营利润不高，一出租柜台，马上有了比较好的经济收入。所以，尽管商业部郑重通知不准出租柜台，但没有多少人买账。本着中国人的传统智慧，硬顶硬的事是不干的，最拿手的还是上有政策，下有对策，你说你的，我干我的。不信，请热心的读者去北京那些国有大商厦看一看，看看有几个商店是不出租柜台的。

还有上面讲过的，国家有关部门对企业的很多规定，很多摊派要求，这个指示，那个精神，给国有企业造成很重的负担。国有企业之所以竞争不过私营企业和合资企业，除去别的原因以外，和国家有关部门的政策性规定太多有最大关系。林冲武艺高强，打个把洪教头不成问题，但脖子上来一个大木头枷，就不行了。现在绑在国有企业身上的绳索，岂止一面木枷而已，简直是让他身穿锅炉手持房梁与对手较量，不要说肉体凡胎的林教头，就是孙大圣遇到这种情况，也只好变一只蠓虫，赶紧逃去。

第二个问题：许多和市场经济血脉相关的立法工作还没有真正完成。

比如1989年以后，困扰中国企业特别是大中型企业的问题之一，是三角债。三角债，数额大，牵扯面广，好像一盘完全下死了的棋子，一个棋也走不得。一个子也走不得，就是没有赢家，两家都是输家。这自然和当时的市场疲软、经济滑坡有大关系。

中国经济发展的特点之一，是基建拉动下的成长型经济，一旦滑坡，方方面面受到损失，这个以后再说。经济已然滑坡，再加上三角债的困扰，等于雪上加霜。

三角债照理说不应该成为这么难办的问题，它之所以变得这么复杂，就是因为三角债只是一种现象，或者说只是一个结果，它反映了中国经济体制、经济运行机制、经济产权关系以及中国各个地区各个行业和各个经济实体之间的复杂利益关系。

正因为如此，解决起来才千难万难。或者可以这么说，比方说，河南省某企业欠北京一些企业的钱，而山东的企业又欠河南企业的钱，北京企业又欠山东企业的钱，那么，你要清理，就得大家都清才行。不然，北京人听话，把钱还给山东了，而河南企业却没有把钱还给北京，那么，北京的损失，就不仅仅光是还钱企业的了。企业利益当然受到影响，连北京市主管部门的政绩也受到影响，北京市的财政收入还受到影响。所以三角债之所以难清，是因为主张不还清的人中，不仅有企业管理者，企业职工，还有当地主管部门，以及当地政府及其它部门。这就是说，三角债问题不仅反映了企业债务行为的法律问题，还反映了产权问题，政、企关系问题，以及国家经济、社会体制问题，等等。

问题如此之多，显示了立法之难，而这些问题没有真正弄清楚并且找出解决办法之前，要真正解决三角债问题，怕是过于乐观和天真的设计。

1993 年 7 月 27 日天津《采风报》就摘登了一篇题为《企业重陷‘三角债’泥潭》的文章。文章说：“仅据福建省人民银行日前对省内 142 家国有企业调查，占福建工业企业总产值达 6 成的这 142 家企业，4 月底应收预付款和其它应收款为 17.13 亿元，比去年同期增长了 57%。同时，上述企业欠人家资金也大幅度增加，应付款共为 14.97 亿元，比上年同期增长 52%。”

问题是够复杂的，根本解决方式，还在于改革，并且通过改革，找到恰当的法治途径。

第三个问题：有些很重要很必要的法律领域，现在还缺少立法基础。

这方面目前比较突出的有关于企业股份制立法和股票金融市场的立法。当然，这两方面，都有国外的经验可以借鉴，但生吞活剥，不仅无益，反而有害。弄不好，变成消化不良，会使国民经济遭受更多痛苦。但不改革又不行，既要改变不死不活的局面，又要找出合乎历史要求的合适的法律手段，是一个非常困难的题目。

但许多历史经验同样证明，最困难的问题的解决，是一种历史胜利的标志。比如二次大战中的斯大林格勒战役，牺牲固然巨大，意义同样巨大，没有这样巨大战役的胜利，再有 1 000 次游击战的胜利，依然打不败法西斯，不能取得二次大战的全胜。

顺便说，大凡处在历史转变关头的立法工作，都会产生极其激烈，极其深刻，极其尖锐，极其广泛的争论。其争论内容有些是可以调合的，有些是无法调合的。没有重大争论的立法，大都总是不够成熟的立法。但愿中国现代的立法活动能够走出一条新的路来，而对于其中特别关键的问题，至少需要经过相当一段历史实践才能走向成熟。

4. 法制经济应有民主机制

市场经济本质上是一种法治经济，而法治经济又是一种民主经济。

为什么？因为市场经济内涵丰富，构成复杂，没有法律作保护，没有民主作保障，就不可能正常运行。

这一点和小农经济恰恰不同，我们中国人习惯于对复杂的情况作简单总结，其理性性质更近乎牛顿力学规律。以为有几条英明决策，就可以解决富国强民问题。实行市场经济，哪有这样简单，如果是这么简单，也就不会走那么许多弯路，更不会把昂贵的学费交了又交，屡交不止。很多人几乎把国库的银子都交了学费，直到去见马克思的时候，还没有领到毕业证呢！

刘邦兵入咸阳，与关中父老约法三章，就取得政治主动，成为他最终取得天下，建立大汉帝国的重要保证。约法三章包括多少内容，竟然有这么大的力量？那内容实在简单之极：无非杀人者偿命，偷盗者受罚，就这么简单。以后历代改革，大抵不过如此。只要改革对路，百姓生活安定，加上风调雨顺，很快便恢复生机，国力也随之强大起来。为什么古人能这样，因为农业自然经济，本身就不复杂，宜于简政宽刑，实行无为之治。肖规曹随，一切照肖丞相的办，居然也可以成为一代名相的。市场经济，瞬息万变，哪一个敢这般大放宽心。大放宽心不行，一切都要干涉更不行。大放宽心，什么都不管，出了20年代的大萧条可不得了。希特勒其实就是乘着大萧条的风飞黄腾达的。一切都管，又不合自由贸易原则，管来管去，管一个短缺经济出来，老百姓岂能和你善罢甘休。

因此需要民主机制。民主机制都包括哪些内容？简单说起来，就是四句话：服从多数，保护少数，刚性程序，制衡力量。

服从多数。这是一条最重要的原则。欧洲人在一些重大社会政治问题发生分歧，没有办法解决的时候，就进行全民公决。

全民公决实行的就是服从多数的原则。中国人的分歧因为历史文化的原因，很少公开表现，开会大半都是一致通过。在极"左"的年代，几乎没有一件事不是"一致"通过的，因为不一致也不行，你刚一不一致，就给划"那边"去了。改革开放以后，情况发生变化，人民代表大会出现不同意见。开始的时候，还有人表示惊讶，但支持者日众。后来的人代会，从新闻媒介上介绍的情况看，有不同意见的情况常常更为严重，有些表决项目，失去几百票的也不新鲜。争议反映了某种民意,但公开争论,非中国人传统,似乎也不是中国人所喜欢作的。但从历史的发展趋向看,全民公决会成为一种有着普遍意义的社会行为方式。

服从多数,不打折扣,有许多好处。至少可以扩大民主生活的深度和广度,因为有了民主程序,很多阴谋诡计之类才找不到市场。军事政变、宫廷政变等等不合现代历史要求的丑闻才会避免。西方民主国家没有政变问题,这样可以减少社会动乱。过去有人说,西方的总统,议会选举,花钱太多,没有意义。这个不对,花钱太多是它的弊端,选举仍然很有意义,因为选举花去一些财富和精力,总比因为政变而付出牺牲要强百倍。

也有人说,服从多数不能绝对化,首先看你对不对,因为真理有时候偏偏掌握在少数人手里。其实这是一种有害的假设,一种可恶的空谈,一种不合逻辑的思维方式。真理掌握在少数人手里,怎么证明?怎么证明您本人手里的就是真理,别人的就不是真理。中国之所以发生文化大革命,就是因为缺乏民主机制,缺乏服从多数的民主机制,一个人说了算,少数人说了算。退一万步讲,即使少数人手里有真理,大家不同意,也只能让这真理休息。而且一个社会如果有服从多数的民主传统,发生错误,也容易纠正。而一旦缺乏或者根本就没有建立起这样的传统,纵然少数人手里曾经有过真理,一旦他的真理过时了,或者走偏了,少数人进入误区,会给国家和民族带来灾难。这个时候,你要纠正也难。

但服从多数的原则,要多数人有这种愿望、意识、责任和信心才行。谁不这样办,就让他到一边去休息,民心不可违,民意不可违。但这几句话不是作为口号,而是作为社会政治行为的一种最重要的原则。并且在法律上,行动机制上,刚性保证上都有一套完整的无懈可击的方案、社会保证才行。

保护少数。保护少数是服从多数的必要补充。如不能保护少数，服从多数终究会成为一句空活。过去为什么许多重大会议上，总出现虚假现象——或许可以称为政治泡沫现象，凡事必将一致通过。其中一个最重要的原因就是少数人的意见得不到保护，连少数人本身的权益甚至生命都会受到伤害。人家那里在起着哄斗彭德怀元帅，你不参加，好，你也是反党集团中的一位，不过原先没有发现罢了。事实上，因为庐山会议，有一位将军为彭德怀仗义执言，马上就给抓捕起来，这就不是民主会议了，堪称红色恐怖。文化大革命也是一种红色恐怖，制造恐怖的人自以为是人类有史以来最为革命的部分，他们却忘记了革命革过了头，也是反革命。如同“左”过了头，就变成“右”了一样。好像你在地球上旅行，一直向东，永不回头，结果怎么样，从西边走回来了。

少数人的权益受到法律保障，才有人敢于发表不同意见。过去毛泽东也提倡不同意见，也喜欢讲民主原则，讲不民主的危害，讲起来头头是道，引经据典，谈古论今。但真正作起来就不行了。毛泽东也曾反反复复向党内同志号召为了坚持真理，要有五不怕精神，包括不怕撤职，不怕开除党籍，不怕杀头，不怕坐牢，不怕老婆离婚，等等。你没有人身保证，光讲不怕有什么用？把某种宣传作为制度来理解，是一种历史的误会。彭大将军就五不怕，他老人家固然是中华民族的楷模，但使他挨整的那一套体制和方式不是最终应该废除吗？这种历史误会如不解除，民主建设很难走上正轨。

需要特别说明的是，对于破坏民主，整人、害人、杀人的人，应该也必须绳之以法。这样才公平合理。而对于受害者，也应该给予他们合理的充分的补偿，包括经济补偿。中国文化传统中有许多好东西，也有许多坏东西，最坏的内容就是当权者不会道歉，不会认错，不会在他权势显赫时因为错误而受到处罚。

整错了人，甚至整死了人，后来给你平了反，应该谁向谁道歉？当权者根本没有道歉。在他们看来都给你平反了，还不依不饶。嘁，不知趣。应该谁感谢谁？至少应该由制造冤案的一方感谢受害的一方，感谢他们的宽洪大量。但在中国不是了，不是宽洪大量的受害者受到感谢，而是受害者向平反者感谢涕零，连连鞠躬不已。这算什么事？正因为有这种恶劣的文化思维和行为方式，所以中国的官僚、官商、官倒，以及一切与权力有关的内容才那么横行无忌。连一个商场也敢随意污辱顾客，非法搜身，别人仗义执言，他们还要与人家打官司。而法院居然就受理。

应该这样说，一个国家的民主权益、公民权益的好坏程度的最重要的标志，是看每个公民究竟生活得如何。哪怕只是一个人的权益受到非法伤害，这社会也决不允许伤害者逍遥法外，那就可以说是进入法治境界了。

刚性程序。民主这件事，程序特别重要。很多情况下，改变程序就等于改变了民主的性质。在别的地方，作者曾经讲过一种非民主性逻辑。7 位官员开会，决定一件事情，其中 4 位反对，主持者心中不快。但这方只有 3 人同意，有点不好意思。可是怎么办，就让不相干的人参加进来 2 位，再一统计，好了，5 位支持，4 位反对，通过。不但通过，而且味道好极了。或者专找反对者中有一位出差，又有一位值班的时候开会。本来是 4:3，因为对方出去 2 位，就成为 3:2 了。于是，马上通过，不但通过，而且兴高采烈，终于不慌不忙将对方吃掉，而且吃得舒服，爽快，同样味道好极了。

民主程序应该也必须是刚性程序。好比孙悟空头上的铁箍箍。谁也反对它不成。凭你猴子有一万个心眼，你敢和民主较劲，立码让你头疼。

制衡力量。制衡力量及其有效的运行机制是反对独裁和专制的最重要的方式。

按常规而论，有了服从多数，保护少数，刚性程序，民主这件事的基本要求就够了。为什么还要加上“制衡机制”这一条呢？因为需要某种保证。服从多数，保护少数，刚性程序是对民主体制的基本内容而言的，但是缺少制衡机制，一旦有些人破坏这些内容，往往缺乏必要的反破坏手段。就像文革那种样子。当时的民主水平确实比较低，但并非没有宪法，也并非没有党章。刘少奇就因为顶撞了毛泽东一句，毛泽东就在一次参加会的时候，一手拿着党章，一手拿着宪法，说，我是一个党员，党章规定我有权讲话，我是一个公民，宪法保证我有权讲话。最终结果呢，刘少奇是党中央副主席，是国家主席，却弄得没权讲话了。不但没权讲话，连下野还乡的权力都没了，同样一部宪法，同样一个党章，为什么在毛泽东和刘少奇身上产生如此不同的效果？

制衡，就是使各种权力机关能够保持平衡态势。或者说，如果执法者犯法，能通过某种方式予以制止，并量刑定罪。

看中国现在的经济生活，之所以出现那么多乱摊派、乱罚款、乱抓人，甚至连人大代表都敢非法拘捕，和中国制衡机制不健全具有最大关系。孙悟空出了错，唐僧便让他头疼；孙悟空没出错，只因不服唐僧的作法，唐僧也让人家头疼，这种事谁管，观世音菩萨管。观世音菩萨出了错，谁管，如来佛祖管。如来佛祖出了错，谁管？

一个答复是，如来佛祖不会出错。

一个答复是，应该建立一种机制，佛祖出错，也有人管他！

5. 淡化、取消“官本位”制

官本位是中国传统文化的最大特色之一，“万般皆下品，唯有读书高”。并不是真的钻研读书，而是因为“学而优则仕”，读书能够做官。

中国的官本位与西方中世纪文化比，有它自己的特点，中国不是一个宗教的国家，宗教地位不高，中国的宗教，主要是一种文化现象。而中国的官，才是社会生活中的统治力量。所以西方文化传统中，上帝是最高统治者。而在中国，皇帝才是最高统治者，皇帝上膺天命，下治黎民，天人合一，总揽万邦。这种文化模式，对于中央集权的小农经济来说，不但是必要的，而且是优选的。以中国的封建制比印度的封建制、日本的封建制、欧洲的封建制，中国的制度是最为优化的制度。正因为如此，中国封建时代才会成为世界上最强盛的国家，中国封建文化才有最广大的内涵和最顽强的生命力。

但也唯其如此，这种文化传统才和市场经济、民主政治，格格不入。其中最典型的表现，就是官本位文化特质非常典型。法大不如权大，权大不如官大，官大一级压死人。柏杨先生讲中国文化，说中国人最爱闹窝里斗。为什么中国人最爱闹窝里斗，中国人人种比白色人种差，比黑色人种差？非也。并非中国人天生劣种不可救药，而是中国的官本位文化体制，非出窝里斗不可。按照我们自己的说法，360行，行行出状元，然而，360位状元，也抵不上一位官的状元，那才是真的呢！唯其如此，千条万条都要踩上官本位的独木桥。其结果就是你挤我，我挤你，你“阴”我，我“阴”你，你“黑”我，我“黑”你。明的不能，就用暗的，暗的不行，又改明的。前门不行，就走后门，后门不行，改走旁门。什么枕边风，拍马风，裙带风，干儿风，种种歪风邪气，原子弹都挡它不住。清明时代，感觉好些，然而纵观中国历史，总是清明时少，平庸时多。皇帝昏庸，历代不绝。有些雄才大略的皇帝，同样处理不好如此复杂的各种复杂关系。秦始皇终于立不成太子，而自己的遗体也只好与鲍鱼为伍。汉武帝曾逼死自己的亲生儿子，又杀死太子的亲生母亲。唐太宗也曾杀死自己的亲生儿子,为着找一个继承人,弄得六神无主,哭哭啼啼。赵匡胤不传位于子,而传位于弟,后来就有赵匡义杀死的传闻,所谓“烛影斧声,千古之谜”。秦皇汉武、唐宗宋祖,可谓中国历代皇帝中最有作为的四个代表,他们的家事国事身后事尚且如此,余下二流三流四流以及那些著名的昏庸暴戾皇帝的所作所为可推想而知。

因为官本位的影响,许多决策,就没有一套科学的程序,不搞科学测定,不向专家咨询,不听选民意见,而是拍脑定案。中国的经济建设,靠领导拍脑袋的事应有尽有。拍对了——虽然是瞎猫碰耗子,也是无限英明,拍错了,就算交了一次学费。然后哈哈一笑,便算没事。请问这学费是从哪来的?是神灯变的,金龟下的,王母娘娘给的,还是老君送的?都不是。还不是民脂民膏,人民劳动所得?

官本位不行,要转政为法。不论什么人,不论什么政治团体,一律服从法律的权威。唯其如此,才能适应市场经济的法治要求。

转政为法,就是要确立法律的权威性,法律对一切国家管理人员,均具有刚性的约束力。他们只能做法律允许范围之内的事情。过去有所谓对谁负责的争论,是对上级负责,还是对人民负责。共产党的宗旨是讲为人民服务的,当然第一原则是对人民负责。然而,看过去多年的历史,事实上还是对上级负责。结果国家各级行政人员,也包括事业企业单位的领导干部,他们的眼睛自觉不自觉还是主要向上看。因为群众虽然号称真正的英雄,又说是国家的主人,但英雄也好,主人也罢,他们决定不了所谓公仆的命运。一个县长,当政期间,没有干几件好事,政绩没有,劣迹不少,按理说,就该就地免职。但不,只要领导上觉得他还可以,就可以轻而易举地把他调到另外一个相当的职位上去。一个厂长，没有干好，职工意见大，厂子的正常运行也要受损失，同样不要紧，一旦调走，换一个同级单位，照旧当他的厂长。其实，不论什么岗位，没有完成自己的职责，就该降职或者免职。现在出一件免职的事，就成了大新闻，可见旧日的极左积习，已经积重难返。

笼统地讲对人民负责，也嫌空洞，人民的概念大了，弄不好就成为一个空洞的口号。一切国家工作人员，均应对法律负责，而一切法律条文都应该符合全体公民利益，通过特定方式，得到他们的批准，这样的程序，虽然中国人的祖先们实在未曾认真实行过，但历史有这样的要求，唯有顺应历史要求，才是唯一正确办法。

为着保证法律的权威性、严肃性和实效性，法律机关应行使独立司法权。这一点，中国政府对外也是绝对强调的。但在实际上，由于种种原因，司法机关的独立司法权力还没有真正落实。或者说，真正落实司法机关的司法权力还有很长一段路要走。国家正在改革，司法部门也不例外。

一个是转政为法，另一个是转让为争。

过去搞计划经济，党、政、军、民、学，东、西、南、北、中，党是领导一切的。这办法随着计划经济体制的结束，其历史使命也就应该结束。其实，改革开放以来所强调的党政分开、政企分开原则，也是这个历史过程的一个重要组成部分。

计划经济，搞的是大政府小社会模式，强调的是集中统一。市场经济则反对集中统一，反对过分干预。所谓“最好的政府是最少管事的政府”，或者干脆“最好的政府是根本不干事的政府”。根本不干事哪行？所谓不干事是指不对经济生活横加干预。

计划体制，认定凡人民的利益必定是一致的利益，不一致的就是敌人。所谓搞一平二调，吃大锅饭，搞不切实际的所谓社会福利，实行低收入低工资低赢利，政府补贴，认为天经地义，社会主义就该如此。

实际上，所谓共利益是建立在所有不同利益的相互磨合之中的。不同区域，不同行业，不同阶层，不同民族，不同职业，甚至不同年龄段，不同性别都有自己的不同利益追求。如其不然，为什么还建立妇联组织，为什么还要有青少年组织？当然，过去很长一段时间，工、青、妇组织也过于政治化了，而失去本来面貌。

市场经济要求各类不同利益的主体，应该充分反映自己的要求。所谓共和国，就是各个不同区域不同阶层不同民族享有平等权力的政治体制。很显然，河南代表，说法应该强调河南人的利益，而山东代表就应该强调山东的利益，农业代表就应强调农民利益，而钢铁行业的代表就要强调钢铁行业和钢铁职工的利益。如果大家都把自已的利益抹去，还要代表干什么，干脆就请上帝代表得了。很可惜，上帝很忙，他还有自己的事情忙不得呢！

利益要争，不论是国家利益、集体利益，还是个人利益。你不保护自己的权益，而把这权益交出去，将来自己受害已然是悲剧。因此而带来的文化悲剧，造成的损失就大了。可以这么说，如果在60年代，中国各个阶层，各个区域，各个行业以至各个权力机关当事者们，如果不把自己应得的权益毫无保留也毫无道理交出去的话，那么，所谓文化大革命还能搞得起来吗？

转让为争，不是说就没有礼让，没有信念，没有助人为乐精神，不是这个意思。正因为明确了所有公民和团体法人包括国家的利益所在，才会具备产生崇高理念、伟大信念，以及助人为乐、先公后私的基础。如果连个人利益都不敢提，说先公后私就有点滑稽了。10亿中国人中，倒有9亿半穷得叮当乱响，饶其如此，还在那里斗私批修，这实在是令后辈子孙为我们汗颜的一段历史经历。汗颜倒也罢了，最最愚蠢的莫过于痛定偏不思痛，还要在原来摔倒的地方重摔几次。

现代社会是由各个不同的社会基因构成的，只有各种社会构成部分都能平等相处，而且各司其职，充分享有自己应得的权力和尽自己应尽的义务，这个社会才算打开了现代化之门。

好比一只交响乐，如果各种乐器发生的都是一样的声音，还配称交响乐吗？又比如一家丰盛菜馆，如果所有的菜都是一个味道，那就等于一锅猪食。

各司其职，就是不论别人的调门如何，自己只管坚定不移地按照法定要求去完成自己的职责。作者前几年，曾经去过一些北京郊区县，看到有的县，为了抓住发展经济的大好机遇，不管是政府也罢，人大常委会也罢，县委也罢，政协也罢，还是民间团体也罢，五套班子，齐抓共管，只是一个字“上”。这看起来红红火火，其实并不见得是一件多么好的事情。为什么一说搞开发区，就弄出这么许多开发区来使多少良田宝地蒙受巨大的损失？还不是因为一哄而上去搞运动的老病根又发作起来。如果各个不同的职能机关，都把自己应负的责任负起来，损失肯定会小得多。还是那句话：中央集权的小农经济，只要皇帝英明就能出现重大历史性变化。而现代市场经济，非有各个方面的共同负责才能造就一个优良环境。

单讲合力不行，社会各个不同组成部分，都必须各司其职，形成必要的张力，市场经济才能真正健康发展，所产生的各类泡沫才能更少些，更小些。

6. 与国际惯例接轨

如果 20 年前讲与国际惯例包括国际法惯例接轨，就有被“收”起来的危险。因为那是一个阶级斗争的年代，所谓阶级斗争年代不是真的有那么激烈的阶级斗争，而是人为地找出来的阶级斗争。没疼找疼，没病找病。自己打自己150个耳光，然后又说要折断魔爪。大约那个时期，不但几个坏人，连整个中国都犯了“神经”，得了文化神经病。

阶级斗争激烈的时代确曾有过，如果没有，为什么会发生农民起义？但阶级斗争理论需要特别准确的适用范围和适用对象。后来把范围看得没边没沿，把对象搞得乱七八糟，成为中国特别可怕的“左祸”。“左”的观念，一讲是非，二讲敌我。好像旧时代小孩子看戏，先问好人坏人。中国人唯独在是非忠奸问题上具有特别敏感特别好用的神经。但把小孩子看戏的水平放在治理国家上，非出乱子不行。世界各地都没有那么多坏人，唯我们中国有这多坏人，地主也坏，富农也坏，反革命也坏，坏分子也坏，右派也坏。地主都改造了几十年，还改造不好，就不是地主的毛病了。外加党内还有走资派，社会上还有隐藏的阶级敌人，工人阶级中有工贼，边远地区有特务，再加上新生的资产阶级分子，你们看看，我们伟大的祖国成什么样子了。

那时候的思维方式，凡是敌人反对的，我们就要拥护；凡是敌人拥护的，我们就要反对，敌人的朋友，也是敌人；朋友的敌人，又是敌人。虽然嘴上说“我们的朋友遍天下”，可是细细考虑起来，被划为敌人的国家着实不少，滑稽的是，真正称为朋友的确实不多。偏偏那些好得要命的朋友加兄弟式的，天涯若比邻式的朋友，却又转变最快。三天不见便相互动起口来，或者动起手来。动口则骂声不绝于耳动手则炮枪交加。

但这思维方式，承传下来，使我们在相当长的时间内，不敢说要与国际法则接轨、要和国际惯例接轨、要和国际行为准则接轨。

资本主义自然和社会主义不同，但既然生活在同一个地球上，必存有共同的地方，人类利益高于国家利益，人类利益有别于国家利益，人类利益高于阶级利益，人类利益有别于阶级利益。这是一种新的思维方式，产生这样思维方式的原因和理由如下：

共同愿望。全世界人民都爱好和平。和平是人类愿望的标志，又是愿望的原因。本世纪人类经历过两次世界大战。大战造成多少家庭妻离子散，多少财富化作滚滚浓烟。人民希望和平，政府也希望和平。玩火的政府必是独裁政府，而独裁政府必定没有好结果。伊位克侵略科威特遭到全世界的谴责，被打得屁滚尿流，狼狈逃回。反击侵略的联合国军队，不过只牺牲几十个人的生命，这在人类历史上是空前的，这也证明侵略不能容忍，侵略不得人心，人类的这个愿望，自本世纪 90 年代起，大约会变成一种有行为保证的历史界碑，从而有可能最后消灭战争这个人类怪物，最终达到永久和平。

既然有共同的和平愿望，就该有共同的行为准则。

共同环境。地球只有一个。而且随着科学技术的高度发达，世界变得如此之小。世界好像一个小村庄，各个民族是老乡。虽然真正达到民族和睦的理想，还有遥远的距离。但作为共同环境，却使各个民族的利益，休戚相关。

人类只有一个地球，地球只有一个空间。前些年发现臭氧层少了，南极天上出现一个大洞。中国神话，天出了毛病，让女娲再给补上；眼前的现实，却只有全世界各国共同努力，方能制止住环境污染。很多国家同一条河，更多国家面临同一个海，所有国家都共同一个天，如不同心协力，天真的塌下来，管你社会主义，还是资本主义，污染的环境从不考虑因为这是希特勒的墓地就猛灌臭水，那是毛泽东的墓地就一片青葱。

共同市场。世界各国最终必然走向一个统一的世界性市场，这是毫无疑问的。因为中国人对此也深信不疑，所以才甘愿冒种种风险，决心克服种种困难，一定要恢复世界关贸总协定的缔约国地位。

世界统一市场的形成，要假以时日。但美、加、墨已经开始建立统一的经济区，欧洲共同体自 1993 年 1 月 1 日起已正式开始欧洲统一市场的历史性过程，东盟国家正在为建立统一市场而加倍努力。亚太地区的相互关系，对独联体其它国家的关系，对东欧国家的关系，对印度的关系，对阿拉伯国家的关系，对华关系，以及对日关系，都被提上议事日程。可以这样说，统一的市场将给人类带来巨大的财富，而处在统一市场之外的国家，将成为孤岛，不仅于世界经济的发展不利，于自身的文明进程更其为害。

共同人口。一般地说，人都是有国籍的。国籍属于特定的国家，但人口却属于整个世界。这句话的确切含义是说，人口总量的增加或减少，会对整个世界、整个地球空间，产生各种各样的影响，有些影响，可能是致命性影响。不要看一颗原子弹能伤亡几十万人，而几十亿人口的压力，有时候比爆炸 10 000 颗原子弹更加可怕。

共同治理。同样因为科技发达，犯罪集团也日益呈国际化趋势。如劫机、贩毒、走私，和经济犯罪后的外逃等犯罪现象，往往不是一个国家可以完全控制的，甚至是一两个国家单独努力所无法控制的。人类需要共同的和平，共同的良好环境，共同的市场，也需要共同的治理。大家携起手来，才能真正逐渐消灭各种丑恶现象。

共同机遇。人类历史上机遇原本不多，而且因为人类历史是从自然状态逐步走向文明状态的，相当长的时间里，各民族的历史是独立发展的。但看各国历史，越近现代，越多融合，人类世界，会变成各个民族的共同发展，你中有我，我中有你，你我难分，彼此互容。自20世纪80年代后期起，可以说，人类获得一次共同发展、共同繁荣、共同富强、共同文明的绝好的历史大机遇。抓住这个机遇，正是人类的共同责任。

因为有这些理由，中国的法治，中国的市场培育以及一切与世界性相关的文明事业，就非与国际惯例接轨不可。

只有当中国文明，成为世界文明的一个有机组成部分的时候，我们才可以说，通过我们与人类的共同努力，我们可以取得超过前人的历史文明。

五、没“规矩”的中国泡沫经济

既“下海”，为何不想知道成败的“规矩”？

从汉高祖刘邦的变化说起。

再从资本主义何以改变自己的形象说起。

假如中国人手中有美国那么多枪支……

市场经济是严格的法制经济，又是严格的规范经济。中国古话说，没有规矩，不成方圆。对于市场经济而言，没有规范，也不成方圆，不成市场运作之方圆。

规范与法治不同的地方，在于法治更偏重于一种刚性指标，而规范是一种行为指标。规范的形成有文化原因，技术原因，体制原因。不同的历史条件下，可能实行人治管理，也可能实行法治管理。但不论任何时代，没有一定的规范都不行。中国封建时代，没有规范行吗？虽然那个时代并不是一个法治社会。

市场经济条件下，赋于社会规范以新的要求和新的内容。

中国的泡沫经济现象，和中国市场经济规范不健全、不成熟有最大关系。很多情况下，法治管不到的事情，规范可以管。但中国目前的情况，显得旧规未去，新规未立。比如说下海经商，什么人都可以下海，好象中国人天生的都是游泳能手，一旦下海，就是健将水平。可是商人也有规范，商人规范包括什么内容，大家不知道，甚至也不想知道，谁也不去问，好象也无须询问。在很多人眼里，当个商人只消头脑灵活，会说假话，便一切不在话下。

一些商人作生意——很多情况下不过说说罢了，根本没有成功的希望。后来自己回忆，原来对方说话总有水份，听起来好象倒没有水份，自己没水份，让别人听起来反而有水份。其间是非，有点幽默。于是总结：作生意不成，因为说瞎话的本领不成。但我们要问：成功的商人就是骗人的商人吗？如果是，那么中国古人视一切商人为奸商的文字确实就有道理。即使今人，我们为着消灭骗子，也该消灭商人。如果不是，为什么自己说的是实话，人家不信，而人家说的话有水份，自己却深信不疑呢？

因为没有规范，所以欠帐的也多，赖帐的也多，虚报成绩的也多，偷税漏税的也多。许多偷税漏税者，一点也不犯忌讳，朋友一问，马上明示。就是朋友不问，有时还主动传授经验。诸如大吃大喝，走后门拉关系，要折扣，压盘子，中途乱生枝节，随意更改协议，以致以假乱真，以次顶好，不但并不觉得有犯罪感觉，而且自我感觉良好。如此等等，都和没有确立必要的市场规范有关系。

规范这种事，非有公众的认同才能成立。好像旧时代，村镇小酒店，有人赊酒，是不记帐的，有人赊酒，也只在小牌牌上写上几行字。鲁迅先生写《孔乙己》讲过这个情形，农村旧习，借钱借物也不要留下文字依据。我小的时候，常惊奇于祖母的记性，她借别人的东西，或者谁借她的东西，多长时间没有还，都记得清清楚楚。这种情况，约定俗成，就成为借赁规范。一般说，少有不执行规范的。因为规范既成，就具有了某种人格和道德力量，哪一个违背这规范都会受到舆论的谴责，让你千夫所指，无疾而死。

比如旧时练武术的人很多，但不论南拳北腿，都极重武德。没有武德，不能习武，失去武德，还会被逐出师门，断绝一切师徒关系。所以中国人习武的颇多，依仗几手拳腿便欺侮别人的却少。而且越是有本领的，还越是含而不露。《水浒传》写过好几位泼皮无赖，其实都没有什么真功夫，好象硬抢杨志宝刀的牛二，又好似强霸民女的郑屠，他们有什么大本事？没有大本领。没有本领偏要欺人，正是泼皮无赖恶霸流氓的本色。倘若是正人君子，一有不合规范的行为，不但亲人侧目，而且自愧于心。这是规范的力量。越是文明的民族，其规范越有无形的作用。市场经济好比一湖清水，社会规范好比千里长堤。水从堤转，才能因而得福；如果堤坝本身千疮百孔，不成规矩，或者表面上风风光光，内部尽是蚁巢虫穴，这个大堤就会变得十分危险。

1. 现代社会生活规范的五大特征

(1)平等性特征

汉高祖刘邦，无赖出身，以马上得天下，平生最看不起儒生，因为他自己也不认几个字，也未读过几卷书。但他做了皇帝之后，却感到并不快乐。昔日与楚霸王大战，打败仗时多，打胜仗时少。少不得打了败仗，也要纷纷议论，打了胜仗，又要议论纷纷。及至做了皇帝，还很不开心。倒是有叔孙迫、陆贾劝他尊孔，让百官学习儒礼。演礼以毕，整个朝堂雅雀无声，儒家学说，妙在治理。打仗用不到儒学，治国才非儒学不行。于是刘邦改变观念，对孔圣人表示由衷的尊重。

儒家的礼仪，其实也是一种规范，不过不是现代市场经济要求的规范，而是一种等级规范。这规范能使皇帝高兴，也使社会稳定，此无它，因为中国封建时代，皇帝才是小农经济的最高代表。

现代市场经济使一个人高兴不行，要使整个社会高兴才行，纵然做不到人人高兴，至少应该使人人都能从中获益。所以现代市场经济要求的规范，第一个特征，就是平等性特征。

比如封建时代的主与吏、吏与民的等级差别，都带有不可逆的性质，县太爷就是民之父母，任你是老翁，见了县太爷也得一样叩拜，县太爷打你也是爱你，爱你也难免打你，正好似传统戏剧中表现的，虽然是极其忠诚的奴仆，一件事情刚刚要求，太爷先自发出警告说，尔等要小心伺候，倘出差错，小心儿的狗腿。奴才是生着狗腿的人，但当老爷走不动的时候，还要用两条狗腿去背。

现代人不同了，不管是国家元首，还是政府首脑，不管是嬉皮士，还是高级管理阶层，大家都是公民，公民理应平等。一切规范都建立在平等的基础上。那些不平等的规范，虽然表面看起来威风凛凛，实际上不过一副空架子，而且颜色可怕，处处病容。

但从我们目前情况看，平等规范还很不够，特别是到一些政府部门办事，办事规则既不公布，办事人员态度也常常不好。比如上工商部门起一个照，起码让你跑上 10 次 8 次，有时要花好几个月还办不成。又比如申请出国，程序不明，也没人指导，你想得到指导，最好托熟人。托熟人不能白托，要赔上一份人情。有时候因为你自己弄不明白人家那里面的事，还要动不动就挨一顿批评。早几年，作者曾经办过一次户口关系。办户口关系，还办粮食关系，又要去粮管所。派出所给了一个手续，到了粮食局，说这个不够，还要拿准迁证来。于是又回派出所，派出所说没这个规矩。你说怎么办好？只好多陪笑脸，曲意奉承，往返三次，好不气闷。跑三次，还不给好脸色，于是，便问粮食局几位办事老爷几个问题，结果您猜怎么样，他们也不懂。像这样的事情，本作者所闻不多，所遇甚少，听有些朋友讲，常在外面做事的，没点厚脸皮，没点软功夫，不大大放出点血来，就叫您办事不成。难怪几十年前的一本《厚黑学》那么畅销，又难怪连《爱情厚黑学》、《经商厚黑学》也跟着一起泛光，一起畅销。赶情，去有的衙门办事，或者下海作生意，没点厚黑脸皮还真不行。

但这不是一件好事情。总是尔虞我诈，只能彼此受害，因为彼此受害，所以更挖空心思尔虞我诈。好像医院医生护士要收红包，收红包看来不算正常现象——除非将来中国也把小费视为正常。但你也递包，我也递包，哪位不递，就不免满心嘀咕。更何况医院是动真家伙的地方，动不动要把脑打开，或把胸腔打开，为着一条生命，岂能不把红包赶紧献上。虽然有人说并非所有医护人员都需要红包，但惜命如我辈的凡夫俗子，最好宁信其有，莫信其无。

未来中国的社会规范，应给所有公民以应得尊严，或更确切地说，是每位公民要争得自己应得的那一份尊严。如果连起码的尊严都没有，还搞什么现代化。

(2)**功利性特征**

所谓功利性特征，就是一切规范要有利于经济效益。比如改革开放初期，叫得最响的两句流行语，即：时间就是金钱，效率就是生命。北京人到了深圳，觉得深圳处处年轻，连走路的样子都是年轻的。其实不仅深圳，一切工业化国家无不脚步匆匆，像北京街头那许多遛鸟的人，坐在路灯下半夜半夜打扑克的人，其实少见。深圳已经少见，美国更加少见。日本多是敬老惜闲的民族，那情形同样十分少见。好像京剧舞台上的台步，漂亮固然漂亮，就是太慢了些，青年人接受起来不容易，实在和它的节奏太慢有关。

中国封建时代，规范最多，礼仪最繁。但绝大部分和功利性没有关系，而和等级性论理观念期期相应。家有家规，家规却是为夫权父权服务的。国有国法，国法都是为君权官权服务的。三纲五常，是其主旨，历代儒生政客添枝加叶，内容愈加琐碎，但主旨绝不含糊。就是儿子的一切行为都要维护父亲的权威，臣子的一切行为都要维护皇帝的权威，妻子的一切行为都要维护丈夫的权威，小民的一切行为都要维护官吏的权威。不仅要维护权威，而且要心悦诚服，哪怕是让自己做最不愿接受的事情，也要满脸陪笑，一片诚心。很多所谓贤惠夫人，不但对自己丈夫纳妾毫无怨言，而且往往亲自出马，玉成此事。女人连嫉妒心都可以不要的社会，一定是一个糟透了的社会，否则就是一个我们未曾经历过的崭新的社会。

而市场经济所要求的规范，均应符合功利性特征。比如，企业管理者和从业人员的关系，就应该确立这种严格的行为规范。一方面，管理者与被管理者之间，人权平等，没有贵贱等级。一方面，被管理者又要自觉自愿心悦诚服地服从管理者的指挥。这不是人格低下，而是有利于企业效益。现在中国的情况，往往在管理者与被管理者之间发生背悖，许多管理者自以为当了头头，就高人一等，说话气也粗了，架子也大了，见了人也不会打招呼了，来不来还想给人来点小鞋子穿，甚至动辄以开除别人来威胁，以至个别企业管理者动手打工人的现象也时有发生。但表现在指挥效率，却又往往指挥不力，甚至指挥不动。大凡经常在文山会海中跋涉的人都知道，领导者的权威其实有限，他们的话一大半没有人听。这种人格意识的非平等性，与管理行为的非效益性现象，无疑是和中国改革开放事业，和市场经济背道而驰的。

中国有几千年封建历史，讲到封建规范，说 8 天都说不完的，但中国从来没有过成熟的现代意义上的亦即真正的市场经济历史。市场经济所要求的功利性规范，也许还需要几代人去反复摸索。

(3)**科学性特征**

所谓科学性特征，是指这些规范应保证所从事的各类活动目的得以充分实现。科学性特征反映在职业规范上，尤其重要。

比如中国的统计工作,可以说是一项有很大漏洞的工作。这里面固然有统计制度方面的原因,也有统计方式方面的原因,但也和统计操作规范性差有很大关系。不但统计,一切专业技术工作,没有特别的规范都很难准确完成。比如教书这个职业,是需要严格的职业规范的,教师的仪表,教师的语言,教师的形象,教师的敬业精神,教师的表述方式,教师与学生的交往,总而言之,教师的表率行动也许会给他的学生带来终生的影响。然而,现在的情况呢?有的先生一本讲稿能用20年。20多年前用这个,现在还用这个,他这先生的讲义就和文物一样,这样的讲义真不如丢到垃圾堆里去喂老鼠。而且耽心老鼠都不敢吃它,怕食古不化,大便干燥。

科学性表现在管理规范上,特别强调量化管理。过去只讲"质"的管理,那个太粗糙了,好像黑旋风李逵,赤膊上阵,有时连裤子也不穿,手握两把大斧,好似一阵狂风。老实说,用这架式对付高俅的人马还行,要去操作现代武器,连门也打不到的。现代经济体系何等复杂,市场活动瞬息万变,管理者站在管理高度,引导整个管理对象从容运转,没有量化分析,简直寸步难行。

(4)**人道性特征**

所谓人道性特征,是说现代社会的一切规范,应有利于社会全体公民的身心健康,使他们的聪明才智得到最大限度发挥。

现代管理学,讲究激励原则,主张通过激励手段,使从业人员有高度的自觉性和自主性。

传统行为规范,特别是许多职业规范,是只见物不见人。只要能赢利,不管从业者身心是否遭受伤害。或者说,你遭受的伤害再多,只要能为我赚钱,也就天经地义,理所当然。比如美国的黑奴制度,动不动就把黑奴牲口一般地弄残处死。又比如旧中国的学徒制度,送来学徒的孩子几乎全是童工,而他们所负担劳动足足超过他们能够负荷的程度，从而严重地摧残了他们的身心健康，使他们成为某些人赢利的机器。

现代社会，不论东方西方都日益注重对人的权益的保护，对人的身心健康的保护。现代从业人员比如现代工人和传统工人最大的差别在于，他们用于娱乐、健身、出游、休息的时间越来越多，劳动保护水平也越来越高，而从事有害劳动的情况越来越少。8小时工作制曾经是前人的理想，而6小时工作制已成为现代工业国家的常识。工人的文化素质高了，劳动强度低了，劳动条件改善了。这些都无疑是18世纪、19世纪的工人阶级所无法想象的。从历史发展的规律考虑，未来中国的社会生活规范，只能比现代工业国家来得更好。

(5)**荣辱性特征**

所谓荣辱性特征，是说新的社会规范应反对那些有害于现代文明的行为方式，以不合现代文明行为方式为耻，以有利于现代文明的行为方式为荣。

以公共卫生为例，过去的北京火车站，一到冬季，可谓痰迹斑斑，令人目不敢开。这几年，应用罚款方式，聘用许多中老年妇女，专门隐蔽于人际之间，盯着那些随地吐痰的人。你这里贵口初开，她那里手疾眼快，手疾是一定抓住你不让你跑掉，眼快是一定指出你的所作所为，不容你销脏灭迹。

据说新加坡是一个罚款王国，而新加坡的环境和公共秩序确实很好。据很多去过西方工业国家的人说，比如联邦德国，是很少有人在街上乱丢废弃物或随地吐痰的，就是过马路，也个个严格遵守交通规则。不管有无警察，照样一律按照交通指示灯驾驶车辆。车辆礼让行人，行人也没有乱奔乱跑横穿马路的现象。这一点又和我们中国大不相同。中国人对红灯的敬畏，远不如对警察的敬畏更甚。如果没有警察，红灯不过红灯而已，几乎人人都敢大闯红灯。骑自行车的人，闯无警红灯，好像由来已久，现在发展到连汽车也见缝就钻。所以，很多十字路口，不但红绿灯闪闪发光，而且还必须配备一名以上的警察为之守卫。以此观之，规范的荣辱性确实是件大事件，当你遇到破坏规范而又无羞耻的人群时，除去罚款，好像也别无良策。

2. 市场经济下的社会规范一览

社会规范是一个严密的体系，它包括的内容非常广泛。如家庭规范，古人云："黎明即起洒扫庭厨"，就是一个规范。还有职业规范，语言规范，交际规范，礼仪规范等等。但和现代商业社会比较起来，中国古代社会的一切规范的重点在于家庭，而家庭规范的重点在于伦理关系，由此生发而成为一个庞大的有条不紊的规范体。

中国封建时代，把家庭规范作为一切规范的重点和始点，是有它深刻的道理的。首先，封建经济就是小农经济。其次，封建经济又是以家庭为基本单位的经济。家庭不稳定，则经济不稳定；而经济的稳定，又需要稳定的家庭去保护。由此生发一切人际关系都是等级关系，而一切等级关系又都和家庭关系联系在一起。父尊子卑，夫尊妻卑，兄尊弟卑，男尊女卑，主尊奴卑，等等。

资本主义时代，社会规范的重点发生转移，从现代工业国家的情况看，社会规范的重点和始发点，已经不在家庭，而在于商品市场。是经济市场的喜怒好恶决定了人们的社会规范的种种依据。

但这有一个发展过程。在资本主义原始积累的时候，资本的面目狰狞，它对社会的作用是建立在暴力的基础上的。但是，随着资本主义的不断成熟和发展，它惊人地改变了自己的形象，在诸如劳动者社会福利，农民社会保障和社会效益，劳动者素质培养等等各个方面都有了长足进展。资本主义时代源于封建时代，二者有血肉分离时的一段激烈与疯狂，但终于前者以自己的技术呈现方式、思维方式和金钱优势，打败了对方，淘汰了对方，淹没了对方，消化了对方。

自然，各个不同的民族和规范各有自己民族的文化特点，但从总的趋势看，越是社会文明高度发达的地方，规范的理想表现越强烈，未来整个世界都达到高度文明程度之后，社会规范会表现出更多统一性和完整性特征。

因为现代工业社会的规范重点在于市场经济这个领域，所以一切规范的形成，都印有市场经济的鲜明烙印。这一点和中国封建时代的规范有本质区别。它反对等级，提倡平等，它反对繁琐的礼仪，主张实用；它反对把很多时间浪费在无谓的人际交往中，而主张尽可能少做与效益无关的事情；它反对依附别人，而重视和尊重公民的个人隐私和鲜明个性。

规范的主要种类，可以分为市场规范、管理规范、职业规范、质量规范、技术规范、道德规范、行为规范、语言规范、礼仪规范，等等许多方面。这些方面的内容有些是相互交叉的。比如讲礼仪，包括语言文明在内。比如讲职业规范，还包括技术成份在内。比如讲道德，也包括职业道德在内。但总起来看，上述这些规范可以分为两个基本方面，一个是直接属于市场经济，另一个是间接与市场活动有关的，这里先从直接与市场经济活动有关的规范讲起。

中国市场经济的理论刚刚得到认可，市场经济的实践也适在起步阶段，加上新旧体制交换，旧的未能离去，新的未能建立，犬牙交错，边缘模糊。不规范的事情，举不胜举。正因为缺少规范，生出许多混乱。正因为生出许多混乱，中国式泡沫经济才有了很好的滋生土壤。

构成市场经济的经济要素很多,但最主要的,一个是商品,一个是企业,一个是市场,一个是管理。管理又包括企业外部的宏观管理和企业内部的微观管理。可以这样说,所有这些方面,我国目前都还没有确立起真正切实可行,而又行之有效并为大家自觉遵守的规范。

以商品而论,从原材料算起,就是一个不规范的过程。比如钢材,全国性大、中型钢铁厂生产,乡镇企业也生产,虽然都是生产,质量差距极大。国家基本建设热火朝天时,盘条之类的钢材奇缺。于是乡镇企业看到时机,马上八方搜罗资金,匆匆上马。但他们生产的许多盘条,根本不能用。他们自己好像也明白,碰到熟人要买,先讲自己产品特点,千万不堪大用,一旦大面积使用,有可能发生危险。最好掺杂混用。庶几可以无错。那形状更是长长短短,形象潇洒;粗粗细细,很有个性。这样的材料,进入生产领域,化为产品,人们心里哪能无忧;其所谓经济效益岂能没有水份,有水份但又看不出来,正是泡沫经济的一大特点。

原材料混乱,对原材料、零部件的管理更加混乱。北京某家大厂,与美国合资,美方管理人员到厂,不讲技术,不讲待遇,先考察厕所,说是厂里的厕所卫生标准不够。结果洗了洗,搞了又搞,还是达不到他们的要求。美国人说不行,中国人说可以。再下功夫,还不合要求,中国人烦了,再搞厕所,不予开支。于是美国人自己掏钱也要把厕所卫生直弄到他们认可的档次。结果呢?厕所卫生代表了厂里环境要求。原来胡乱搁置的原材料、零部件之类,一经整理,便生出许多利润。

凡一商品都有质量要求,质量检验则应有规范要求,规范程序。对于商品检验,不但应有规范,而且应立法管理。但看中国的情况,则往往不然,于是出来许多假冒伪劣产品。

商品中特别有食品饮料一项。这些是和人民身心健康密不可分的。按照国际标准，凡入口食品都应标明出厂日期、保鲜日期、质量标准、使用说明等等。中国人过去没有所说过这回事。有的边远地区，一瓶罐头，不知放了多长时间，至少外观颜色，斑驳陆离，但售货员全然不以为意，你要买，搭上三下五下，便笑嘻嘻送到你手，她还会告诉你：这里面没坏。您小姐怎么知道里面没坏？大概看中国人的意思，既然是密封的食品，就是放上一万年，也不碍事。

商品的质量检验居然没半点规范——当然不是每个厂家都是如此，至少有很多厂家确实如此。而顾客一旦看到残品次品甚至废品，要退换可不容易。有时一拖七八个月，没有消息，有时还可能和你大斗其气，让你比较一下是要钱还是受气哪一个更值。

商品如此，企业也如此。从注册开始，就没有真正的规范可以遵循。因为规范不严，便可以处处作假。中央电视台专门用新闻联播时间，播出“一个不公正的公正机构”的报道，说长城股票大诈骗案的主犯是如何通过公证机构取得他所需的材料，其实，这案件不过是一个典型的案例罢了。前两年办公司，公证机构所验证的证明材料，如果真一件一件认真查起来，真不知道是假的多些还是真的多些。

注册已经不规范，生产也不规范，技术还不规范，中国之所以出现那么多假冒伪劣商品也就不奇怪了。

再说市场规范，凡商品一定要进入市场，凡企业一定要进行交易，市场管理同样没有成熟的规范可循。特别是一些集市的管理，大有随心所欲的味道。有人来收税，就有人逃税。好像游击战一样，敌进我退，你来我走，走得成则走，走不成则赖，赖不成则跑，或者干脆打算动动拳头。只要经常到外地出差的北京人，在很多省里的重要交通线上，都可以随处看到，“交税是公民责任，偷税必究，抗税必惩”的大字标语。然而，交没交税，只有天知地知，你知我知。

企业与企业交往，也应该有规范的交易方式。但看现在的情况，只要谁能掌握“俏货”，谁就有了破坏规范的资本。而且中间人之多，各种名目的回扣之多，都令人防不胜防。为着得到这些商品，只好忍气吞声，把这些甜酸苦辣臭，一起吞吃下去；而且还要做出“味道好极了”的幸福表情。令人大惑不解的是，往往越是硬着头皮吃下变质的东西，还越能做到平安无事。

还有金融市场，股票市场，同样混乱得可以。不信你向有关专家请教，中国金融、股票市场应该建立什么样的市场规范？他们大半也无法给你满意的答复。中国前几年的集资就和打仗一样，真有点枪一响，老子便下定决心，就死在战场上了。你年利率8%，我就10%；你10%，我12%；你12%，我就15%；你15%，我就20%，你20%，我50%，有些已近天方夜潭。可怕的是，天方夜潭也有人信。有些已然严重连犯国家有关规定，但看那架式，仿佛能犯不能犯国法也浑不在意。如此等等，中国市场经济缺少规范，已经给方方面面带来巨大损失。

下面先谈谈与市场经济有直接关系的几个规范范畴。

市场规范。市场规范是保证公平交易的一个重要方面。在这方面，国家有关部门已经有了许多规范要求。现在的问题是，第一，这些规范是否能跟得上1992年以来中国名正言顺地搞市场经济的新的历史要求，二是这些规范究竟执行得怎么样？

真能对这两个问题做出回答的，首先不是企业，而是政府机关自身。确立市场经济规范，党政机关始终处于问题的中心地带，这不是市场经济要求的，而是历史环境造成的某种现象。党政机关应该首先从自身做起，确实把自己的一切行为按照市场经济规范的要求理顺。你让别人尊重市场，你本人先要作出表率，曹操惊马踏麦苗，割发代首。有人说割发代首是欺骗人的，殊不知古人的毛发是无比重要的人身组成部分，真能割发代首已经很不简单。现在很多自称公仆的人怕都做不到这一点。不信，谁损害了公民利益，就让他自剃光头，你看他干不干？不是说企业找市长不如找市场吗？那是好心人的一种理想。有时候，你找市场，市长找你，看你有什么办法。你能说本厂长事情很忙，没功夫见市长吗？确立市场经济的权威，首先要一切党政官员，必须对价值规律表示敬畏，不管你信与不信，懂与不懂，市场已经反映出的要求，只能顺应，不能弯曲。老实说，几十年计划经济，已经把价值规律折腾得够苦的了。

应该说，中国市场发展还处在比较低的水平。因为水平低，规范的成熟性也差。因为成熟性差，所以漏洞也多。特别是一些专业市场，过去从来没有开放过的，现在一经开放，难免发生许多意想不到的情况，如中国的股票就是如此。这些情况有待各有关方面认真研究，逐步提出一套切实可行又于各方有利的方案。

可以这样讲，中国市场规范的确立，一是学习和借鉴国外成功经验，二是边实践边完善。既防止因噎废食，也不要认为噎噎没事。岂不知噎得久了，也有生命危险。

行业规范。行业规范古已有之。商道上的称为行规，黑道上的称为帮规。中国古代社会虽然是封建农业经济，但自唐以来，城市规模很大，行业已经十分发达。宋明以后，著名城镇更多，著名专业市场也很多，行业发展达到十分成熟的地步。但是从总体上讲，它们仍然不过是封建农业经济的补充。因为行业发达，各行业行规也很健全。有些特殊行业，行规尤其严谨而且严厉。俗语说的车、船、店、脚、牙，都是如此。他们有特定的行为方式，特定的联系方式，特定的行业语言。很多行业用语，属于隐语，行外人是听不懂的。比如中国牙行，即专做牲口买卖的行业，谈生意的习惯，是买卖双方各自把手伸到对方袖子里，不给第三个看到。谈好了，就成交。你要问，这是哪一条法律规定的，哪一条法律也没规定，约定俗成，成为这个行业特有的买卖规范。又比如服务行业，如缝纫业，理发业，浴池业，也都如此。甚至哪个行业用哪个地方的人都已经成为习惯。如北京浴池业以河北定兴人居多。煤铺也是如此，一听口音，就是老乡。乡音里"怯"，别是一番情趣。现在很出过一些记述中国旧行业习俗的书，里边许多记载，很有价值。

行业规范虽古已有之，但和今天的意义不同。西方工业国家有行业协会，主要是中小型企业的联合组织。已经没有中国封建时代行业组织的那种神秘感、宗教感和亲缘感。他们主要是为所属企业的商业利益服务的，做一些单个企业难以完成的社会工作。中国也有许多经济协会，但一般政治性行政性强，官气十足，没有起到真正的企业协会应该达到的经济作用，中介作用，服务作用和公关作用。这种情况，现在已在许多方面开始转变，希望这种转变能够成为一种本质性的改变，而不是翻牌协会，虽然名称改了，实际上还不过是包老太爷微服私访，那袖子里还揣着一颗钦封的宝印呢！

行业规范的作用很大。

一是保护本行业利益。这一点，在古代行会表现得尤为强烈。一些特殊行业，带有黑道色彩，进去难，出来也难。入会时需要种种手续和担保。一旦进入，便要对行业尽忠，行业也还是以师承为主，但也尊奉祖师爷，颇有民间社会组织的味道。现在的行业协会，依然有保护自己行业利益的重要作用。它可以代表本行成员建立和政府的关系，和其他行业协会的关系。为着争取自己的利益，就必须建立一定的行业规范。

二是防止其它不利于自己行业利益的商品和企业扰乱自己

应有的行业市场。行业规范对本行业的商品和服务都有明确要求，达不到要求的，可以采取各种方式和方法拒绝他们取得市场位置和社会信任，既保护了顾客利益，也提高了自己的商业声望。

三是便于向新的领域扩展和招商。这好像河南没有粮食市场，也可以在允许范围内买卖粮食，而一旦有了粮食市场，粮食生意的规模便有了巨大扩展。有市场，就有规范，有了规范，又有利于向高的层次发展。

行业规范可以保护本行业历史发展的良性循环。

职业规范。职业规范是一个无限广阔的领域，可以说有多少职业，就有多少规范。但也可以说，各个不同的职业规范又有某些共同性要求。这就是说，职业规范，具有共性和个性两方面的内容。共性内容是适应本时代要求的社会产物，个性内容是结合时代要求和专业要求而形成的独特的职业内容。

职业规范，同样古已有之。旧时称为店规铺规的便是。中国比较著名的店规，如陈嘉庚先生亲自为自己所办商行作的店规，可以说是一篇很有价值的历史文献。这种店规铺规，在传统商业中非常普遍，而且越是名店，规矩越大，比如北京全聚德烤鸭店，不但对烤鸭的原料选择严格，对烤鸭的配料也是一丝不苟，连使用的炉具、烤具和燃料都有严格要求，一点也不能随意改动的。这样烤出来的鸭子才有味。北京最著名的药铺同仁堂的店规同样严格，对药材的产地，药材的质量，中成药的制作方法，汤药的熬制过程，都有极为细致入微的规定。对于所有店 员的服务方式和服务质量也有明确的要求，半点不许含糊，否则就会受到处罚。可以这样讲，凡是有影响的传统商店，都有自己严格的店铺规范要求。由此也可以看出店规铺规的实用价值和效益价值。

现代市场经济对于职业规范的要求更高。和传统店规铺规的主要区别在于，它更强调统一性原则。因为市场正在走向统一，企业规模也有越来越大的趋势，即使中小企业，也需要采取同样的生产和服务标准。同时强调职业规范的科学性、实用性和人道主义原则。就是说，现在职业规范，应该有利于提高生产率，有利于商品的推销，有利于顾客选用、使用和为客户的需要服务，同时也有利于管理者、劳动者的共同理想和身心健康。

管理规范。管理规范，可以分为企业外管理，主要是政府部门的宏观管理、市场管理和企业内部的微观管理。

政府的管理，首先是依靠法律，依法办事。唯如此才能既有管理，又不犯冷热病。把依法管理作为一条法律，已经十分必要。因为现在的事情，是对企业的随意性干涉太多，摊派太多，变相收取各种费用太多，弄得企业难于独立自主地专心致意地向市场发展。

宏观管理也需要规范，最害怕乱管、不管和滥用职权。比如近年以来，北京个体商业、集体商业发展过度。一过度不得了，很多商店挤占马路，有的地方，人行道都没有了。本来北京的交通就拥挤，你再乱挤乱占，人为造成新的交通问题。作者常走的六里桥，其立交桥东南角上的交通线，已经被个体商贩占得水泄不通。自行车只好推着走，象农村人赶集一样，天天路过，天天听到各种叫骂之声。个体或集体摊贩挤占马路，有的是擅自行动，有的则是经过主管部门的批准。即使是有人批准，也很有必要管一管才行。又如前些时候，弄得全国舆论大噪的桂林风景区建水泥厂的事。著名景区不能建水泥厂，国家早有规定，你规定你的，他干他的。后来有人反映，一查，原来县里说早已通知过停建，但原建单位说从来没有接到正式通知。而且建筑主体已具雏形，1 000 余万元已经投进去了，看你们怎么办吧。最后中央干预，县里终于发生正式停建通知。《人民日报》还发表专文对他们顾全大局的精神给予表扬。这怎么能表扬呢?不仅不应表扬,还应予以严厉的罚款才对。不该表扬的还要表扬,和办事没有准章程——一定的行为规范有直接关系。

这也说明,政府规范别人,先要规范自己,否则,你的管理规范就没有效力。比如大吃大喝这件事,多少年来人们都在反映,但真的刹住了吗:没有刹住。权力机关也有规定,必要的招待只能四菜一汤。然而,你讲四菜一汤,就四菜一汤,把四个菜的盘子加大二倍,全放上大虾、甲鱼、猴头、鱼翅,比原来更实惠,更气派。中国人一年吃掉几百亿,够造好几条航空母舰,可我们现在一条航空母舰也没有。有一位哲人说,当官好比猴子爬树,爬得越高,没毛的屁股露得越明显。但真的国家工作人员个个清廉如海瑞,我看还有哪一个国有企业厂长、经理斗胆再敢在高级酒店大摆酒宴。

企业内部管理也需要规范,没有规范不好管理。管理者无所遵循,被管理者心里也不舒服。传说韩信治军有54斩,一下子把那些桀骜不驯的将军给镇住了。军中无法,等于自败,企业无规,等于自乱。中国旧戏班子,都有统一的规矩。比如京剧,生、旦、净、末、丑,行头放哪儿,在哪儿候场,哪儿可以坐,哪里不能坐,什么行当可以坐什么地方,许说什么话,不许说什么话,都有严格规定。一旦出了错,非打即罚。当然,打是旧习,应该断然革除,但正因为他们有自己的一套规矩,做起事来方格外省力。不用单兵教练,就知道该干什么不该干什么,能干什么,不能干什么。

当然,中国的企业面临的问题实在太多。一下子提许多要求,也难于实现,但从长远发展和企业长久利益考虑,最终会产生一些非常好的管理规范出来。

技术规范。技术是一个有明确界定的专业用语,但技术规范的应用范围,却十分广泛。比如技术检验,质量检验,技术应用,都需要一定的规范。因为作者对自然科学知道得很少，对很多应用技术也不明白，以理度之，比如技术操作，没有规范，特别容易发生事故，小则伤身害命，大则造成无法估量的经济损失、生命损失和社会损失。

凡技术都应有规范，比如作者是一位教书匠，又是一位文学匠。写文章其实不难，但需要必要的技术规范。即使写应用文，没有规范，凭你有八斗之才，也是白废。写议论文章，当然死死呆呆的也不好。文字活泼尽管活泼，但没有一定尺度，自然不成文章。现在有些文章，写法全然打破传统，貌似不讲道理，实则别有苦衷。可以这样说，越是浑不在意的萧洒文字，背后可能流过更多汗水。哪位不信，何妨也一试身手——萧洒走一回。

除去与市场经济活动直接关系的各类规范之外，还有一些间接相关的社会规范。这些规范，不一定包含经济内容，但却和经济活动密不可分。或者说，正常的发达的市场经济活动也绝然离不开它们。比如道德规范中的职业道德规范，比如谈判时特别讲究的语言规范，等等。因此，便与上述各种规范连续排号，顺序言之。

道德规范。中国人现在道德水准怎么样？用简单一句话讲，比过去活得真诚自在了，但总体水准，还欠火候。

中国传统道德，因为它以等级制作基础，所以很多道德，本质上是虚伪的。比如所谓节女节妇。男人死了，女人要守节，最好去殉节。男的死了，已然无限悲哀，还要自己也去死，这是双倍的残酷。奇怪的是，尽管双倍的残酷，还有人给予崇高评价，要给殉节死去的人立牌坊。这种道德，实在是最虚伪不过的——越是一板正经越是叫人恶心。

由于中国封建时代的影响年深日久，而封建文化的影响更是无所不在。所以，即使在中华人民共和国建立以后的一段时间里，这种虚伪的道德影响也还是无处不在。

可以这么说，现在的中国人生活得很自由。——至少在非政治领域生活得很自由。想发牢骚就发牢骚，想骂谁两句就骂谁两句，想干点什么就干点什么，甚至于想来点不规范的事也没人管你。国外的一些人看到现代中国人在职业道德、文明语言，一切向钱看等等方面的问题，就有很多感慨。他们不知道，中国人的现在这个状态是有特定历史环境的印记的。

但也必须承认，中国人的道德水准还欠火候。有些不道德行为，简直就不是火候问题了，而和过去那些地头蛇、土混混、天桥的四霸天，没有多大区别。

比如有些卖汽水的个体户，一瓶汽水硬要10元。他先不讲价，让你喝，喝完了再说要钱，而且少一分钱也不行，要不就讲打。讲打不是两个人决斗，而是群起而攻之，打顾客一顿。这种事情，好几年前就有报道，就在天安门附近的光天化日之下，发生这样的事情。有关部门也说要管，但管来管去，年年都有发生。再如一些国有商业企业的服务态度问题，这几年仿佛好了些。但总的来讲，水准太低。服务水平不高，训人水平不低，加上我们北京人，一个个嘴皮子特溜，训你一半天，让你想反驳都没辞儿。

道德规范太差，影响很坏，对社会和个人造成的危害也大。现在中国市场上有这么多假货、水货，实在和中国人的道德水准千疮百孔有关。但仔细推敲，里面或许还有更为深层的原因，也未可知。

行为规范。行为规范和道德规范有许多联系。行为规范包括公共场所的行为，既包括工作场所的行为，还包括私人活动领域的行为。

公共行为。现在我们的文明水准，不怎么样。苏联解体以后，俄罗斯等国遇到很多经济生活困难。加上“休克”疗法的冲击性作用，一度生活用品十分紧张。但去过俄罗斯的人有一个共同的感觉，就是俄国人抢购固然抢购——肚子饿着或者担心肚子饿着，怎么能不抢购呢！又没有特供区让他们方便。但排队照样排队，有时队排得很长，让人眼晕，但没有夹塞，捣乱，硬往前挤，或者动辄破口大骂现象。这其实是一种文明的标志。做到这一点，似乎也不难。甚至有人说，文明管什么用，中国人不文明，但面包比他们多。这是胡言乱语，文明很管用，文明的民族，一旦发展起来，建设也快。

中国人的公共行为，令人堪忧。不排队只是小事一桩。不但不排队，你管他，他还有理。明明是他夹塞，他反而先训人一顿，说人家没风格，说人家诬赖，教训提意见者没带眼睛别出来。骂人家长得像个四眼狗似的，还狗眼看人低，多管闲事；夹七夹八，一顿臭骂。而且大凡这类人士，都极有战术眼光，能钻就钻，能挤就挤，看见嘴笨的就骂，看见没有他强壮少不得搡你几把，看你能把本少爷（本少奶奶、本姑娘、本大爷、本太太）怎么样？

工作单位，这种没规没矩的现象也很普遍，私人企业好些。一些不法人士，把一肚子聪明都用在“蒙”顾客上了，但嘴是甜的。郑屠户一样的人也有，不算普遍。国有企业的职工，最是浪漫无度。虽有种种措施，不见根治的希望。有活也可能不干，干也可能不好好干。没活更是自由，女士便打毛衣，男人便打麻将，来钱不来钱不知道。就是不算赌博，在工作时间，干这些事情也不行。但你还不要管他，管好了，一阵嘟囔，管不好一阵臭骂。这当然不能全赖从业者，没活就该让人家回家，坐在那儿傻泡算什么。这其实是一种隐形失业，这个且不问。只说，作为一名成年了的职工，一进工作岗位，就该进入公职状态，这个才对。很多去过日本人的人，看到日本人的工作态度，真是无话可说。日本人好像对中国人的出工不出力也有耳闻，所以有的日本管理者发现哪位工人活干得不好，就骂他别跟中国人学。为了这个，还引得我们许多爱国者在报上为同胞大动肝火。其实没什么可动肝火的，你没偷别人东西，别人说你偷，你可以愤怒，不但愤怒，还应该去法院告诬陷的人。你已经或者正在偷别人，别人说偷东西了，你怒什么。有怒的功夫，把这小毛病改改好不好呢？

规范的力量很大，比如美国是一个可以自由买卖枪支的国家，据说美国在民间有上亿枝私人枪支，其中包括各式手枪、步枪，甚至重机枪。这么多的枪支散落在社会上——而且还在不断地更新换代，自由买卖，无疑是一件极其危险的事情。确实，美国的枪杀案件也不算很少。从华盛顿算起，美国至今一共有 42 届 41 位总统，遭枪击的就有 5 位，被打死的就有 4 位。而且这些被枪击的总统尽是些优秀总统，如林肯、肯尼迪、加菲尔德和里根。看起来，美国人的枪杀案件，还是发生在总统身上的比重高。大约 1/8 的总统遭枪击，美国老百姓就没有这么大的风险。但按现有的美国公民算，美国 2 亿多人，如果有 1/8 的遭枪击，就是近 3 000万了。美国案件很多，有这么多枪杀案件吗？这不仅是美国法律和执法人员的功劳，更主要的是和美国人的文明水准和行为规范有极大关系。美国的文明水准比中国要高，这一点可以用他们大约有 2 亿枝枪支来证明。我们有 10 亿人，如果也有 2 亿枝枪——比他们人均占有率还低好几倍，您想想会出现什么局面？

中国现在的情况，有许多野蛮现象。河北的白沟，被河北人称之为北方的小香港，影响很大，但经济文明程度不高，不但假冒伪劣商品极多，质量特差，而且态度更为恶劣，动不动就想动武。燕赵自古多慷慨悲歌之士，但把荆柯先生的浪漫用在顾客身上，无论如何，有点别扭。

1992 年，我去庐山开会，会罢归来，看到京广线上某一车站水塔上赫然写着一条大标识板，其辞云：在此大小便者是王八蛋。

可谓奇文共欣赏，令人不胜惊异。但看那四周，确实没有任何活物。看来这办法确乎灵验，但以这样的方式来解决随地大小便问题，可算我们中国人的一大发明。噫！

语言规范。语言规范包括书面语言和口头语言两个方面。书面语言的毛病也多，主要是错别字连篇。但总的来说，汉字麻烦，应该简化，但未曾简化，先应规范。

中国现代语言的一个奇异现象，是俗语、俚语、恶语、脏语过多，而且有点以俗语、俚语、恶语、脏语为时髦的倾向。王朔的小说是一大代表，而且颇有影响，也很有读者。但看现在的架式，有些走下坡路，很多批评，情激气愤。其实，王朔的作品还是很不错的，未来如何，我不知道。和中华人民共和国成立后历年文学创作比，他的作品并非下乘。《艳阳天》怎么样？《创业史》怎么样？左了。就是一些现代比较有名的文学作品如《伤痕》、《芙蓉镇》，如《乔厂长上任记》，如《新星》，也不见得比《一半是火焰一半是海水》、《顽主》之类的王朔作品水平高。

值得注意的是，现代中国人的交往语言中，脏话太多。好像不骂不成交。大街小巷，国骂成珠。工人骂，商人骂，执法人员骂，文人学者也骂。北方人骂，南方人也骂。凡夫俗子骂，曲夫才子也骂。所谓戏法人人会变，各有奥妙不同。好了，现在应改为，国骂人人会用，各有创造不同。

应该说，王朔的作品是对过去左的一套的一个反叛，他是一位运用旧日政治语汇，进行辛辣讽刺的高手。反叛这一点，特别容易得到小读者的共鸣。那么，现在中国人大讲俗语、俚语、恶语、脏语，是不是也是对昔日“左”派病和古代文明的一个反叛呢？

纵然是反叛，也需要拥有自己的一片文明才行。

礼仪规范。礼仪规范包括的内容很多，礼是礼节，仪是仪式。二者合成，成为重要的社会交际方式和文化现象。

礼仪的文明特色鲜明。比如西方人是主张女士优先的，下车先让女士，上楼先让女士，开门穿衣等等服务之类的事，都要男士们去做。这其实是一种骑士传统。中国没有骑士传统，但有儒家传统，男女授受不亲，一块走的现象不多。男人一帮，女人一帮。男人一帮可以四处游历，女人一帮只能在院里聚合。《儒林外史》写大名士杜少卿，一手携着夫人，一手拿着大金杯，到热闹去处谈笑风声，可说是鹤立鸡群，别呈风采。但在时人眼里，不过是一位疯狂才子，徒令人羞。西方人办事就去公共场所，中国人办事最好在隐密的所在。西方人的家是一块圣地，房间外人不得入内，就是儿女入父母房中也是如此。中国人不会这一套，越是家中，越是要去，去得越勤，越觉亲密。儿女入父辈房中，固然要礼貌周全，家长去儿女房里，则随随便便。固然也讲男女大防，男女有别，儿媳的房子，公公是不好进的，但是一切家产都是家长的私财，所以史太君要去哪里，就去哪里。他老人家在哪个院落光顾，便是那里主人的光荣。

礼仪规范包括的具体内容也很多。如着装礼仪、语言礼仪、动作礼仪等等。语言规范讲过几句。着装，则东、西方也有很大区别。特别是表现在私人交往上，中国人表示关系亲密，是不怕脱衣服，好朋友见面，不要虚礼，或者酒酣耳热，索性大呼小叫，随意为之。所以有倒履迎客之说，又有袒腹东床这样的佳话。两个朋友谈天，天太热了，干脆脱掉外衣。还热，再脱上衣。还热，连长裤也可以脱去。这叫真朋友聚会，坦诚相见。但西方人不行，特别是欧洲人，越是对对方尊重，越要衣冠整齐，越是亲近朋友，越不能失礼。

着装有东、西民风之别，举止则有俗雅之分，当然也有文化区别。比如中国人的摇头不算点头算，拿到某些伊斯兰国家就行不通，人家那里点头不算摇头算。

但举止的最高要求是文明，举止文明如周恩来总理一样，不但反映他清风明月般的胸怀，也是一种优雅的行为艺术。

还有各种仪式。仪式可以分成正式和非正式两种。正式仪式是一点错误也不能出的，比如迎接外宾，使用的仪式不对，人家非抗议不可。非正式仪式也很有讲究，有时候因为仪式不好，把一些生意弄砸了也不奇怪。

就目前中国的情况看，是内部礼仪的规范不明，文明程度参差不齐。而追求花架子的兴头极猛，动不动就要讲轰动效应。各种仪式之多，令人头疼不止。这个也要剪彩，那个也要剪彩。这个也要举行首发式，那个也要举行首发式。总而言之，是活动越多越好，动作越大越好。动作越大，越能请动大人物，请来的大人物越多，动作还就搞得越大。偏偏中国新闻部门有许多奇异的规定，什么人参加才能播出，什么人参加才能免费录相。而追求这些花架子的人，也是醉翁之意不在酒，在乎金钱收入也。所以，尽管中国的电影院常常冷冷清清，而金鸡奖、百花奖的发奖仪式却越搞越有激情。

这种反差，是特定历史条件下的特定文化现象。但愿不需要太久的时间，中国人的礼仪文明能扎实发展，去掉那些钱光币彩，艳气浮风。

3. 大刀阔斧、猛药治邪

现在考虑完善的市场经济规范，为时尚早，因为市场经济刚刚正名。孔子云，名不正则言不顺，言不顺则事不成。但市场经济运作方式如潮如涌，一时刻也不会安静，所以没有规范确实不行。一个是法治，一个是规范，规范是法治的一部分，不但不能慢慢等候，而且需要尽速作来。

确立市场经济规范的第一件要事，是改革，拔去旧篱笆，要安排新建设。第二个要事，是先抓住关键环节，先确立必要行为原则。第三件事，是作好理论准备，以便理论实践两不误，齐头并进，以求尽快达到比较完善的境地。

有些事光争论没用，干起来再说。有些事情，非有争论不可，不争论就只能永远摸着石头过河。诸如市场规范，管理规范，职业规范，技术规范，则应先作起来再说。中国经过10多年改革开放，大地复苏，百花齐放，后劲强劲，日新月异。我们这个古老的民族，孕育了几百年的再生力量，现在终于有了长足发展的基础，当然会显现一派勃勃生机。但是旧的东西不会轻易退出历史舞台，一些旧的习惯也会干扰改革事业的发展。比如文革的影响，很多国有企业的职工，已经习惯了旧有的工作方式，反正干和不干也差不许多，干好又能怎样，干不好又能怎样。虽然这几年有些改革措施出台，但在很多关键问题上，手笔不大。诸如承包制，优化组合，当然也是主要的措施，但比较起来，还没有比较深层的变化。工资外收入虽然增长很快，但在国有企业，大部分还处在平均增长或近乎平均增长的水平上。所以，国有企业这口大锅是不容易打破的，大家一边反对大锅饭，一面还在吃着。一面反对铁饭碗，一面还在端着。甚至有人干脆认为铁饭碗还是需要的。这种情况，使得国有企业的服务质量很难真正提高，生产率也一直处在不高的水平上。

因为旧习难改，所以合资企业、独资企业一入大陆，就对工作人员有种种规定，很多大饭店的规定，都有几十条几百条之多。一旦违反其中任何一个章程，马上受到处罚。有人调侃说给资本家干活，真不是玩的。尽管不是玩的，大家还愿意去干，可见经济利益的影响更有现实意义。

从历史发展的角度考虑，为着将来的发展，对于旧的计划经济已经形成的规范，只能大刀阔斧。对于新的市场规范、行业规范、管理规范和技术规范，则只有不厌其繁。初始阶段，不厌其繁，也不怕其多。繁的可以变简，多的可以变少，但没有不行。没有规范的行为，终将酿成大错。而规范不合理的地方，改正起来，并不困难。其关键在于党政分开，从而使企业真正自己活跃起来，而不是让别人“搞”活。

特别需要补充的是，市场经济没有规范，毛病主要不在千千万万老百性身上，而与以权谋私的现象有关。中国的市场经济，如果不把党政机关本身的事作好，那么，下面的事情，想做好也困难。

六、由“泡沫”看“钱袋”的今昔

“资金游戏”的奥妙。

银行是“钱袋”，是“怪兽”，是“心脏”。

斯大林的“神灯”。

“钱袋”松紧下的喜怒哀乐……

造成泡沫经济现象既有宏观原因，也有中观原因，还有微观原因。前面五章，已对产生泡沫经济现象的总体原因作了分析。自本章起，将对与泡沫经济相关的10个具体方面进行研究和探讨。这些原因中，有些是与泡沫经济直接相关的，有些则是间接相关的。为什么间接相关的也要分析？因为中国的改革是一个系统工程，它需要全方位进行；而中国走向市场经济的根本条件也是一个系统工程，同样需要全方位进行，从这一点出发，考虑中国的经济问题，如果不能从各个主要方面深入研究，那就很难把握住它的发展脉络。

这里，先从金融领域讲起。

所谓泡沫经济，主要表现在股市、外汇市场和房地产这样一些方面，这都是和金融系统密不可分的领域。中国的情况复杂一些，具体的原因在于行政干预过多。尽管如此，金融领域仍然是一个极其关键的领域。它好比整个经济的心脏。心脏不能得病，一病就有生命危险。

1. 无论强弱，谁不对自己的“心脏”小心翼翼！

现代的银行机构，是现代市场经济的产物。但它发展迅速，影响巨大，现代银行的建立，本来是作为中间媒介出现的，它不过是为市场流通服务的一个行业。然而，它一旦诞生，便很快异化了自己。原来，钱这个东西，好像大河流水，流到谁那里，谁就可以取利，而且利大费薄，令人心动。所以香港一些企业家和经济学家才说：资金不过是一种游戏，谁能使它转向自己，即使这不是真正属于自己，谁就能赚取高利，甚至攫取暴利。大陆人好说借鸡下蛋，那么，要借鸡，最好就借银行这个鸡，这个鸡下的个个是金蛋。鸡不是你的，蛋却是你的，而且你甚至都不要给这个鸡喂食。只有把那个蛋取下一部分作为饲料还给它，它就十分满意。

列宁很早就发现了银行的这种作用，他从无产阶级革命的政治观念出发，认定，资本主义的最高发展阶段是帝国主义，而帝国主义是所谓垄断资本主义的最大垄断者，即金融寡头。按列宁的意思，把资本主义推向最后繁荣的主要因素之一，是金融寡头，而把资本主义最后葬送的主要因素之一，还是金融寡头。列宁的理论推动了社会主义运动的发展。

西方工业国家确是曾经饱受金融体系变化而带来的市场分化的苦头。英国是西方工业国家中最早一批的强国，但自19世纪中叶以后，英国历届总统，几个都和金融体系、金融立法、以及金融市场发生种种可喜可怒可悲可厌的复杂关系。

现代金融体系的建立，需要有大市场支持，又需要有大企业支持，这两条自然无比重要。封建时代不需要银行，至少不需要也不可能产生现代商业银行体系。因为它没有这么大的市场，也没有这样大的企业。就是明代最有名的江南巨商沈万之，他能有多少钱，朱元璋看他不顺眼，就让他修南京城一面的城墙，一下子就把他的财产掠夺干净。沈万之不是大企业家，大企业家非有巨型企业不行。所以金融业的真正发达，就和西方国家的托拉斯等联合企业的兴起亦步亦趋。

但还有更重要的一件事，就是大量发行纸币。我们中国人好摆自己的老资格，纸币在中国古已有之，但那意义不同。现代纸币的大量发行，终于取代金本位的金融体制。纸币代替金、银，好像只是一个形式，殊不知形式有时候也能决定事物的内容，甚至改变事物的品质。比如满清入关，就强行给汉人剃头，"留头不留发，留发不留头"，看看你选择什么。你不要说，头发不过是个形式。形式固然形式，有这个形式，就是大清臣民，没这个形式，就成镇压对象。纸币也是如此，当人们不了解它的真正含义的时候，多少政府为它的奇妙作用，欣喜若狂。纸币也是钱，只要一印，这钱来得多么容易。如果是黄金，饶你再大本领，不能随心所欲。自己的银子多了时，银库中的银子可就少了。纸币不然，只要多印，便是金钱。这金钱不仅可以换商品，换军火，可以作财政支出，可以救济受灾受难者，还可以用它换取金银。

大量纸币的出现为现代商业银行的发展铺平了道路，而大量纸币的印刷又给现代经济带来无穷的烦恼。大量加印纸币，好似饮鸩止渴。德国在第一次世界大战期间，就深受大量发行货币之苦。第二次世界大战，希特勒故伎重演，还好像是他的真正发明，结果又使德国人民和德国市场再次饱受通货膨胀之苦。不胀则已，一胀就是几千倍，货币形同废纸。二次大战刚结束的时候，德国人宁可将美国香烟作为货币使用，也不愿对德国马克白眼一顾。

这样的苦头，中国人也曾经饱尝过的。现在60多岁的中国人，一提到金圆券，没有不说是痛恨的。早上八点钟，100元金圆券还可以买一斤玉米面，到了八点多，再买一斤玉米面，非200元不可。很多地方，宁肯把金圆券不视为货币，而是把它作为家庭燃料，用它生火，用它烤火，因为它比生火用的废纸更不值钱，比烤火用的煤炭更不值钱。这样的情况，在中华人民共和国成立后，几乎已经绝迹了。但在三年困难时期，仍然有某种反映。那时候，一个工人的一月工资，抵不住几颗白菜的价值。有人就说："三级工四级工，不如去种两沟葱"。

银行的本质，应该是社会的钱袋。然而它不是一般的钱袋，实在这个钱袋太大了。一不小心，漏出一些汤汤水水，就会成为洪水猛兽，但也不能束得太死，束得太死，又会使袋中之物成为无用的东西，因而那些急需使用它们的企业和个人，个个急得如热锅蚂蚁，恨不能一时便跳入火中，自己变成百元大票。

这样看来，视银行为现代社会的钱袋就不确切了。它好像是一条怪兽，柔顺时多么甜美温柔，一旦失去控制，便造成无法想象的结果。所以，现代成熟的市场经济国家和地区，都把金融体系的运行作为一种举足轻重的事情来处理。金融市场好比人的心脏，心脏可是最为致命的部位，对它，凭你什么强者弱者，谁敢不小心翼翼。

2. 金融怪圈：一管就死，一放就乱

计划经济体制下的金融体制，才是真正的一个钱口袋。什么都是计划，发钱按计划，收钱也按计划，增加利率按计划来，降低利率也按计划来，计划经济确实没有出现过美国总统向私人资本借钱的事情，连私人资本都给改造了，没收了，要借，也没的借。但也根本无须借，别看中国人穷，到1965年，就已经还清外债，一分钱也不欠别人的，到了1968年，连内债也没了，既无外债，又无内债，社会主义好不好？然而，除去搞计划经济体制的中

国以外，还真没有一个既无外债又无内债的资本主义国家。

计划经济体制，一切由政府安排。先前还需要向人大作个报告，后来一搞运动，连形式也不走了，让你怎么办，你就怎么办。不知道怎么办，先去问路线，路线对了，没人可以有人，没枪可以有枪，没政权也可以有政权。但没钱呢，没说。

那种体制，财政部就是国家的会计，而国家银行就是国家的出纳。银行所管的也就是算算帐，作个政府的钱袋而已。

政府管着银行，银行没有自主，一旦经济过热，过热也和银行本身无大关系。过热，就要降温，降温就是整顿，就是要攥紧钱袋。于是一声令下，四处收钱，钱少了，钱也就值钱了。通货膨胀也没有了，然而经济也疲软了。

计划经济体制的最大特点是，一管就死，而它的最大麻烦，则是一放就乱。于是冷冷热热，循环不已。期间最受伤害的还是经济本身，一时让飞，一时让停，飞飞停停，不但整个国家的经济事业受到损失，每个公民的实际权益也受到伤害。

为什么一管就死？

因为计划经济体制下的行政干预扭曲了市场经济规律。

市场经济属于自由贸易，凡合法公民，都有做贸易的权力。但在计划经济下，私有经济成为打击对象，不允许你出现，连出现都不行，更不要说支持发展，一个农民在房前屋后种上几棵南瓜，不行，资本主义，拔，给连根拔去。银行完全听命于政府，对于政府认为应该取消的所有制形式，则一分钱也不贷给，难怪，国家一提出公私合营，那些苦心经常一两代人的资本家，赶紧敲锣打鼓，把自己的企业一溜小跑送上门去。

市场经济要求给企业的最大自由，除去国家法律规定的税收等必须上交的款项以外，其余利润，均应由企业自由支配。但计划经济体制实行的财政税收政策，则属于收光吃净性质。说是税利分流，本质上也不过是按两个不同名目，统统归到国家财政收入中去。然后，国家再根据自己的计划重新安排。或实行再分配，或者另外投资。前面已经说过，北京百货大楼 30 年上交的利润可以重新盖 100 个百货大楼，其实不止百货大楼而已，大庆油田，也早就交了几十个大庆油田原来的投资。也不仅大庆油田，鞍山钢铁厂，首都钢铁厂，都是这样的问题。但奇怪的是，为什么一个油田已经交了 20 个油田的利润，却没有交出第二个同样的油田来呢？因为国家既把利润拿走，这利润就不再与上缴企业发生关系。

市场经济讲究优胜劣汰，赢利的企业便发展，亏本的企业便停滞，赢利越多发展越快，亏本过度就应该破产。但在计划体制下，赢利也不让发展，亏本也可以生存。银行既不对赢利企业表示充分支持，也不对无力偿还贷款的企业追究责任。就算你去追究，在理论上也说不清，在实际上也行不通。本来嘛，你是国家的钱袋，我是国家的企业，国家的企业用国家的钱袋，理所当然。好比父母的儿子吃父母的饭菜，这正是天经地义。

市场经济要求商业银行成为独立的企业实体。然而，中国很大一段时间根本没有什么商业银行，或者徒有虚名，没有其实。反正都是国家的钱袋，只不过有上衣口袋与裤子口袋之别。

商业银行本应成为最有实力的企业实体。因为政府管而又管，把这些本来可以取得极大经济效益的实体都牢牢绑在国家的战车之上，只让你跟着救火救水，而失去许多次最好的历史发展机遇。

政府原不该管死商业银行，可是一旦实行计划经济，银行别无选择，只能一管就死。

为什么一放就乱？

因为计划经济体制下的行政干预，再一次扭曲了市场经济规律。

放也有多种放法，但不论哪种放法，总之是一放就乱。

大体的来说，可以有三种放法——在计划管理体制下。

一种放法，是人为地制定发展目标，为达到这个人为的目标，命令银行，放松银根。

在中国经济发展计划中，最基本的就是平常说的：“五年计划”。五年计划，中国已经实行多年。

计划当然是必要的，但计划的根据是什么却大有学问。五年计划的发明者是斯大林。正当西方面临一场前所未有的大经济危机(1929 年)前夕，苏联开始了第一个五年计划。这个五年计划用了 4 年零 5 个月的时间就完成了。于是又搞第二个五年计划。第二个五年计划同样提前完成。两个五年计划的完成，使苏联在工业产品的绝对数量方面直超英、法，雄踞欧洲第二。据当时的统计，1940 年，苏联生产了 1 500 万吨生铁，1 830 万吨钢，3 100 万吨石油。全部大工业的产量，比十月革命前的 1913 年增加了近 11 倍，生产资料的生产增加了 19 倍，机器制造增加 44 倍，发电量增加 24 倍。斯大林曾说：“我们比先进国家落后了 50 以至 100 年。我们应当在 10 年以内消除这个距离。或者是我们能做到这一点，或者是我们被人打倒”。第一个五年计划完成后，斯大林又作报告说：

“我们以前没有钢铁工业，现在我们已经有了。”

“我们以前没有拖拉机工业，现在我们已经有了。”

“我们以前没有机器制造工业，现在我们已经有了。”

“我们以前没有汽车制造工业，现在我们已经有了。”①

计划经济真的成了神话，不是不能实现的神话，而是可以随

① 《斯大林选集》第 108 页。

心所欲的神话,计划体制好像古希腊传说中的神灯,要什么就有什么。

但是,代价是极其惨重的。三四十年代,是苏联工业拼命发展的时期,但也是开始走入死胡同的时期,是斯大林一生最以为得意的时期,也是苏联大清洗时期。在此期间造成的冤案错案,数不胜数。

前苏联一直沿着计划体制走了下来,但它终于没有达到预期的目的,而最终导致了苏联的解体。

五年计划可以成为一种政府进行经济发展计划的方式,日本也有政府计划,但两者性质不同。日本的计划,是政府组织各方力量调查测算的结果,同时带有鼓励全国工商业努力的意思,达到了或者基本达到了大家都会满意。政府有了政绩,企业有了利润,国民有了收益。

但计划经济体制下的"五年计划",却是一种硬指标,无形中把经济政府化了。革命需如此,我们就得如此。革命可以创造奇迹,没有创造奇迹就是不革命,就是保守主义,就是小脚女人,就是反对党的事业,和党不一条心。最终成为反对社会主义。这种逻辑的结果,就是"人有多大胆,地有多高产"。说一千就有一千,就一万就有一万。1958年,中国多少人民公社,放出卫星。这个说一亩地可以产8 000斤,那个说可以产10 000斤,第三个说可以产20 000斤。亩产吨粮,人民日报宣传,美其名曰:放卫星。卫星没有放成,放出三年灾难。

凡是遇到这样的情况,银行就得放。人家要上,党要上,要贷款,你能不给?要透支,你敢不给?要什么,就得给什么。何况银行也希望大跃进,巴不得一下子就把一元人民币变成100元,像孙大圣拔一把猴毛,三喷两嚼,再吐一口仙气,就变成无数小猴子一样。

然而，热了一段，发现坏了。基建战线太长了，楼堂馆所太多了。十大建筑固然十分体面，财政赤字却有点百爪挠心。何况，人民很快要没饭吃了，于是，刹车。一声令下，搞完的基建算你幸运，没有干完的，草草收场。有的干了一半，也只好打住，一半就一半吧。

这样的折腾，反映在金融方面，可说是一放就乱。

第二种方法，是为了搞活。搞活当然要放。但是放也需要必要的准备，主要是市场准备。但多年的计划把人家管得半死不活，人们巴不得马上放一下，快活快活。于是放声未落，大家便八仙过海，各显其能。

中央一放，地方就来了本领。你要建什么，也找银行。他要搞什么，也找银行。不论干啥，反正没钱不行。光靠外资，还不够用。而且双方合资，双方也要出钱。于是大家争先恐后，弄得金融系统压力陡涨。

中央放权的结果，是使财政赤字增加，这个有点吃不消。地方政府把钱大半放在基建投资上，其它财政开支照样存在沉重负担，也有点吃不消。于是财政出现赤字，便又开始向银行要钱。不但如此，很多国有企业总是赔钱。过去有一种情况，有些企业因为国家政策所限，其亏损称为政策性亏损。但不管你政策性亏损也好，非政策性亏损也好，总而言之，是要向各级政府要钱。政府只好向银行要钱，这样七挤八挤，于是乎，又把银行这只钱口袋“放”出来。

这种放，不是大跃进式的放，却是带有改革滋味的放，然而其机制依然是计划经济的一套。计划经济和市场经济，本来风马牛不相及，甚至于水火难容。结果有好有坏，有的地方真出现变化，有些领域比单纯搞一个模式情况更坏。如此等等，反映在金融方面，仍然叫一放就乱。

除去上述两种情况之外，还有从1992年开始的新的放法。这个新的放法，就是银行本身，也决定“下海”，他们看到很多部门一路下海，便受到影响。自己是国家钱袋，岂甘落后。于是便放开手脚，自己也应游泳一回。银行下海，是中国特有的现象，但其动机，十分复杂。或者真有为了国家改革着想的，或者就是炒了本系统利益的，或者干脆为了个人的私利，或者禁不住各种诱惑，或者根本就没有弄清银行本身的职责，或者怕别人说自己不是改革派，或者就是为了邀功请赏，或者是头脑昏庸，被人拉下水去，或者什么也不为，便学过年看隔壁，别人能什么，我也能什么，或者又有深层次的原因，或者自己说都说不清，或者一时半饷只好哑巴吃耳光，面上死痛嘴里难说。

银行的搞活，优势奇多，办法也奇多。谁向银行贷款，要建新楼，好吧，贷款可以，要入上一股。别人一想，银行入股，并非坏事，马上同意。银行自己也可以办实业，不论哪个产业均可为之。但不能失去自己的职责与行为界限，否则，也会走到岔路上去。银行自以为得意的地方，是资金不愁，自己没有可以拆借，东拆西借，便成投资大户。一些银行则看准房地产和股票市场，于是想出种种办法，或由别人出面，或由自己独资，或以其它企业贷款。于是哪里有股，便热炒一回。银行一炒，自然气象不同，于是股市大“牛”，牛得真如魔王下市。于是出现泡沫。可以这样说，资金投入越多，泡沫越多。比如邮票市场，你有一百万资金投入一炒，就可以把邮市搅得摇摇晃晃。而在股市，100万元，何足一论。银行入炒，自有10倍红利。我们看当时的报纸报道，知道一些号称百万的大户，已经一贫如洗，有的号啕痛哭，有的欲哭无泪，仿佛一夜之间，又回到10年前的贫困境地。因为什么呢？因为一旦被银行拆借炒股的资金，通通逐出，那么，那些五颜六色的绚丽多姿的泡沫马上一个破灭接着一个破灭。本来300万可以成为500万的，这一下，连自己的百万称号也转眼之间随风飘去。

很显然，在这样的形势下，混水摸鱼的人自然大有人在。被称为大案的长城公司诈骗10万人10亿元的特大金融案，不过是当中一个典型罢了。

金融如此一放，地方谁能不伸手？很多企业干脆自己集资。银行利率下降，人们心里紧张。国库券本来好卖，但因为集资者众，1993年的国库券成了嫁不出去的丑女。最后只好重操旧业，表面说自愿认购，实际上就是硬性摊派。买也得买，不买也得买，你不买，干脆扣你单位的工资得了。不用三七二十一，先扣你10%，完成任务再说，——至少北京如此，外地情况不知。

集资为什么有吸引力？因为它的红利高。但集资能否达到最后效果，大约只有市场知道。市场被人称为看不见的手，但大手里长着最明最亮的眼睛，就好像杨任先生那种样子。

集资其实是非法的，但银行的许多作法也不合法。银行系统在旧体制下来这一手的话，其结果还与两次“放”开的结果一样，殊途同归，一放就乱。

但上述三种放法，毕竟不同。第一种放，完全属于计划经济，其实并非放，是“上”，逼上梁山。天下大乱，好人家百般无奈，上梁山。平白无故，便逼上梁山，不可思议，然而偏打着“革命”的大旗，其悲剧意味尤其强烈。第二种放，是想把经济搞好，然而动机虽好，机制不对，经济自有规律，好心难成好事，反而出了麻烦，但屡教不改，也是悲剧。第三种放，是第二种放的进一步发展，不但政府让放，而且银行自身大显身手，外放内也放。结果形成两乱，外面乱，里面也乱。乱自内始，影响最大。如此三乱，可以说是计划经济走向市场经济的过渡时间，难于避免。难于避免并非放任自流，不放任自流，也不等于又用行政手段横加干预，那结果反而更坏。比如一个人牙痛，牙痛不算病，痛起来真要命。你们说打鞋底子能治牙病，三百鞋底打罢，牙不痛了——牙全掉了。

有人列举计划经济羞答答走向市场经济时的怪异表现，说是一管就死，一死就叫，一叫就放，一放就乱，一乱就管，一管又死，一死又叫，一叫又放……。这同样已经成了一个“魔圈”。人民困在圈中，左跳右跳，跳不出来。难道，伟大的中华民族，就被一个小小的魔圈困住，而真的没有作为了吗？且用一句先哲用语：否。那么，君已“否”毕，出路何在？

热了，胀了，冒泡了，并非全怪银行。

为着便于讨论，且先看看 1993 年中国的家底。据国家统计局通报上半年经济情况，各项主要经济情况如下：

“上半年国内生产总值达 1.2647 万亿元，按可比价格计算，比去年同期增长 13.9%。其中工业总值比去年同期增长 25.1%。”

“上半年，全社会固定资产投资完成 3 542 亿元，比去年同期增长 61%左右（扣除投资品价格上涨因素，实际工作量增长 34%左右）。其中，国有单位投资 2 190 亿元，增 70.7%。”

“上半年，社会商品零售额 6 396 亿元，比去年同期增长 21.6%。扣除物价因素，实际销量增 10%左右。”

“上半年城镇居民人均生活费收入 1 116 元，比去年同期增长 28%，扣除物价因素，实际增长 13.5%；农村居民人均现金收入 423 元，增长 18%左右，扣除物价因素，实际增长 7%左右。”

总的评价是：“尽管工业生产已连续几个月增长超过 20%，上半年企业经济效益也明显好于去年，国家统计局发言人章钟基还是提醒人们，不要忽视客观运行环境日趋紧张带来的困难。"①

单看这些数字——假定市场经济环境出现紧张，通货膨胀超过2位数字，高达15%以上，加上房地产、股市等泡沫经济现象严重，于是人们便把目光转向银行。问他们这是怎么回事，因为在相当一部分人看来，经济过热，无疑和过量发行贷款有关；通货膨胀则和过量发行货币有关；泡沫经济则和银行大量拆借资金有关。样样坏事都和银行有关，银行行长易人，理所当然。但是认真分析起来，这些现象的发生，固然中国金融体系特别是管理体系有难以推卸的责任，但银行也有自己的苦衷。这些现象件件和银行有联系，造成这些现象却并非样样都与银行有关。最好具体问题具体分析。因为资料难得等原因，这里且先分析8个方面。

(1)贷款＝乱发钱

银行的生存方式就是贷款。一方面是存，一方面是贷，存贷之差就是银行的主要收入来源。计划体制下的银行，不过是个国家权力机关的钱袋。存款固然多了资金，贷款却不能遵循市场规律。据说温州有一家私人信用社，它的资金周转速度很快，两个小时的时间差也要争取过来。当时的中国人民银行负责人对这种经营方式给过表扬。但这要求对于国家银行来说，未免太高。现在的事情，不是资金周转速度问题，而是存不敷贷，贷出去的多，收回来的少，尽是赔本生意。

1993年7月7日《中华工商时报》曾有一篇文章：《企业资金紧　银行发钞忙　"孔方兄"藏起来了?》

文章列举1985年后的贷款数目，有如下统计：

---

① 摘自1993年7月20日《人民日报》。

“1985年紧缩银根，实际上，‘紧而不缩’，贷款规模增加1 139亿元；1986年再增加1 685亿元；1987年增加1 142亿元；1988年实现‘总量控制，结构调整’的信贷政策，全年贷款规模再增1 535亿元；1989年增1 855亿元；1990年增2 757亿元；1991年增2 900亿元；1992年增3 600亿元；货币发行1 200亿元。据悉，1993年计划‘盘子’贷款规模再增加3 800亿元，货币发行略微减少，为1 000亿元整。”

这样的贷款规模，可以使世界银行家们惊叹不已。1988年为什么搞“总量控制，结构调整”？因为通货膨胀的压力太大。然而，想控制已控制不住，又比上年增1 535亿元。1989年已经进入全面整顿时期，市场疲软，软如豆腐，企业叫嚷，朝不保夕。1989年上半年至1990年上半年，北京各大商场，除去化妆品等少数柜台，几乎全部亏损。大家都说，国家银根太紧，紧得喘不过气来。然而实际上所增贷款，超过历史水平，达1 855亿元。1990年疲软依旧，有人说到年底可达谷底，有人说还不知道谷底究竟在何处，但贷款数额又增加2 757亿元。这样的增长，足以造成种种不可想象的后果。然而，似乎一切平静。通货膨胀速度不快，甚至出现明显回落。企业利润不见增加，依然亏损如故，各阶层收入依然故我，很多光凭工资吃饭的人更觉囊中羞涩。投入如此多的货币，市场也不见，国家财政收入也不见，人民口袋中也不见，银行利润也不见，通货膨胀还不见，若非这些钱都如西天路上人参果，掉在地上，响声都不见，就自己消失不成？

单从银行角度考虑，这些贷款也是得不偿失的。贷款多了并非坏事，收不回来就成坏事。整个银行系统当年究竟有多少收不回来的贷款，没有看到统计，但上面所引文字，却有一个例证，不知道这例证有多大代表性。文章说：

“各专业银行盲目竞争，明知有些企业偿还能力不足，也发放贷款。据某建行统计，1990年该行逾期贷款占所发贷款的比例为21%。1991年上升到28%，1992年又涨到33%。逾期、风险、呆滞贷款占发放贷款的比例1991年为54%，1992年猛升为65%。”

逾期、风险、呆滞贷款占发放贷款的比例1991年为54%，19992年为65%。只说这两个比例数。这样的比例真如洪水猛兽，古人说苛政猛如虎，这样的货款比例，区区猛虎何足道哉。

按前面统计，1991年增加贷款2 900亿元，就按这2 900亿元计 ，有54%属于逾期、风险、呆滞贷款，那么就有1 566亿元；92年增加贷款3 600亿，而属于逾期、风险、呆滞部分则有65%，就是2 340亿元。如果说这只是一个类比，类比不算。那么，即使把这个比例减少10%。1991、1992年的逾期、风险、呆滞贷款数额仍然分别超过1 000亿和1 500亿大关。何况说，1992年还另发货币1 200亿元。

这些货款，无疑最终都转嫁到了全体居民身上。面对这样的形势，老百姓怎能不心中着忙。而一些头脑灵活又有条件的人岂能不一听股市“牛风”，马上拼命前往，一听房地产有大收益，马上集资入炒。

问题的关键则还不在这里，问题的关键在于，如此发放贷款，到底是什么原因？

什么原因呢？

一个原因：有人让发。企业没钱了，找领导。领导没办法，找银行。银行既得领导指示，马上大开绿灯。为什么我们前面说，别看我们一些好心的记者，对企业不找市长找市场兴奋异常，他们大半是不了解中国企业的实际。真的要钱，还是找市长更为对路。比如你是个亏损企业，你找市场，市场正讨厌你呢，千惊万恐，唯恐躲闪不及。如果你找市长呢？反正这企业也是国家的，企业是国家的儿子，但请老爹发发慈悲，不要见死不救。

一个原因：不正之风。明知贷款回不来，还偏是要贷。这样的人，并非因为行政干预，大半与以权谋私有关。据说很多农村信贷人员，都不把万元户放在眼里，他们的口袋还要鼓呢！农村如此，不知城里如何？

一个原因：商业银行，名不符实。名叫商业银行，没有自主经营。身在市场之外，对于赢亏成败，不甚关心。所以，尽管国家有种种规定，也如同没有一样，别人可贷，我也可贷。鲁智深喝多了酒就敢醉打山门，小店家撒撒酒风也算话该。

(2)**企业黑洞，深不可测。**

国有企业亏损面大，已经成为治不愈的顽症。好像什么办法都用过了，就是见效不大。扩大投资带不动它，放开物价也救不活它。1989～1991 年，因为经济滑坡，市场疲软，各类企业日子都不好过。私人企业的办法，是能赚钱就开业，不能赚钱就关张。据统计，1989 年比 1988 年，集体、个体工商户减少了 14.44%，人数减少 16.44%。[①] 因为什么，因为不赚钱了。集体企业主要是乡镇企业倒闭的已不少，但能倒就能起，这个倒了那个起来，大有野火烧不尽春风吹又生的架式。唯有国有企业，好又不好，死又不死，躺在那里，浪费资财。

应该说自 1992 年春天以来，中国的经济形势发生巨大变化。私人企业急剧增加，集体企业蓬勃兴起，出现前所未有的发展局面。但是国营企业依旧改进不大。虽然从统计表上看，也是形势大好，但亏损企业的比例下降不多。据国家统计局公布的数字，虽然 1993 年上半年，工业总产值比去年增长 25.1%，但国有企业的亏损面占 31.1%，比 1992 年同期下降 0.9%。

① 《谁来承包》第 105 页。

31.1%的国有企业亏损，一共亏损多少呢？没有说。亏损部分谁负责呢？没有说。企业亏损面如此之大，有什么办法呢？没有说。银行是否还向他们发放新的贷款呢？也没有说。将来这些企业怎么办呢？还是没有说。

没有说，也许是没办法。假定我们生活在圈外，不明白企业的事也就罢了。

但不论怎么讲，凡中国公民都该是局内之人。所谓局外的人不过解嘲罢了。因为国家的钱来源于税收，而税收的钱正是劳动者对国家的贡献。自己向国家提供了自己的劳动，怎么能说是局外之人呢？

中国国有企业大亏损，无疑会使中国财政收入受到巨大损失，也使中国银行伤了元气。仅看亏损企业居高不下的情况，国家如不大量补贴，必然没有这样的结果。

那么，为什么明明知道这是一个永远填不满的黑洞，还要楞往里投资呢？有人说是花钱买安定，也有人说是产权不明，国家不能让自己的企业倒闭。还有人说，很多企业是政策性亏损，国家没有理由不补。

实际上，花钱买安定，并不能真正解决问题。因为花钱买不来安定，只能买来人的心理不平衡。而最终的结果，还是伤害了中国市场经济的顺利发展。

也不仅仅是产权不明。产权不明当然是一件大事，这个前面已经说过了。但产权不明，就该明确，至少对破产这个事应该明确。就算全国国有企业都是国家的亲生儿女，那么如果有那么几个亲生儿女总是破坏捣乱，或者病入膏肓，痛苦万分，或者已经成为无法治愈的植物人，那么怎么办？对于破坏捣乱的就该大义灭亲；对于身患绝症且没有治愈希望的就该实行安乐死；对于已经变成植物人的就该停止治病。

如果是政策性亏损，就该改变旧有机制，或者适当放开物价，或者由国家明确补贴项目。让人民清清楚楚地知道，这些钱到底花在什么地方，花在谁的身上。

因为中国的亏损企业情况，资料难得，好在国外的很多国有企业也和中国的国有企业差不许多，1993年3月26日《参考消息》曾转载巴西《闻报》的一篇文章，文章题目是《填不满的钱囊囊》。文章说：

“巴西联邦的159家国营企业是国家的富有集团，其资产相当于国内总产值的56%，职工达73万人。但它却靠从贫困的巴西得到资金维持。国营企业受到政治家的庞爱和政府的大力保护，耗费大量金钱。1993年，国营企业由于浪费、懒惰和低效益将损失50亿美元。为了偿还债务利息就要花费60亿美元。此外，还将从预算中获得80亿美元用于投资。而到1994年1月仍将保持目前的状况。”文章据此评论说：“谁将支付1993年国营企业这些荒唐的开支？是那些将部分工资或利润以纳税形式交给政府的人和那些不再得到政府帮助的人。如果政府不坚持把资金浪费在它拥有的无效益国营企业上，就可以帮助5 000万巴西穷人。”

这评论很有力度，但是它没有说，这些钱如何经由银行系统流入流出。而银行无端补贴给这样无底黑洞一般的国营企业无论如何是讲不通的。讲不通却居然通行无阻，就不能把责任都算在银行帐上了。

(3)基建猛上，状如恶补

计划经济的一大痼疾，就是粗放发展。想当初，朱元璋连打胜仗，大势已定，便向朱生问今后策略，朱生回答：“高筑墙，广积粮，缓称王”。后来毛泽东主席稍加修改，变成“深挖洞，广积粮，不称霸。”把中国的大小城市，挖得千疮百孔。现在看来，不但劳民伤财，而且无中生有。就算真有战争，看伊拉克挨美国导弹的情形，这些洞也等于没用。

但中国的基建投资，确有浓郁的挖洞味道。一说发展，先要投资；一说投资，先搞基建；一说基建，便越多越大越好；一旦过热，又硬性下马。这样的恶性循环已然一而再，再而三。奇怪的是，直到如今，人们依然乐此不疲，还是一个劲地轰着赶着基建上马。

上马确有好处。好处在什么地方？

第一，基本建设，确实需要。而且不但经济需要，文化需要，社会也需要。中国是一个经济文化十分落后的国家，过去左的时候，喜欢自吹自擂，总以为中国的月亮比人家的圆。一旦改革开放，马上感到百废俱兴。在这样一个基础上，需要搞的基本建设多得很。比如北京，居民住宅要建，学校、商店要建，宾馆要建，一些重要的文化设施要建。加上交通拥挤，道路不通，科技落后，学子无巢，该干的事情，实在多而又多。这些事情不做，你想办奥运会，可能吗？就是做到现在这个样子，老北京都说，啊，北京变了，变得出门都需要问路了。外地人三年不来京城，就总觉得北京城市建设确实变化很大！哇！又修一条路出来。饶是如此，奥运会考察团的技术官员，有的认为，北京现在的场馆统统达不到举办奥运的要求。

北京如此，上海也是这样。大上海过去的名头响得很，香港不在话下，和东京也可以比试高低。这几十年同样面临一片衰败气象。霓虹灯也没了，昔日的繁华也没了，大马路变小，小马路变窄，人口剧增，拥挤不堪。新的建筑十分少见。欠账多了，不补怎行？现在开发浦东，正是大顺民心。基本建设规模的确大得很，大约总需要上千个亿才能初见分晓。

基本建设不光对大城市，因为处处底子薄弱，而处处需要发展，大兴土木，此其时也。因为需要，很多工程一旦建成，效益也是多方面的。北京有个三元立交桥，只此一桥，因为取消了红灯，每年可节约 6.5 万小时，机动车节油 26 万公升。如果把车辆机械磨损的费用也算上，每年可节约 163 万元人民币。这个不算，行人和乘客减少等车时间，就可少耽搁 30 万小时。

三元立交桥峻工的时候，最有鹤立鸡群之势，但后来又有了东厢工程，西厢工程，其规模远非三元立交桥可比。因为西厢改造而给北京带来的经济效益和社会效益无疑都是非常巨大的。

第二，因为中国经济基础薄弱，所以基建在整个经济成就中，所占比例突出。基建会对其它相关行业的起动和繁荣，产生直接拉力作用。以北京西厢工程为例，一个西厢，需要钢材 2.6 万吨，水泥 11 万吨，木材 1.8 万立方米，砂、石、白灰 63 万吨，混合料 40 万吨，机砖 1 900 万块，各种混凝土构件 20 万件，大小方砖 500 万块。

请想想仅这些原材料就会对多少行业产生供应要求。1989 年下半年开始的疲软，对中国经济有那么大的伤害，但北京的情况相对好些，一个重要原因，就是有这些大工程作支撑，一个亚运村，一个东厢，再加西厢，又开机场路，假若没有这些工程，其疲软程度几将无法扭转。

这且不算，按西方的说法，因为工程浩大，也给中国公民创造多少劳动就业的机会。

第三，基本建设对国家宏观经济发展具有重大意义。中国的能源不足，电力不足，交通拥挤，电信落后，早已成为束缚中国经济向前发展的绳索。而这些没有大量的基建投入，无法根本改变。铁路可不是吹出来的，你可以说社会主义好，社会主义就是好，好是好，没有必要的铁路，一样寸步难行。江西九江大桥，修了 10 年，修修停停，就是不能完工。现在终于有了紧迫感。因为你想招商，你想开放，光有决心不行，光靠长江不行，京九铁路意义非凡，京九铁路前途远大。它关系到江西老表的经济繁荣，生活幸福，为什么不赶快修。

基建如此之好，所以全国各地，越是发达地区越要强争不下。后来落后地区也看出苗头，同样强争不下。俗话说，肥水不流外人田，别人要干，自己也干。于是七干八干，便有点发起“热”来。

基本建设最为重要，但它也最怕过热。什么叫过热？19 世纪下半叶，美国人修铁路，修得天翻地覆，过热了吗？日本人 60 年代，经济发展特别高速度，从而一路成为世界二号强国，过热了吗？亚洲四小龙个个都有高速发展时期，特别是台湾、韩国经济基础本来十分落后，韩国在 60 年代初别人看不起他们，他们自己都看不起自己，而一旦经济腾飞，士别三日当刮目相看，他们的经济也曾过热了吗？

过热是有标准的，最根本的标准是看物价承受能力，如果物价可以承受，证明供需可以保持大体平衡。就是发展建设再快，也不要紧。如果承受不住了，那么，就是过热。过热现象，表面看起来红红火火，但内部已经招架不住，再不降温，就该神智不清，要胡言乱语，打摆子闹中风了。

所以，基建规模过大，也有弊端种种。

其一，重复建设，好事变坏事。

凡重复建设的项目，大部分都是有利可图的项目，因为利润诱人，怎么能不上呢，所以才投产要上。比如早几年，彩电、电冰箱生产线，就是因为上马快，见效快，市场需求很热。这种时候，好像谁不上就对不起祖宗，眼看着百年不遇的大好机遇从自己手上跑去，怎么向江东父老交待。于是南边上，北边也上，东边上，西边也上，别人上，自己也上。虽然有很多忠告，没人想听。这般形势，你劝谁下马？劝谁下马就是坑谁！于是大家一路竞赛。搞得早的，确实发了一笔，晚一点的，也算尝到了些甜头。再晚一点的，连甜头也没有尝到，就赶上疲软。疲软如鼻涕，想甩都甩不掉。结果一种好事，变成坏事。最终大家都受了损害，所不同的，只不过损失大小而已。

其二，占用资金太多，财政与银行无法承受。因为大家都有“上”的理由，你不贷款，他就不依不饶，软硬兼施。前门也走，后门也走，旁门也走，谁说话算数，拼命找谁，一有机会绝不放过。上边来人百般接待，软磨硬泡，就让您老人家说句话。中国人走这条路 才能真是取之不尽用之不竭。别看表面上傻傻乎乎，连一些起码常识都不懂，跳舞都找不到节拍，但他心里“秀”着呢。然而，大家明争暗斗的结果是给财政带来许多赤字，也给银行带来许多逾期、风险、呆滞的贷款。这些钱，简直是肉包子打狗，永远也收不回来，要想收回，除非杀狗。

按理说，中央银行本应不问商务，你找贷款找不到人家。专业银行则属于商业企业，对风险太大的贷款，根本不应发放。然而，有人真正给中国各类银行应有的权力了吗？或者说，他们有这种独立性吗?就算字面上写着一万个“有”字，他们敢要这种独立性吗?中国人对字面的东西本来就有视而不见的传统，写着管什么？还不是写也在我，不写也在我。虽然，历史总是关照和珍视头一个敢吃螃蟹的人，但那不容易，等到人人敢吃螃蟹的时候，就又平庸了。中国国情如此，多少宣传者只剩下酸文假醋，或者言不由衷，徒唤奈何！

其三，需求过旺，一上百上，引起通货膨胀。管理可以分成条条块块，百般复杂。而市场是相互勾通，彼此关联。主要的商品市场一旦发生猛涨，反映便会波及其它方方面面。看似互不相干的事情，其实都荣辱与共。城门失火，殃及池鱼，鱼虽无辜，也没办法，而一旦通货膨胀，亏损归于大家；大家全没好戏。

其四，基建中的许多项目，属于消费范围，特别是大量的楼堂馆所，只能给基本建设带来负效应。不是说不要楼堂馆所，北京没有人民大会堂，行吗？没大会堂，当然也能开会，但不合中国的国家身份。但你偏要在西边再盖一个会议大厦，可就左了。

最可厌的是，楼堂馆所常常成为权力机关的私有财产，好像过去为某些领导人修的各种各样的别墅。这些别墅的豪华与高贵非常敢想，能想。实在说，这等享乐，是没有经过马克思批准的，不但没有批准，以后到了“那一边”，马克思还要问他要个说法呢！这不是说，领导人就该和本作者住得一样，而是说对于权力机关的各种开支和待遇，应该立法。有法管着，就是你享有特权，人们也知道这特权到底有多大。

(4)**违章拆借，自乱阵营**

商业银行本应走企业化道路，该走不走，必生是非。1992 年全国兴起新的商业高潮，市场变化既快又大。一改疲软旧势，成为坚挺形态。为什么西方经济，今日说繁荣昌盛，明日说繁荣昌盛，繁荣昌盛总是不快，而中国经济昨日犹然中风不语，今朝忽地飞舞如狂？因为中国经济的疲软是人的疲软，人为因素一变，马上显出本来面目。

全国一起发动，银行也不例外，而且别人都在搞活，自己焉能搞死。于是也有主张募股分红的，也有主张自办企业的，也有擅自集资的，也有乱取好处费的。搞活的人中，情况也很复杂，为着本系统利益考虑的人也有，为着本单位考虑的人也有，但也有人则全为自己考虑。其方式有合法的，有不合法的，有找到恰当理由的，也有知法犯法的。单违章拆借一项，据现在的不完全统计，也已经超过 1 000 亿大关。如此大的拆借行为，堪称世所少见。

但后果非常恶劣，已经在很多方面表出现来。有的厂长领导全厂职工苦干一年，效益不错，年终之际要去领点奖金。一问，不行，没钱了。银行没钱了，但也并不倒闭，而且官气十足。没有就是没有，你把本行怎样？有的地方，教师的工资也没了，一没就是七八个月。农民交粮也发生危机，白条成灾，结果出现撂荒现象。你不给钱，我不种地。邮局寄钱也有了奇闻。农民交粮没钱可给，给个白条，邮局寄款，对方总收不到，给个绿条。白条绿条影响人心，中国小老百姓们真不知道，将来还有什么颜色的空头支票在等着我们。

一方面是人民利益直接受到损害，一方面是国家财政出现极度紧张。于是大量印钞，还不能满足要求。无故加印钞票是一种剥夺，对劳动成果的一种剥夺。也是对社会财富的一种无理转移。然而，国家没有钞票，不能运转，所以发生不合理转移和剥夺，也只是饮鸩止渴。

银行违章拆借使用资金方式很多，后来银行系统进行整顿，提出“三要”，“十不准”。我们对此反思，从这“三要”“十不准”也可以看出银行违章拆借使用资金有些方式。

“三要”即各级领导干部要在思想上政治上同党中央保持一致；一切金融活动要符合党中央、国务院的方针、政策，执行统一的货币政策；各项金融业务要遵守金融法律和规章制度。

这就是说，1992 年以来一年多的时间里，确有不和党中央保持一致，金融活动不符合党中央、国务院的方针政策，不执行统一的货币政策的情况，各项金融业务也有不遵守金融法律和规章制度的现象。

“十不准”说的更为具体。其内容是：不准违章拆借资金；不准非法集资；不准擅自或变相变动利率；不准超过贷款限额发放贷款；不准用信贷金炒卖房地产、有价证券或兴办实体；不准越权审批机构或擅自办理其他金融业务;不准乱收手续费;不准滥发钱物;不准以权谋私、索贿或收受有价证券、礼品券;不准弄虚作假或发现问题隐瞒不报。

够具体了,这说明在过去一段时间里,够混乱的。有些问题,现在看起来,确实触目惊心。

正因为银行的钱七拆八借,才给已经狂热起来的经济火上浇油;使之热得冒泡;正因为银行大量参与房地产、股市的炒买炒卖,才炒出这许多泡沫现象。现在好了,一经整顿,马上把入炒资金急切收回,于是那些找拽着龙尾巴上天的大小炒家,一下子跌落下去,坐在地上叫苦不迭。

(5)**税收不利,进少出多**

我们前面说过,计划体制下,财政就是国家的会计,银行就是国家的出纳。出纳跟着会计转动,会计的账上总是巨额赤字,总是透支,挂账,出纳也没有办法。

中国现代税利,毛病很多。但比起过去的税利分流,已然好些。但要紧的不是改变名称,而是改变机制。中国财政、税务机制虽有变化,变化不够,比不上国家经济形势的发展要求。但这问题很复杂,并非三言五语可以讲清。这里讲几个特别突出的问题。

一个问题,税制混乱,漏洞太多。

这里最突出一个问题就是税率差距太大,国有企业一个办法,教育口一个办法,集体企业一个办法,个体企业一个办法,合资独资企业又是一个办法。加上开发区一个办法,特区一个办法。因为相互间的税率差距过大,必定造成弄虚作假现象。为什么这几年出现这么多假合资、假集体、假教育、假残疾人之类的企业,就是因为税差过大的原因。只要找来一个牌子,就可以少纳税或者不纳税,于是牌子成了宝贝。不是学校办企业,也说是学校办的，把纳税的钱剩下来，给学校一点。学校也高兴，承办人也高兴。本来不是残疾人主办的企业，专门找一个残疾人作法人。让他一边瞧着，别人在那里大显身手。残疾人有了工资，承包人有了利润，同样皆大欢喜。大家偷税有道，国家收税无门。结果不但影响国家税收，还影响别的正常纳税企业的情绪。

一个问题，随意减免，有法不依。

税是国家命脉，须臾大意不得。过去之所以一些高级政府官员敢于乱加干涉，还是计划体制加上封建帝王思想在那里兴妖作怪。反正一切都是国家的，东边不亮西边亮。反正一切都由自己说了算，给点恩惠以示清明。减免之风，前几年已略有好转，后来又大开方便之门。地方开门，为的是区域利益。企业找找门路是出于本位思想。于是大家都拼命想法找又能说得过去，最好又能合法合理，又可以免去税收的办法。办法似乎不算很多，最有效的办法就是办开发区。开发区，免税区，同样一大块土地，只消划一块出来，于是——你猜怎么样，就是减免税收了，还要享受种种优惠政策。这等好事，谁不想干？于是你也办开发区，我也办开发区，开发区如鹅毛大雪，漫天飞舞。而且飞的雪花都是“热”的。中国究竟有多少开发区，国家不明白，专家也不明白，国家统计局也没公布。据有的报刊载文估计，约在 2 000～9 000 个之间。这就奇了，9 000 个开发区是 2 000 个开发区的 4.5 倍，如此大的弹性，可见开发区，开发之乱。

一面大办开发，一面集中资金，热炒土地。于是二病归一，使国家财政、银行全都受到剧烈冲击。

一个问题，利益不清，管理不善。

有人说，管理不善是因为人员不够。这个也对。但更重要的是利益不清。所谓利益不清主要是中央财政和地方财政的利益不清。因为利益不清，中央就喜欢强调垂直领导，地方正好顺手推舟，“唯命是听”。唯命是听固然唯命是听，后果如何，还看中央本领。

中国是个大国，东、西、南、北，地区利益差距很大。一方面要把中央的利益和地方的利益分清，一方面又要使本地区的情况不要发生两极分化。鉴于这种情况，财政改革确实是一件很困难的事情。但改革发展到现在的水平，财政体制不改，后面的文章就难做，因此，改革危险，也只能知难而进，其历史性责任少在地方，多在中央。

一个问题，税制不严，偷漏严重。

偷税漏税，自古而然。无论东方西方，谁都不能说已经根绝了偷税漏税现象。但应该有个限度。现在的情况，是偷、漏税招术太多，而收税的招术不多。武大郎碰到潘金莲，让你上床也是理，不让上床也是理。这个就难了。税收机制应该改变，使之更趋严厉，人员也应增加，达到能够保证绝大多数税收不致遗失的程度。执法应严，对于偷漏税者，应该多使用法律手段。

一个问题，费用过多，吃税严重。

所谓费用，名目繁多。也有企业自己加大支出费用，而且各种支出费用，堪称名目繁多，一个是上级部门对收费种类缺少法治管理规范，三乱(乱收费、乱摊派、乱罚款)现象严重。于是内外夹击，苦了税款。好比两只老鼠挖一个核桃，一个从里往外咬，一个从外向里咬，结果，果仁也没了，硬皮也没了，单剩下一层软皮被税务管着。据《中华工商时报》1993 年 7 月 21 日的一篇对《河南濮阳“费吃税”》的调查报道，濮阳个体业户“费用为税款的二倍多”。如果濮阳的“费吃税”现象属于普遍现象的话，问题即严重到相当程度。且用一句官话，是到了“非解决不可的时候了”。按 1989 年个体工商户交纳税款 132 亿计，那么，费用就是 396 亿元。看来中国税务领域也有老鼠，而且是些超级老鼠，一咬就吃掉几百个亿。这些钱，绝大部分与国家税收没有关系。

一个问题，风气不正，好坏悬殊。

税务队伍任重道远，好人居多，但是作风不正，也是不少国家机关的通病。但银行、税务关系到国家经济命脉，极应给予格外关注。而不是一见税款增加，马上眉开眼笑，一见税款减少，随即暴跳如雷。

税务队伍应该首先实行公务员制，如果其它部门一时还不能马上入轨的话。

(6)**居民存款，首鼠两端**

1991年底，中国城乡居民存款已达9 100多亿元。虽有波动，但总的长势不变。1993年1～5月份，据国家统计局统计，又增加1 244亿。万亿以上的存款巨额，有人望之眼晕，称为“笼中老虎”。但我看这万亿存款不是老虎，更像个狐狸，不免小心翼翼，满腹狐疑。

据说，这万亿存款中也有相当大的水份。1992年3月9日《东方时报》有一篇小文章，《九千亿元存款说明了什么?》，其中有这样一段话：“据国家统计局分析：在城乡居民储蓄总额中，59％为普通居民存款，26％是个体户存入，另有15％来路复杂，即公款私存，‘小金库’存款等等”。

小金库占去15％，那就是将近1 500亿元人民币(按万亿计算)，而且是国家统计局的分析，不知道国家统计局作出这样的分析有什么依据？如果依据可靠，为什么不采取措施，而且在历次人代会上，也没有听说有代表为此提出议案的事?真不知道中国的金钱运行遵循一条什么规律。

这个不去管它。就算居民存款的真正数额不是一万个亿，加上很多留在个人手中的钱——因为很多人为着使用方便或出于某种文化习惯，并不把钱存入银行——确实不少。但我们前面说过，他们中的相当一部分钱，并不会轻易取出，他们还要为自己的父母，自己的晚年特别是自己的儿孙考虑。

但把两种情况除外：一是通货膨胀，大家眼睁睁的看着自己的钱越变越少，就非取出抢购保值物品不可了，1993 年上半年，黄金手饰每克上涨 40%以 上，就和这种心理有关。一是有了更好的投资去向。比如社会集资，存在银行，利率不高，而且有时银行还在降低利率，而社会集资，利率都不低，一般都要在 18%左右，还有的超过 20%。既然放在这里也是白放，放在那儿也是放，为什么不找一个更多赚钱的地方。于是社会集资出现大高潮。到底参与社会集资的有多少人，一共集了多少钱，恐怕只有天知地知你知我知。个人自知，别人不知，人人自知，大家不知。大家自知，国家不知。但只一个长城公司，竟有 10 万人参加它的集资骗局，集资总额超过 10 亿。以此而论，可见全国的集资数额，也应该有几百个亿吧。

老百姓的钱，多数老百姓的钱，得来不易。所以把它比作笼中老虎，总不相宜。他的这一点心血，那敢轻举妄动，看看左邻右舍，只管私下焦急。日日忧心物价，又是满心狐疑。然而一旦他真的被引诱上了通天河，也有变成老虎的可能，而且其预后反映，也许不仅仅限于经济领域。

(7)伪劣库存产品成灾，国家损失巨大

1992 年 3 月 21 日《北京晚报》摘登《中华工商时报》的一篇调查表明，"伪劣产品每年使国家损失 2 000 亿元。"

文章说："目前中国重点工业企业的产品中，优等品、一等品加在一起不足总产量的三成半，而劣质产品造成的损失额相当于全国工业总产值的 15%～20%。大量的原材料、能源、劳动力、资金被低劣产品吞噬。专家据此估计，每年至少要让国家眼睁睁损失 2 000 亿元，这个数字足够弥补全国十几年的财政赤字，它相当于全国城乡居民 100 多天消费总额。”

不但如此，还有隐形失业，出工不出力，生产能力剩余，库存产品过量等等问题。

然而，在要求贷款，要求优惠，要求减免税收甚至偷税漏税方面，这类惯于生产伪劣产品的企业，绝对不比任何人差。

(8)**公款消费增加迅猛，一年吃掉 2 000 亿元**

好了，现在我们看一看，把上述这些因素加 在一起，到底是一些什么样的糊涂帐。

1993 年所增贷款中估计逾期、风险、呆滞部分：2 340 亿；

1993 年亏损企业面依然 31.1%；

基建战线过长，1993 年上半年全社会固定资产投资 3 542 亿，比去年增长 61%；

金融违章折借至少不低于 1 000 亿；

接收中的“费吃税”现象单个体户一类企业就有几百亿；

社会集资大体不会低于数百亿；

外加：

因为伪劣产品损失 2 000 亿(1992 年统计)；

全国吃掉 2 000 亿。

把这些加起来，足有 10 000 多个亿，社会主义中国真是不得了，依然巍然屹立！

在这样的形势下，没有风吹草动则已，一有风吹草动，怎能不产生泡沫经济现象。实在说，泡沫经济现象不过是一个信号罢了。螃蟹是吐沫的动物，国家不是吐沫的动物。不该吐沫的居然大吐其沫，因为它的运行机制太不合理。

4. 出路只有改革一条道

中国金融体制的改革属于全方位行为，深思其要点，可以分为六个方面。

(1)**正名定位,权责两清**。什么叫正名定位?正名定位就是银行系统与政府职能真正分开,同时中央银行和商业银行真正把职责分开,自己该管什么就管什么。现在的情况是职责不分。银行是钱袋,又不是一个老实钱袋,市场经济也不许它老实无为。中央银行名义上是国家政策银行,但实际上也作生意,其机构设置同商业银行并无区分。它也要讲利润,也享受分成,这样的格局,是本末倒置了。而真的商业银行,却又没有真正享受商业银行的待遇,是中央银行和政府机关的附属物。这种混乱不清的局面如不改善,金融体制就没有找到一个正确的突破口,只能头痛医头,脚痛医脚,而且有可能慢慢化为顽疾,不医也痛,医了更痛。

(2)**银行立法,不宜缓行**。银行立法是一件大事,它需要相当的时间,也需要市场经济的一定发展水平。美国的银行立法也比较晚,直到建国 40 多年后才真正立法。中国的情况,一是解决政府与中央银行及商业银行的关系问题,二是解决中央银行与商业银行的关系问题。关系应该是清楚的,中央银行应具有独立行使自己职权的能力和独立行使权力的保障,而商业银行如同一切工商企业一样,应该与政府脱钩,在法律和中央银行规定的政策法规内完成自己的商业职责,获取合法的商业利润。做到这一点,在我国是一件非常不简单的事情。有了立法保护,还需要整个社会动作机制改革作保证。没有立法保证,则极有可能成为一次空谈。有专家建议,中央银行行长应由政府首脑兼任,从而加强它的权威,而不被其它政府部门和地方政府牵着鼻子走,但这未必靠得住。中国现代化事业吃亏就在人治上,因此,银行立法已迫在眉睫。虽然其形成过程不必仓促,但着手进行则不宜缓行。

(3)**中央银行的独立权力应有充分保证**。中央银行的独立权力包括:调节货币流通和信贷供应,稳定货币,垄断纸币发行权,限制对企业的贷款数额,代表国家管理外汇以及其它有关权限。

从现在世界发达国家的中央银行职权看,几乎没有一个不享受很大独立权力的。但也不是一切都与政府无关,而是就国家的金融体制、货币政策、流通情况等重大问题及时与政府协商,参予政府的有关政策的制定。

中央银行的独立性,所追求的是一种制衡权力,即银行的行政权、中央银行的金融政策权和国家最高权力机关的常设立法权之间的权力平衡。这种平衡对于市场经济的运行有着重大的作用和意义。政府既不能随心所欲,把中央银行理解成自己的钱袋;国家权力机关——如中国的人代会,也有权过问一切有关金融的问题,并决定立法程序和立法内容;但它又不能随便干预银行的具体业务。银行有自己的独立性,同时又不脱离政府对于经济的指导计划。

当然,具体国家因为文化传统、国家大小、国家体制等原因,所采取的经济立法方式和独立运行方式,都有区别。美国实行的是联邦储蓄体制,德国实行的是联邦银行体制,日本实行的是政府领导下的银行体制。但不论美、德、日哪一种模式,银行的独立行使权力的职能都得到充分保护。

中国未来中央银行采用哪一种模式还有讨论余地;但在具有独立行使权力这一点上,则没有讨论余地。

(4)**商业银行与政府脱钩,真正实行商业银行必须的市场需求机制**。唯有这样,才能 从根本克服那种乱贷款的现象。亏损者不贷,没有偿还能力者不贷,有人说情者不贷,别人给条子打电话一律可以置之不理。在此基础上,充分调动银行的各种因素,加速信贷运转,提高现代化管理程度,使中国商业银行成为最有活力的商业行业。

但做到这一点，谈何容易。因为这里面仍然有产权问题，金融体制问题，条块分割问题。现在的关键是将航向弄准，商业银行一律要对自己的商业利润切实负责。

(5)**广开门路，逐步发展民营金融业务**。市场经济的最大本质就是实行自由贸易原则，自由贸易原则包括各类经济法人办银行金融实体的自由，唯一要求就是承办者须具备开办条件，履行必要的注册程序。

这方面，首都钢铁公司已经迈出一步。首钢可办，别人当然也可以办。从未来的发展情况看，只有各类所有制特别是民间机制进入金融领域，中国的金融市场才能把巨大潜力都发掘出来。

(6)**打开国门，与国际金融领域接轨**。这里面该做的事情同样很多，并且同样十分复杂。允许国外企业来华办金融机构是一个主要方面，开放中国外汇市场是另一个主要方面。解决国内银行和国外来华银行的关系问题又是一个方面 。在目前条件下，首先应该有计划实施取消人民币汇率的“双轨制”现象。因为存在双轨制，才有人于中炒上炒下。

这方面，中国政府已有明确承诺，据 1993 年 7 月 5 日《上海金融报》报道，“中国将在 5 年内变人民币汇率的‘双轨制’为单一汇率，实现人民币的自由兑换。这是我国代表团在参加日内瓦举行的关贸总协定中国组第 14 次会议上作出的保证。”

中国出现的泡沫经济现象提醒了立志改革的人们，如果能由此加大改革力度，泡沫的消失固然给很多人带来巨大的损失，而从中国经济发展的长远考虑，也未尝不是因祸而得福。

七、价格：双轨制扭曲

谁无视那只看不见的神手，它就让贫穷和严重的经济失调钻进谁的领地。

山该青就青，水当绿就绿。

那些物价高了吗？

晒小麦时别下雨，刚生小孩别着风。

市场经济的最基本原则是公平原则、公平竞争。价格的市场表现，就是合理的价格体系。合理的价格从何而来？合理的价格是市场自动调节的结果，所以，亚当·斯密要称价值规律是一只看不见的手。

虽然是看不见的手，却是一只神手。人们可以不喜欢它，但对它的法制不能不服从。你可以和它对抗，但到头来吃亏的还是你自己。我们过去喜欢讲的一句话，叫做"顺我者昌，逆我者亡"。道义上没有这样的事，但对于价值规律而言，却大体如此。你和它违拗，它也不烦不乱，你不听就不听，它并不出来找你麻烦——就把这只看不见的手伸过来打你一下，不，他老人家大智若愚，本身一副愚态——甚至连愚态也没有。它似乎对一切和它作对的内容都能逆来顺受，不闻不问，好坏由你。但你也不要高兴太早，你的价格太高，便没人要你。你的价格太低，又会亏本。计划经济最不买价值规律的账，但其结果，未能把价值规律驱逐出自己的领地，却让贫穷和严重的经济失调偷偷钻进自己的园地,而且一旦钻进园地,就死赖活赖不肯离去。

价值规律在商品社会是无所不在的,不但对于商品,而且对于创造商品的人;不但对于市场,而且对于管理市场的人;不但对于普通劳动者,而且对于为劳动者服务的人;不但对于一切工商行业,而且对于一切与商业似乎没有关系的专业领域。它虽然不动声色,就是好管闲事,而且大致看来,一切都不能例外。天下本无闲事,在你看来闲得悠然,一副悠哉游哉的样子,但它一样管你。

价值规律最主张平等,凡不平等者,它就要慢慢改造你。钱少了,它就让这里的人一个一个慢慢离去。那里的钱多了,它又让在那里的人一个一个慢慢出来。价值规律并不会唱"哪里有不平,哪里就有我",但它就是管天下一切违背公平原则,妨碍自由贸易的事。

它能创造财富,但有时也会受到财富过剩之苦。它能调节余缺,有时未免周期过长。可是聪明的人类,了解了这只看不见的手的人类,就会用自己的智慧,亲近它,顺应它,补充它,驯服它,从而保证人类的共同利益。说到底,看不见的手也是人类的一个文明创举。既然人类创造了它,如果不能和它和睦共处,就不是它的过错,而是人类自己的过错了。

从中国的现实情况看,经过十多年的改革开放的努力,价值规律愈来愈受到尊重,被扭曲的价值形象,也随着市场价格的不断放开日益走向合理顺畅。但改革刚刚起步,前面还有山千重、水千重,尤其价格双轨制的存在,未免造成许多不利影响。而且价值规律贯彻很不彻底,不免造成许多混乱现象。择要言之,有如下几个问题,特别需要引起注意。

1. 双轨制应尽快并轨，存在越久弊端越大

中国的价格双轨制是一种迫不得已的选择，也是价格体制转变的必然性选择。就是说，我们无法不选择双轨制，但双轨制绝非长久之计。

为什么要选择双轨制呢？

因为旧的价格严重扭曲。计划经济的初衷是解决资本主义经济的弊端，而确立社会主义的优越性。但其结果，却走到了另一个极端。过去我们最引以为荣的那些优越性，一个一个变成了改变对象。记得80年代初，大学向学生进行社会主义优越性教育，还在讲中国虽然实行低工资，但中国物价低，房租低，工人享受医疗保险，吃药住院个人一分钱不花。在美国怎么行？感冒一次都不得了，房租高得要命，他们的钱多，但是开销大，而且不保险。中国人钱少，但开支也小，而且保险。两者比较，社会主义就是好。

但事实证明，粮价太低，标准粉每斤0.185元，大米0.148元一斤，几十年不涨价。邮票8分一张，通邮全国，同样几十年不涨价。租房不过一二元钱，同样几十年不涨价。便宜确实真正便宜，但论发展却是寸步难行。副食品越吃越少，各种票证越发越多，房子越住越挤。分房无日，买房无钱，盖房无力，只好这搭一个小棚，那盖一个小棚。北京许多漂亮的四合院，东盖一间，西盖两间，院子没了，全成弯弯曲曲羊肠小路。这种情形，老百姓怎么能满意，社会主义优越性怎么真正体现。价格严重扭曲，如不理顺，只能一头钻死胡同，最终成为世界发展最慢、贫困化最快的落后角落。

那么怎么办呢？唯一的办法就是放开物价，把人为的墙拆除，山该青就青，水当绿就绿，打开网络，给你自由。

那么,为什么不一次到位,还要来一个双轨制呢?

一次到位的方法,也有的国家如此实行,例如波兰、捷克、匈牙利和俄罗斯等东欧的原社会主义计划经济体制国家就是这么办的。而且有个名词,叫做“休克疗法”。

为什么叫“休克疗法”?因为一下子放开物价,冲击力很大,新的肌体禁不住这冲击,难免就要休克一回。休克不是死亡,苏醒过来,病就好了。于是称为休克疗法。

中国没有实行休克疗法,大家接受起来比较自然,因为过程缓慢,不用猛药,而用性情柔和的中草药,林黛玉小姐喝的那一种。味道虽然苦些,但长喝无害,却于治病有益。

因为不用休克疗法,而是一部分一部分放开,放开的是一条轨道,没有放开的是另一条轨道,两条轨道各走各的,就是双轨制。

但双轨制的弊端很快显现出来。

这道理其实简单。双轨制中那条没有放开的轨道,价格依然背离价值规律,不是上扬背离,而是人为的压价背离,所有上这条轨道的列车,每列车厢都万分便宜。而放开的那条轨道上的车厢,列列都价格昂贵,那么,利在其间矣。只消把前边轨道上的商品弄出来,再挪到后面那条道上去卖,马上就吃到一块大差额。

比如钢材,一方面有计划内的价格,一方面又有计划外的价格,但钢是一样的。好像两只同样的鸡,一只放在左边,一只放在右边,只要把左边的向右一移,好嘛,一只鸡变成两只鸡的价值。这样的美事,哪里去寻,哪里去找。然而,怎么才能把它的身价全改过来呢?谁有这权力,谁就是财神爷,为着说动财神,先要敬奉财神,财神开颜一笑,就能大量发财。

于是买批文的,卖批文的,托熟人的,找亲属的,走后门的,当中介人的,当介绍人的,只管拉关系要好处费别的一概不管的，种种奇异现象，遍地丛生。于是有人大叫腐败，有人锒铛入狱，有人入狱还不服，也有人大喊严打经济犯罪是只打老鼠不打老虎；还有人编了个顺口溜，说小倒带手铐，中倒作检讨，大倒作报告。

虽然也抓住几个大倒，但民心疑惑，民愤难平。

双轨制的初衷本来是为了减少社会震动，而它的结果却变成官倒的天堂。只此一点，可知双轨制确实不能久用。唯有放开物价，才能驱逐蚊蝇。

2. 应从根上做起

双轨制一头倒向市场，因为双轨制并行，差价巨大，所以非拆除旧轨不可。但双轨制的另一头却通向企业成本，对这一点，国有企业啧有烦言。

为什么国有企业啧有烦言？因为各类不同所有制企业，他们的成本起点不同。有些国有企业可以享受计划内原材料供应，还好。有些企业则享受不到，或享受很少计划内原材料供应，但在税收比率，劳动用工，人事任免，机构设置，等等方面，不和其它企业站在同一条起跑线上。人家少纳税，或者不纳税。人家可以根据需要招工，也可以根据需要解聘招收对象。可以大权独揽，绝不人浮于事，没有终身干部，也没有三驾马车式的领导机构，部门设置随行就市，需要则设，不需要则撤。有才能马上封官加级，没本领立刻收回成命。这些因素，有些是经济性的，有些是非经济性的，非经济性内容，大多也有其经济实利。比如人浮于事，人家的管理人员和一线人员比例是1:10，你是4:6。那么多人不直接从事劳动，也不参与生产管理，都个个脾气赛皇帝，凡事还要给他通报，向他解释，还要让他高兴，否则，就让你不舒服。毫无疑问，这种种情形，都与生产不利，或者说严重加大商品成本。

这也可以说是双轨制，这种双轨制，使得国有企业的压力更大。

难怪很多国有大厂的经理和厂长不服。论设备，论技术，论经验，论能力，论人品素质，论名牌商品，论产品性能，哪一样是国有企业落后于乡镇企业？10 多年前，多少乡镇企业为了跟国有企业要点活干，磨破了嘴皮，走穿了鞋底，现在可好，人家扬眉吐气，居然不费多大力气，就把自己的骨干拖走一批又一批。

实在说，大中型企业转变经营机制总是转不过来，并非人员无能，实在是竞争双方并不站在同一起跑线上。人家从武汉向广州跑，虽然跑得并不很快，但你却从哈尔滨向广州跑，即使你跑得再快，你能先到广州吗？

废除价格双轨，应从根上做起。

3. 该入新轨的没进去

上面讲废除双轨制，应从根上做起，讲的是价格改革的深度问题。还有改革的广度问题。即有些专门行业，至今未能进入价值规律轨道。他们的全部人马还困在旧价格体制的束缚下，欲进不能，欲退不能。这样的行业，如地质勘探，铁路运输，飞机运输，市内公共交通运输等等。

这些部门，要搞双轨制也没门路，人家也不来找它。它自己又没有决定价格的权力，于是眼睁睁看别人飞黄腾达，或者闪展腾挪，自己只好干睁着眼，有气难出。

比如公共交通。公共汽车、电车，还有地铁的票价都那么低，就是涨点，仍然入不敷出。好似龟兔赛跑，兔子多加草料，乌龟还要大饿肚皮。虽然乌龟是谦虚的比赛动物，一点懒也不敢偷的。但它饿得要命，而且不能自由行动，加上还有着那沉重的盖子，它还有什么希望取得冠军。别说冠军，连名次都已和它断了缘份。

我过去说过，同样是跑长途的，国营车，车的性能也好，司机技术也好，私营车很多都老掉牙了，不知道从什么地方买来的旧货，七修八修，开着就跑。私营车比不过国营车应该是毫无疑问。但结果呢？国营汽车公司就是不行。除去别的原因之外，和国营司售人员收入少有着大关系。一个个体户一天赚多少钱？他们开始创业的年代，一天赚二三百元都不在话下。他们一天的收入，就比国营司机一个月的收入还多。这样的差距，人还能有精神？于是国营单位步步后撤，管理者先讲爱国精神，难道国家只是国营职工的吗？不灵了。又讲国营好处，至少有病可以免费医疗吧。天老爷，哪一个人敢保证不生病呢！后来这个也不灵了，只好硬下头皮，给你来个厚黑学。要调走，不同意，不上班，扣奖金。然而，这样的办法，能持久吗？

还有地质勘探，中国矿多，人也多。人多单摆浮搁，矿多不露痕迹。它不露痕迹，你又看不见它，怎么办呢？就得找。然而，找矿是那么轻而易举的事吗？找矿很累，又基本野外作业，这是客观方面的。找矿又需要各种设备和机械，开支很大，加上物价上涨，开支更大。然而，他们毕竟是计划轨道上的一队人马。钱少人多，钱少事大，那情形，可想而知。真有点孔明先生到了五丈原，食少事烦、元气大伤的味道，而且和孔明先生相比，手上还没有权哩！

对于这部分仍在旧有价格轨道上的人，也只有废除双轨制，让他们也走上新的价格轨道，才有出路。

4. 双轨并存，该出轨的不出来

因为双轨并存，所以很多不须涉足商业行为的人，偏要想方设法，“第三者插足”。而且一旦插足，便死气白赖，硬不出来。这样的人,就是一批官倒。官倒下海,不是真下,而是明着不下,暗地勾结。一旦钻入,便死活不出。

所以,中国的最高领导层,尽管三令五申,五令七申,七令九申,不知道几令几申,让权力机关与工商企业脱钩,可是左脱右脱,脱不出来。简直就和孙悟空头上的铁圈一样,见肉生根,甭想脱下来。个中原委,真也难明。

但有一条是清清楚楚的,就是各级权力机关人员的工资太低。工资太低也是脱离价值规律的表现,你既然非和价值规律抗衡,价值规律也只好让你令不得行禁不得止。

除去上述几种情况之外,还有诸如教育、基础科学研究和文化等事业性单位人员收入的价值规律问题。这个问题,将另章再议。

总而言之,既然实行市场经济,价格就非理顺不可。不要总担心人们的觉悟,以为一放开价格就会如何如何。冲击当然会有,牢骚也会有,但让我看,之所以毛泽东热再度传遍大江南北,并非放开价格的过错,而是因为社会风气不正,贪官污吏太多造成的结果。早几年,广州率先放开鱼肉等副食品价格。鱼肉价一下涨了许多。很多北方人咋舌。但过了不久,鱼就多了,从没鱼吃到挑鱼吃,鱼价也平稳下来。北方晚了几年,别的好处没有得到,不过少吃3年鲜鱼而已。

但价格确实牵连亿万个家庭,如果一面放开物价,一方面通货膨胀,相互交映,风越大,火势也越大,像赤壁大战一样,风助火势,火借风威。再来点泡沫什么的,人民就会承受不住了。

双轨制早晚要废除,晚除不如早除,但应找好时机。晒小麦时别下雨,刚生小孩别着风。

八、城市与乡村：二元社会结构问题

一张城市户籍能有这么巨大的利益，实在是世界上最有价值的卡片。

农村城市化是中国通向现代化的必由之路。

所谓二元社会结构，就是利用行政手段，硬性将全国公民划分为城乡两块。城镇居民是一元，农业人口是一元。二元经济在计划经济体制下已然弊病极多，在市场经济条件下更成为市场经济发展的巨大障碍。一方面是二元分割，一方面是相互勾通。因为有二元体制的高墙壁垒，就造成动辄几百万人来个全国大游动。弄得各处交通要道叫苦连天。于是纠集大批人力，一面疏散，一面驱赶，这里刚刚风气平静，那里却又烽烟滚滚，直如打仗一般；而且城乡差别因为二元经济的原因，不是逐步缩小，而是日益扩大。城市享受的种种福利，农业人口一无所有。于是凡有一点办法或者一点理由的，或者确实具有严重生活困难的，便想尽一切办法改变农业身份。这个在公安部门的专业术语叫做"农转非"。"农转非"成为一股强劲的社会潮流。有时一个县城传说要改市了，马上有成千上万人口千方百计把户口迁入该地。于是又是一番整顿，一番清理，一番打击，弄得各种问题杂起丛生。

二元社会管理体制的一个“好”处，是可以使产值双倍膨胀。据一些研究者调查，很多乡镇企业，干的只是来料加工的活，采取的却是单独结算方式，这些活干完了，他们要算一次产值。然后这些加工品被拿到来料单位，还要再算一次产值。于是一元钱变成二元。反映在国家统计数字上，就有了相当水份。比如《失衡的中国》的作者在河北省黄骅县调查，“看到几个皮鞋厂，均是天津市一些皮鞋厂包给原料，包收产品的（各自核算，不是带料加工），他们都要按产品总值计报产值。有一个村，去年500万元工业产值，有400万元是生产的自行车车把产值。这些车把销到天津，青岛去组装，无疑自行车厂即按成品报产值。”①

那么，这样的产值重复上报的企业有多少呢？据该书作者估计：“乡镇企业大约有20%～40%的双重多重产值。”上面讲的只是其中一种罢了。比例如此之大，令人半晌无言。阿弥陀佛，保佑我们百年之后不让小鬼刺穿舌头。

二元社会结构已被证明无法坚持下去，坚持愈久，危害愈大。然而这是一种关系到12亿人的大事情。处理起来，困难重重。尽管如此，现在已经到了“当断不断，必受其乱”的地步了。与其慢慢消磨，不如痛快为之。

1. 二元社会结构是典型的计划经济基础上的社会管理模式

前些年《失衡的中国》一书出版后在全国各地引起极大反响，来信来函很多，对书中的观点表示支持。国外也有积极影响，对此书所持观点给予很高评价。该书第五章“二元社会结构”，内

① 《失衡的中国》第85页。

容极其突出，专门分析了二元社会结构体制下的14种制度。这14种制度是：

(1)户籍制度；

(2)粮食供给制度；

(3)副食品与燃料供给制度；

(4)住宅制度；

(5)生产资料供给制度；

(6)教育制度；

(7)就业制度；

(8)医疗制度；

(9)养老保险制度；

(10)劳动保护制度；

(11)人才制度；

(12)兵役制度；

(13)婚姻制度；

(14)生育制度。

作者分门别类分析这些制度，主要是讲它的二元状态，以及造成的种种弊病。

实际上，除去以上的14种制度，还有干部制度、治安管理制度、税收制度、档案制度、票证制度等等。但其中最有代表性的基础性制度，还是户籍制度。

本来凡中华人民共和国公民应该享受一样的社会生活权利，包括居住权、择业权、福利权，等等。但是不行，中国筑起一道高墙，这一边的属于农业人口，那一边的属于城镇居民。城镇居民可以享受种种优惠的社会政策，比如低房租、低粮价，在国营企业和事业单位工作的，还可以享受劳保条件，看病也不用花钱，加上很多无形的服务，如城市设施和各种补贴，如交通补贴，洗理补贴,出差补贴,等等。而这一切,在农村人口那一面全都是空白,左一个零蛋,右一个零蛋,再加中间一个零蛋。表现在上述14种或者更多的城乡社会生活中,双方却仿佛生活在两个世界。其原因,就是因为前者有一张城市户籍,而后者没有这一张纸。一张城市户籍能有这么巨大的利益,实在是世界上最有价值的卡片。

这种二元社会制度的产生,完全与中国式的计划经济模式同步。为什么说是中国式的计划经济模式呢?因为计划经济的本意是要提供各种超过资本主义的福利待遇,改变劳动者的生活地位和政治地位。但中国是个农业大国,领导者又是一群富于实际生活经验的人,大约他们也考虑到一下子都那么办,没有基础。所以就划一个圈圈,这一边先计划起来,那一边只须按计划行事,但不能享受这一边的种种特殊待遇。

二元社会结构,本质上是一种社会管理制度。而它的功能也以政治管理、社会管理为主。其方式,就是把一切社会公民,固定在一定的计划之中。工人就是工人,干部就是干部,农民就是农民。虽然也有调动,调动的范围是非常狭小的。一个机床工人如果想调到另一个机床厂,几乎都不可能。党叫干啥就干啥嘛。你胡调乱动,还听不听党的话?

这种二元社会结构又是建立在以阶级斗争为主导的社会评价基础上的,一切都从阶级斗争考虑出发。管住户籍,就等于管住坏人。谁也不能乱动,甚至不能走动,未经批准,走动就是乱动,谁一乱动,就有嫌疑。过去一段时间中国各大中城市,社会治安情况都优于资本主义国家,其中一个原因,就和这种政治性的社会管理方式密切相关。全民皆兵,全民皆警,数以万计的街道居委会,差不多个个等于是社会治安监督委员会。谁家有什么人,都在人们的注视之下。这当然是一种极强大的极权威的保护。这种戒严式的联络方式，只有某些社会主义国家能够做到，而且也只有在计划体制下方能做到，也只有在把农村分割出去的情况下才能做到。

计划体制本来应成为一种特别有生命力的体制，成为加速生产发展的体制，成为最富于生产效率和效益的体制，成为保护全体公民社会福利的体制。然而，实践证明这只是一种想象，它一点也不合乎实际。它仿佛是对历史进程的蔑视，又是对历史制约力的嘲笑；而且随着城市负担日益沉重，农村发展日益缓慢，于是便逐渐演变为为保护这种体制而保护这种体制。于是户籍管理越来越严。在50年代初期，农业人口来城区居住，并不特别困难。例如你来北京居住，只要你能找到住处，并且有生活来源，只消向当地派出所报个户口就行了。那时候，住房也没有现在这样紧，而找工作也没有后来那样难。但是这种趋势很快成为一种威胁，城市人口面临爆炸性扩张的危险。本来嘛，中华人民共和国以前，农业人口到城市谋 生并非易事，因为并非易事，所以人们轻易也不来。来了住不久就赶快回去。按照农村人习惯，到城市工作，称为出外挣钱，能挣钱则把钱寄回家了，不能挣钱就卷铺盖回家。一旦实行计划经济体制，城里的饭是如此好吃，钱也如此好挣，还有那么许多让乡下人想都不敢想象的福利，当然要拼命进城。管理者感到危机，于是扎紧城市居民的户籍口袋，从此便越管越严，几乎一个也不准轻易进来。而一旦城市经济发生巨大挫折和困难，城里的经济负担无法承受了，马上动用各种手段，动员城里人还乡，或者干脆清退还乡。仅1960年那个困难时期，遣返城市人口就有2 000多万人。减了2 000万，政府松了一口气。但过不了几年，又有问题了，知识青年如雨后春笋一样，出了一批又一批。国家已无力安置他们，只好让他们上山下乡，接受贫下中农再教育。不但知识青年，其他种种城市居民也一并动员之,叫作“我们也有两只手,不在城里吃闲饭。”

本来因为经济体制造成的经济原因而使千百万青年人离别父母和家庭,走上渺茫的上山下乡之路,还偏能编出接受再教育这样的好词。现在看来,可谓哭笑不得,但在当时,却也只好如此。

这种户籍管理方式,实际上是一种军事共产主义的变种,又带着浓浓的封建主义的色彩,特别是对农民而言,更是如此。

中国封建时代的农民,能有什么出路?一个出路就是当兵,当兵作战,立功升迁,或许可以封侯拜将,改换门庭。一个出路就是入仕。隋唐以后广开科举之门,读书就可能入仕,入仕就能改变原有身份,以此,鲤鱼跃龙门,成为官僚阶级的一分子。作为农民,除去上述两条道路以外,几乎没有任何改变身份和经济地位的办法。但生活在城镇周围,或许还有拜师学徒的机会,也有办点小买卖的希望。而绝大多数本分的或不本分的贫苦农民,除去农民起义,几乎永远都被拴在贫脊的土地上,只好面向黄土背朝天,朝迎彩霞夕送日。永远都没了改变一生命运的希望。然而农民起义,谈何容易.是你想起义就起义的吗?

计划经济好像比封建时代更加厉害,进入城镇连拜师学徒的机会也没了。因为什么?因为你没户口。作点小买卖的机会也没了,因为什么?因为你没资格。农村供销合作社都让计划经济给“计划”成了统一的系统,哪里还容得让别人另搞一套?就算当兵,绝大多数人也不再有多大希望。因为除非你成为军官,也只能从哪里来,回哪里去。来的时候,是一品农民大百姓,回去的时候依然是一品百姓大农民。

不用说,这样的二元管理体制是早就应该结束了。

2. 二元管理体制对经济生活的种种伤害

(1)管理机构越搞越大

这种二元管理体制,非弄成大政府小社会不可。因为政府要管的事情太多太杂太乱太难,或者说,管这样多的事情,根本就是政府所不能胜任的。不用说别的,单就昔日城市大白菜供应一件事,就把各级政府搞得焦头烂额。张建星写的《万众突围》一书对此有过极其生动的记述。

因为蔬菜短缺,大白菜非吃不可,而大白菜价格过于便宜,农民却又是非种不可。农民不种,城里人吃什么!其间差额,只好靠补贴。政府补贴了,又非收购不可。收购了还非卖出去不可。菜少的时候,又非保证人人有菜吃不可。菜多了,又非得想办法让居民买不可。居民不买,又逼得政府号召各位非买"爱国菜"不可。

这个不可,那个不可,因为计划体制决定政府只有这一条路走。而且这条路是如此之艰辛和曲折,就是一点娄子也不能出。

饶是这样,依然短缺。于是,便应运而生,开始了城市居民的票证制度。据说,最多的时候,仅各类与生活必需品相关的票证有几百种之多。

仅发票证还不够,还要做思想工作。做思想工作不灵,就应该考虑到阶级敌人在背后捣乱。于是阶级斗争一抓就灵。路线斗争决定一切。斗来斗去,斗得两眼乌黑还不是为了捍卫计划管理体制。于是,一个运动,接着一个运动,一直运动成"文化大革命",终于把中国经济运动到了崩溃的边缘,也把中国老百姓运动得明白过来,再那样下去,非给开除球籍不可。

发票证,就需要有一支发票发证的队伍;做思想工作,又需要一支运动队伍。而且上面加一个机构,下面马上对应一个,上面有一个班子,下面马上成立一个。七加八加,政府越搞越大,开支越来越多,终于头重脚轻,成为中国现代化事业的沉重负担。

(2)**党政事企各自为营,一家一个后勤王国**

因为是计划经济,一切按中央计划办理。一是突出领导机关权威,二是各类机关互列计划,不免“鸡犬之声相闻,老死不相往来”,一家一个后勤王国。

在计划体制下,发展最快的不是企业而是机关,建筑最好的同样不是企业还是机关。比如你到各省去,尤其是头些年,最高的建筑总是与省委省政府有关的建筑。别的且不说,办公大楼一定气派,省委或政府礼堂一定堂皇高大。北京50年代末搞十大建筑,十大建筑和经济直接有关的有几个,可以说少而又少。

不仅如此,一家一个后勤,已经成为规律。所以,你再怎么三令五申,说要控制社会集团购买力,可能一时奏效,最终总是限制一次,突破一次,好像各级权力机关的人员精减,精减一次,增加一次,其结果反而造成两个膨胀:

人员越减越多,

编制越减越大。

而且官员的概念模糊,不论性质,只论级别大小。局级干部要坐车,于是所谓局级学校领导也坐车,局级大厂领导也坐车,局级寺庙和尚也坐车,局级群众组织的头头也坐车。坐车并非真的为了提高效率节省时间,而是为了表示身份,确认级别。

级别不仅和车发生关系,而且和房发生关系,和电话发生关系。北京一所学校,一栋教工宿舍楼,设一部公用电话,连传达室也没电话,大家有时只好四处流窜打电话。院长够级别,先安一部。副院长与院长同住一楼,不过一墙之隔,也非安一部不可。结果弄得大家议论纷纷,一顿臭骂。好在领导总是有修养的人,只管你骂你的,我安我的。

中国的权力经济实在和这种管理体制密不可分，只有权力者，才能住最好的房，用最好的设备，享受最好的待遇，也坐最好的车。

(3)城市规模越来越大，只见其人，难见其出

二元社会结构，因为把双方的差距越搞越大，一入城镇，仿佛一切都有了保障。而一出城镇，则一切没了依托，所以拼死拼活也非挤进城里不可。

而计划经济本身就是一种短缺经济，一年两年十年八年它的城镇总不见增加，一切压力都落在故有城镇身上。所以，城市人口虽然一千个控制，一万个控制，还是越搞越多。

而且，城市青年待业情况严重，有好几年，成千上万的孩子初中毕业或高中毕业之后，无所事事，在家里闲着，他们本人闲得要命，家庭眼看万般痛苦。但另一方面，许多职业又无人应聘，宁可待业，也没人干。而这些职业正是城市经济中不可缺少的行业。像北京，就有纺织、煤炭、建筑、环卫、家庭服务、修理等好几个行业极难招工，这些行业城里人不干，只好另想它途。例如家在农村的，就搞子女顶替。顶替不行，就从郊区农民中招临时工，郊区也招不来的，只好请外地农民进京。这样来北京工作的人口，至少不下上百万人。近年以来，在北京的流动人口，已经超过500万人。这些人虽然没有户籍，一样享受北京市的许多财政补贴。这是经济发展对二元社会管理体制的一个顽强挑战，打败的不是挑战一方，而是原本战无不胜的计划权力。

(4)高墙一筑，人才无法流动

二元管理体制不仅限制农村人口向城市流动，而且也限制城市人口甚至农村人口的相互流动，但这种限制是单方面的，它实质是一种等级制的条块分割式管理体制。

流动也可以，但限于由上而下，比如城里人想去农村，可以。

从大向小,从富到穷,虽不说畅行无阻,大体限制极少。但反过来的流动,则有一千个关卡,一万个限制。除非领袖说话,则一切限制都化为乌有。岂但化为乌有,马上一切服务接踵而来。但中国在计划体制年代,有几个领袖人物,虽然也曾挂过7位领袖人物,但真的领袖只有一个。因为只有一个,所以才"一句顶一万句"。这话是林彪讲的。毛主席不大爱听,把他狠批一顿。实际上呢,毛主席的话,一句比一万句更顶用。说知识青年上山下乡,就那么几十个字,就把好几百万知青搞得东、南、西、北四处飘零。别人讲了一万句,有这样的效用吗?

因为城乡之间,城市与城市之间,大墙高筑,壁垒森严,所以很多人才无法找到适合自己发挥作用的工作。很多急需用人的单位,也无法调进自己急需的人才。人才与用人单位之间,只好隔墙而叹,好像牛郎织女对天河。

不要说人才,就是夫妻分居两地,也没法解决。大概中国是唯一一个认为夫妻双方不在一块也不大解决的计划体制国家。

(5)**城市经济越搞越死**

表面上,计划经济保护的就是城里人,保护的是拥有户籍的城里人,也保护一切国有工业、商业和其它各种行业。但其结果,因为有一张城镇户籍,就能享受一切国家本来无力负担的福利,却使生产效率、工作效率越来越差。而给大家吃的也是大锅饭,加上其它种种原因,国有经济部门不但没有得到充分发展,而且陷入恶性循环。娇儿娇女是害儿害女,这对于中国国有经济和其它一切国有行业而言,都是一句很形象的描写。

(6)**农村城市化进程极易进入误区**

二元社会结构,农业一方处境不佳。但农业人口又极其众多,于是也有了农村人口分流的主张,也有了后来鼓励发展的乡镇企业,加上改革开放,又给了农村乡镇企业以种种优惠。这些优惠好象是对二元社会结构的一种补偿。既然国家为农民提供的不多，好像过去一家两个儿子，为着让那个儿子上学，这个儿子从小劳动，学也误了，年纪也大了，现在一定要找个媳妇给他。

但乡镇企业的提法，依然是旧体制的框架，即农业人口就乡还乡就镇还乡，各自为营，就地消化。

实在说，这种就地消化的结果，是乡镇企业没有规模，星星点点，遍地开花。而它的许多短处，现在已经充分显露出来。这些短处造成的后果，也许用几十年时间都消除不掉。

据《失衡的中国》作者调查，乡镇企业过于分散，没有一定城市规模作条件保护，至少有如下 6 个弊端：

土地浪费严重；

资源利用率差；

环境污染难于治理；

投资环境太差；

难于培育工业文明和商业文明；

生产要素市场难以确立。

概括得很棒，而且有市场调查材料作证明，可谓立论严谨，资料翔实。

除此之外，乡镇企业以村为“战”，以镇为“战”，但不能成为法外之地，形成与现代文明发展背道而驰的亲缘集团、宗族集团甚至犯罪集团。天津大邱庄曾经对中国乡镇企业产生很大影响，它的领头人禹作敏也确实是一位很有头脑的乡村负责人。他说：“抬头向前看，低头向钱看，只有向钱看，才能向前看”的四句话，既是经济之谈，又超出一般经济之谈的水平。对于当时许多左的理论，无异当头一棒。但大邱庄存在的问题看来也不少，过去只讲好的，不讲坏的，造成许多后遗症。后来终于发展到公然私设公堂打死无辜者的程度，也是冰冻三尺，非一日之寒。大邱庄，我曾经去过,依我看,它的成绩和问题都极有特点。以它的成绩而论,如果中国的北方农村都达到他们那个水平,中国经济实力一定会成倍增长。以它的问题而论,大邱庄的污染严重,而且一直影响到它地界之外很远的地方;大邱庄的生产效率并不高,而且属于高投入低产出的生产类型;同样它的家族化领导已经到了极端程度,父权传子、父子相传的管理方式绝对不符合现代经济要求,更不符合乡镇企业的产权性质。

但愿大邱庄的问题不是一个带普遍性的问题,更重要的是改革开放的发展并不能站在"但愿"的基础之上。

3.解铃别须系铃人

二元社会管理体制,是计划经济模式的必然产物,它严重影响了经济活动的发展。虽然二元社会管理体制是人为的结果,但要改变它,却不能仅仅依靠人为的力量。因为权力尤其是垄断权力一经获得,就没有了自然退出的可能,已经进来的不会自行退出,只有请另外一种力量逼它退出。给计划体制治病的只能是市场经济,虽然在逻辑上双方是势不两立的。

第一,城市人口唯流动才好。可以这样讲,世界上没有一个成功的城市,人口是不流动的。而且城市人口应有相当比例流动才算正常。中国如今的城市,深圳最富活力,深圳的人口就有很大流动性。俗话说,人挪活,树挪死。城市只有不断更新自己的人口,才能更具活力。这是因为,一座城市的产业结构在不断调整,一方面城市的职业竞争又十分激烈,而另一方面城市会不断吸引各类人才。

从个人的发展与实际生活水平考虑,流动也有巨大现实意义。你可能在大城市找不到一个合适的工作,但到了中等城市,就能享受相对优厚的待遇。你在中国科学院可能一辈子也当不上院士，但到了某些乡镇企业，就可能找到英雄用武之地。不要说现在，就是 1949 年以前，许多北京京剧界的名演员，都到全国各地去跑码头，或者干脆到某些内地城市发展自己的市场。毕竟四大名旦只有 4 个人，四大须生也只有 4 个人。4 个人的卖座率还不一样哩。更何况，还有观众的口味问题，麒派是最具艺术创新精神的须生流派，也是取得最高成就之一的须生流派，但麒派在北京的商业市场不大，北京人更喜欢京味十足的马派。如果不让人才流动，岂不是既害了宝马，也伤了麒麟。

第二，农业人口非进行大规模城市化转移，中国的现代化事业才有坚实基础。无论如何，一个 12 亿人口的国家，具有 10 亿农民是建不成现代化的，老实说也达不到小康水平。富裕起来的农民不仅需要一定的物质收入，而且需要一定的文化素质，也需要必要的流动环境，还需要同样重要的消费环境。

前面讲过，只是一些星星点点的小村庄不能算现代化，就算所有的村庄都有长足的经济增长速度，依然是对现代化的障碍。因为它们不但在占用土地、造成环境污染、社会公共事业、消耗原材料以及整体文明结构方面，和现代化相比，存在巨大差距，甚至会和现代文明发生种种冲突。比较而言，像中国这样的大国，大城市还是太少，中等城市尤其不多。农村城市化问题早应提上战略日程，要让世人了解：

农村城市化道路，正是中国通向现代化的必由之路。

第三，市场淡化了权力机关的管理功能，使它们随着商业大潮的到来逐步改变自己的旧有形态。

大政府是市场经济的死敌，但双方的消长永远处在动态过程中。经济越不发达，政府权力越大；国家越是贫困，政府官员越多；这在全世界各个地区几乎都没有例外。而随着市场经济力量的不断壮大，各级各类权力机关就会自觉不自觉地改变自己，以使自己跟上历史的发展。跟上才能生存,总也跟不上最后只好被历史淘汰。说个不当的例子,西太后是个最丑恶的保守分子,镇压戊戌变法时可谓毫不手软,但是不过二三年时间,她的改革措施却又紧急出台,西太后是个丑角,又是个悲剧性人物,改革于她也是一条绝路,不改革不行了。我在前面说过,计划体制下,最好的建筑往往属于各级权力机关,而最好的车辆也往往属于当地最高官员。现在市场一开,情况就变。据《报刊文摘》(1993年8月2日)摘登的一条消息报道:"42家党政机关大院顺利拍卖成交"。消息说:"'政府衙门'拍卖在中国已成为一个时髦话题。据粗略统计,全国目前已有42家党政机关大院被推上拍卖台,并顺利地拍卖成交,所收款项巨大,令人趋之若鹜。"

不仅如此,《采风报》1993年7月13日摘登过一篇题为《公车'走穴''出租'》的文章说:这几年"从明星'走穴'开始,我国刮起了一股'走穴'风:科技人员星期天'走穴'搞技改,'白衣天使'夜半'走穴'动手术,现在,连党政机关、事业单位的小汽车也卷进了'走穴'风潮之中。"

公车"走穴",神。更神的是,好车优先走穴。湖南某县县长的一辆桑塔纳,早在三年前就开始走穴了。一走,收入不错,县长干脆决定,"除非特殊情况,自己屈尊坐一辆旧伏尔加,而把这辆桑塔纳公开摆在了大街上,公然地对外出租。"也有因为出租公车,引出点小麻烦的。某个单位买的一辆奥迪,走穴很红,有两个人包租4天,在某个订货会上大出风头,结果是两个骗子。被骗单位找不到骗子,就找骗子的车,三找两找,找到走穴单位头上。于是引发一场官司。官司尽管官司,公车走穴行情依然看涨。

第四,市场经济有意无意帮了各级政府机关精减的忙。中国曾是一个票证大国,但票证的发放是需要大量人员的,而且非国家干部不能放心让他们做这项工作。全国究竟有多少票证干部,没有准确数字统计。但 1993 年 5 月 10 日，北京市粮油市场放开后，“一向受宠的粮票已‘寿终正寝’，这样，全市负责发放和清点粮票的 3 000 多职工也已完成自己的历史使命，目前正等待‘退役’大改行。”（见 1993 年 6 月 12 日《北京晚报》）

北京就有粮票干部 3 000 人，全国呢？不详。但终于因为取消了粮票，而解放了大量人力物力，也使倒卖粮票的地下生意彻底消亡。

第五，居民财政补贴，急骤下降。1990 年的水平，居民各项生活补贴共占北京财政支出的 40%。而其中粮油改革补贴就占有一个很大的比重。这是一个计划经济体制下的顽症，而且形成一个经济运行的怪圈。城镇居民补贴越多，城市人口越要膨胀。城市人口越是膨胀，城乡之间越要高筑大墙。越是城乡之间大墙高筑，工农剪刀差越不能抑制。而工农剪刀差越不能抑制，农业经济越没活力。农业经济越没活力，能提供给城市人口的粮油副食品越少。提供的粮油副食品越少，越要猛发票证。越发票证，城市人口越向外流动，于是还只有再筑高墙。

有人说中国文化就是一堵墙文化。家家户户都要修墙。城里最主要的就是四合院，农村大大小小全是一些小院落，权力机关非楼即墙，企、事业单位有院就有墙，连国家都有一条古老的万里长城。然而墙的文化尽管墙的文化，若不合发展时宜，打破几处又有何妨？

4. 拆“墙”之际话繁忙

拆墙的前提——按我们的思维习惯——是理顺价格关系，所以二元制与双轨制是一对难兄难弟。双轨制没了，二元社会结构就剩下一个空壳，有没有，意思不大。因为票证取消了，财政补贴也逐步取消了，人才流动的限制也取消了，即使墙还存在，墙高架不住门多。各种各样的门多到一定程度,门多而墙少,慢慢墙就没了。留下三块两块,作为纪念也可。

但废除二元社会管理体制,绝非一件易事。现在还没有废除,各种问题就已经层出不穷,一旦废除,会出现更多的新情况。也给全体公民特别是各级政府提出新任务和新要求。

从农业那一面考虑,是未来如何发展。这一点,将另外专章分析。从城市这一面考虑,则有三个问题至关重要。

(1)**社会福利,保险与救济**

社会主义旧体制是以福利为荣的国家,其实真讲福利水平,不如西欧,特别是不如北欧五国。但即使是西欧和北欧五国,也因福利过高而诸多烦恼。有专家说,福利是一种怪物,这个怪物生来有三大特性,一叫只知享有不知道感恩,二叫一经出现不能更改,三叫只能增加不能减少。

中国的城镇居民特别是在职人员的福利投入,已经不堪重负。已经到了改也得改,不改也得改,减也得减,不减也得减的程度。比如对粮油之类的补贴,终于在绝大多省份取消了或大部分取消了。取消是一个进步。现在还有房租问题,水费电费过低问题。房租过低,近看是一种奇迹,远看是一个灾难。因为入不敷出,住房只能越来越紧张。还有电费和水费过低,电与水是现代人一刻也离不开的最重要的社会生活必需品,也是各类生产和流通以及一切社会活动所不能缺少的必需品。但中国,不仅电力奇缺,水源更是奇缺。许多专家学者和知情人士几年前就疾呼此事,有些报告文学收罗各方信息,说明水在中国的危急状况。然而一面危急,一面浪费。彻夜不灭灯的现象,几乎随处可见,浪费水的现象更是极其惊人。你说你的,他做他的。什么 50 年后北京可能沙漠化,什么 50 年后如果不解决水的问题,北京可能迁都,反正走的也不是我一个。你黄牌挡不住醉鬼,红牌管不到神经。中国是个泱泱大国，但小农意识根深蒂固。虽然我们看教育孩子的许多历史书最好大吹大擂，但中国虽是最古老的文明古国，为什么一遇强敌侵略，几乎屡战屡败。1840年，鸦片战争时，南海海面上究竟有几个英国人？不过数千人罢了。几千个英国人就能把大清帝国打得晕头转向，险些遭受亡国之苦，这不是太有点那个了吗？日本人发动七·七事变，北京人怎么想的？只消看《四世同堂》，就知道我们北京文化，究竟是种什么样的文化。话题远了，——不过一想到中国资源的浪费，不免令人痛心疾首。解决这个问题，说教不管用。马克思虽然有水平，光用理论教育不了中国人，还是要用经济办法。要把水、电费提高到一个合乎供需关系的程度。到那个时候，你再看看，是否还有长明灯、长流水？

不仅如此，中国过去引以为荣的医疗卫生制度，也已经难以为继。首先，企业如果没钱，医疗福利就成了一句空话，连工资都没了，治病哪有钱呢？请问，是吃饭要紧，还是治疗要紧。治病没钱，死的只是病人，吃饭没钱，一切人都受不住的。当然这是一残酷的比喻。好在中国人也不喜欢追求什么法律保护等等。如果在西方，恐怕早有人根据国家既有的劳保条例，去向国家要钱了。但也不能说人人都认识到了那个福利本来也不甚合理。不给报销就不给报销吧，要不就牢骚几句，要不就去死磨硬泡，要么干脆请求募捐。请各位同胞大发慈悲之心，以解小百姓燃眉之急。

实在说，市场经济必须只保护那些合乎价值规律的内容，但如果中国各级各类权力机关只是眼睁睁看着旧的社会福利受到冲击，而不找出新的替代办法，那准又是一个历史性失误。

办法其实有的，就是一方面要逐步改革社会福利制度，一方面又广泛推行各类人身、劳动、安全、医疗、保险制度，另一方面还有推行最低工资制和社会救济金制。

各类与公民生活方方面面相关的保险制度,才是市场经济允许的一种变相福利安排。不过这不是通过国家明补瞎补形成的福利,而主要是通过个人和集体共同努力的结果。

保险制度的另一优越性,在于没有了城乡歧视,当然处于贫困线下的农民,依然没法享受保险制度的好处,但至少那些已经和正在富裕起来的地方,可以享受和城里人一样的待遇。大家用同样的劳动付出获得同样的社会保险。不但取之有道,而且得之快意。

按我国的实际情况,实行人身、安全、医疗等保险制度,光靠个人力量确有困难。效益好的经济实体和事业单位,也可以确立专项资金,进行保险金投入。集体要拿一部分,个人也拿一部分。个人完全不拿,又会成为新的易于造成浪费的大锅饭。国家也应该给特别重要的部门和领域,拿出一点。就像现在北京的危房改造,实行国家、集体和个人三方结合。从而既保证了公民的权益,也保证了集体的利益,又有利于国家的兴旺和团结。

另一方面是最低工资和社会救济金制。最低工资的确定很有必要,如果哪一个企业不能保证从业人员的最低工资,这个企业就没有开业资格。这一点应该十分明确,而且要通过相应立法。

社会救济金制同样十分必要。因为市场经济的直接后果,就是会不断出现企业倒闭和从业人员失业现象。一方面优秀企业会高速发展,一方面亏损企业达到一定程度会倒闭。一方面人们要找到可心的工作,另一方面如果你工作达不到要求会被解雇。于是那些在倒闭企业工作过的从业人员,和其他失业人员,就需要社会救济。一般的社会救济不是无限期的,数额也不能太多。救济方式也可以通过两个途径,一个是政府提供的社会救济,一个是保险公司提供的失业保险金。这个是要双管齐下的。保险是一种现代商业活动，社会救济金则是一种必要的义务和从业公民理应享受的一种权力。

(2)社会治安，学会治“活”

计划体制下的城乡社会治安都是比较好的，但它的代价过于巨大，所以人们尽管对现在社会治安有满腹牢骚，如果你问他要不要回到过去的年代，绝大多数人一定也不会同意。

市场经济下社会治安对于中国人来说，是个新的课题。过去治安体制，是属于治“死”而不是治“活”。因为计划体制，一切都按计划办，把经济、人口，都搞得死而又死，治理起来当然容易。但市场经济的特点，就是“活”，人员流动频繁，而且流动量大，北京近几年以来，流动人口就有 500 万之多。按照旧式思维，如果以 1%的不法分子而论，那么就有 5 万坏人。5 万坏人闹京城，这还了得。

坏人当然也有相当数量，就是好人没有一定的管理手段也会造成极大麻烦。而且像北京这样的城市，交通相对发达，从近郊的农村进城，用不了多少时间。很多干非法勾当的团伙，干脆就在农村长期租房居住，弄虚作假，弄神弄鬼。像所谓的废品村、手表村、副食品村、假医假药村，并非当地居民所为，而是有专门地方的人到此长期居住。

过去体制是死的，治“死”人人会做，死老虎谁不敢打。有时明明不是老虎还硬说是吃人老虎，七手八脚，乱揍一通。其实，现代世界环境恶劣，哪里有许多老虎？老虎云云，纯属无中生有，或者硬把绵羊、母鸡、肥猪、小鸟权当活老虎打。

管死有本领，管活少办法。不但办法少，本领也不行。不但本领不行，体制也不对。真的搞好市场条件下的社会治安，还须要以改革为核心工程，并且孤心苦诣，学习西方工业国家的经验和有效方法。

(3)不怕波动,能引导波动,不断疏动供应渠道

计划体制的结果,是形成经济短缺局面,一般人们说的卖方市场,反正就这么点商品,而且凭票供应,卖给你什么,就是什么。实行市场经济的结果,必然会走向经济繁荣。繁荣的结果是不用很长时间,就出现买方市场。但在我国目前的情况下,一切都在改革的过程当中,拆掉城乡二元社会结构的大墙,城市经济可能会出现波折,个别情况下,也可能出现某种必需品的短缺,或者在更多的情况下出现通货膨胀。

这里举个例子,据1993年8月3日《采风报》摘登的一篇调查文章报道:"昔日'白条'农民有卖,今日现款无粮可收"。标题前,专加"怪事"二字,副标题为"来自某城市郊区农村的调查"。

文章说:"进入夏季农副产品收购时节,广阔的农村又开始热起来,然而,全国重要的粮棉产地盐城市郊却出现了怪事,昔日'白条'农民有卖,今日现款无粮可收。""截止6月末,大麦、蚕豆、油菜籽更是寥寥无几。粮站一位同志告诉我,这种局面如继续下去,下半年只有喝'西北风'了。"

会不会喝西北风,另议,但确实出现前所未有的情况。这不是中国农民贱骨头,不给钱倒交粮给国家,给了钱反而不交粮了。而是价值规律如此,上帝也没办法。

但这势必会影响到城镇居民生活,应当说,东欧国家的休克疗法也好,中国人的循序渐进、釜底抽薪也好,到头来都会有一个阵痛过程。处理好这个过程,才是改革开放的真功夫。

至少在目前,国家财政先不要以为粮价一放开,就一身轻松。体制改革,哪有轻松?还是要多准备几手,好应付拆墙或挖门放行之后的"试车"。

九、灰色收入与隐形经济面面观

俗话说，白道挣钱，黑道骗钱，灰道捞钱。

巨大的灰色收入和隐形经济，造成中国特色的泡沫经济现象。

公布一下个人和家庭收入，这有什么难的？

灰色收入与隐形经济的大量存在，是中国改革开放过程中出现的特有现象。这不是说，别的国家就没有灰色收入和隐形经济，而是说，中国的灰色收入和隐形经济范围特广，数额特大，牵扯的人员特多，而造成的社会、经济、文化影响均特别强烈。因为有如此巨大的灰色收入和隐形经济，才造成中国特色的泡沫经济现象。因为它的存在处在半真半假、似真似假、又真又假之间。你说它真，国家税收管理不到它，会计账上又往往没有它，国民经济计算上也不包括它。你说它假，它却实实在在就在你身边存在着，而且天天运动，天天收入，天天支出，天天发生新情况。弄清灰色收入和隐形经济的来龙去脉，可以使人们对中国的整个经济运作状态有比较清楚的认识和比较准确的评价。

1. 什么是灰色收入和隐形经济

灰色收入和隐形经济并非同一概念。

灰色收入是指那种处于合法与非法之间的一种收入。俗话说，白道挣钱，黑道骗钱，灰道捞钱。灰色收入不合法，因为它不计入个人正式收入，也不纳税。但它也并非完全非法，西方的灰色收入主要是钻法律的空子，你没规定，所以我就干。等你有了规定，我再转移，另外开辟新的灰色战线。中国的情况比较特殊，有的是没有规定，有的是虽有规定，却定义狭窄或定义模糊，有些则是旧规定已经失去实用价值，而新规定还不曾出台，甚至有关人员和机关还未予考虑。

隐形经济的范围要比灰色收入广泛得多，灰色收入也是隐形经济的一种，但二者有不一致的地方，或者说人们在评价它们的时候，视角或有不同。

隐形经济的内容，国外早有研究。大体是包括三个方面：一是逃避税收和其它国家对社会分配的控制与调节行为；一是未经核准或逃避国家管理规范的经济行为；一是其它处于国家公开经济统计之外的经济行为。

那就是说，隐形经济中，既包括灰色经济地带，也包括黑色经济地带，比如走私、贩毒、拐卖妇女儿童等。

一个是灰色地带，一个是黑色地带。主导灰色地带的在我国主要是两类人员，一是各级各类权力机关的工作人员，一类是从事某些经济活动的经营、中介人员。但从事黑色地带经济犯罪活动的，虽然也包括灰色地带中第二类人员的某些人，但主要是一些有稳定组织的犯罪集团，和一些没有固定组织的个别犯罪分子。一些特别大的走私活动，则境内境外相互勾结。当然有时也可能有某些国家工作人员和各级各类政府官员。

灰色地带和黑色地带虽然有本质区别，但二者又有极为密切的联系。大凡灰色地带活动猖獗，黑色地带就有更大的活动余地和更适宜的活动土壤。灰色收入者虽然也许从来没和黑色收入者有过半点联系，而他们二者在客观上正是狼狈为奸。

2.中国灰色收入的主要表现与特点

中国灰色收入大体有如下种种。

(1)消费性灰色收入

消费性灰色收入主要是白吃白喝白玩白旅行。

中国人最重饮食，哲人便有“食色，性也”之说。见面专问吃喝，乃民间旧俗，大体是因为中国人过去太穷，经常没有饭吃，饿怕了的缘故。现在条件刚刚好些，吃喝旧病马上复发，而且从此一发不可收拾。不但好吃好喝，而且大吃大喝，加上讲吃讲喝，挑吃挑喝。来客人也吃，谈判也吃，检查团来了必须得吃，首长视察自然要吃，就是朋友相聚又岂能不吃？国外一些贸易代表团，对此瞠目结舌，后来也渐渐明白，中国人请吃也并非拉你下水，这里面还有表示友好成份在内。西方人特好接吻，中国人鄙视轻薄，不好那个，我们更讲实惠，与其精神快乐，不如肚子快乐。

大吃大喝一年吃掉 1 000 亿，实在触目惊心，但看这架式，现在不但没有被扭转的趋势，反而还要变本加利，更趋猛烈。难怪中央电视台的胃病广告如此之多。

不但吃喝，还特别好抽。旧时的所谓好烟早就不够层次了。北京烟、上海烟市场缩小，国内烟好像只有云南烟一花独秀，但在很多人心目中，“土”烟不如洋烟。唯有洋烟才能表示身份，才够味道。一些东南亚国家，经济发展速度，比中国大陆快得多，但对洋烟、洋酒，严加限制。但我们中国，限制只是一句空话，人们照样喷云吐雾，神态好不神气。洋烟加上洋酒，那价格，令贫困区老百姓闻之咋舌。

吃、喝、抽之外，还有玩。玩的内容也多到不胜枚举。简而言之，是什么时髦玩什么。台球一时髦，就玩台球；保龄球时髦，就改成保龄战士。没有卡拉OK，只好去舞厅跳舞，有了卡拉OK，又不免一展歌喉。

中国本不是特别喜玩的民族，但我们是一个特别喜欢和别人攀比的民族。别人能玩，我就能玩。而且既有些权势，自己一来，别人全走。

还有一项大宗消费，就是旅游。中国的名山大川，可谓奇妙无比。过去都说天下名山僧占多。然而，和尚去得，洒家为什么去不得。所以，不管中国经济形势如何起伏，风景旅游胜地总是人多。这样七玩八玩，国内旅游已经有点腻了。黄山？不去，去3次了。泰山？不去，去5次了。华山？不去，去一次就行了。

玩了国内，便考虑玩国外。最好名目，就是出国考察或者出国招商。考察固然名正言顺，然而，有关系的去，没关系的也去，你去他不去，我怎么好作取舍，而且有去有不去就显得不太公道。招商更是好名目，连招商再搞洽谈会，还加上借鉴一点人家的市场经济和真经验。然而，真到外国，主要是玩，东转西转，高兴而归。

过去是公家出钱，自己只管旅游，现在又有新的创造。不但公家出钱供你变相旅游，还要另给少量活动经费，归你私有。如此美事，真好比天上掉馅饼一般。不过我们许多政界、经济界、企业界人物，世界见得大了，馅饼是不吃的，非得天上掉美元才能使各位老大开颜一笑。

吃、喝、玩、旅游之外，还有公车。中国的公车，是一种莫名其妙的等级制，但这是体制上的问题，似乎不算灰色收入。但公车办私事，就得列入灰色收入之中了。很多年以来，人们总在牢骚，说每当高校开学，开公车送学生的就有多少辆，有政府机关的车，也有部队的车。也有人主张曝光，也真有个别登上十个八个车号的，但不管用。你愿登尽管登，我要坐仍然坐。

但总的来讲,那都是大首长的事情。因为按中国的规矩,司、局以下干部没有供你上班下班用的专车。近几年又有了新的创造,就是等级不够,也有车坐。因为经济发展了,有了钱了,于是只要有机会,就要买车。什么级别高低?一个普通县城,半个够级别的都没有,就不坐车了?县长、县委书记,当然要坐,副县长、副书记,也跟着随坐。人大常委主任、副主任,自然也坐。政协主席、副主席当然不能不坐——说的就是同舟共济,患难与共嘛。如此接二连三,终于弄成多米诺骨牌效应,科长也坐,股长也坐,没有长的想方设法也要坐。据 1993 年 6 月 28 日《参考消息》的一篇文章说:"某县人口不到 25 万,却拥有各种大小汽车近 400 辆,仅小车一项开支每年就达 800 万元,占全县财政收入的 1/3 以上。"

1/3 以上的财政收入全让那些有点权力搞灰色收入的人的屁股给吃了,这情形有多么可怕,这状况有多么可悲!

(2)**馈赠性灰色收入**

馈赠是人类文明发展到一定阶段的产物,原始部落没有馈赠,你的也就是我的,我的也是他的,所有的一切都是大家的,还馈赠什么?后来确立私有财富特别是私有制的出现,馈赠成为一种礼节。封建时代,馈赠本质上是一种政治——礼俗性行为。附属国要给宗主国献礼,称为纳贡。仆人要给主人送礼,说是在下区区有好心献上。后辈要给长辈送礼,说是进孝。长辈和权贵也给后辈和下等人送东西,算是赏赐。馈赠还有投其所好,所谓"宝剑送与烈士,红粉献给佳人。"

资本主义也讲馈赠。馈赠可能是小费,也可能是礼节性馈与,可以和经济无关,也可能和外交有关,又可能完全是个人间的私事。但凡作为国家间交往的馈赠,虽然名义上是增与总统或其他政府官员的,但其价值只要在多少元之上,就必须交给国家,美国总统收礼的额度大约是50美元以下。

中国现在的馈赠之风,既有封建时代的种种特点,又有商品经济的部分特色。唯一与别人不同的是,凡有馈赠,全抱回家。——据此,始称灰色收入。

中国人馈赠的方式多,对象也多。既馈赠物,也赠钱。钱本来是君子羞于出口的阿堵物,换一好名,统称"红包"。

中国的赠品,包括会议礼品。开会万万不能白去,必有一袋礼品相赠。很多会议,讨论的人不多,你讨论,他玩去了。坐在那的人不过十之六七,但领礼品的总是一个不少,少了谁的,非出乱子不可。

礼品范围,堪称应有尽有。所不同的是,包装越来越好,贵重物品越来越多。

一些经济收入显赫的单位,还动不动发礼品券、购物券。这其实是一种变相开支。但上峰既然有令,不让发放现金,咱们来个曲线迂回,便给各位一些购物凭证,以后再和购物单位统一结帐。这样又省去提取现金的麻烦,还不违犯上边的规定。公然违法便是黑色,悄悄一改就是灰色。主意如此高绝,可谓妙"想"生花。

(3)兼职性灰色收入

兼职也有各种各样。有的是长期兼职,有的是钟点工资,有的是劳务收入,也有的是巧立名目,混水摸鱼。

最早的兼职大概是科技人员到乡镇企业兼职,主要利用业余时间。后来发展了,有的干脆辞去原来工作,调到乡镇企业工作。也有的由业余转入半业余,而且征得本单位同意,交一部分钱给单位,明媒正娶,正大光明。

但很快发生变化,范围也以主要去乡镇企业改为去城市其它单位或其它行业兼职。以作者耳闻目睹所言,各学校之间的兼课最为突出。改革以后，建立许多新校，师资不足，便请其它学校教员兼课。兼课就有兼课费，于是教员所在单位不干，要收一定比例的钱。开始讲得最邪乎，不交钱如何如何，后来觉得此法不行，便由硬转软，金刚化佛，不交钱不计劳动量。再以后又不行了，你不计就不计，你既然不计，索性本校的课我就不上，专到外面讲课。而且相互交流，你给我校讲课，我给你校讲课。还别说，通过此办法，教学质量真有提高。作为校方只好一计不成，再生一计，改成固定本校劳动量，完不成一定劳动量，学校这边便有说法。这方法好像有效，其实只能迫使一些教员出"工"不出力，你非管我，我也服从，怎奈本人精神不佳，身体不行，只好凑合。改来改去，终于向价值规律投降，改成本校讲课，也发课时费。本校的课时费，有人挣得很多，连月收入早就超过纳税线了，但好像没有听说过主动纳税的人——读者诸君别恨我孤陋寡闻，倘有例外，此处且先表示歉意了。

(4)**名誉性灰色收入**

中国人多么聪明，很快发现名誉也是金钱，其实名誉的种类很多，有商业性的如名牌，也有权力性的如官职；还有荣誉性的如各种专业职称和公认的各类称号，如艺术家、文学家之类。但其中最有效的莫过于代表权力的这一类型。于是各类头衔雪片般飞来。有人对这种享有赚钱头衔的官员戏称之为"官腕"。但这好像不似"走穴"，而是走过场。比如你的企业有个董事会，但名头不响，于是便请某老作个名誉董事长。名誉董事长，自然不算不"懂事"，但在拿钱这点上，半点也不含糊。还有出席开幕式，出席新闻发布会，出席剪彩仪式，以至给题词题签之类，不过只让你走个过场，或者稍作举手之劳，绝对不会亏待您老人家，自有人将大小红包悄悄送来。

剪彩还能挣钱，实在是名利双收的美差事。挣的钱也因行情暴胀，而成为一笔可观收入，于是又有人对这种靠剪彩增加灰色收入的人称为剪子大腕。

还有翻牌公司，也是中国的发明。它的妙处还不仅仅在于权力机关可以变相经商，更重要的是，虽为翻牌公司，却是面面有“利”。这一面开过工资，那一面又开工资。豹子头林冲固然天下英雄，不过一条丈八蛇矛而已。当前多少官员偏能左右开弓，个个都是双枪将。只消有财有利，岂管东边一枪，西边一枪。

(5)**权力性灰色收入**

其实所谓名誉性灰色收入也与权力大半有关，但它的范围还广一些。权力性灰色收入，是某些官员的一个特权。

其中形式，也很复杂。比如前面讲过的倒卖批文。批文是非权力机关不能发布的，而弄到批文不给好处怎么行？还有发文，谁要办一个商品或非商品但具有商业性质的展览，或要推销一本什么什么极其重要的著述，出一部特别有现实意义又有深远历史意义的大辞典之类，这个时候，就需要主管部门发文。发一文，就可能招来许多家展览客户，也可能卖出几万册书，虽然当初发文发出的只是一张纸，赚来的却是一大堆银子。

批文自然不能白来，但真直接给钱人家也不能要，于是还要寻找名目，别开生面。其中之一，就是请领导机关审稿。领导机关是由具体人组成的，具体人的劳动不能无偿，于是种种好处，便大摇大摆找上门来。

权力性灰色收入，还包括一些各级各类权力机关中的工作人员，偷偷摸摸经商。据报刊报道，一些机关的长途电话费，高得惊人。机关好像全都成了一个空壳。叫空壳其实不确，应该说机关已经发生内部变化，大家尽管利用一些办公条件大谈生意。而且这真是无本生意，生意做得好，钱归自己，生意做不成，费用自在公家。

权力性灰色收入，没有权力的人拿不到，但直接掌权的人拿起来又诸多不便。但我们的中国人多么善于动脑筋，区区小事，怎么能难住我们这些不似人精胜似人精的中国人？自己干不成，可以叫老婆干。老婆也是官员，可以让她退休。老婆干不成，可以让儿子干，而且理由光明正大。儿子有独立行为能力，也有经商自由。儿子不行，还有女儿。女儿不行，还有女婿。女婿不行还有外孙。于是七大姑八大姨，三表姐四舅孙都可以成为权力换钱时的嫁接枝叉。据说果木嫁接技术就是中国人首创的，想当初没申请专利，左了。现在把它转移到权力高树上来，想必又保险又发财，又自在又舒服。

(6)**投靠性灰色收入**

灰色收入的另一大主力军，是活跃在市场经济中的个体经营者。但这些个体经营者，干的都是以他们自己身份干不成的事情，最典型的可能要算书商合作出书。书商不能出书，但书商有发行的本领，对这一点，本书作者深有体会。同是一本书，现在出版社，征订半天，不过一二千册。出版社的原则是不能赔钱，纵然有出版合同，也决不能打破这铁一般的原则。要么作者包书，要么作者找赞助，二者请你选择。而且你想退稿都不行，除非你自动放弃退稿费。如果你既不包书，也找不来赞助，人家也有高招，就给来个“留中”。明代皇帝最喜欢留中，留中就是不说是，也不说不是，而是收起来，放在一边。就好像没有这件事发生一样。出版社到了这般时候，真和皇帝差不许多，而且其没事人一样的风度，绝对让你永远佩服。最后，作者只好破釜沉舟，要么就找钱，要么就包书，要么就不要退稿费了。但这本书，一到个体书商手上，马上焕发光彩，你只有 2 000 订数，人家有发 20 000 的本领，你说你服是不服！

然而，书商没有出号，于是便花钱去买书号。卖书号，这话不好听，为文明儒雅的中国出版社所不取，合作出书。合作出书的结果，是一举两得：出版社不劳而获，出版商可以有巨额利润追求。

(7)**挂靠性灰色收入**

一些民间机构，有时找不到婆家，便一事无成。因为国家有规定，非有挂靠单位才承认你的法人资格。

没有挂靠要找挂靠，有挂靠的还要找更好的挂靠，然而挂靠不能白挂靠，其情形也和买卖书号的情形差不许多。

接受挂靠者，可以从从容容收入一笔管理费。主动挂靠者，可以用合法名义去赚取更多的钱。

(8)**非计划性灰色收入**

现在国有企、事业单位的账上大都有两类收入。一类叫预算内收入，一类叫预算外收入。预算内的，国家会管，一分钱也乱动不得。预算外的，很多是该单位创收得来，有相当大的自由支配度。

比如高等学校的创收，创收的办法也很多，最大的一项，恐怕是办训练班和开设夜大专业。

上面说的本校开支的课时费，就是出自此钱。教员讲课拿钱，机关干部——且不管有多少大半没用基本没用或根本没用的部门和干部——作为管理者，当然也得拿钱，不但这钱要拿，别的钱如资料费之类的也要拿，反正大家都在学校工作，你教书讲课，需要读书看报翻资料，本处长虽不教书，但辛辛苦苦的管理工作难道就不读书看报翻资料了？

当然学校是穷单位，这只是一个说服力不大的例证，能发钱发物的单位，不是学校，大体也不是一般性企业。比较起来，恐怕还是金融单位发钱最多。而且因为人家具有半公半企的身份，发起钱物来，不但名目繁多，理由也多。

(9)**拆借性灰色收入**

拆借性灰色收入,主要是银行。不但中国,举凡一些发展中国家都存在资金紧张问题。于是各处找钱,便成为许多企事业单位的头项任务。你要需要钱,本人还是可以贷给你的,但也可以不贷款给你。贷与不贷,不但在我,而且在你,这话不要我说,但凭你想。中国人在想这些问题的时候,脑筋最是灵活,三转两转,便转一个红包出来,或者变一点股票出来,或者转一些贵重礼物出来,或者转一些令人想不到的东西出来。总而言之,拆借是一大法宝,拆出钱来,就能生崽,而且崽子往往比它的亲生父母更高更胖更大。

(10)**中介性灰色收入**

因为一些商品特别是生产资料性商品紧缺,所以就出现许多真真假假,假假真真,真假难辨的中间人。

中间人也不是经纪人,经纪人需要注册登记。他也不是供货或进货人。他大半有些来头,至少有些关系。要不就是有一个好爸爸,要不就有几位好同学,或者有几位什么什么。反正他有关系,你这里急得两眼发呆,他那里偏偏手中有“戏”,于是病笃乱投医,只好低三下四去求他指条明路给你。

于是,确有明路指出,也确有骗子弄神弄鬼。再加上中间人越来越多,七转八转,让你找不到正头香主。

虽然中间人多,要价全然不低。比如买钢材,一吨出门原价多少,再加价多少,一加就是三千五千。这么大的利润,难免不使各位眼红,大凡前几年间,会水不会水就敢往海里跳的人中,至少有相当部分干的就是这种无本生意。

到头来,就多数人而言,也不过看见几个肥皂泡而已。

但是确有发了财的,也确有倒了霉的。有的人就乘泡沫飞进高楼大厦,四室一厅;也有人真的没运没命没财没胜,给几个小肥皂泡就弄得七死八活，两眼发白。

(11)**偷漏税款性灰色收入**

世界上一些税收研究者认为，偷税漏税是中、小私人企业的通病，发达国家因为管理严格，情况相对好些。而我们中国经济界是一个个体私人企业的海洋。经过十几年扶植鼓励，全国大小城镇，比比皆是。

偷税漏税的方法也很多，有些方法狡猾，有些方法拙劣。奇怪的是，即使方法拙劣，也没啥关系。大有让你漏，你就漏，漏也白漏；不让你漏，你千万别漏，不漏还有可能说你漏的感觉。

偷漏税的数额究竟有多大，未见统计，只是年年要有财务大检查。一检查准能查出偷漏税款及其它不合理开支多少多少万。于是大家一笑，也算没事。

个体户和私营企业的偷漏税的一个主要手法是制造假发票。假发票的种类也是无奇不有。如阴阳发票，所谓阴阳发票，即票面金额和存根金额不符，有时相差悬殊，可入《天方夜谭》。江苏某县，税务局在检查一家个体饮食店时，发现几张阴阳发票。存根金额各为3.4元，11.5元，12.6元，而票面的实际金额则分别为3357.8元，4411.4元，3261.47元。[①] 联想到查、偷双方的种种表现，又可入《笑林广记》。

中国的灰色收入类型，并不限于上述几种形式，或许还有许多未出现或虽已出现但不为社会所知者存在，但仅上述这几种，也可以知道中国的灰色收入已经成为重要的社会经济现象。

(12)**坐吃公家性灰色收入**

这类灰色收入，其实已经进入黑色地带。但坐吃公家的现象如此普遍，竟然到了虽然形同犯罪却没有以犯罪论处的地步。

① 《中国隐形经济》第117页。

其表现形式,也有许多不同。

一类情况,是干什么拿什么。干什么拿什么,其实是偷。但中国乃文明古国,羞于言偷,而且大家全干的事就根本不应该承认是偷,而是“拿”。拿这个词好像也可不要,于是有人发明一个新的词——至少这个词在北京地区比较通用,叫作“顺”。

作者非古文字学家,不知道“顺”字的起源。但那字面非常生动而且准确,不是打家劫舍,不是专营偷盗,而是乘工作之便,便把单位的东西“顺手牵羊”一般地给“顺”回家来。

这种情形的盛行大约是于“文化大革命”后期,在北京则因为唐山大地震,达到一个高潮。不是地震教坏了人,而是因为有地震危险,很多居民就需要盖个地震小棚。然而,精打细算的北京人,很快发现地震棚这东西十分奇妙,而且盖得容易,拆了可惜,与其拆掉棚子弄得空空如也,不如加石加料,使其成为真的房子。于是,因为唐山地震的缘故,北京的大街小巷,平地冒出来千万间很实用的房屋。而这些房屋也就成了人们对昔日生活的一个纪念,同时又是解决住房困难的一个很简捷的方法。

从单位向家庭顺东西。做烟的顺烟,做酒的顺酒,干木材销售的便顺木材,甚至连糊纸盒的也可以顺纸来装墙壁。一方面,是从业人员在顺。另一方面,又有人在想尽各种方式,在“送”。诸如试用,试穿,试洗,试尝之类,更是为之极多。有人说,有权的有人“送”,没权的只好“顺”,“顺”是对“送”的抗议。这说法固然有些走偏,但细细一想并非全无道理。

另一类情况,是依靠工作之便,收取各种费用。比如有时大家坐火车远行,明明卧铺车厢还有票,但就说没票了。有时候,为了弄几张票,没政府机关出面不能到手。记得 1992 年 8 月我们曾在庐山参加了一个会议,会议是由江西省商业厅、粮食局、供销社出面和中国商业文化研究会一起举办的,省里领导从始至终参加。但到回家的时候，也险些发生车票危机，最后还是加了一节车厢算是给了省里面子。

还有一类情况，是谁办的吃谁。近年以来，许多事业单位大办第三产业，名目各样的公司。这些公司确实都发展很快，而且很有影响，如北京大学的北大方正集团。但也确实有许多公司，只作赔本生意，结果是坑了单位，肥了自己。你说他有问题，他的眼睛瞪得比你还大。不但如此，在相当多的人看来，给谁干就得吃谁，只要这个“谁”是公家。“私”当然也可以吃“私”，然而，没有那么容易。唯有吃“公家”，虽然吃到肥头大耳，脑满肠肥，最后也不过是鞠躬下台而已。

中国灰色收入有如下几个特点：

第一，灰色收入的运转中心，大半是权力机关和各级各类政府官员。这实在和中国的现代经济体制正在改革和未能完成改革的特定环境有关，也和价格的双轨制有关。特别是和社会经济运行缺少制衡机制有关。

权力本不该“＝”金钱，而权力毕竟在很大程度上“＝”或者“＞”金钱。但仅从这些违法犯法的官员身上找原因，似乎已经很不全面。

第二，灰色收入大半处于半公开状态。大家并不那么偷偷摸摸。而且有些明目张胆地干，虽然也有些波澜起伏，但从来没有做地下工作一样的感觉。即使最没权势的书商，一样住大酒店，开高级房间，请各方人士的客。有时茶余酒后，还大吐真言。

第三，很多灰色收入，并非全进私囊，而是集体发放，共同享受。

第四，看其发展趋势，好像势头越来越硬，而范围也越来越大。

第五，很多灰色收入的冲击对象是国有单位和国有财产。

何以至此，请听下回分解。

3.隐形经济中的黑色地带

本节里所谈灰色收入问题，只涉及隐形经济中的黑色地带。

隐形经济包括灰色地带也包括黑色地带，对于灰色地带，则在讨论灰色收入的时候其实已经讨论过了。但值得注意的是，灰色地带往往处在半黑不黑、半灰不灰、黑灰混杂之间。比如权力干部就是不听国家规定，非作生意或变相作生意不可，能算全然灰色的吗？又比如许多企业的从业人员向家里"顺"东西，也是如此。有些内容，如贪污国家财产之类，已然完全进入黑色地带，属于刑事犯罪活动，公、检、法应该毫不犹豫地予以打击。

完全属于黑色地带的经济活动，主要包括以下几类。

(1)假冒伪劣产品泛滥无度

假冒伪劣产品对中国经济和中国对外形象造成极大危害，有些人因为喝了假酒，或者吃了假药而中毒致死。还有的地区，因为假农药猖獗，致使数万亩粮棉作物受到巨大经济损失。

制造假冒伪劣产品，可以获得高额利润。那些为着发财，黑了心的不法商人或者根本就不是商人的人，干尽各种各样黑色勾当。对于这种黑色地带的犯罪现象，从现在情况看，主要的毛病是地方保护主义仍在起作用。

(2)走私活动猖獗

走私活动大约始于80年代初。走私的内容很多，有进也有出，而且已经形成相当成熟的网络和相当大的势力。走私的内容，大约有如下数种。

走私文物。中国是文明古国，又是文明大国，其文物之多，大约在世界上也是罕见的。但是中国的文物很多没有得到发掘，很多散落民间，也有很多虽然已由国家有关部门保管，但限于体制、经费等原因，管理保护不力的现象也相当严重。

中国文物在国外可以卖到大价钱，于是走私文物成为中国隐形经济的主要现象之一。

因为走私到香港的中国文物很多，以致港澳地区很多文物生意大都呈现降价现象。

走私贩卖毒品。走私毒品，贩卖毒品，是大陆近些年出现的大规模犯罪活动之一。而且大有向内地蔓延之势。早几年，时常看到西南地区的吸毒和开办戒毒所的报道，近几年，似乎出现由西南向西北发展的趋势，致使陕西一带吸毒现象也很严重。

中国是一个穷国，但中国是一个正在发生巨大变化的国家，这两条加在一起，一方面使查毒、禁毒、戒毒的内容显得有些软弱无力，另一方面，因为社会发生巨大变化，而使许多人在心理准备方面不能很快适应。加上某些地区古来就有较长吸毒历史，所以吸毒贩毒的发展都十分迅速。据说，现在经由中国大陆向世界各地走私已经成为一股潮流。因为手头没有确切数据，只好对天念佛：但愿不是如此。

还有走私其它紧俏商品。主要是走私外国电器、黄金首饰和其它紧俏商品。因为走私的商品大部分并非真正的国外正宗商品，假冒伪劣之类为数不少，所以价格异常便宜。通过走私，内商（有些并非商人）外商（也有些根本与商人无关）都能获得厚利。因此，参与这种走私的人比之走私毒品的人更多。有时还得到某些地方党政组织的庇护和支持。

除此之外，还有走私珍贵野生动物。

走私珍贵野生动物已经成为严重犯罪，与走私并行不悖、狼狈为奸的还有大量捕杀。

1992 年 4 月 18 日《参考消息》曾转载新加坡和台湾的两篇文章，都是讲大陆滥捕和走私珍贵野生动物：新加坡的文章题目是《中国珍禽异兽大浩劫》。

怎么一个浩劫法?

“雪豹是世界上濒临绝种的珍稀动物,主要栖息在青海,目前仅余不足100头,而1989年4位农民一次竟猎杀14只。”

“有一次青海发生汽车相撞事故,赫然发现有一部车满满是一车无头的国家二级保护动物——岩羊和黄羊,这次意外事件查获被杀的岩羊、黄羊竟重逾12吨。”

“世界珍禽朱鹮,1981年在大陆只发现7只,而1990年却被猎杀4只。”

如此滥杀,令人发指。然而更令人不解的是,国营外贸单位还要收购。

“在新疆,由于近年鹿茸价格以每公斤300到400元人民币陡增到3 000余元,于是各类公司、医药、供销、外贸部门以及香港商人纷纷涌入产区,争相收购。中西部地区曾有9万头马鹿,没几年就被扫荡一空,现在已经很难再找到马鹿的踪迹了。”

“山西运城地区北梯牧工商联合开发公司等6家企业,从1983年开始经营野生动物,每年收购数百吨。”

“大连一家国营外贸单位曾先后从黑龙江收购熊掌2.75吨,曾捕杀300只熊。”

好了,作者不忍心再引证下去了。中国人虽然号称是一个有着悠久文明传统的国家,但在滥杀珍贵动物这一点上,却是畜生水平。

最奇怪的是,居然有许多国营、私营、合资的公司公然作动辄几十吨的生意,而竟然无人过问。是他们真不知道,不想知道,暗中默许,还是认为杀害野兽不过是一桩小事情。

中国的许多高级餐馆、宾馆,专门供给野生动物菜食,以至有国外来宾看到这种情形,痛心疾首,以“罢吃”作为抗议。然而不少中国人还在吃得津津有味。每每想到这些，我宁愿神佛有灵，给他们一个小小的报应，让他们一见肉类，马上肚痛。

据说，为了查明情况，政府还派出联合调查组。其实，就在你眼皮底下，这种捕猎、贩卖野生动物的事就在公然进行。北京就有一些购物场所，苍鹰也卖，猫头鹰也卖，大鲵也卖，穿山甲也卖。北京护城河里就有人捞起过娃娃鱼。请问，护城河里产娃娃鱼吗？北京的地铁工作人员也发现过正在铁道中间爬行的巨晰，北京产巨蜥吗？然而，想卖的尽管去卖，想买的也尽管去买。我们可怜的记者先生半年一载的发表一点小文章，呼吁几句，就算完事。

是可忍，孰不可忍！

然而，作为平头百姓，又有什么办法？

走私和滥杀珍贵野生动物，有社会原因，有法治管理原因，也有文化原因。

社会原因就是一切向钱看，为着赚钱，不惜伤害亲生父母。

法治原因就是有法不依，执法不严，加上各级各类政府主管人员尸位素餐。

文化原因则是愚昧落后的文化观念，还充满许多大陆人的脑袋。据上面引过的一篇报道，讲“有一位记者问豫北一扛枪农民以打什么猎物为主，他公然说‘见什么打什么’。当记者提醒他乱打国家保护动物会犯法时，他嘿嘿一笑说，‘犯法？我打的是野的，又不是谁家的鸡呀’。”

“野生动物，谁猎谁有”。幸而中国大陆人手中没有几支真家伙，倘和美国一样，有2亿支各式武器在老百姓手里，怕不把喜玛拉雅山也打出千百个大洞。

中国真缺乏绿色和平组织，太缺了。

(3)**大量的经济犯罪活动**

经济犯罪活动也属隐形经济的黑色地带。但这要加点说明，个别经济犯罪，只是一种现象，唯有出现大量经济犯罪，才可以称之为“隐形经济”。

中国现在经济犯罪活动的猖獗，主要有如下表现。

第一，利用工作之便，大量侵占国家资财。这类情况，报刊报道不少，这里不再引证具体事实。但有几点应该说明，就是10多年来的经济贪污等犯罪活动有明显的几个特点，一是数额巨大，一是数量很多，一是内外勾结，一是打击不力。

第二，明目张胆偷盗、抢劫社会资财。偷盗是一种，几乎无所不偷。连城市下水道的铁盖子也属偷的范围，偷偷运走，七砸八砸，便作为废铁出售。有人出售，就有人收购。平等交易，其乐融融。也有偷江河中的航标的，结果造成严重航行事故。还有偷盗石油部门封闭油井的设备的，结果造成大火。

一方面是偷，一方面是抢，有些偷其实已经和抢没有什么区别，不过没有明火执杖罢了。抢劫则在光天化日之下，便大摇大摆进行。有一段时间，一些铁道治安恶劣，有人结伙登火车抢劫，抢的时候，乘务员、列车长、乘警统统没了踪影，等到抢劫完毕，各位劫匪悠悠然下车去了，才有各类服务保卫人员慢慢走将出来。真不知他们究竟是一伙的呢，还是这些列车工作人员个个都成了老鼠，一有风吹草动，马上隐蔽起来。

过去的江洋大盗，个个有过人的本领，但现在的抢劫犯，大多没什么本领，要抢就抢，无法无天。很多都是十七八岁的青年人，甚至年龄还要小些。如此看来，很多抢劫犯罪活动，实在和社会风气恶劣有关系，与各级各类权力机关的作风不正有关，也和执法不严、执法队伍本身有毛病有关，还和现在的治安执法体制不适应市场经济需要有关。加上作案集团装备精良，相比之下执法人员的装备却比较落后，因此造成许多意外伤亡。

(4)贩卖妇女儿童

贩卖人口，自古就为国家和人民所不容，但看这几年的架式，贩卖人口主要是贩卖妇女儿童的现象有日益猖獗之势。

贩卖妇女的情况也有各式各样。主要手法是利用某些地区的青年妇女希望外出工作的强烈意愿，予以欺骗，一旦骗到手中，便百般凌辱，先奸后卖。其中竟有个别研究生让人给骗卖了的。从中可以看出，社会变革时期，各阶层人士对这种变化都很不适应，人们谁不希望通过改革，把国家和民族还有人民个人的生活越搞越好。然而，社会变化是一种个人无法左右的强大力量，好比因为某地缺水，你想将河道打开个缺口放水。打开缺口的行为是自觉的，而缺口打开之后的后果则有它自身的规律，事由人起，非人可控。

但无论如何，贩卖人口却是极其丑恶的社会现象。很多人口贩子，不但连骗带卖，而且连偷带抢，他们以种种卑鄙手段，把人家孩子偷走，然后辗转变卖与他乡，给孩子本身和他们的家人带来无法用语言表达的严重创伤。

打击贩卖人口的罪犯，一要靠执法部门确实依法办事，忠于职守；二要靠全国公民都提高各自的法治意识，不要轻信他人，更别引狼入室。管好门户，看好孩子，有时人狼不辨，对不起，一概关门免进。

除去上述各种以外，还有所谓制黄贩黄这一项。

制黄贩黄主要指制造黄色书刊、画册或录像带，贩黄则是指出卖这些制品。这些制品的原版也有从国外偷运入境的，也有中国古代就有的古书古籍。

那么，哪些内容属于“黄色”呢？黄色主要指以反映性交、色相为主的各类文艺制品。

但对“黄”的认识，东西方有很大差距。新加坡也是经济上比较发达的国家，但它是坚决禁“黄”的。不但态度坚决，而且处罚严厉。与新加坡同为亚洲四小龙的香港，则是欧洲人脾气，大街上就可以购买“黄色”作品。一点也没有大惊小怪的意思。

西方人认为：性交、色相之类，属于个人隐私范围，国家没有必要甚至没有权力干涉。不要说黄色作品了，就是同性恋，这在中国是绝对予以批判的，可一些西方国家却已经正式立法，允许其存在。克林顿总统上台，还力主废除军队中禁止同性恋的规定，结果遭到军方反对，只好双方妥协，达成默认协议。

就中国的情况看，儒家传统，最是容不得黄色内容。孔夫子教导我们：“男女授受不亲”。“男女七岁不同席”，这有多么严格。公然讲性交，还要示范出来，圣人在天有灵，怕也要暴跳如雷，顾不上圣人特有的谦和姿态。但毕竟圣人已经离我们而去 2 000 年了，现代人的观念已经发生本质性变化。假如倒退 20 年，大家会看到大街上青年男女拥抱接吻吗？虽然不能说这种做法就好得不得了，至少在北京已经习以为常，谁要吻只管去吻，别人视犹不见，也只管谈笑风生，浑然不觉。对于“黄”的认识，这几年也有许多变化。比如《金瓶梅》，过去不准公开发行，印一点也是内部读物，照毛泽东主席的见解，是发给省军级以上干部每人一部。《金瓶梅》算不算黄书，如果算，省军级以上干部就不怕黄，就应该欣赏“黄”吗？如果不算，高级干部看得，为什么老百姓就看不得呢？以至许多专门研究中国文学史、中国习俗史的人看不到《金瓶梅》。这实在是一种很不正常的文化现象。

现在《金瓶梅》发行了，也没有见到产生什么不良反映，很多大小书店摆在书架上，也不见有多少人围着观看的。当然，公开发行的是删节本，有删节二三万字的，也有删节一万多字的。其实，这也不必。老实说，很多电影，包括我们公开发行的电影，并不比《金瓶梅》差，就那么点事，看看又将如何？

但对于儿童，则另作一议。《金瓶梅》之类的书籍，儿童未必看它。但作为电影电视，应该有专门管理办法。性交、色相之类，对于成年人没有什么神秘，也不必大惊小怪，但对儿童确实应该有个正确的“说法”。

制黄贩黄，这些年，反复围剿，但总是围剿不断，剿而又生。未来情况如何，还需历史证明。

4. 中国灰色隐形经济的几个特殊之点

灰色消费与隐形经济即隐形经济的灰色部分，总是现代经济生活中的异常现象。这种异常现象不能永远存在下去，更不能愈变愈强，否则不仅危害整个国民经济的发展，也会危害到每个公民的切身利益。不能长久存在，就有两种可能性前途。一种是隐形经济被消灭，一种是某些隐形经济现象被承认。中国隐形经济的未来前途，大体二者都会有之。

特别值得说明的是，中国的灰色隐形经济有它自己的特殊性质和特殊作用。把这些特殊之点归纳起来，可以分成 6 个方面，这 6 个方面是：

(1)**灰色隐形经济冲击了旧的经济体制和管理体制**

中国实行计划经济几十年，造成重大经济损失和社会损失，灰色隐形经济作为一种新的收入形式和运营形式，无疑是对旧体制的一个强烈冲击。比如我们前面讲过的，图书发行，第一渠道走不通，为什么走不通？还不是由于国营意识。但个体书商形成的第二渠道，却非常灵便，一本书的制作，第一渠道需要 6 个月甚至更长时间，就算用 3 年时间才完成一本书的制作发行，也不奇怪。有的作者发牢骚，说稿子送到编辑大人手里，人家把它放在桌子上了，经受日晒风吹，三月份去看，躺着呢，六月份去看，躺着呢，九月份去看，还躺着呢。怎么办？没什么好办法。只好忍气吞声，或者别开路径：要么请饭，要么套“磁”，要么找领导，要么托关系。虽然是国营第一渠道自以为堂堂正正，天下第一家，其实骨子里已经很不正常，有实力而没活力。

第二渠道冲击了第一渠道，使之慢慢苏醒过来，如果总不苏醒就很可能发生市场枯竭，最后连这渠道一齐全被淘汰。有人不干，说国家渠道，还能被淘汰吗？当然了，伟人早就有言在先，如果国家管得不好，连中华民族都很有可能被开除球籍。连伟大中华民族都有这等危险，一个小小图书发行渠道，有什么了不得？

而且，中国改革的特色，是先干起来再说比如搞农业联产承包制，不是先有了法律，再有了行动，而是先去行动，让这行动得到证明，然后才在政策与法律上予以追认。

中国是一个善于“追认”的民族，这是中国文化的一个小小特色。对其中的优劣利弊的评价，还有待他年。

(2)灰色隐形经济在相当程度上改变了不合理的分配现状

计划经济的分配制度有两大不合理性，一是纵容特权阶层，二是包庇平均主义大锅饭。

为什么说它纵容特权阶层？因为中国的领导层特别是高级领导层，工资虽不很高，但享受的各种待遇却非常高。这种特殊待遇本身就有十分不合理的地方，比如一个将军从岗位上退下来，还住将军楼，这就不合理。何况说，在计划经济时代，如果你没有挨整的话，也根本不会发生退下来的事情，何况这种特殊待遇一旦和普通劳动者的低收入相比较，就显得更不合理。中国各大城市，住房紧张已成通病，就是改革开放十几年后的今天，仍然有数百万家庭人均居住面积在2平方米以下。请想一想，一个人只住2平方米，这是一种什么样的生活。而一些特权人士，连3岁的孙子名下都有一套两居室甚至三居室。两相比照，天耶，地耶？

灰色经济收入冲击了也在相当程度上改变了这种不合理的分配体制。虽然从现在情况看，不合理的分配现象依然严重。一个教授，一个月的劳动就值几百元钱吗？或者说就值近千元钱吗？一个总工程师，一个月的劳动所得，就值几百块钱吗？一位医学专家门诊，其挂号费就值几块钱吗？当然不是这样。所以有人就说，医院搞专家门诊，很多地方专家门诊还安排在班后即下午5—7点。主任医师允许看10个病人，挂号费不过5元钱。个人所得50%，就是25元钱，饿着肚子干2小时，得25元钱，然后回家，怎么回家？打的，不行，一打就赔了。只好腹内空空，去乘公共汽车。许多有正义感的中国人仗义直言，说“动手术刀的不如弄剃头刀的”。直言了好几年，只闻楼梯响，不见人下来。

但不管怎么样，比起昔日计划经济下的分配体制来，已是一种进步。它的毛病是，因为国家在政策倾斜上有失误，所以有的阶层个人收入增长过胀，而有的阶层收入增长过缓，甚至没有多大变化。

不管怎么说，因为存在灰色经济收入，中国方出现那么许多大亨大款之类的人物，也出现了一个类似中产阶层模样的消费群体，这在旧经济体制下做梦也想不到。凭这一点，就可以说，中国式灰色收入，有它发生和存在的理由。

(3)**灰色隐形经济减少了通货膨胀的恶劣影响**

中国的通货膨胀，时起时伏，但即使处在伏的阶段，也是以压制经济正常发展作为代价的。中国发生通货膨胀的原因，是结构性的，不是仅仅市场性的。这里也有基建投资过大的因素，有改革价格的因素，有消费资金增长过快的因素，有某些商品短缺的因素，有物价的因素，也有货币改革不稳定、货币管理不善、货币发行没有纳入法治轨道的严重影响。单以最后这一个因素而言，这几年中国超量发行货币每年都在千亿以上。1990年发行2

400亿，1991年又发2 600亿，连年如此，风雨如狂，中国国民经济生产总值才有多少，你一年增发的货币量占如此大的份额，怎么能不通货膨胀？

幸好有灰色收入，倘无灰色收入，就凭你发这么多货币，通货膨胀一来，许多人将无法正常生活。

从这一点说，中国各级各类权力机关，不仅不应对灰色收入横加指责，还应该感激它的蓬勃发展。谢谢，谢谢各位吧。

(4)灰色隐形经济对中国市场发展起了积极促进作用

因为计划经济背离价值规律，所以出现人为的冷点和热点。同样的行业，轻松工种就是热点。同样待遇，舒服行业就是热点。于是热点行业大有挤破前门找后门，挤破后门找旁门的势头。而冷点行业则千方百计，收效甚微。

灰色隐形经济的妙处，在于能平热去冷，比如大城市的修理业如修眼镜，修鞋子一类，城里人不愿干，外地人又不许干。一旦有所松动，马上有人乘机挤入城市，打开市场。前几年，大街小巷都出现许多南方人的小摊，修鞋的，修表的，修眼镜的，还有挑个小挑儿卖棉花卖木头墩子，卖竹制品的及各种小摆设的。要说他们个个都得到工商部门的批准，则未必；要说他们对城市经济没有好处，则瞎说。他们确实有益于城市经济运转，也有益于居民生活。

包括很多单位的外地建筑包工队，包括确实使一些包工头发了财的。这些发了财的人有些后来成了不法之徒。但城里人不干建筑行业，城里又没有那么多的建筑队伍，你再绝对禁止包工，能有什么好处？包工的收入很大一部分属于灰色收入。虽然是灰色收入，其代表的劳动行为却补充了建筑市场。

灰色隐形经济还加速了市场的运行速度。市场经济的优势之一，就是能最大限度加快商品运输。譬如国营、民营两个渠道，民营渠道往往运作得更好更快，当然它的收入也更多更高，但对于促进市场经济运行机制的发育和完善来看，还是利大于弊。

更重要的，是灰色隐形经济收入，改变了人们的价值观念，使中国人变得更有经济头脑，更懂得保护自身利益，从而也真正脚踏实地地加强了法治意识。小农经济或者计划经济下的社会形态，即使有这种理论，这理论也悬在高空，唯有市场经济才能使法治原则如入地生根。因为真的到了可能完全实现计划经济的时代，大约在社会系统中也就没有法律的位置了。

(5)**灰色隐形经济对调动一切资源潜力发挥重要作用**

加速流动，当然就会更有效地利用各种资源。而更重要的是通过灰色隐形经济活动，提高了劳动生产率，也发掘出许多闲置的劳动生产能力。

一个教员到底能教多少课？他在计划条件下，实际教多少课？对这些问题，凡在教育领域工作的人心里都很明白。只不过在旧体制下，大家明白也不说，说出没用，既然干与不干本质上一个样，为什么非多干不可呢？

现在连许多国营企业也允许搞第二职业，于是有人反对，说是会影响本职工作。说这话的人大概没有真的去过工厂，至少没有去过较多的工厂，不但工厂，对于中国一线劳动者的工作生活恐怕都不很明白。实际上，现在中国从业人员的实际有效工作时间有限，有的只不过占法定工作时间的 50%左右，有的还不足 30%。你不要耽心他干第二职业以后就没有精力了，没有精力的人是有的，但纵然他真的累得不行，那个第一职业并没有花去他太多的精力。

这样讲，不是说现在第二职业的搞法怎么怎么好，而是说许多第一职业的运行机制毛病很大。话说回来，如果第一职业的运行机制没有那么多毛病，人们都能在自己的工作岗位上好好干，就能有一个合理又合法的收入，谁还非干第二职业不可。早晨不躲在热被窝里高卧，却起早贪黑的瞎折腾，“下愚”虽“愚”，哪能“愚”到这般地步。

(6)灰色隐形经济缓解了分配不均的社会矛盾

中国的一些高级场所，如北京饭店等，过去不是寻常百姓可以随便进入的地方。即使让进，也无钱进。

但是改革开放，包括灰色隐形经济，改变了人们的经济状况。最贫困的居民中也出现了腰缠万贯的大亨。很多青年人，20挂零年纪，却已经有了几十万元的收入。于是开着私人轿车，拿着“大哥大”，带着漂亮的女朋友，穿着高档服装，管你什么北京饭店、天安门城楼，只要有价，交钱便入。当然，你想入，人家也得开放才行。但毕竟腰里有了钱，只要开放，就能入得进去。过去说，手中有粮，心里不慌，改一个字吧。手里有钱，心里不慌。岂止不慌，还会神气百倍。

这不是说，一切大亨都是灰色收入者，但我敢说，光靠国家给的工资，谁也成不了大亨。别说大亨，哼哼有时候都底气不足，因为囊中羞涩，没有钱了。

就因为有了钱——尽管这些钱的相当一部分或许正是灰色收入所得，过去只有高级官员坐的红旗、奔驰。老百姓也有人坐了。过去只有领导干部才能享受到的高级宾馆，现在老百姓中也有人住了。过去只有少数官员才能尝到的山珍海味，现在老百姓中也有人尝了。

中国的大名就叫中华人民共和国。共和者，不同阶层、不同区域、不同民族、不同职业享有共同权力之谓也。

无官无职的普通人也能享受一下高级领导人的某些待遇，怎不令人快活？

不快活的是，能享受一下这样待遇的人，还是少了。我们只怨甚少，不嫌其多，它本来就不多嘛。

5. 两点启示

启示不止两点，但有两点最为重要。

一点是，消除隐形经济的根本方法只有一个，就是加速向着市场经济的改革；

一点是，各级各类权力机关的负责人士应该先带个好头，“先从我做起”。从我做起这口号是老百姓提出来的，但在我看来，在相当程度上，应该把它看成是对领导机关的一个讽刺。举个例子，如果中国县处级以上党政官员都能公布自己的家庭收入，而且面对法律宣誓，除公布者外，其余财产谁见谁可没收，我想，中国的社会风气，一定好转很快。

公布一下个人和家庭收入，这有什么难的？

十、中国特色的短缺与垄断

你有兴趣看看苏共20大的纲领吗？
中国人吃"如果"的亏吃得太多了！
腐败现象的经济根源。
走出垄断与短缺的两个关键。

讨论中国经济与社会问题，最常碰到两件事情就是短缺与垄断。中国的许多经济改革都与它们有很紧密的日常关系。或许可以这样说，短缺和垄断是产生泡沫经济现象，虚假经济现象，价格的双轨制和城乡经济的二元制等等许多问题的直接经济原因；虽然它还不是根本原因。

1. 短缺为什么与垄断联姻

照理说，垄断是资本主义发展到一定阶段的产物，因为过多的财产掌握在过少的人手里，从而形成对市场的垄断。但从这几十年的历史发展看，花开没有几日红，垄断并不是一个永远的过程，也不是一个漫长的过程。经济的消长有它自己的规律，世界上还没有一个公司，可以独领风骚50年。垄断确实弄出一个法西斯主义，但以现在的观念看，德国之所以出现法西斯，并非只有经济原因，或者说更重要的还不是经济原因。

计划经济体制也是一种垄断体制，但它是国家对经济活动的垄断。如果说,资本主义的垄断是因为生产过剩的话,那么计划经济体制的垄断则和过剩无关。社会主义计划经济体制的最典型的经济结果是短缺。他们那儿是什么都多,太多了也成灾,所以牛奶多了就往海里倒,小麦多了,干脆不再收割,放火就烧。过去我们不懂,说这是资本家的残忍,宁可倒掉、烧掉,也不施舍给穷人。于是在多少幼小心灵里就留下了这样一幅图画:一方是大腹便便的资本家,皇帝一般骑在高头大马上命令他的奴隶们"倒,倒","烧,烧";一面是一群一群一望无际的衣衫褴褛蓬头垢面的穷人,拖儿带女对着苍天愤怒地叫喊哭嚎。但也有好动脑筋的中学生向宣传这"景"的政治老师发问,资本家不是图利吗?他们即使便宜地卖掉,比如一分钱一磅牛奶,一厘钱一斤小麦,不也比倒掉好吗?结果——没有满意的回答。或者干脆回答,资本家们是宁可让人民饿死,也不对劳动阶级施舍的,这是他们的本性。

其实,并非如此。西方国家出现的倒奶烧田现象,主要是生产过剩,因为生产的太多了,已经无法卖出。如果亏本卖出,只能更多地赔钱。你可以一分钱卖一磅牛奶,但牛奶是不会自己跑到市场上去的。它需要保存,需要运输,需要劳务,需要加工,需要保鲜,而这一切都需要你出钱才行。所以,当某种商品多到已经出现过剩的时候,最经济的办法,只有把它们就地消灭掉。

计划经济不同,它不是因为过剩而垄断,而是因为垄断而短缺。垄断与短缺是计划经济体制的双生子。

而且计划经济的垄断与西方垄断现象的最大区别,还在于前者是一种权力垄断,后者是一种经济垄断。银行是怎么控制与它相关的企业的?因为它钱多,钱多则势大,势大则压人,你不服,竞争一下看。

权力垄断则不然,它本质上是一种政治垄断,而且是以人民的名义进行的社会垄断。它的最大害处就是超越历史发展阶段，扭曲了价值规律。因为扭曲了价值规律，而让市场发生强力性萎缩。市场没了，或者说，根本就不许你有了，没有市场就按计划来。比方农业，让你种什么你就种什么，比如工业，让你生产什么就生产什么。幸而中国因为种种原因没有和前苏联集团捆在一起。前苏联集团，干脆把东欧和个别亚洲社会主义国家都实行计划管理，某国负责生产汽车，某国负责生产牛羊。如此这般一计划，把个社会主义阵营全给计划穷了，最后，计划垮了。大家现在如果有兴趣，看看苏共 20 大纲领，看看他们怎么规划世界的未来的，那景色真是无比美好，然而实际情况却背道而驰。

计划经济下的垄断之所以与短缺成为难兄难弟，就是因为计划经济本身超越了历史阶段的制约，违背了经济本身固有的发展规律，所以最终非短缺不可。

2. 中国商品总量依然短缺

中国进行了 10 多年的改革开放，打破计划经济体制的束缚，实行向市场经济转变，政治上的认定是 1992 年的事情，但实际行动早得多。甚至有人说，中国从来就没有过单纯的计划经济。当然这也有一定的道理。应该说，中国从来没有过纯粹的计划经济，但是确实有过高度集中的计划经济体制。

经过十几年的努力，中国市场发生巨大变化，中国老百姓的生活也有了很大提高。拿今天和 10 年前的中国比，不可同日而语了，和 20 年前的中国比，更不可同日而语。

于是有人说，中国已经克服了短缺，中国经济已经进入买方市场阶段。

这话不确。

中国经济还远未达到完全摆脱短缺的程度，所谓买方市场也是一个很不全面的概念。

为什么？

因为短缺与否是一个综合性指标，或者用句通俗的话讲，短缺是需要具体分析的。中国这几年，在城乡人民日常用品方面，确实有本质性转变。可以说，已经开始尝到买方市场的味道。比如服装，过去哪见过时装？穿裙子还要看别人脸色呢！穿个超短裙就是资产阶级臭小姐，这个说，那个骂，让你活都活不舒服。现在好了，服装，化妆品，家具和其它日用品，虽然质量马虎，但是数量确实不少。过去，到了夏天吃西瓜难，一些国营单位买点西瓜来，旁边挂个大牌，赫然写道：生、熟不退。不仅生熟不退，连挑都不让，爱要不要，你不要别人要，这个就是卖方市场，官商脾气。冬天吃地瓜难，为着买几斤地瓜，把队排到一二里路长。我的一些老乡来北京，看见这种情况，说城里人没见识，地瓜哪有大米、白面好吃。其实，并非城里人没见识，也不是乡下人看见白面就眼馋，而是大米也少，地瓜也少。北方农村很少吃到大米，而城里人也很难吃到地瓜。现在呢？情况确实变了，一些有钱人，吃大米都要挑挑拣拣，非吃袋装米不可，不但会吃，还要比较，吃罢拍拍肚皮，说泰国大米比中国大米好吃。而地瓜也成寻常物，不但冬天可以随处买到，就是春天也不稀罕，北京的街头烤地瓜还真是一道乡土风景。

但是认真分析起来，中国必要经济要素中，还是短缺的内容居多。钢材缺，水泥缺，砖块缺，三合板缺，可以说一切建材都常常处在短缺当中。因为短缺，才有那么多人当中间人，拿好处费。如果钢材多得和地瓜一样，中间人也没了，好处费也就没人敢要了。不要你还得下功夫推销呢！

生产资料缺，生活资料也不是富裕到过剩的程度。实在说，离那种程度还差得十万八千里呢！比如这几年的水果供应，人们比较满意。特别是1993年北京的桃子，着实不少。1993年8月5日《北京晚报》还专门为此发表了一块豆腐干文章。但是，凡去过国外的人大多数都知道，中国水果的质量要求比国外还差很大一截。中国的水果、蔬菜等等为了抬一个好价钱，不到成熟的程度就赶紧上市。上市早，利润好。上市晚、利润小。但从消费者这一面看就吃了亏。为什么会这样？还是因为供应量不够。可以这样说，不论好坏现在是足够吃的，若论好坏，则还处在向买方市场的过渡当中。

因为生活资料特别是粮油肉布的供应这几年确有进步。最大的标志就是在很多地区取消票证制度。所以尽管这几年通货膨胀已然达到很严重的程度，老百姓的反映和1988年的大抢购比，不算很强烈，或者说从他们自己的直接感觉上看，还没有那么强烈。但纵观中国农业，实际上还处在一个很低的发展水平上，不是令人高枕无忧，而是令人担忧未止。

不说别的，就和荷兰这样一个小国比。

荷兰只有41 000平方公里，却是世界上第二农业出口国。农产品出口值1956年就达到10亿美元，1985年为185亿美元。

荷兰国家很小，但人口密度很大，平均每平方公里400人居住，人口密度在欧洲第一，和中国人口比较密集的地区相差不多。他们人均耕地也很少，不过人均0.9亩，如果拿中国的农业成就和荷兰相比，就可以看出我们只能算一个农业穷国，而不是一个农业大国。大是大，大只大在面积上。

人民大学出版社曾出版一部郑壮猷先生的著作《模块的色彩》，书的一大特色就是比较。找两个环境相似而发展特异的国家和地区进行比较，依次比较了香港与澳门，新加坡与夏威夷，缅甸与泰国，孟加拉与荷兰，瑞士与尼泊尔，巴西与澳大利亚。文字很好，但不知道为什么没有比一下美国和中国。或许是作者的一个疑虑，也许是作者的一个策略。不得而知。

中国经济的短缺还表现在资金、能源、人才、医药卫生、社会保险、治安手段等各个方面。

单以能源而论，中国理论上是一个能源大国，但在人均占有量上并不丰富，而在能源有效利用率上，却是一个非常落后的国家。因为能源有效率的落后，给中国经济带来无穷烦恼，也给中国的经济发展带来巨大损失。

1993 年 5 月 5 日，《经济日报》刊登一篇文章：《效率革命：能源问题的唯一选择》。

文章说："80 年代，我国能源经济效率，由每吨标准煤可生产 742 元产值提高到 1 080 元，提高 46%。但同世界各国比，能源经济效率仍然很低。按 1980 年不变汇率计算，1990 年美国能源经济效率是我国的 3 倍，英国是我国的 5 倍，德国是 6.8 倍，法国是 7.8 倍，日本是 8.8 倍，连印度也比我们高出 1 倍多。"

能源经济效率如此低劣，它的危害有多大呢？文章没有直说，但聪明的作者用了一个反比。他说：

"如果我国能源经济效率提高一倍，接近印度现在水平，现有能源消费量就足可以保证国民经济再翻一番。"

罢了。多少中国人一提到中印边界自卫反击战就眉飞色舞，他们大概都不知道印度能源的效率情况。中国只消接近而不是赶上印度的能源经济效率水平，就可以保证自己的国民经济再翻一番。那么如果我们的能源经济效率追上美国呢？追上英国呢？追上德国呢？追上日本呢？

文章没有说，即使他不说，我们也应该明白。但是中国人吃"如果"的亏吃得太多了，去他妈的"如果"吧！不改变现实，如果管个屁用。

中国经济还未走出短缺阴影，其重要原因之一因为垄断体制还未消除。

3. 垄断的地方就短缺，短缺的地方就"投机"

垄断也有种种情况，但不论出于什么原因，只要一出现垄断，必然出现短缺。因为垄断或者说计划的产品，其价格总是低于其本身应有的价格，这就等于是剥夺其应得的一部或大部或全部利润，有时连成本也无法收回。结果当然就没有人愿意生产它了。比如中国最为短缺的居民住房，就是一个很典型的例子。可以这样讲，中国永远不实行商品房制度，中国的住房将永远无法得到真正的解决。或者说，等不到住房问题的真正解决，就会出现别的问题。

房租太低，从客观上考虑等于剜肉补疮。"疮"表面上看是好了，但被剜的地方又出现新的痛苦，结果是疮也没好，肉也丢了。

现在商品房的方向已经定了，而且居民住房市场，前景很广阔，自近年以来，已经有不少海外有识之士，开始投资商品房建设。商品房建设虽然不一定在三年之内有经济效益，但从中、长期看，效益一定十分可观。

中国的计划经济体制经过10多年的改革，完全垄断的现象少了，但也没有完全放开，比如物价的双轨制，对有些商品还要控制，实行专卖。从长远看，专卖是一种过渡形式。而且双轨制的害处极为明显，一半由国家管着，价格很低，或者较低。一半由市场调节，价格高，或者很高。其结果就是，这边厢犹抱琵琶半遮粉面，那边厢径出奇兵暗渡陈仓。结果使各种各样的中间人捞足了票子。

即使价格放开，如果不实行自由贸易原则，问题依然无法真正解决。比如中国名烟的价格，过去价格由国家控制，控制的结果是市场上见不到名烟，国营商店也见不到，——等不到你见到它就被人"请"走了。一盒"红梅"烟，出厂价没有几毛钱，到了烟摊，已经六七元了。个中的差价，国家没有拿到，消费者也没有享受到低价烟的好处，全落到那些倒烟的人手里去了。烟价放开了，但实行专卖，你专卖，就有人专买，买批烟的权力。虽然权力不能全部买走，只要买走一车皮的烟，他就发了。而且花大价钱买烟的人很多都是"倒爷"。倒爷也有种种，这个且不说它。但国有企业得利无多肯定是事实。专卖制度加上灰色隐形经济，二位一唱一和，发了的是个人，亏了的是消费者和国民经济。

名烟也罢，名酒也罢，一律实行自由贸易原则，其结果，会出现更多的名烟名酒。因为许多专门原来"倒腾"的资金就会改变方向转移到扩大名牌生产或开发新的烟酒品种上去。

4. 走出垄断与短缺的两个关键

一个关键是宏观方面的，一个关键是微观方面的，二者又是互相联系的。

宏观方面的是国家应继续推行改革开放方针，而且应该加大加强广度与力度。

微观方面主要是改变国有企业的运行机制，使国有企业的潜力真正发挥出来。

对于企业活力问题，前面已经有过许多议论，这里还想议论几句。港台地区有一个说法，叫做"国有民营"。这个说法我们是同意的，而且不客气的话，作者在 1990 年就已经提出过这样的思想，当时讲了 8 个字，"国家所有，集体经营"。在《猛醒的中国》一书中着实对此议论了一番。现在我要在这个思想上面再加上几个字。叫作：

国有民营，薄利多劳。

国有民营，照我们的看法，就是投资归国家所有，而经营权利由企业全权负责。但光这个还不够。因为如果按现在的办法，国有企业在某些方面和其它所有制企业处于不平等地位。国家税也要，利也要，企业的活动余地太小。国家除去应统一税率之外，还应明确和企业的产权关系。国家作为投资一方，所得利率应该比较低，这个就叫“薄利”，而把大部分利润留给企业，由企业自主支配，并且将其中相当大的份额作为劳务资金发给厂里的全体从业人员。这个就叫作多劳。唯有薄利多劳，国有企业才能真正有实力和其它类型的企业在同一起跑线一比优劣，一争高低。

有人可能会说，现在国家财政这么紧张，你还要薄利多劳，国家财政怎么办？怎么办？很好办。现在的问题，并非国有企业税率太低，国家财政困难的原因，一是减税免税太多，二是很多钱用在补贴国有亏损企业身上了。结果变成拆了东墙补西墙，西墙却是一堵地基有毛病的墙，补上一截塌半截，结果是东墙也拆了，西墙也没补好。正确的办法，不是好鼓便用重槌敲，而是破鼓先应遭淘汰。否则，您把好鼓也给敲破了，不是更麻烦吗？实际上，只有企业真正涣发活力，国家才能有长久收益。一个国有大厂——如果它的效益很好的话，它的从业人员的平均收益势必应该高于个体或集体企业的职工收入才对。这个才是多劳多得，而且才有利于国家产业结构的优化原则。

十一、条条是水，块块是火

一个自古以来的世界难题。
诸侯经济、行业经济都不是市场经济。
出路在于还经济本来面目。

困扰中国经济发展的另一个因素，是人们常常说的条、块分割。比如中国的银行系统。这个特点十分突出，或者说比其它行业更加突出。银行特别是中央银行是需要绝对统一的非商业性组织，一旦出现条块分裂，必定打乱银行秩序。因为一驾马车不能配有两位驭手。如果出现两位驭手，而且是两个利益不同的驭手，那么，这驾马车一定跑不快，或者一时快跑便跑到弯路上去了，那就不是马的错，而是驭手的错了。

1. 条块利害，自古的难题

中国封建历史很长，而且分分合合，多有变化。其中原因也很复杂，但主要的一条，是如何处理好中央与地方的利益关系。中国历史上也有民族间的矛盾和战争，但从其影响看，还是以汉族地区的内部纷争更具影响。因为内部发生问题，一有外部冲击，马上一触即溃，无法收拾。

中央与地方利益关系处置不当，在汉代出现诸侯割据，在唐代则出现地方割据，一割据，把个炎汉盛唐王朝弄成五马分尸。在宋则中央大权过于集中，地方处于完全无权地位，一有外忧内患，地方政权无能为力。其实不仅唐宋而已，明代清代沿袭宋代管理方式，而且有所过之。所以犯着同样的病症。王朝大自然大，最高统治者的权威自然威风不可一世，然而一遇外敌，马上暴露出这种体制的致命弱点。中国自秦汉以降就有分封诸侯与实行郡县管理体制之争，其实也是一个地方与中央的利益关系问题。不过，因为封建王朝是家天下性质，所谓地方利益，在分封论那里，就是诸侯王为代表的地方利益。而在郡县论那一边看，所谓郡县利益，保护的乃是整个江山社稷的整体利益。

从中国历史发展的情况看，小农经济更适宜郡县制，就是以中央为本条次分明的利益分配形式。而从历史发展的曲线理解，这种分割方式，在唐代已经达到最高境界。自宋以降，已经暴露出它的种种不适。到了清代，已经证明这是一条走向衰亡腐朽之路。所以大清朝虽然依靠八旗子弟起家，而到了太平天国起义的时候，却只剩下地方乡勇——湘军、淮军为大清朝卖命了。

中国情况如此，世界情况也如此。日本和中国比，领土不大，人口也相对不算很多，但中央和地方的利益关系，依然是日本历史上最具影响力的文化内容之一。一边是天皇，一边是幕府，天皇是半人半神的领袖，幕府将军往往是掌握实权的人物。而日本由各个州组成，各州利益不能一致，州与州之间的斗争，纵横捭阖，很像中国的春秋战国，所以日本史上也有战国时代。州与州又与中央政府存在矛盾。各州从自己的利益和对前途的评价出发，或者反对幕府首领或者反对天皇。尊王攘夷是明治维新的最著名最具号召力的政治口号。日本成为亚洲第一个现代化国家，和他们比较早地找到一种正确处理中央与地方利益的运行机制有莫大关系。

英国也是一个岛国，岛国反而会率先进入近现代文明，是一个非常值得研究又十分有趣的现象。英国领土也不大，居然曾经称为“日不落”国家，但那都是抢来的土地，真的英国本土，不过24万平方公里。然而，中央与地方的利益冲突，却经常发展到比较激烈的程度。英国的皇权固然有较悠久的历史，但却很少达到中国历史上皇权独尊的地步。著名的英国大宪章就是处理皇权与地方贵族权利关系的一个有重大意义的历史性文件。后来，英国又最先发生近代革命，最终使英国皇权成为带有象征性的国家权力。直到现在，英国和北爱尔兰之间的关系依然处理不好，所以，北爱尔兰共和军的种种暴力行为，成为英国政府的一大社会苦恼。

还有德国，德国是欧洲历史上最有影响的国家之一。德国的版图同样不算很大，即使以现在的版图算，也不过42万平方公里。但德国统一曾经经历过非常艰难的历程。德国为什么成为联邦制国家？就是因为它在历史上，许多诸侯国的利益很难统一，即使经过威廉一世和俾斯麦的巨大努力，依然要把德国地方利益予以充分保护。德意志是一个统一的民族，但有不同的地方利益集团，而且普鲁士作为其地方集团的首领。不能理解普鲁士的特殊地位，很难体会德国联邦制的文化特点。

现在还在困扰着欧洲、非洲地区安全与发展的还有前南斯拉夫问题、巴勒斯坦问题，等等。这些地区，都可以说是没有处理好中央与地方，或地方与地方，或民族与民族，或宗教与宗教关系的典型，虽然不一定都是直接的经济原因在起作用，但利益关系显然是构成其文化冲突、政治冲突、军事冲突的主要方面。

中国是一个大国，这是前题之一。中国是一个东西南北发展不平衡的国家，这是前题之二。中国是一个正在走向市场经济过程的国家，这是前题之三。中国是一个统一的大市场，分裂绝无前途，统一才有希望，这是前题之四。把这4个因素加在一起，成为考虑中国中央与地方利益分配的社会文化大环境。

2. 诸侯经济、行业经济都不是市场经济

诸侯经济，是人们对中国的地方保护主义的一个谑称。用以形容地方权力如何分割中国本来还很不发达的市场，其情其景类似春秋时候的诸侯战争。

诸侯经济也有来由，并非一味不讲道理，和市场经济过不去。公道地讲，在计划经济条件下，出现诸侯经济不但是自然的，而且是必然的。

为什么？

因为各方权力机关必须对当地人民的计划内供应负责。落后地区有了困难可以找中央，中央负责协调。但非落后地区，如果因为生产或生活资料大量外流，人们应当得到的计划供应量得不到，他们找谁？他们首先不是找中央，而是找地方各级各类权力机关。下边也找，上边也找，上下夹击，非得“夹气伤寒”不可。真的如此，将如何交待？

这种情况，在纯正的计划体制下，或许还不十分突出，而在计划经济向市场经济的过渡时期，问题往往显得十分尖锐，而且气象万千。一时东风一时雨，一时无雨一时云，一时鲜红一时绿，一时火热一时凉。比如大白菜，有时多了，居民不想买，外省有市场，市场就是救命活菩萨，此时就恨自己不是孙大圣，不能把千斤万斤大白菜一吹全吹出本省去。一时少了，这个也叫，那个也叫，令人六神无主。外省菜，高价也买，补贴不够找财政。反正不能让白菜影响安定团结。白菜如此，鸡蛋也是如此，猪肉也是如此。就有市长让鸡蛋搞得狼狈不堪的，也有很高的领导让猪肉弄得神不守舍的。猪算什么东西，菜算什么东西，让它们影响了安定团结，政治前程说不定让几斤猪肉弄丢了乌纱帽，真个说都没有脸说。怎么办？调动八方力量，四面围追堵截，看看有谁能把

本省本县本区本乡的急用产品运到别处去。

但是，这种块块管理方式，虽能解一时之急，却造成长久之害。俗话说外伤好治，内伤难治，以行政手段压抑市场流通，造成的十有八九全是内伤。

何况，随着市场不断扩大和深化，随着改革开放的不断向更深层次发展，许多关系到国计民生的千斤重担已经慢慢转移到市场、企业和公民自己身上，你围追堵截，八面来管，就没有理由了，正当理由没有，不正当理由也没了。

然而不，你说他没理，他认定自己有理。比如本地区生产饮料，广东人也生产饮料，而且还是什么名牌产品健力宝。你有名牌，我没名牌，虽然没有名牌，但架不住我有权力。说不让你进来，就不让你进来，进来也行，先增加税收。美国富不富？都搞贸易保护主义。本省如此贫困，岂容他人把我们这么一点点财富赚走？抽广东人的税，压广东人的货，弄得广东人在许多省份吃了闭门羹，而且是一碗甜、酸、苦、辣、咸，五味俱全又加一臭的闭门羹。据一本专门研究中国经济社会问题的书上说："真正倒霉的是广东。广州10速自行车在浙江一带颇受欢迎。但当地物价部门规定：进货单位不能有地区差价。谁还敢卖？武汉、昆明等地规定，销售广州产易拉罐饮料，每罐加收0.3元的教育基金税。西安市商业部门以不能销售外地金笔为名，拒绝了广州金笔厂的产品。哈尔滨市规定对经营广货的单位，综合利润率只能控制在4.8%，而销售本地产品利润率可高达9%。广州市工业产品1/3销往省外，于是广货北销受阻！"①

不但受阻，而且受气，受压，受打击，不好意思啦！

因为有诸侯经济作梗，所以这几年连年发生的蚕茧大战、鱼

① 《谁来承包》第345页。

苗大战、羊毛大战，弄得中国市场乌烟瘴气。不是中国人没有文明，而是中国人不知道市场文明是怎么回事。结果本来特别文明的一个民族，弄成窝里斗。反映到外贸出口上，就是竟相压价，同胞之间来个压价大比赛。其结果，使得外商丈二和尚摸不着头脑，或者喜孜孜看着鹬蚌相争，他那里轻松愉快渔翁得利。

诸侯经济本质上也是一种权力经济，但它没有最高权力。靠点边边沿沿的小权，便在那里兴风作浪。诸侯经济最反感的是自由贸易原则，而最喜欢的是权力经济的泛滥。上面一整顿，各路诸侯马上精神百倍。1989—1991 年期间，全国各地的关卡，几乎到了多如牛毛的程度。一些个体户对此叫苦不迭，不知道在什么地方就会冒一个关卡出来。大的关卡样子真像海关，小的关卡，拉根绳子就是一“关”。那绳子就是法绳，过绳就得交钱。很有点“此山是我占，此树是我栽，要想从此过，留下买路钱”的味道。倘或不交，也没准真给你来个“口中胆敢说不字，管杀不管埋，”可就更麻烦了。

中国人的交通最称紧张，中国将近 12 亿人口，人均多少公里公路？不过千分之一公里。如果嫌这句话太别扭，就是每人拥有公里 100 厘米。以人均 100 厘米的公路交通而设下数以千计的关卡，中国的市场经济，怕是要得脑血栓了。

1990 年《中国经济体制改革》第 2 期有一篇文章，认为“诸侯经济”有 7 大危害。

一是保护本地落后企业。

二是导致通货膨胀。

三是造成产业结构更加不合理。

四是降低了经济效益。

五是形成了相互的地区分割。

六是产品质量下降。

七是破坏了国家的宏观政策的整体性和有效性。

诸侯经济害苦了中国人，立志改革的中国人对此未免心有余悸。所以政府刚有防止经济过热的举措，就有人马上提醒国家："宏观调控"应松紧适度，说一哄而上，一哄而下的事情不能再有了。①

文章说："中国经济大起大落，损失巨大的例子，人们记忆犹新。40多年中，中国经济大起大落的事情已发生过七八次，付出的'学费'昂贵。"又说："有些地方干部多喜'一窝蜂'，一说抓住机遇，就大办开发区，大搞房地产，争相招商引资；一说宏观调控，又争相清理开发区，清理房地产。"

真不知道这样的各级各类权力长官们学没学过市场经济常识，你要说他没学过，他准生气。你要说他学过，那也准没学精。要是学精了，你老人家也是中国人嘛，为什么总和中国的经济现代化过不去呢？

与诸侯经济相辅相成的是条条经济。条条经济不如诸侯经济那么有影响，但条条经济同样是计划经济的支柱性基础之一。

什么是条条经济？

条条经济就是按照中央决定的专业领域把一个有机的市场划分为一个一个各自独立的条条。它不是斑马身上的花纹，看着好看，内容却是一个整体。而更像一把豆腐丝，"根"虽然连在一起，仿佛中央最高权力机关，每个条条之间，只管各自为政，互不相关。

因为是条条经济，所以才有内贸外贸之分。请问，为什么内贸就不能出口搞外贸，还非需要外贸批准？同样，为什么外贸就不能插手内贸，还非要经过内贸部门去卖？

---

① 见1993年7月26日《中华工商时报》。

传统计划经济是这样解释的，这里只有分工不同，分工不同是为 更好地协作，而且唯有大家分工明确，才能有更强的计划性。外贸看好市场，要出口 10 000 吨大米，好了，请内贸去组织。内贸看好需要 10 000 米进口红布，好，由外贸去购买。

这种分工方式，听起来，真和雀巢咖啡一样"味道好极了"。然而实行起来，却困难重重。许多完好的计划，写在纸上，光彩照人，落到实处，百无一成。

因为条条分割了市场，使市场失去活力。比如一座矿山，依矿石的性质而定，它可能划归地质矿产部管。而它的产品又要交给钢铁厂，而依钢铁的性质而言，它又该归冶金部管。成千上万吨的矿石不是吹一口气，或者签署一个命令就可以飞到钢铁厂的。这就要运输，铁路运输，则归铁道部管，公路运输，又归交通部管。这样七管八管，其间免不了许多扯皮，谁也管不了，这不是中国人无能，实在是因为负担太重了。

条条管理，一人只练一样，这更是取亡之道。比如说一位古代将军，学习关圣，就只练青龙偃月刀。上阵要大刀，比武要大刀，连负责首长的警卫，出席亲宴、友宴、国宴，全杠着一把大刀。那形象一定不太雅观，不雅观也没办法，因为别的不会。尽管罗贯中让专用青龙偃月刀的关云长成为圣人。但我还是要说，光会耍大刀的不是关羽，只会玩斧子的也不能成为鲁班。

又好比一位现代将军，只会做思想工作，别的不会，这样的将军更不合格。万一军事首长不在，你让他指挥，他一准两腿发麻，连北都找不见了。

不论什么人，都是多面手更好些，比如盖叫天会练武术，使他的京戏更耐看。爱因斯坦是大科学家，但他喜欢小提琴，你要问小提琴与相对论有什么关系，这个我不能回答，但会拉小提琴，无疑使他的人生更加多姿多采。

企业如同人生。一座粮食加工厂，开了几十年还是一个粮食加工厂，这不公平。为什么福特公司可以开办银行，中国汽车制造厂就只能造汽车？请想一想，如果这两个企业在一起竞争，那么，单打一的这一方，只消三拳两脚，马上会败下阵来。好比一丈青扈三娘，每每阵上对敌，就多了一块飞蝗石。你要说，一块小石块有什么了不起，了不起倒也没有啥了不起，一块石子又不是一座泰山，但当交战双方枪如闪电马似狂飚直杀得天昏地黑之际，只消一块二两重的小石头打在您的脸上眼上或鼻子上，您想想会产生什么结果？不用说，只这一块小东西，就会让您头重脚轻，两眼发黑，对方的快刀便三不知挨上了您的宝贝脖子。

条条与块块常常是一对矛盾，此长彼消，好像拔河的样子。但最可怕的还是条条又分，块块又割，纵向切罢又来一个横向分切。于是七切八切，便把一个好端端的市场，五花大绑起来，成了一只大粽子。就算这粽子有泰山一般大小，它也禁不住千人啃万人吃。

诸侯经济不是市场经济。

条条经济也不是市场经济。

既然不是市场经济，就该将它们一起除去，除去条块成清静，市场仙子归来兮。

3. 放开市场，实行法治

放开市场，是说尽快完成计划经济体制向市场经济体制的转变过程。

完成这个过程，需要做许多事情。因为这不是寻常变化，而是一次脱胎换骨的变化。各位大约看过《追鱼》这个电影吧，鲤鱼仙子因为与一位书生发生爱情，从而生出多少波折，最后，由观世音出面解决问题，她指给鲤鱼仙子两条路，一条脱离红尘？一条放弃仙体。什么叫脱离红尘？就是把爱情割断。什么叫放弃仙体？就是把千年功夫去掉，还要把鲤鱼皮用火烧去。请您想想，烧掉一张鱼皮，已然百般痛苦，还要脱胎换骨，岂有半点轻松。

去掉条条块块的干扰，根本一点，就是政企真正分开，将各级各类非经济性权力从企业中逐出，从市场中逐出，从一切经济活动中逐出。还经济的本来面目。能横向发展就横向发展，能纵向发展就纵向发展。七横八纵，曲尽自然，才有成为大森林的可能。如果只管讲横成条竖成线，终不脱人工模样，哪能招来奇禽异兽，又怎能指望它呼风唤雨？

将各级各类权力机关，逐出经济序列，并非让它们袖手旁观，实行李耳先生一般的无为而治，而是放弃本该放弃的权力，专心致志于自己该做而过去不曾做好的事。

讲到该管的事，那也多到无边，这里只讨论两类和划分中央与地方利益关系最为密切的问题。

一是税收分配，一是地方立法。

税收分配，应既保证国家有足够的发展基金，又使地方有合理的税收收入。

税收由中央统一去支配，不利于地方发展，因为不利于地方发展，最后的结果，还是害了国家。这几年东南沿海地区发展很快，而西部一些地区发展较慢，除去其它各种主、客观原因之外，中央放宽广东、福建一带的税收比率，又办了深圳、珠海、蛇口等著名的特区是一个带有关键性因素的原因。

广东、福建等地发展的经验证明，中央税利向地方作某些倾斜，对于中国这样一个刚刚进入经济发展时期的国家十分必要，而且利大弊小。

中国古人曾有楚弓楚得的典故。楚共王的弓丢了，被别人拣走了，他并不生气，说楚人失弓，楚人得之，何失之有？孔夫子听到这句话，感叹说：楚王的气魄还是不够大呀，即使并非楚人得之，又有什么关系，何必非得楚人呢？

但中央的财政收入过于拮据，也不是令人高兴的福音。

我们前面说过，中国是一个大国，又是一个统一的大市场，中国还要走向世界，那么，如果中国没有一个强大的中央财政，和同样有力的中央政府，对中国的未来必定不利。

单以基础而言，中国的各项基础设施都非常落后，而改变这种落后状况，非有全国性巨大财政投资才行。中央如果没有足够的财政实力，那么诸如能源、交通、水电、环保等方面的宏伟规划和历史性建设都将很难完成，甚至无法完成。

当然，中国毕竟是一个讲究或打算讲究文明的国度，而文明的国度的标准就是坚定不移地推进中国的现代化过程，包括经济现代化，政治现代化，军事现代化，社会现代化和文化现代化。

文明与强大是一件事情的两个方面。没有文明的强大，是外强中干，比如中国在极左时期，中央同样享有极大的权力，而且是一种独裁式的不容有任何异议的权力，但这种权力并不好。这种极权权力实际上是以牺牲中国民主与现代化建设为代价的。

强大的政府同时又是文明的政府，换句话说，就是中国应全力推进经济体制和政治体制改革，使中国社会管理体制也完成历史所要求的现代化历史进程。

十二、投机与务本

毛泽东若有所思，又若无所思，终于没下决心，使中国失去一次极好的历史性机会……

泡沫经济可以说是投机的产物，不但是个人投机的产物，更重要的是社会投机的产物。

举个例子说，如果要把100万元股票炒起来，那么就理论逻辑而论，需要有1 000万元作“炒”股资金才行。因为只有付出10倍，股票才能升值10倍。房地产也是如此，很多做房地产的人都知道大量资金的重要，几十万元人民币，和房地产无缘。一二百万人民币。实际上也做不成大买卖。房地产生意是一门富贵生意，而中国不是一个富裕国家。不是富裕国家却能将一门富贵生意炒出花来，那就非有大量资金投入不可。所有这些投入的资金，有银行拆借来的，有社会集资来的，也有一些是以各种各样方式从各种各样领域转移来的。为什么人们千方百计要炒股炒地炒汇？因为认定有“机”可乘，有机可乘便是投机。

本章将从不同侧面分析市场经济下的投机行为，并且从国家经济的长远发展考虑，也一并讨论一下投机与务本的关系。

1. 为了市场繁荣，且为投机一辨

投机是计划经济的大敌，凡搞计划经济模式的，第一个行动就是严厉打击投机倒把。

中国有几十年计划经济的历史，大约经历了二三代人的时间，所以投机倒把这个词在中国一直是经济犯罪的同义语，其与贪污盗窃并无多大区别。所以人们一提投机二字，无不谈虎色变。

计划体制主张的是生产、流通全听国家安排，商品价格也由国家去管，供由国家管，产也由国家管，销还由国家管。但中国的基础工业落后，而中国以毛泽东为代表的老一代领导者又有着丰富的实际治军经验，所以对搞计划经济也是一往情深。毕竟没有搞成铁板一块，在一些边远落后地区，在农村私人经济等领域，还留下一个小口，作为微调手段。或者说，把整个牛的躯干轰进社会主义牛栏，而留下一条资本主义的尾巴还在迎风摇摆。而没有像柬埔寨共产党夺取政权时的那种样子，来个斩尽杀绝，不但不留尾巴，连一根毫毛也不允许存在。

但在主体上，只要实行计划体制，其效果也相去不远，何况文革期间中国人又着着实实割了一阵子资本主义尾巴。虽然这尾巴越割越硬，毕竟伤了不少人，也流了不少血。

计划经济为什么特别反对投机？比如50年代实行的粮食统购统销，何为统购统销，就是国家统一收购，实行统一价格，同时统一销粮，也实行统一价格。北京等城市实行的标准粉1角8分5一斤，大抵就是从那个时候开始的，一定多少年不变。

国家要统购，而你也想收购，你给的价格高，这就是和国家唱对台戏。国家给的价格低，而你为什么给的价格高？因为你无非把这粮食换个地方，就能卖好价钱，这就是投机。你把它运到另外地方，再用高价卖出，就是倒把。国家在大力推进社会主义进程，你却和国家对着干，因此，国家不能视而不见，投机倒把就是经济犯罪。但从历史反思的角度理解，这种经济犯罪的意义中，还是政治成份比重更大。

但从经济活动本身考虑，投机没有错。从自由贸易的本性考虑，投机不但没有错，投机偏偏还是一种难得的智慧，而且在很多情况下，还是一种市场经济而特有的大智慧。因为有了这种智慧，美国才有了福特公司，荷兰才有了电器名牌菲力浦系列，精明的日本人才经过自己的不懈努力占领了国际间的汽车市场、家电市场和手表市场。亚洲四小龙才看准时机得以腾飞。

大陆中国人就是因为在特定条件下没有或缺乏这种智慧，再加上别的各种原因，才一而再、再而三地贻误时机，造成自己与世界工业国家，差距越来越大的严重后果。

举个例子讲，50 年代中叶以后，在世界范围内掀起过一个反对帝国主义殖民主义的历史性高潮。那个时候，社会主义气势高涨，主要资本主义国家处于守势，方可应付。1955 年 4 月，在印度尼西亚的万隆举行了举世闻名的亚非万隆会议，更加显示了亚非国家的反帝反殖的高潮将进一步到来。这个时候，亚非国家的许多资本家大有惶惶不可终日的感觉，很多资金攥在他们手里，比拿着一团火还烫。资本居然烫人，丢掉又决不甘心，其中不少华裔巨商，纷纷看好香港这块资本主义的乐土，于是便将巨额资金先后转入香港。没有多长时间，就有几百亿美金注入香港的银行。要知道，50 年代的几百亿美元，可是一个天文数字，特别是对于中国这样一个百废待兴的发展中国家而言。50 年代，中国一年的财政收入才有多少，一年的国民生产总值才有多少？这个时候，香港的企业家真是感到福从天降，便张嘴借出大批低息贷款，去建大楼，盖大商店。华人巨商的钱存入香港，图的是保险，而香港企业界顺手牵羊把它从银行借将出来，再用它在香港创造了一个从来未有过的繁荣局面。

大陆在港澳地区的工委负责人饶新风、黄施民看到这种情况，坐不住了，便向当时中南局第一书记陶铸报告，陶铸也认为机不可失，便与广东省委书记林李明一起向刚好到南方来的毛泽东主席报告了这件百年难遇的机会，建议利用香港低息贷款发展我国南方的工农业生产。

毛泽东仰靠在沙发上，静静地听着，默默地抽香烟。

广东的官员则兴致勃勃："我们可以向香港银行贷款，然后在国内某个地方办工厂，发展工业。"

毛泽东没有点头，也没有摇头，还是默默抽香烟。

半个小时后，当毛泽东走出了宾馆，临上游艇时，才若有所思地告诉陶铸、黄施民等："你们的想法不错，写个报告，我把这个意见带回北京去商量。"①

报告很快写好了，呈上去了，毛泽东也回北京了。然而"日复一日，月复一月，杳无音讯。"②

毛泽东是一位极富魅力和魄力的政治家，因为这样，他才和尼克松共同打开中美关闭了 23 年的大门。但看来他对市场经济有点外行。若有所思，又若无所思，终于没下决心，使中国失去一次极好的历史性机会。

机会主义不好，机会很好，倘能抓住机会，就能赢得时间。而表现在军事上，时间就是胜利，表现在经济上，时间就是金钱。

不但国家如此，个人也是如此。

所以现在就有一种很通行的说法，叫作什么赚钱干什么。

所以现在就有一种很时髦的专业，叫作当中间人。

正规的中间人应当叫经纪人，很可惜，在相当长的时间内，经纪人成为投机倒把者的代名词，被国家彻底取消了。经纪人其实很重要。经纪人从事的主要是中介活动，因为有他的存在，方能各类商品信息得以沟通。但在生产者或旁观者看来，有时就会

---

① 转述于 1993 年 7 月 23 日《作家文摘》。
② 转述于 1993 年 7 月 23 日《作家文摘》。

觉得，你什么没有干，用两片嘴唇，三说两说，拿走那么多钱，就和骗子差不许多，甚至比骗子还更可恶。加上中国本来是一个落后的传统农业大国，而传统农业国家的一大特点就是重农排商。对于经纪人一类，原本不十分重要，不十分需要又不能不要，接受的态度就很勉强。一方面不很需要经济人，一方面却特别需要大媒人。皇帝也作媒人，媒婆更是专业媒人。很多媒人见钱眼开，无钱不行，有的干脆勾奸取利，或为人口贩子穿针引线。媒婆的名声也不怎么样，所谓三姑六婆，招惹不得。如此等等，在很多人心目中，经纪人就和媒婆一类的婚姻中间人划了等号。

但商品经济一发达，没有经纪人则会失去很多极好的赚钱机会。而且有时还更容易受骗。所以，一个是经纪人，一个是推销员，他们在开拓、繁荣市场，扩大交易广度和深度方面，都有不可轻视的作用。

可惜的是，现代中国人，也许对经纪人并不十分感兴趣，他仍宁可作中间人，因为经纪人作为一种职业，是要注册登记的。而中间人却有点像业余演员的“玩票”，高兴就唱，不高兴就不唱。而且免了各种的麻烦，也免了给国家交税。中间人的收入属于灰色收入，其利弊种种，前已言之。

不管中间人也好，经纪人也好，他们的一个特点，就是见利就上，哪 儿利大往哪儿上，没有利的地方也就找不到他们的影子了。这也是引起大伙不高兴的原因。比如你想买个针头线脑，市场没有，缺货，你想找经纪人，哪有这样的经纪人？于是，你就不高兴，说他们唯利是图。这你就错了，因为针头线脑怨不得经纪人，如果认为这就是唯利是图，那么你就做这样的经纪人怎么样？小商品缺乏，是价格不合理造成的。比如火柴供应不足，因为它过于便宜，连本都保不住，谁愿意生产？经纪人最好不掺和这事，“掺和”也没别的主意，只好让它涨价。所以不论国家也好，集体也好，个人也好，投机并非全然坏事，它的独特作用在很多情况下还无法代替。投机增加了经济运作的活力，加速了微观经济的活力，国家的成功投机，则有可能改变国家经济的面貌，以至以此为契机，创造出某种经济奇迹。但投机这名词，大家不喜欢，人们更乐于管它叫抓住机遇。

最好的抓住机遇就是成功的投机；

最好的投机就是抓住机遇。

那么，还有最坏的吗？当然有之，没有坏的，怎么知道谁是好的。

2. 恶性投机考

市场经济活动的目的是追求利润，最好是高额利润，这本来是最普通的常识。后来因为“左”了，硬把一些政治目标引入经济领域，而且一入商门就称王称霸，要统帅一切，就更左了。一个商店，商店是干什么的？回答说是为人民服务为社会主义服务。我在大约10年前就说过，商业实体至少应该有最低目标和最高目标。最低目标，首先是能赚钱，连一分钱利润都没有，还硬在那儿脸红脖子粗地叫为人民服务，为社会主义服务，你拿什么为人民服务？又拿什么为社会主义服务？社会主义不是靠吹牛皮吹出来的，它没有必要的物质财富，怎么生存？哲人有言，世界上什么问题最大？吃饭的问题最大。这句话讲得好，即使社会主义、共产主义这样的大题目，和老百姓的吃饭问题比起来，也是次要的。过去也有人教育我们，革命不是为了吃饭，吃饭是为了革命，但总没饭吃怎么革命。革命完了又没饭吃了，请问还革不革命？如果因为所谓的革命而造成没饭吃要不要革革命的命？谁说不要，先不让他吃饭，或者他竟然口是心非，一面吃得油头水面，打着臭嗝，一面教训别人革命不是为了吃饭——对此等人，只好先把他一张虚伪的人皮去掉，饿他500天，看看他有什么不舒服的感觉没有。

但追求利润却又不能只顾一时私利，不问国家利益；只看眼前利益，不问长远损失；只顾自己赚钱，不管别人受害。如果投机活动到了这个份上，那就不是好事了，正面效应已经被负面效应所取代。这样的投机行为非取缔不可，对于造成重大危害的人还应取消法人资格，并且绳之以法。

坏的投机活动大约有如下种种：

(1)**为求暴利，欺骗客户**

这是最常见的一种。一听说水泥紧俏，马上四处奔走，有时可能有货，大多时并无可靠货源。没有可靠货源也四处传递信息，先把用户的钱骗到手再说。考其本意，也许并非真的就想把人家的钱马上化为私有，然后一走了之。或者也在想，只要手中有钱，不怕将来没货。但其结果，往往适得其反。即使能有货物，你把人家货款压在手里半年一年，也已构成欺骗行为。何况，干脆连用带玩，等人家追款追急了的时候，那货款已经没了一小半了。

中间人并非都是骗子，但中间环节过多，难免为骗子所用，自己也跟着四处张扬，不知不觉间便成了骗子之一种。好像《烈火金钢》中的谢老转儿，鬼子一打他，他马上一痛胡说，胡说的本意并非出卖乡亲，而胡说的结果，却白白流了乡亲的热血。

最复杂的是一伙专事行骗的份子，在旧北京，就有那么一伙不法之徒，专以欺骗生人为事。看到乡下人，便让你买便宜货，买到家里，全是破烂。或者干脆就像天桥四霸天一样，让你买他的货，就得买他的货，不买就要动刀，看看是你死是他活。到了这个份上，经纪人中间人云云，已经和他们风、马、牛不相及矣。

(2)**屯积居奇，加速短缺**

投机的一个重要原因是因为短缺。因为你短缺,他正好从中得利。你那里饥肠辘辘,他这里虽有粮食还就是不卖。不但不卖,还拼命收购,等着价格再度上涨,以求获得更大利益。这种所谓经纪人,实际上自身已参予经营,而且造成市场短缺商品的再度紧张。原本短缺,还要加剧短缺,这个也是应该予以干涉的。

所不同的是干涉方法或有不同,一是行政干涉,谁扰乱市场就给予打击。一个是经济手段,由国家出面,打开新的商品资源,或者限制商品售价。打开新的货源是竞争手段,限制售价是辅助手段,当然还可以临时使用一些弥补手段,帮助消费者增强购买能力。

比如粮食,你不卖,好,我请别人卖,国内资源不足,可以降低关税,允许直接进口。

使用经济手段,妙处在于不影响经济自身的发展规律或发展速度,同时又会使那些屯积居奇的人没有占到便宜,反而吃了大亏。比如水泥短缺,他拼命收购,收来收去,人家另有货源。让他只好用低价卖出。这类方式,虽然并非雷电交加,风雨大作,却更能击中要害,而且不露声色。甚至等他大叫心疼的时候,我们还可以问他,心疼?为什么呢?

(3)**明目张胆,知法犯法**

比如参与走私、贩毒活动,或者为贩卖人口之类传递信息,你不要说,我只是传个信,我本人并没贩卖人口,也没贩卖毒品,你们让我"进来",冤枉啊!

且不要胡乱喊冤。为坏人张目就是坏人,为罪犯奔忙就是犯罪。不论你是为了个人利益,还是所谓村庄利益,甚至于区域利益,一律应该严惩不贷。中央下決心要对走私活动严厉打击,对那些保护走私的地方官员要绳之以法,早该绳之以法了。正因为对这样重大的犯罪活动,常常表现出一副兹善心肠,才使得中国经济危害无穷,使中国消费者被愚弄不已。

(4)**制造伪劣,坑害用户**

投机行为不全是中介行为。比如制造假冒伪劣产品,可能有中间人,大部分则不需要中间人。以假充真,便直接把它推进市场。报纸上曾报道,一些医药单位,只图回扣,不顾药品质量,有一种很受患者信任的止咳口服液——作者慈悲,今隐其名——也禁受不住流通领域的加价行为。那怎么办呢?不卖不行,卖也不行,不卖则毫无利润,连成本也收不回。卖,人家的各种加价、回扣又太多,也保不住成本。于是你有恶招,我便和你以招对招,以恶对恶。办法就是把一瓶口服液的计量装入两瓶,为保数量,予以稀释。结果呢?不赔钱了。你不赔钱了,患者怎么办?患者知道喝一瓶量不够,就再喝一瓶吗!这种手段,纯属走江湖卖大力丸伎俩,不想出于国家大企业身上,可悲可叹!

制造假冒伪劣产品的投机者,是看见市场缺什么,他们马上制什么。比如山地车走俏,马上粗制滥造。这类做法,只能依据法律和国家有关规定,予以经济重罚,对于已构成犯罪的,必须绳之以法。

(5)**胡乱开发,破坏资源**

一听说什么赚钱,马上血脉贲张。于是死也不顾,一定要上。这几年闹腾得中国经济烦燥不安的小酒厂、小烟厂、小煤窑、小金矿、小水泥厂,种种,它们生产手段低劣,而且不是专门生产伪劣性产品,就是对国家非常有限的资源进行破坏性开发。把一个个煤山金矿,弄得千疮百孔,体无完肤。有的甚至完全使矿井和金矿报废。它们和那些生产设备工艺水平都比它们高十倍百倍的厂子争原料争市场,而且诡计多端,四处出击。李逵固然比李鬼武艺高强,架不住李逵找不到李鬼,你这里只管要当面厮杀,他那里偏要背后下手,让你欲战不能,欲退不得,防不胜防,走不胜走。这些小烟厂、小酒厂、小金矿之类肆意横行，可谓“群小”乱中华。

(6)**盲目发展，污染环境**

中国的环境污染，已经到了忍无可忍的地步。更可怕的是，这种污染还在继续呈恶化趋势。

投机利润与环境污染比，可以说是因为蝇头小利造成百年大害，为着尝一口鲜汤，不惜卖掉自己的夫人。

北京市因为环境污染严重，成为申办奥运的一大不利条件。中国人多么希望办奥运会，奥运会又会给中国带来多少希望。1990年办一个亚运会，北京和中国都从中得到很大好处，没有亚运会，哪有亚运村？也没这么多的市内交通建设。但是你办亚运会行，如果环境污染得不到治理，即使能申请到奥运会，最终受害的还是中国老百姓。

1993年8月7日，中央电视台《东方时空》栏目中，记者现场报道了一段河北张家口地区一些农田受污染的情况，1988年污染一次，稻子绝收；1992年污染一次，再次绝收；当年又被污染，种田农民群情激愤，有人要求退田，有人离乡出走，有人无路可寻，只好一边向记者诉说，一面泪下涟涟。找厂长，厂长认为与己无关，还有所谓的时间证明。找政府，只剩下一位办公室副主任，市长更找不到，问去哪儿也不知道。记者说得好，市长尽管在忙地市合并的大事，但老百姓面对的污染绝收问题就是小事情吗？

在我们印象里，这是很少见到的关于污染危害的客观新闻报道。中国现在的许多事情，没有新闻监督，就更很难做好，但新闻不能解决污染问题，只能把它的真相揭露出来让人民看看，污染到底会造成多大危害，而造成污染的原因到底在哪里。

综上所述，这些门类各异的投机行为，都在取缔之列。也就是说，投机有两种方式，也有两种结果。虽然他们的目的都在于寻找赢利的机会，取得更大更多的经济收益。

一种是有利于个人、企业和国家经济发展的投机。

一种是有利于局部而有害于全局，有利于一时而有害于长久，有利于自己而有害于别人的投机。

早些年，人们一听“投机”，便生反感，投机如过街老鼠，人人喊打。

现在，投机成了好词，不少人为之辨护，要为它恢复名誉。

投机不可妄辨，要纳入法治轨道，建立必要的行为规范。

3. 投机不仅需要聪明，尤其需要务本

中国自古有治标治本之说。当然二者不能对立，你说本重要，标不重要，但“标”并非静止不变之物，恶性发展也能伤本。心脏病固然可以死人，破伤风也能死人，你不要说不就划了一个小口吗，还能怎样？殊不知一旦得了破伤风，还没有治哩！

投机需要条件，特别需要有必要的“本”钱。比如，日本人能抓住时机，使日本家电业、汽车业得到充分发展，不但因为他们不失时机地抓住历史机遇，而且因为他们确实有这个实力。经济较量本质上是种实力的较量。在商品短缺的情况下，你实力不足，也能提前富裕，但先富只是一个信号，没有实力作后盾，先富却不能长守，优势很快便会转移到别人身上。何况说先富也需要实力。为什么朱元璋发动采石矶大战，唯常遇春将军飞身一跃，便得头功？别人也可以一跃嘛！跃固然可跃，可惜手脚力气不行，也可能失足水里，也可能白作牺牲。

人前显贵，满面神光，从个人角度讲，就有一个素质问题。不要看现在很多头面人物，其实素质不高。感谢上峰恩典，偏使此辈发财，甚至连财的来路也不明白，还只管摆阔论狂。但从长远

看，个体素质很差的人，终究没有长远发展，也做不成大的生意。很多人将昙花一现，或者赚了一些钱，便把这些钱送到赌场、情场、坟场上去了。三场已毕，一片云烟。

从民族与国家的发展看，如果整个民族文化素质不高，那么中国经济必然会产生无穷烦恼。所谓家有孽子，祸事百出。你再有经济实力，也非要给你来个吃光、分光、糟蹋光的“三光”后果。

中华民族的素质到底处在世界文明序列中的什么位置？很少有人提过这样的问题，也很少有人回答这个问题。回答不了，可以调查，对调查资料可以统计。全面调查不行，可以搞专门研究，并再进行专门统计。虽然没有多少调查，也没有专门的定向统计，更没有人正面回答这个问题，但旁敲侧击的说法还是有的，比较著名的一个说法就是“开除球籍”。中国有10亿人口，谁能开除我们的球籍？别看美、俄原子弹多，飞机多，导弹多，要把中国人开除球籍，他们还办不到——当然人家也根本没有这样奇怪的思维命题。别人开除不了我们，我们自己才能开除自己，然而，自己岂有开除自己的道理？如果真有那么一天，那我们可以肯定，一定是文明开除了我们。

中国人自以为是最讲究实际的民族，真的这样，我们就该承认我们的文明水准并不怎么样。中国不仅仅物质文明水平低，精神文明水平也不高，这是事实。你不要以为你尊重马克思，就真懂得马克思，甚至就达到了比西方更高的文明水平。马克思一生光明磊落，贡献奇多，但生活贫困潦倒，他老人家若亲眼看到东方人的许多社会主义样品，准气得头昏肚痛。

中国人的文明水平不高，首先是管理体制有毛病，其次是中国某些领导层的水平也有问题。举个例子说，中国政府立志搞三峡工程，三峡工程的经费是何等紧张！然而，不论你经费多么紧张，反正中国人总也忘不了“吃”。据1993年7月19日《成都青年报》报道,"三峡移民资金竟然变成招待费"。文章说,丰都是三峡移民的重点县之一,"丰都县移民局去年共接待各种宾客2000多人次,只有15人的移民局全力投入接待,仍捉襟见肘,严重影响移民工作的正常进行。"移民局工作人员说:"上一趟名山旅游区,仅门票、缆车票一人就20元,加上吃饭、住宿等费用,开支实在惊人。1992年,县移民局的接待费便花掉10万元。"而这些钱"全都是从有限的移民资金中开支的。"丰都本鬼城,鬼城白日闹鬼,令人大惑不解。

不仅如此,中国因为人们的一般素质不高,带来多少问题,诸如乘车不排队,随地吐痰,卫生用具不消毒,随意乱图乱抹,还有为了申办奥运,又想出捐资人员可以在长城留名新招。中国的名胜古迹上,斑斑点点,尽是一些狗屁不通的文字,和令人作呕的×××到此一游之类。人望有名,也是常情,但名要符实,否则留下的不过是一个臭名昭彰,让后人看着烦心,羞于承认这样没有出息的先人。

《经济日报》1993年7月25日发表一则消息,《高速公路悲叹调》。高速公路可是中国现代化的宠儿,有事没事,你悲叹什么?文章说:"成渝高速公路是利用世界银行贷款修建的全封闭全立交高速公路,设计时速80～100公里,先期通车的成(都)简(阳)段全长59公里。记者在现场看到的是成片铁丝网被拔被剪,防护栏被拆下挂成跳板,一些小摊贩在护栏外摆起销货摊,大卡车、小轿车、拖拉机、自行车、行人混行在高速公路上,使这条路变成了封而不闭的路。"

于是有人愤慨,说为什么中国古代法官主张严刑峻法,偷一个小钱被剁手指头?因为中国人吃这个,你讲理他不听,你给他来两顿臭揍,他就明白了。《参考消息》也曾公开报道,说中俄边境,中方越境的人员过多,俄罗斯边防军已接到莫斯科命令,再遇到非法越境人员可开枪射击，但愿他们不这么对待我们中国人。

用残忍的办法不能达到文明目的，用流氓的方式也不能教会才子风流。正因为如此，中国人应该自己提高自己的文明素质才行。一些地区虽然用罚款方式取得公共秩序的良好，但当局不予严厉处罚的领域，比如走私世界珍贵野生动物，依然难免成为某种转运站。因此我们说，罚款是可行的方法，但不是根本改变人们的文明心态的好方法。提高民族素质是一个全方位的大系统工程，其中最重要的工程中，一是科技，一是教育，这个后面再说。

应当投机更强调务本，是本作者的坚定信念，而且愿意不惜一切代价，要把这信息发放出去。

务本的内容也多，但最重要，最长久地起作用的，一个是环境问题，一个是人口素质问题。中国现代化建设过程中压力最大的也是这两个问题。中国的人口压力十分可怕，更可怕的是许多地方欺上瞒下报喜不报忧的恶劣作风。一是人口过多，二是素质不高，令人遗憾的是越是文化层次高的阶层，还越不希望多生多育，甚至选择独身生活或终生不要孩子。相反，越是落后地区，还越对生儿子有疯狂的热情。中国的残疾人口据说有 1 700 万人，他们也是中国生育大军中的主力之一。甘肃省作出决定，禁止有不良遗传基因的残疾人生育，可谓英明决策。偏我们中国人最是听不得别人的批评。一听批评，便暴跳如雷，恨不能马上给人家一个大批判，而没有多少理论根据地把古今中外的文化名人来一顿臭骂，却一点反思精神都没有，还在那里唾味乱飞，洋洋得意。张艺谋拍了几部反映西部民风的电影，也要感慨一番。有人主张卖两个兵马俑又说是出卖祖宗，别人说中国人懒惰，马上发文指责。柏杨老爷说中国文化是酱缸文化，马上有人怒不可遏，恨不能开除柏杨中华民族的族籍。但是，真真切切，如果我们不能把人口数量降下来，把人口素质提上去；把环境污染的恶性发展停下来，把保护环境的神圣事业搞上去，那才是真的对不起祖宗，也对不起子孙，甚至连一切人类成员和动物植物、空间、时间都对之不起。

务本也是一种投机，愿意抓住机遇，不惜为投机正名训诂的中国人，应该在这个历史大机遇面前动动心思。君不闻天下兴亡，匹夫有责。纵匹夫无责，岂能无心？

十三、权力经济与历史走向

从权力的偏爱到前所未有的移民高潮，从取消户籍管理制度到中国农民的新大陆……

中国产业结构不合理，绝非自今日始，早就不合理了。因为产业结构失调，不仅影响中国现代化进程，而且给中国经济发展建设带来巨大障碍。中国经济以高速发展为特色，但又以容易过热为特色。一放开就加速，一加速就过热，一过热就降温，一降温就使用行政办法。一用行政办法就造成经济发展速度迅速下降。

从而出现市场疲软。其实中国经济的启动，也往往自行政方式开始。这种冷冷热热的过程，给中国经济以极大的教训，也给我们以深刻的启发。这些启发集中在一点，就是不能再用行政方式处理经济问题，而要从以行政为主导的权力经济圈中走出来，还给经济一个本来面目。做到因经济要求而加速，又因经济原因而减速。国家当然要干预，这种干预应该是以经济手段为主的，主要是通过调整产业结构进行必要的宏观调控。

影响中国经济发展速度的突出反映，是所谓瓶颈问题，它的深层次原因则是产业结构失调和产业政策不尽合理。

"瓶颈"是个非常形像的比喻。一个瓶子，腹部均匀，大潮初起，发展顺利，一到瓶颈，通路狭窄，于是为着走出瓶颈，各种力量争相奋斗。瓶颈不是行政关卡，而是各种必要经济能量的短缺、乏力，于是便在短缺地带，出现各种"炒"的行为，又出现灰色经济地带。

影响中国经济发展建设的最主要原因，则是农业问题。虽然，农业问题其实也是产业结构问题。中国是一个农业大国，但农业基础又十分薄弱。可以说几千年来，中国人就在为农业的发展而和天奋斗，和水奋斗，和人奋斗。近几十年来，更是在农业问题上前后徘徊，几起几落。农业领域原本是最不容易产生灰色地带也最不容易产生泡沫经济现象，但因为有土地"炒"卖，有"希望工程"，有一些产值很高、影响很大的乡镇企业，所以在城乡边缘上也有了"泡沫"出现。甚至可以说，灰色收入的始作俑者，不在城里，而在农村。是农村乡镇企业和要办乡镇企业的人先把"灰色"带进城来。

其实，影响中国产业结构调整的最主要原因，却在于中国的计划经济模式和与它相适应的政治体制、行政体制、司法体制和管理体制。这道理很简单，因为计划经济本质上乃是一种权力经济。

1. 权力好讲农、轻、重，市场喜欢一、二、三

三产的产业结构划分方法，由来已久，大约已有 300 年历史了。但在过去苏联等社会主义国家不承认三产划分方法，它只承认两分法，即把国民经济划分为物质资料生产部门和非物质资料生产部门两大类。这种划法的理论后果，是把社会经济结构中客观存在的一部分内容人为地剔出经济系统。它的现实后果则是使整个产业结构的发展出现极不平衡的后果，造得出原子弹，买不到咸鸭蛋。

中国人和苏联人也有不同，即使称苏联为老大哥时，中国也是一个颇有不同见解的小兄弟，且兄弟虽小，个见偏多。但在经济模式上，中国也罢，东欧也罢，都没有太大创造，策略或有不

同，本质上和苏联走着同一条路。但也有区别，中国人的思维方式，是最形象性的，而其表现方式，又是最具比喻性的。毛泽东是中国传统文化经过新文化运动和多年战争生活战争动乱后的一个代表。他不讲一、二、三产业，也不讲物质资料生产部门之类的话，大约这么说对他来说，讲着也不顺畅，他最好讲农、轻、重，或者重、轻、农。要讲农、轻、重的顺序关系，讲它们如何才能均衡发展。

何为农、轻、重？就是农业是基础，农业发展应放在第一位，其次轻工业，再其次重工业。这不是中华人民共和国成立就有的思想，而是经过某些反复，得出的结论。

中国是一个古老的农业国家，本世纪中叶开始，它要实现现代化过程，那么，当然应该发展工业，特别是重工业。而且苏联30年代所取得的所谓惊人成就，也主要表现在重工业方面。那么为什么，中国的领导层，不讲重、轻、农，而偏要主张农、轻、重呢？

中国也来过重、轻、农，比如1958年大跃进，大跃进自然主张全面跃进，人家老大哥往天上放卫星，我们就在麦田、稻田放卫星。人家飞几万里，我们一亩几万斤。但只有农业不行，还必须大炼钢铁，元帅升帐。那情形，想必各位或曾亲见，或曾耳闻，不细说了。但结果是可怕的。卫星没有放好，钢铁也没炼好，加上在庐山又出了彭大将军提意见，老天爷也不作美，老大哥更不开面儿，非和小兄弟要债不可，于是加七加八，弄出一个“三年自然灾害”出来。

于是有了农、轻、重的想法。世界上什么问题最大？吃饭的问题最大，毛泽东青年时就有这样的高论，现在这高论和中国实际一结合，提出农、轻、重的战略方针。

农、轻、重的说法，具有浓郁的中国特色。中国文化传统，最适合农业自然经济，虽然有时讲仁义道德不免讲过了头，给人天花乱坠、不辨南北东西的感觉，但那本意，还在“吃”上。孔夫子最是主张道德伦理的圣人，但讲起吃来，就有美食家味道。讲到饮酒，更是海量。“食不厌精，脍不厌细”，连烤白薯都必须块块香软焦黄。”割不正，不食。不得其酱，不食。”更对吃的文明有无穷讲究。“唯酒无量，不及乱”，一喝就喝个痛快淋漓，浑身毛孔都舒畅无比。只要不醉，便百无忌讳。

中国人重吃，现在还是吃的王国。西太后固然一顿饭吃一百个菜，老百姓只好一天喝两次粥。毛泽东这般伟大，专喜欢抓大事，不喜欢管小事，但讲到农业发展，还是讲了“八字宪法”。还是给中国农民仔仔细细出了主意，让他们“忙时吃干，闲时吃稀”。还是说了：“机不可失，时不再来”这样恳切的话。

中国人特别讲吃，实在是因为中国数千年文明，并没有真正解决吃的问题。而且照着我们从前的思维逻辑，没有飞机行不行？没有火箭行不行？没有火车、轮船、高速公路行不行？当然没有不好，但没有也能活着。可是如果没有粮食呢？那就只好“瓜菜代”了。但是如果连瓜菜也没有了呢？请问，一切都有，没有粮食、瓜菜和副食品行不行？回答说，绝对不行。

所以毛泽东才有世界上什么问题最大，吃饭的问题最大的观点，中国人才有“手中有粮，心里不慌”的战略，只要有了粮食，纵然不能吃好甚至于不能吃饱，忙时才让吃干，闲时只够喝稀，也使得。

于是，便有了农、轻、重三大要素的头一个农字。

轻是指轻工业，因为好几亿中国人不但需要吃饭，而且需要穿衣。要知道我们中国是最讲礼义的国家，虽然随地吐痰之类在所不免，好像古人也不知道苍蝇身上有细菌，还写过歌咏青蝇一类的诗篇。但对于男女大防之类，则有一般凛然不可侵犯之气。

打胜仗，先赐女，打败仗，先杀妻。想当初，曹操大军一入邺城，曹家的大公子就直进袁室，把袁绍的美貌儿媳，据为己有。把别人的夫人抢来硬入花房，是一大快事，把被俘的女子赐给各位有功之士，又是一大欢欣事。然而，千万不要战败，李自成打了败仗，刘宗敏先杀老婆，崇祯皇帝一见江山不保，先让皇后自杀，又亲自动手去杀女儿，然后自己再去煤山吊死。难怪李自成进北京，要厚葬崇祯，至少在文化价值的期求这一点上，二位确有共识。于是，讲吃还要讲穿，不是追求吃、穿的适意，而且依其轻重，先讲吃，穿。吃、穿、住、行、用，这是中国最为关心的事。传统中国人最喜欢过日子，所以要追求稳定的家庭，古代中国是一个天堂，现代中国也是一个好地方。因为中国人最喜欢讲过日子，但过日子没有粮食不行，没有炊具也不行，所以邻里相争最恶劣的举动就是砸人家的锅。中国人好讲"巧妇难为无米之炊"，然也，但有米无灶也难为炊，又然也。有米有灶没有水也不行，所以对井又有特殊的感情，离家远足，便称背井离乡。中国古来好把乡井二字相联系，进了城里，还有"市井"一说。

但要讲穿，没有衣服怎么能见人，穿错衣服都不好见人。女子不能让男人随便看自己，要把身体捂得严严实实。但中国人最讲中庸，中国的办法是不让妇女出来，而反对给她们来块面纱。

如此等等，于是，便把农、轻、重的轻字放在第二位。

然而，中国毕竟是一个大国，大国不能没有足够的军事力量，足够的军事力量就需要坦克、飞机、大炮。大国不能没有重工业作支撑，又需要铁路、火车、轮船和各类工业制造业。

所以，尽管在农、轻、重三家排列的时候，重字排在最后，总算保住自己的一个牌位。

农、轻、重的排序，是计划经济即权力经济的独特排序法。它的起始点和归宿点都是站在国家治理和治理国家这个视角上，是站在权力巅峰上对国民经济的特殊观察角度和安排方式。

一国之主，他看中国百姓的生活，怎么办？先说吃，再说穿、住、用，最后再讲其它。这种方式，是孔夫子时代就有了的，并为历代帝王所遵循。而且历史证明，能崇尚祖法的，虽不必是伟大皇帝，肯定是开明皇帝，而不崇尚祖法的，即使是伟大皇帝，也料理不清身前身后事。刘盈作皇帝，本来是个弱者，他母亲执政，他母亲除去诱杀彭越计害韩信之外，没干过什么大事情。但是嫉妒的出奇，把刘邦的宠妃戚夫人剜眼断肢，弄成人猪。但她忌内不忌外，匈奴单于要和她结姻，她也不过一笑了之，那鲁莽的樊哙，要和匈奴大战，给季布说了几句大道理，她便听从季布的主意。但司马迁认为她对当时的社会有贡献，就是她对当时社会稳定有些作用，使老百姓得以喘息，生活有了改善。

秦始皇是一位伟人，而且不论和哪一位中国皇帝相比他都是不可逾越的。但他统一六国之外，就把“农”字小看了，今天修阿房宫，明日筑长城，又去天下巡幸，还想长生不老，结果，一朝身死，天下大乱。很快，他们几代人努力创立的江山，便瓜割星散。

但是，请各位读者注意：现代经济已经不是小农经济，中国现代化道路也不是计划经济道路。

所以，研究中国产业结构问题，不能或者说首先不能从权力或计划这个角度研究，而是应该从市场发育这个角度去想去看去听。想想市场本身是怎么行动，看看市场有什么利害要求，听听市场对管理者和一切从业者发出什么声音。

站在市场的角度看，农、轻、重也好，重、轻、农也好，都不是分析产业结构的好方法。权力偏爱农、轻、重，市场喜欢“一、二、三”。

“一、二、三”指什么？指第一产业，第二产业，第三产业。

第一产业，主要是农业，包括中国人常讲的畜牧业、渔业、林业等。

第二产业，主要是工业（包括采掘业、制造业、水利、电力、蒸汽、石油等等和建筑业）。

第三产业，包括上述两个产业之外的其余产业。包括商业、服务业、金融业、保险业、电信业、运输业、物资供销和仓储业，咨询服务业和技术服务业等等。

为什么说，三个产业的划分方法是市场经济所必须的划分方法？

理由其实简单。

首先，农、轻、重或重、轻、农的分法不能全部反映市场运作态势。换句话说，农、轻、重的运作不是孤立的，其实，农中有重，重中有轻，轻中也有农。农业要机械化，没有重工业不行。农、轻、重的分法，自然也能确认它们之间的相互关系，但是这种划分的结果，却不是强调它们的相互结合，而是人为确定谁是发展重点。市场运作只有供求之间的矛盾，没有轻重先后的区别。市场要素无贵贱也无大小，这样才是一个完整的市场。而只有完整的市场方能成为运作正常的市场。

其次，农、轻、重或重、轻、农的划分省略了许多不该省略的部分。比如科技、技术和咨询服务一类，省略就不行。现在很多人说，农业振兴，一靠政策，二靠科技。你连科技的地位都没有，农业怎么振兴？

还有商业、服务业，农、轻、重中无商业，更是于理不通。但你说于理不通，是站在市场经济的角度，从计划经济的角度看，流通并不增加物质财富，因此，可算可不算，算进去反而增添混乱。这一点，还是计划经济简洁明快，我产什么，你卖什么。到了某一天，还要取消卖字，改成我产什么，你要什么。最后，达到你要什么，我给什么——各尽所能，按需分配了嘛。然而，第一步还没有走出，因为脱离现代社会的历史现实，就歪了脚脖子，变得一步三瘸，可怜兮兮。

2. 预算收支平衡与市场失衡

无论哪种经济模式，好像都对经济平衡颇具好感。

主张农、轻、重产业排列的计划体制，也主张平衡。但这种平衡，主要是指财政收支平衡。好像财政收支一旦平衡，就算完成了社会交给政府的任务，或者说，就算政府正确地指导了经济的发展运行。

但在理论上，似乎嫌财政平衡这一个平衡还不够，还有四大平衡。四大平衡即：财政平衡、信贷平衡、外汇平衡、物资平衡。

怎么达到四大平衡？就是“国民经济有计划按比例发展”。

怎么按比例发展？要而言之，就是农、轻、重，或者重、轻、农。

市场呢？没人管它。

其实，四大平衡本身就是一种美好的幻想。对此，邹东涛、崔金宏二位先生在他们的一本理论专著《十字路口上的中国》中有专门的分析，而且分析得很有说服力。

从哲学上讲，四大平衡——财政收入与支出平衡，信贷平衡，外汇收支平衡与物资供求平衡，本身就是一种绝对化。支出1 000，也必须收入1 000，一个家庭都办不到，不要说是一个国家。卖出1 000，也要买进1 000，同样一个企业都不行，更何况一个国家。比如你挣10 000元，只花9 900元，怎么办？难道为了平衡，就非再买100个鸡蛋不可吗？

追求四大平衡的结果，是人为地削肥减瘦，削足适履。为着减速度，就砍基建，为着加速，又上基建。反正上也由你，下也由你，结果是上上下下，忽热忽冷，一会儿招兵买马一会儿刀枪入库，马放南山。

据《十字路口上的中国》一书作者研究，自1955年至1990年，35年间，中国经济就有过10次大滑坡，该书有一个很有说服力的经济表格。

中国经济10次大滑坡

年度	社会总产值		
	总额（亿元）	增长率（%）	滑坡落差（%）
1952	1015	—	
1953	1241	18.7	
1954	1346	8.5	—12.6
1955	1415	6.1	
1956	1639	17.9	—11.8
1957	1606	6.1	
1958	2138	32.6	—66.1
1959	2548	18.0	
1960	2679	4.7	
1961	1978	—33.5	
1962	1800	—10.5	
1963	1956	10.2	—28.9
1964	2268	17.5	
1965	2695	19.0	
1966	3062	16.9	
1967	2774	—9.9	
1968	2648	—4.7	
1969	3184	25.3	—20.8
1970	3800	24.2	
1971	4203	10.4	
1972	4396	4.5	

年度	社会总产值		
	总额(亿元)	增长率(%)	滑坡落差(%)
1973	4776	8.6	—6.7
1974	4859	1.9	
1975	5379	11.5	—10.1
1976	5433	1.4	
1977	6003	10.3	—8.5
1978	6846	13.1	
1979	7642	8.5	
1980	8531	8.4	
1981	9071	4.6	
1982	9963	9.5	—7.4
1983	11125	10.3	
1984	13147	14.7	
1985	16309	16.5	
1986	18774	9.1	
1987	23081	14.1	—11.9
1988	29847	15.8	
1989	15677	3.9	
1990	17400	4.2	

十次落差,给中国经济带来巨大灾难性损失。然而,因为发展快了,失之平衡,不刹车也不行。中国经济的起飞与滑坡,几乎次次自行政加力开始,而由行政干预告终,可说是“得之萧何,失之萧何”。

四大平衡，归结到一点，是财政收支平衡。为着达到收支平衡，可说是想尽一切方法，而创造了许多统计、会计规范与原则。然而，其结果是，为了达到平衡，必损伤经济。为了恢复经济，又走回财政收支的不平衡。虽然中国的统计数字中能挤出成吨的水份出来，有时也依然于事无补。——算来算去，或者说凑来凑去，还是一个不平衡。

于是，有人便说，平衡既然不大可能，不如干脆放弃平衡，任其发展。也有人举例，说罗斯福新政就是一种赤字经济，结果不是很好吗？美国政府赤字很多，但它的发展也快，美国人不怕赤字，为什么中国人怕赤字？

中国本是红色国家，有几个赤字怕什么？

也有人说，不平衡也有种种，平衡又有种种。不平衡中有消极者，也有积极者，平衡类型中，既有积极平衡，也有消极平衡。

似乎也可以这样讲，平衡与不平衡又可以分为表面平衡与内在平衡，或表面不平衡与内在不平衡。

但在我看来，这类分法虽然都有其理论意义，但归结到本质一点，还是应该把平衡与不平衡分为两个最基本的理论范畴。我的划分是：

一种类型：其主导理论是追求财政平衡，反对财政失衡；

一种类型：其主导理论是追求市场平衡，反对市场失衡。

不用说，前一种类型是计划经济的结果，后一种类型是市场经济的必然。

举个例子说，为什么美国可以搞赤字财政，中国就不能？

因为美国30年代罗斯福总统实行新政之前，属于典型的自由市场经济体制。这个体制的最大优势，在于充分显示自由贸易原则，从而使生产率，社会生产总值达到前所未有的高水平。而它的最大问题，是生产过剩反而出现经济萧条。

一方面是生产过剩，一方面是需求不足，陷在谷底，痛苦徘徊。

于是理论界出了一位凯恩斯，政治界出了一位罗斯福。

凯恩斯主张国家干预，罗斯福实行国家干预。

凯恩斯主张刺激需求，罗斯福实行赤字财政。

凯恩斯认定扩大需求可以达到供需平衡，从而进一步达到经济繁荣。

罗斯福实行赤字财政，又适时且巧妙适时地把美国经济纳入二战轨道，很快达到经济繁荣。

从凯恩斯的理论繁荣到罗斯福的现实繁荣，证明国家干预对头，刺激对头，赤字财政对头。

虽然罗斯福并不欣赏也弄不懂凯恩斯的高深理论，但他们两位都殊途同归，成为西方现代经济史上的两位明星。

虽然罗斯福和凯恩斯有许多不同之点，但他们的共同点是，一致要求市场需求达到平衡，哪怕财政赤字平衡也好。

中国的情形则不同，中国是计划经济，而计划经济的特点是缺而又缺。

本来就短缺，你再搞赤字，如中国 1992 年国民生产总值达到 2.4 万多亿，财政赤字不过 100 多亿。但财政负担已经如同泰山压顶，如果再加 200 个亿，纵然你下定决心泰山压顶不弯腰，只怕你的决心虽大，腰椎骨头不行。

无论哪种平衡类型，财政收入当然都是需要的，否则的话，为什么美国财政赤字居高不下，同样给美国经济造成严重影响，而克林顿总统执意要把美国财政赤字在数年之内削减 5 000 千亿美元，还要费那么巨大的功夫？

这就是说，世界上原本有两种平衡，而且两种平衡都很重要，那么关键在于这两种平衡谁向谁靠拢？是市场服从财政，还是财政服从市场?

谁服从谁呢?答案不言而明,为什么答案不言而明?因为某些社会主义国家为了寻找这个答案,曾经付出惨重的巨大历史性代价。而西方工业国家,为着寻找这个答案,花费了比东方国家更多的时间。从亚当·斯密到凯恩斯,大约用了3个世纪。

换句话说,不管消极平衡也好,积极平衡也好,平衡万能也好,不平衡合理也好,一切都离不开市场,只要有利于市场的发育和成熟,就是财政有些赤字也不可怕——能达到平衡固然理想,不能达到平衡也还不错。

董平固然是风流英雄双枪将,

武松偏能单膀神力擒方腊。

产业结构研究,此为一等原则。

3. 中国现实产业结构的两条非平衡线

哪两条非平衡线?

(1)**第一条非平衡线,三个产业发展不平衡,**

对这个问题,自前几年始,理论界研究很多,是非曲折,渐次分明。

中国的三个产业发展不平衡,主要是第三产业比重太小,第一产业比重过大。

以80年代数字比较,一般发达国家,第三产业产值在国民生产总值所占比重,约在60%~70%之间,中等收入国家,也达到50%左右,像印度这样的经济比较落后的国家,也达到46%,中国则只有25%,直到1990年,才达到27.2%。

以1980年和1986年为例,中、美、日、法、英。第一产业在国民生产总值中占比例如下:

	1980 年	1986 年	增长率
中国	30.4%	28.5%	—1.9%
美国	3%	2%	—1%
日本	4%	3%	—1%
法国	4%	4%	0
英国	2%	2%	0

中国第一产业在国民生产总值中占如此大的比重，不是说中国的农业发达，也不证明中国人对农业特别重视。恰恰相反，第一产业在国民生产总值中所占比重过高，正好证明中国农业的不发达，生产效率低。我们中国人常以能使粮食自给而自豪的，而且常常为此发表自豪的声明，说中国以不足世界 1/6 的耕地，养活了世界将近 1/4 的人口，你说中国伟大不伟大？

且不说，中国的耕地统计有很大毛病，也不说据西方卫星对地球表面测绘结果表明，中国的面积有 1 040 万平方公里大，而不是仅仅 960 万平方公里。单说中国与发达国家相比，农业生产率之低，就足以使我们有羞愧无比的感觉。有这样一个表格，很能证明问题。

中国与发达国家农业生产率比较①

项目 \ 国别	美国	英国	原西德	法国	中国
平均每个农业劳动力生产效率(公斤)	64479.1	17894.29	10352.77	10211.99	1219.76
平均每个农民养活人口(人)	62	70	37	36	3

一个中国农民养活 3 个人，而一个美国农民养活 62 人。美国不是农业最发达国家，还有生产率比它更高的荷兰。但即使中国达不到荷兰的水平，也达不到美国的水平，达不到英国的水平，甚至达不到德法的水平，或者干脆就不和它们比较，只消 1 个中国农民可以养活 20 个人，那么中国的现代化过程一定能够得到长足发展。

这就是说，第一产业在国民生产总值中所占比例过高，至少有如下三大害处：

第一，它的劳动生产率水平一定处在比较低的层次；

第二，它的经济发展总体水平一定不高；

第三，它的城市化水平一定很低。

中国这三条样样得到应验，所以非从第一产业的低谷中走出不可。同样拿 1980 年、1986 年两年中、美、日、法、英比较，第三产业所占国民生产总值的比重，相距确实非常之大，不过这一个是倒过来了，中国的比重很小，发展国家的比重很大。

① 《十字路口上的中国》第 337 页。

	中国	美国	日本	法国	英国
1980 年	20.6%	64%	54%	60%	61%
1986 年	25.1%	68%	60%	65%	70%
增长率	4.5%	4%	6%	5%	9%

中国为着市场条件下产业结构进入真正的平衡态势，应该尽快发展第三产业，从而尽快接近发达国家的产业结构的比例关系。

(2)**第二条非平衡线，三个产业，家家有本难念的经**

换句话说，就是三个产业自身同样存在比例失调问题。而且这个问题，还常常表现为使中国经济存在长期的瓶颈效应。

就三个产业的内部比例讲。

第一产业，曾经在农、牧、渔、林的发展比例上失调，很长时期只讲农业，不讲牧、渔、林，农业以粮为纲，造成许多混乱。这个前面已经讲过了，这里略去不提。

在农业内部，又有科技因素比重过低的影响，中国农业劳动生产率之所以处在如此低的水平上，主要因为中国农业还处在劳动力密集型阶段。虽然也讲科技兴农，但更重要的还是人海战术，分田作业，或者是大规模的游击战。其结果，是限制了农业机械的使用，限制了科学技术的大面积推广，也限制了农业的规模经营程度。可以这样讲，如果只处在每个农民只养活三四个人的水平上，那么，即使中国的科学技术，再有新的突破，也终于无法实现在 2000 年达到小康水平的现代化宏伟目标。

第二产业内部，则有明显短缺部分，最主要的表现就是钢、煤、电。

第三产业内部也有明显短缺部分，最主要的表现就是交通不发达。

钢、煤、电、运，历来称为中国经济发展的瓶颈部位，好像古代中国的长江三峡，航行至此，便要万分小心，尽管万分小心，还是返回来的时候多。经济发展速度异常，管理者和新闻部门喜气洋洋。但一到瓶颈地带，马上出现过热景象，于是八方告急，问题丛生。热度过高，有发生并发症危险，只好猛服凉药，把一列列高速的列车硬是刹车叫停。

钢、煤、电、运，好像四只老虎，四只老虎把大门，就是武松也难免心惊。然而从现在的发展趋向看，中国经济的瓶颈地带还有变窄变死的危险。比如石油，也处在短缺线上，像现在这样的发展速度，用不了多少年，中国就会变成石油进口国，而石油短缺的影响，或许比钢、煤、电、运的影响还要突出。

因为中国经济平衡线上，有这样两条深深的很难愈合的非平衡线，所以中国的经济不能不受到严重制约。

加上中国多年来实行计划经济，这种体制本身，不足平抑这两条非平衡线的发展，而且经过启动——过热——整顿——疲软这样数次非良性循环过程，致使这两条非平衡线变得更难以达到平衡状态。从而使中国的产业结构更加趋向不平衡水平。

那么，怎么办？

4. 为着打开瓶颈，需加速调整产业结构和产业政策

(1)不要削足适履，而是脚长鞋长

过去的办法，是通不过瓶颈，便砍基建。这办法甚“恶”，其反面效应就和裤子短了楞锯孩子的腿没多大区别。

但这也是不得已而为之。

因为瓶颈一窄,便证明发生短缺。一发生短缺,便物资供应紧张。计划时代,就会发生财政赤字,价格放开一部分后,又会出现物价上涨过快。中间环节太多,你也经营,我也经营,形成一块灰色收入带。财政赤字过大,物资供应不足,也得退“热”,不退热怎么达到“平衡”?而且重点建设项目的各项需求也不能保证了,人民生活也受到影响,更增加了整顿的正义感觉。物价上涨过快,能引起通货膨胀,加上各种灰色收入,别的国家只有炒“股”,炒“汇”,中国这里还要炒“钢材”,炒“车皮”,同样增加了治理整顿的正义感。

但是整顿不能真正解决问题,顶多只能以另外的代价换取这已有的损失。

短缺现象是一个挑战,应战的方式,也有两个,一个是向前走,瓶颈窄了,想方设法打开瓶颈。一个就是向后走,瓶颈窄了,好了,我不惹你,司马懿大兵倒退40里。

问题是:今日倒退40里,明天是否还需要回来。明日转来瓶颈依然如故,难道我们还再退回去不成。可悲的是,看中国35年的10次大滑坡,有许多次都属于这种情形。先是大跃进,结果出了毛病,开始挨饿,经过一番整顿,又回到大跃进前的水平。于是我们说,请看,我们前进了。

从另外一个角度看,瓶颈又是一个机遇。因为瓶颈反映短缺,而市场经济最喜欢短缺。如果有谁告诉克林顿总统,说美国现在缺少汽车140万辆,他一定高兴得不得了。如果有人对他说,美国现在特别需要修10 000公里高速公路,而且大家都有此共识,他非高兴得跳探戈不可。市场经济的特点是过剩,因此他们喜欢短缺,短缺说明市场的潜力。中国大陆市场为什么对日本和西方工业国家那么有吸引力?此无他,因为中国大陆市场短缺品种非常多。所以中国的市场方显得特别大。一张白纸要画最新最美的图画，毛泽东主席说的真不错。

问题是，我们应该抓住机遇，在短缺点上下点功夫。

(2)**想方设法，寻找资金**

打破瓶颈，需要大量资金，而中国恰恰缺少资金。实际上，资金的缺少与否只是一个相对的概念。这有点像军事家指挥打仗，蒋介石和毛泽东领导各自的队伍进行第二次国内战争。蒋介石的兵多，前前后后有800万人。毛泽东的兵少，开战的时候，不过正规军120万，民兵200万人的样子。但是蒋的战略有误，他最喜欢夺取城市。毛泽东的战略对头，你抢城市，我就给你，把城市变成你身上的包袱。你的兵力分散，虽然绝对数额大，但能调动的兵力少。我的兵少，因为不计较一城一地的得失，绝对兵力少，但机动兵力多。所以从战略上看来，是以一挡十，而在具体战役战术上，都能做到以十打一。10个打1个，蒋介石如何不败？

中国资金缺乏，但用在不要紧地方的资金却多得不耐烦。人民手中先有2万个亿，社会集团购买力还呈20%的速度增长，吃吃喝喝，主要是公款吃喝，一年吃掉几百亿，就算500亿吧，10年就吃掉5 000亿。1992年一年就吃掉1 000亿。以上这些钱，如果利用得当，把它用来打开瓶颈，效果一定不错。

具体设想，可以包括如下措施：

第一，发行专用国债。中国每年发放国库券，一般不大受人欢迎。这几年，银行降低利率，有了点吸引力。但因为银行体制方面的问题，有人就认为，如此发行，还不如由银行自己买下的好。1993年出现新情况，国库券没有人要，发来发去，找不到婆家，只好照旧方抓药，摊派解决。

中国发国库券的一个难点在于使用目的含糊，这虽然在消除财政赤字方面有好处，但也有好钢没有用在刀刃上的嫌疑，不如发放“瓶颈”项目中的某项专用国库券，一方面可为打开瓶颈出力，一方面才能真的提高人的爱国热情。既然为国家修路、炼钢，便买它几万，心里也舒服。

第二，征收或加征专门税项。因为财政能力不够，而钢、煤、电、运这些瓶颈，有些或可由企业解决，有些则非国家投资不可。比如修公路、铁路、机场，你全靠债券肯定不行。就是讲中央、地方多出点，还是财政支出，无非是你出我出手心手背而已。我在前面说过，中国的税率并不低，但用作专门用途的税种不多，如果能在这方面作些调整，资金来源有更多保证。

第三，向国外特别是国外侨胞发行债券。中国华侨在全世界有几千万人，他们对大陆的建设已经作出了巨大贡献。东南沿海地区经济发展快，除去改革开放搞得早些以外，华侨支持是重要原因。请华侨认购专项债券，相信能有相当吸引力。

第四，抓住主要项目，大力引进外资。中国改革开放10多年，引进外资不少，但从产业分布看，还是第三产业居多。越是见效快、回收快的项目，外资欲望越大。而对于钢、煤、电、运之类的第二产业，投资项目不多，数额也有限。比较突出的是汽车行业，如上海的大众，北京的切诺基汽车，分别有德国、美国汽车公司投资加盟，结果变化很大，显示出少有的经济魅力。中国应进一步放开投资领域，并制定相应政策，欢迎外资在“瓶颈”处投资。近年以来，就很有外商在居民住宅投资上下功夫，这钱一定不会白投，利润同样十分可观，这一点，前面已经说过了。

(3)**理顺价格关系，增加“瓶颈”活力**

价格严重背离价值，也是出现瓶颈的重大原因。实际上，价格不合理，正是多年以来造成“瓶颈”的最主要原因之一。

比如中国的煤价、电价、运费都那么便宜，低得任谁也无法经营。旧体制时，你无法经营，正好，本来就没有叫你经营，国家说的明白，你的任务就是为人民服务，为社会主义服务。

现在看来，这些产业的非经营化，非市场化，已经铸成历史大错。那么，要进入经营轨道，进入市场领域，就非理顺价格不可。

理顺价格，经营者才有竞争余地，至少才能维持现状，以图发展。

(4)**一时短缺物品，应打开国门，让国外产品入关**

比如钢材，一旦价格上涨过狂，最好的办法就是引外钢入境。实际上，中国的发展，确实使日本等国的钢铁行业大为受益。其实世界上的钢产量很大，加大进口额度，一可减少外贸顺差，二可促进中国钢铁业发展。

当然，还有最重要的一条，就是改革中国金融业，包括商业银行的运行机制，让金融业在新的体制下充分发挥自己的聪明才干。而这一点，还是至关重要的问题之一，对这些问题的看法，我们已在本书第二三章中议论过了。

5. 农业困境与对策

中国大体上还只能算一个农业国，农业国的农业问题自然是最重要的问题。农业问题处理不当，产生的影响不仅深远而且剧烈。

中国农业在 1949 年以后，大约只有过两次真正的繁荣。一次是 1949～1955 年，这几年先是土改，农民有了自己的土地，从而焕发了生产积极性。那时候，笔者刚刚记事，依稀记得每到送公粮的时候，放鞭放炮，景象十分热烈。后来大了，询间前人，他们唯有对那几年的日子比较满意。

后来几经起伏，农民开心的日子不多。直到 1980 年前后，实行农业承包制度，才有第二个春天。自此开始，至 1985 年前后，算是中国农民的几载繁荣。以后，首先因为物价问题，化肥、农药一直涨价，工农业剪刀差偏大；同时国家财政紧张，对农业投入减少；加上各种摊派钱增加，很多地方基层干部作风不正。三者合一，给这几年中国的农业带来很不好的影响。

从深层原因分析，还是中国农业本身的产业结构不尽合理，而且其生产力发展水平很低，劳动生产率低就是其中最主要的一个指标。

中国粮产量，本来不是太高，已经有大问题。加上这些产量的得来绝大部分属于当初劳动力密集型的生产模式，就加大了农产品成本。试想一个人种一亩地和一个人种 10 亩地，虽然两种方式的每亩地都产 1 000 斤，但结果怎么样呢？前者就可能亏本，后者就可能赢利。前面我们引过的材料，中国每个农民只养活 3 个人，而美国一个农民可以养活 62 个人。双方相差 20 多倍。再笨的人恐怕也能得出结果，如果像美国农民那样种地，在中国这样的条件下，完全可以成为高收入人家。

单从中国粮价说，过去的粮价确实过低，谷贱伤农，没有道理。但看现在的样子，如果一斤面粉卖到一元钱左右，依然不能增加农民收益，那就是另外一个问题了。据有人考察，面粉和大米的价格，超过 2 元 1 斤的水平，那么国内收购粮食，就不如从国外购买粮食。但这条路走不通。工业国家，比如日本，它可以买粮，但即使是日本，还要保护国内大米市场，现在还弄得被工业国家围攻，满头大汗，一副只有招架之功，没有还手之力的模样。但依然勉力坚持，不到最后，决不"投降"。

中国本身就是一个农业国，虽然不富，但是很大。12 亿人口，共有 8 亿农民。8 亿农民想靠进口粮食，恐怕国家没有这许多外汇，世界上也没有这么多的粮食。当然，不生产是不行的，但只消有 1/3 不事生产，就会产生可怕影响。

然而,可怕影响的现实确实会出现。现在的情况是,1992年农民卖粮给白条。1993年是不给白条了,却不卖粮。还有一些地方,出现比较普通的撂荒现象。

中国适耕土地如此之少,如果撂荒,真如用黄金作尿罐,万分可惜。然而,撂荒的另一个后果则是民工潮,就是撂荒者必然奔向他乡。本来中国大陆年年要闹民工潮,这潮水弄得东南西北,四处紧张。如果这潮水还要急剧加大,那么,只这一项,就足以构成对中国市场经济建设的巨大威胁。

农工潮的出现。其中一个原因,就是因为种地划不来。种地不如不种,不种还要生活,于是拖家带口,外出打工。

据1993年2月《瞭望》周刊月末版一篇文章介绍,"有一些农民并非自愿离开黄土地卷入民工潮。"文章写道:

"大年初十,南京站。在清冷的月光下,5位来自安徽省来安县的农民蜷缩在两条棉被下靠着互相的体温抗御着深夜的寒气。一位50多岁的农民支撑起上身回答记者的提问:'我们到新疆去,为什么?油田,搞采油,一年能挣三四千元。干多长?干一年再回来。为什么出来?主要是经济问题。前年(1991年)遭了水灾,去年又是旱灾。麦子收到300斤,稻子500斤(一亩——记者注),刚够吃饭的,再上交费用就不够了。家里有人种田吗?有!也有全家出来的,他就是。'记者随着他的手看去,被子另一面是一男一女,中间还夹着个五六岁的孩子。"

中国农民最有忍心,最有耐性,然而他们并不糊涂。文章报导另一位农民给记者算帐的情况。"一季小麦,可以收500斤一亩,按收购价卖给国家可得150元,可是一亩地就要用一包混合肥,一包尿素,一勺胺肥(碳酸氢铵),加上治虫,就要开支100元,根本赚不到钱。水稻800斤一亩,也只能落一个口粮。农本高,粮价低,负担的费用十分惊人。朱坝乡农民说,他们那里每人每年承担的固定费用是117元，再加建医院、电影院，负担医生、民办教师的费用，光靠大家种粮食的收入不仅赚不到钱，还要倒贴。去年，他家里共卖给国家4 180斤粮，因为各种原因，没有拿回一分钱，还要倒贴264元。”

虽然这样的情况“只是少数”，阿弥陀佛，最好是少数，少数就够可怕的了。否则你眼睁睁看它变成多数——你想让中国农民造反啊！

那么，问题应该如何解决？

回答说，根本途径还是开放农业市场，只能顺应市场规律改变农业经济现状。

具体讲，可以有如下种种方式，作为参考。

(1)国家对农业经济实行保护性政策

西方发达国家，尽管农业经济十分发达，但依然实行保护。以工业七国为例，美国的农业经济水平很高，同样需要保护，但它不是保护农民和农场主生产更多的粮食，而是让他们不要生产更多的粮食，限量生产，对于限量部分实行财政补贴，保证他们的粮食出售价格达到一定水平。

日本也实行农业保护，前面刚刚讲过，因为日本是一个以水稻为主食的国家，农民多种水稻，它就封闭日本大米市场，以关税方式保护本国稻米的生产不受进口米的冲击。

中国是一个大而经济又不发达的国家，所以在农业问题上最容易陷入两难境地。不保护，不行；保护，农业基数太大，财政确有困难。那么怎么办呢？

我的看法，保护必须保护。但应选择更好的保护方式。比如是否可考虑限制农机农药和化肥价格，引进更先进的化肥设备。这种保护，虽然并没有直接用在农业身上，却会对农民收入产生间接影响。

在没有找到更好保护之前，至少不应减少对农业的投入，而应该适量加大投入，以尽心竭力，稳定农心。

(2)**必须发展科技兴农**

唯科技可以兴农，是西方的一条成功经验。

发达国家的农业和发展中国家农业相比，其主要差异，一在资金，二在市场，三在科技。但对于发展中国家来说，加大科技比重是最容易实现也最容易见效的一个目标。

科技兴农的例子，在我国也绝不少见。比如北京房山区窦店村，就是一个科技兴农的好例。原来这个村也是缺吃少穿，但他们村的党支部书记，为着改变落后面貌，首先是求助于县科协，请他们帮助，以科学的力量改变落后面貌。窦店村成功的因素，未止这一点，但这一点却是起始原因之一，也是最主要的原因之一。

唯有科学种田，才能减少浪费，增加效益。科学贯穿农业生产的全过程，从改造土壤、优化种子、准确施肥，到科学管理，加上扩大种植品种，种粮、种菜，种药，种树，相互照顾，左右逢源。可以说，中国这10多年来农业取得的一切成就中，科学的贡献最为突出。

(3)**扩大经营规模，改进管理与生产手段**

农业联产承包，是一个好形式，但不应该成为一个死形式，过去好讲一包20年不变。20年，可不是一个短时间，中国从搞改革开放的第一天，到现在才有多少年？不过10多年时间。日本经济的腾飞用了多少年？也就是20年时间。亚洲四小龙的发达，也不过20年时间。20年不变，怎么可能？20年就是1/5世纪，连世界都会发生翻天覆地的变化，你这个联产承包责任制硬是不变，不合科学道理。

但也不是一刀切，对于相对富裕的地区而言，最好搞规模经营。面对贫困落后地区，最好是联产承包，不说别的，先谈自救。

规模经济的好处在于：

第一，可以使更多的农业机械发挥作用。把大田分割成各属于一户的小块，很多农业机械没了用武之地，拖拉机只好分给个人跑运输，用拖拉机跑运输，对于很多交通比较好的地方根本不合理。利很少，弊很大。拖拉机的功用主要在农田，机不还田，人不受益。适度规模，给它用武之地。

第二，可以加速科学技术的推广。地太少，不宜搞实验，实验成功的效益不容易显示出来，而一旦实验失败，就会给农民带来不易挽救的损失。而规模经营，也使科学有了回旋余地。一亩地，只好种麦，十亩地，便可分流。这个道理，其实简单。

第三，可以节约农业开支。比如浇地，现在电费、水费、管理费都在涨，使农民不快。但你一块，我一块，你浇我不浇，结果浪费许多水力和电力。扩大经营规模，浪费自然减少。

第四，可以使劳动力取长补短。前面说的窦店村就没有搞联产承包，但他们的农业效益不错。全村的土地，是给二十六七位中老年男人和妇女负责，亩产也不低，收入也不少。

那么，规模经营，多大规模为宜？据江苏盐城一位种粮大户讲，在他那个地方，1 个人承包 400 亩地为宜。这位成功的农民，不断地扩大承包，土地增至 400 亩。他认为管理 400 亩地，最为得心应手。他本人忙不过来，聘用几位青年农民，对他们实行承包合同管理，增产可以受奖，超产可以分成。他承包 10 多年，总收入超过 25 万元。其经济收益，比一般城里人收入还要高出许多。

(4)**搞农工商联合体，引“外资”进农业**

农业发展全靠国家不行，全靠科技也不行。总的讲，农业是一个系统工程，农业问题也属于结构性问题。搞农工商联合体，可以以工养农，以商养农，许多农村获得成功经验，堤内损失堤外补，自己对自己实行价格保护和“政策”保护。

还可以引入“外资”。在外资两个字上面划个引号，不是说，真的外资一点引不进来，而是说，比较容易的可能是乡镇企业之外的资金。

举个例子说，现在国家在大部分地区相继放开粮价、油价，旧的粮食系统在收购粮食中发生困难，他们收不到粮食，自己也无法生存。那么，最好的办法莫若双方握手合作，一方出钱，一方出地，搞种植、加工一条线，对粮、油等农产品进行深加工。要知道，深加工是可以赚大钱的哩！比如一斤小麦值不了几个钱，但一包“统一牌”方便面可就有利润了。因为有利润，生产厂家才做得那么起劲。

中国是一个农业大国，兴国必须兴农，不过这需要一定时间，更需要中国政治体制和经济体制的改革能加快进行。

6. 潇潇洒洒话移民

研究产业结构时最不应忘记的便是“佩蒂法则”。佩蒂是17世纪英国经济学家，他在研究三个产业的人口流动时，发现这样一个规律，即，在漫长的人类经济发展史上，劳动力总是首先从第一产业流向第二产业，又从第二产业流向第三产业。这个规律不但适用于西方，而且适用于全世界。因此，可以说“佩蒂法则”是一条普遍性法则。

中国的现代化进程，必定出现这样的局面：

即第一产业和第二产业的劳动力又会或迟或早大量流向第三产业。

那就是说，佩蒂法则在中国的应用。又会显现两个特点：

第一，第一产业的劳动力将同时向后两个产业溢流；

第二,它的劳动力基础主要在于广大农村。

中国现在有多少农民,据统计学家说,大约有 8 亿人左右。

那么,如果中国实现现代化,还需要多少农民呢?

按农业人均供应人口算,现在每个中国农民可以养活 3 个人。

那么,法国每个农民可以养活 36 个人,如果按法国的水平算,则只需要不足 6 700 万农民劳动力就可以了。

美国每个农民可以养活 62 人,如果按美国的水平算,则只需要 3 800 多万中国农业劳动力就可以了。

英国每个农民可以养活 70 人,如果按英国的水平算,则只需要 3 400 万人就够用了。

中国有 8 亿农民,到了实现现代化的时候,就只需要 3 400～6 700 万人就行了。那么。中国什么时候,可以达到西方工业国家的水平呢?国家制定的目标是 2 050 年。

也就是说,从现在起,中国人要用半个世纪时间,消化掉多余的农业人口。

消化掉多少人口呢?

我们不按美国的标准计算,也不按英国的水平计算,我们只按西方工业国家中农业水平相对较低的法国计算。

按法国的人均供应人口算,中国只要不足 6 700 万个农业劳动力。那么,加上他们的家属,我们按每家 4 口人算,即每一个劳动力养活三位家属,——这个比例实际上是有水份的,那么,也只有 28 800 万农业人口。

用 8 亿人口减去 2.88 亿农业人口,就该有 5.12 亿人口需要从第一产业中分化出来,进入第二或第三产业。

这是一个多么巨大的数字。然而这还是一个很不准确的以简单静态分析得出的数字。

因为，根据人口学家现在的测算，到2 050年，中国将有至少16亿人口。按照目前的生育分布，则农业人口的自然增长率明显高于城市人口的自然增长率。假设到那时候，只有15亿人口的话，同时按现在的水平计算，只需要用半个世纪多一点的时间，就将有大约10～13亿人从第一产业中流向第二第三产业，或者简单地说，将有10～13亿人从农村流入城市。

祖国，我亲爱的母亲，你为什么会有这么多的农村儿女哟！

现在每年都有的农工潮，据说有5 000万人次，在不同时间不同地点参与这个大潮的活动。5 000万人次，何足道哉，他们的背后还有10亿后备大军哩！

鉴于这样一种形势，我们可以说，中国人口迁移，是一个不争的事实，问题是用什么方式，向什么地方，在什么时间迁移最好。

第一，农业人口向城市渗流。第一产业劳动力向后二个产业渗流，自然以渐变方式为好，突变不现实。中国乡镇企业搞了这么多年，大约吸收了1亿劳动力。如果改为突变，一年时间就要吸收1亿劳动力，那就有点像天方夜潭了。

但渐变不是不变，而是细水常流，不论国家、企业、东部、西部都应共同努力，使这种流向达到自然安顺，畅通无阻。

第二，为着达到第一个要求，国家应选择适当时机，即在二三年内，取消户籍管理制度。打破二元社会管理体制，实行全国公民自由居住权制度。

第三，为着保证第二个要求顺利执行，则不同的城市和地区，应尽快建立自己的迁移标准和新迁居民条件。就像新加坡一样，它对外来移民，首先有文化要求，低于某种层次，则不予办理入境签证。中国如果要实行自由居住权制度，就应该取消一切限制。但自由居住权制度应有各种具体法律作补充。这样做的结果，不仅对本地的经济文化发展有利，对于外迁移民也有好处。一是可以减少盲目性，二是有利于他们找到更适应自己条件的工作和生活环境。

第四，国家和地方共同努力，在符合经济活动规律条件下，把发展大中城市作为一种重要战略。

从世界发达国家的经验看，凡工业国家，必有一定数量的巨型城市和相当数量的中心城市。大中城市是现代工业国家的支柱，中国没有一定数量和质量的大中城市，则无法实现现代化目标。

第五，根据中国东部发展较快，西部发展较慢，而东部资源缺乏，西部资源丰富的特点，应兼顾东、西部发展，用经济方法疏导人员流向。在中西部利用它的资源优势，确定一些大型资源、加工工程。并用这些工程，吸收大量移民。

总而言之，中国的今天和明天，都面临着一个前所未有的移民高潮。这种移民大潮，在中外历史上是极为罕见，或者说是无与伦比的。虽然历史上的中国人，也有几次大的迁移，如少数民族进入中原，中原人迁向江南，但因为经济原因而造成的规模空前的移民活动，则是我们的祖先想都不曾想过的。在某种意义上讲，它和美国人开辟中西部地区有某些相似之处。

中国现在和未来的农民，也将发展自己的新大陆，这个大陆不在大洋彼岸，而在现在和未来的城市之中。

资本主义初始时期，也曾大量移民，但那是用火与剑的方式实现的，其方式方法万分残酷。而中国的工业化过程，则在国家兴旺、人民幸福的基调中兴起，尽管它也会遇到种种难以具体预料的情况。

中国必将成为现代化国家，中华民族必将成为现代化民族。

其中一大转变，就是彻底告别小农经济，彻底改变小农形象。

50年间，让十几亿农民成为现代产业的各自主人，这件事本身就是如此振奋人心，此等伟业，千古难求。

十四、科、教、文、体入市场

半个世纪前后中国教授的收入落差。

中国人对珠海重奖的大惊小怪。

文盲造成大量经济损失……

中国古来知识分子是一个独特的阶层，他可能比商人穷，却永远比商人贵。知识分子贵，是因为商人贱，无商不奸，全是贱人。虽然有几个小钱，不足以去其贱也。

但市场经济的大潮，使中国知识分子几千年来的观念发生变化。过去只知道“学而优则仕”，学习好了就能当官。后来号召当无产阶级革命事业接班人，本意还是当领导，掌政权。中国人在某一阶段，最重视谁是第一把手。凡单位都应有一把手，但中国的情况特别复杂，有时党政并列，有时党委书记便成为最高的人物，有时又搞行政首长负责制。但不论如何，“仕途”在中国是如此重要。直到如今还有所谓黑道、红道、黄道、绿道之说，那个红道，就是当官。

市场经济的大潮终于改变了人们的观念，早几年邓伟志先生提出要淡化官的观念，成为有名的邓氏定律之一。但要做官的人只当耳旁风，这两年，确实发现商海之中别有天地，人的发展不是“自古华山一条路。”当官自有其乐，下海或许更有前途。南方人首开风气，有的家庭教育孩子，就说，你再不好好学习，将来让你去机关当干部。我想广东人不会全是这样，但能有这样的想法，谢天谢地，已然是对中国传统仕途观念的尖锐挑战。

中国人缺钱，中国知识分子更缺钱，缺钱又拼命劳动，差不多成为寿命最短的一个阶层。这些因素加在一起，使人们把下海看成最时髦的事情。有人对中国青年人所羡慕的职业进行调查，企业家位置青云直上，早几年比较受人青睐的职业如作家、教授之类，便有江河日下之感。因为什么？因为教授穷矣。“穷得跟教授一样”。

或许可以这样说，中国自 1978 年实行改革开放政策以来，历次下海的人中，知识分子都不能成为主力。不信，请调查一下，看看个体户中究竟有多少知识分子，有多少大学生。但 1992 年春季以来，情况发生变化，公然下海的人中，不能说知识分子居多，但可以说知识分子特别活跃。

这是一个历史进步。中国知识分子终于敢于、乐于面对“金钱”话人生了，可喜可贺。就是马克思知道了这信息，也一定欢欣鼓舞。

于是在股市，在汇市，在房地产市，在一切能够产生最大经济回报的地方，知识分子已成为活跃分子。可以说，中国此次泡沫经济现象当中，多少有些书卷气味。这味道，有些甜意，有些酸意，也有些苦意。

知识分子是个阶层，知识分子最为集中的地方是科、教、文、卫、体 5 个领域。而且这些领域历来是最热闹最多出新闻的地方。笔者就这些特点发表一些自己的感想。

1. 此时不入市场，还要等待何时

中国的科、教、文、卫、体领域，这几年殊多不平，特别是教育领域，更加意见突出。

什么不平有这么广泛的影响？什么意见这么突出？

难道改革开放10多年来，中国的知识分子，中国的科技、教育、文艺、卫生、体育等部门不是发生了很大变化吗？中国的知识分子和艺术家们的待遇难道还没有得到充分改善吗？

不错，比之十年动乱，比之极左时期，甚至比之整个封建时代，中国知识分子的待遇都发生了翻天覆地的变化。

中国知识分子在封建时代，虽有入仕途可能，却没独立的人格。九儒十丐，虽有些夸张，但大体地说出入不算很大。

进入中华人民共和国，知识分子名义上也是国家的主人，然而，历次运动，知识分子都是最可悲的一群。凡搞运动，没有知识分子参加就搞不成，有了知识分子参加，还要整知识分子。好像一个窟窿，耗子钻不进窟窿便让耗子挖窟窿，耗子挖了窟窿又让耗子进窟窿，耗子进了窟窿还说耗子只会挖窟窿，于是又让别的耗子挖窟窿。

随着“四人帮”的倒台，“十年动乱”结束了，中国的知识分子方慢慢弄得自己有了点人的尊严。

那么，既然给了尊严，你还有什么不平？

虽然给了尊严，却没有得到经济上的真正平等。所以，不平。不平，则鸣；但光鸣是不够的。

知识分子特别是从事科、教、文、卫、体的知识分子，他们在整个社会层次中的收入比例，不是有所上升，而是加速度下降。其比例不但与国际上其它国家包括西方工业国家，也包括许多发展中国家，还包括东欧和前苏联在内，都不能相提并论。就是自己和自己比，也有江河日下的感觉。

二三十年代，中国一位教授的月收入，大约300块大洋左右。所以那个时候的教授，大都可以买下一所房子，而且可以雇佣1名以上的家庭保姆，离学校远的，还包一辆黄包车。

五十年代初，中国大学教授的月收入，一级教授，有400多元,像北大这样一流的学校,还有教授楼、专家楼。其收入同样可以使他们生活无忧,工作无忧。

七八十年代的中国教授的月收入,虽然经过工资改革,职业津贴不过 180 元钱。一个 1986 年以后的副教授,把各项收入加在一起,不过 200 元左右,职业津贴先是 122 元,后来人事部大发慈悲,长到 140 元整。

中国教授真个大幅度贬值,而中国的职称,又有按官级品位排列的恶习。教授就是司局级,总工也是司局级,主任医师也是司局级,研究员也是司局级。

一方面是教授贬值,一方面是物价上涨。二者加在一起,中国的科、教、文、卫、体岂能不产生不平,中国的知识分子怎能够没有牢骚。

牢骚证明他们对中国还抱有希望,但是希望的实现不能拖得太久。

中国的知识分子收入不多,因为中国的财政经费十分紧张。而且一紧张就紧张到科、教、文、卫、体头上。体育好些,有些特殊,其余四家,几乎不能幸免。特别是教育,中国的教育经费预算,不过占全部财政支出的 2.5%。这真是太说不过去了。而且还要反复强调"百年大计,教育为本"。教育本身都成了一块糟木头,你让它怎么为本?

教育经费少,教员收入更少。先是寄希望于国家,后来感到靠人不如靠己,靠己不如下海,于是便有了 1992 年以来的中国教师队伍的严重流失现象。连失带死,又失又死,便成了"老年退光、中年死光、青年走光"。虽是形象之解,拳拳眷眷之心,不觉跃然纸上。

即使没有退光死光走光的人中,也有许多奇异的现象发生。

奇异现象之一:小学老师上课之前卖冰棍,全班学生,一人一根；

奇异现象之二:大学教授利用假期卖馅饼，而且一卖还卖出一个大新闻；

奇异现象之三:科技项目得了奖，奖金发不下去，你要他也要，主要研究者拿不到几个钱；

奇异现象之四:十五的月亮十六圆，歌词作者得了稿酬16元整；

奇异现象之五:医生看病收红包，没有红包不放心；

奇异现象之六:运动员出国比赛代卖乒乓球拍；

奇异现象之七:演员靠着本团没饭吃，一但走穴便发财；

奇异现象之八:学术著作因为没钱难印制；

奇异现象之九:写了一个剧本前后背上4万元的债；

奇异现象之十:剧团演出，演得越多越赔钱。

总的说，这些奇异的现象真令人惊疑不解，然而这只不过是作者随手拈来的一些路人皆知的材料罢了。

当然，这些现象大部分都不是正常现象，更不是好现象。于是有人就说，“学校不是市场”。

不错，学校不是市场，岂止学校而已，运动场也不是市场，医院也不是市场，甚至剧场也不是市场。

不是市场固然不是市场，但它们不能超身物外，不能不受价值规律的制约和影响。

或者说通俗点，一个教授不等于一个垃圾户，但是他们之间的经济收入并非没有一个合理的比例。这个比例不是哪一个官员或一群官员可以随意指定的。它必须尊重价值规律的法则，还应接受市场经济实践的考验。

然而，过去中国人对市场经济太陌生了，对价值规律太疏远了。你疏远价值规律，但价值规律会提醒你，让你注意它的存在。

你违背价值规律，价值规律就要惩罚你，让你为此付出代价。

中国人受价值规律的惩罚已经够重的了，虽然这些惩罚条条件件都是咎由自取。

现在是到了中国知识分子向市场经济讨个公道的时候了，所以我们说，此时不入市场，君等欲待何时？

2.科技兴邦，名利双收

科学技术从来都对历史进步有巨大推动作用，但科学技术对历史的推动作用从来没有像今天这样大。

中国封建时代，也有许多重大科技发明，但因为中国是一个中央集权的农业国家。所以，科技的地位不如官僚的地位，而科技的应用也没有近代商业和大工业作后盾。所以，中国的四大发明，到了西方产生巨大影响，才使自己本身固有的能量充分发挥出来。

封建时代是一个官僚与农业的时代，所以政治家、军事家、思想家的地位重要，名声显赫也是有理由的，他们的实际贡献原本也大。

资本主义文明是一个科学加市场的时代，没有科技就没有资本主义文明，没有市场也没有资本主义文明。科学和市场的地位提高了，官僚的地位就下降了。所以西方工业国家，虽然也有法西斯主义和资本强权政治，但它的主流只能走三权分立的道路，科技可以长存，政治家却似走马灯一般。

美国数学家哈特在和各类专家广泛交流意见的基础上，并利用大量权威性资料，列出一百位名人，按其对人类的历史过程的贡献大小而决定他们的先后次序。这100人中，有：

科学和发明家　37人

政治、军事领袖　30人

哲学家　14 人

宗教领袖　11 人

文学艺术家　6 人

探险家　2 人

科学和发明家独占鳌头，有它立论的社会依据和历史依据。而这种排列方式在为中国传统文化所笼罩的封建时代，是绝对不可思议的。所以，即使《全唐诗》这样的纯文学作品集，也必须把皇帝排在首位。不是因为他诗好，而是因为他官大。本皇帝天下第一，谁敢不尊，大皇帝君临万国，谁能不尊？李、杜、王、白反而成了下贱之人。

科学技术唯有进入市场，才能取得应有的特殊地位。科学技术发明者才能真正扬眉吐气，得到他们本来应该得到的名誉与利益。

而这些，是中国科技人员千年未曾想过的好事，百代未曾有过的美梦，但改革开放一来，终于有了成为现实的可能。科技人员中，下海者多，而且也早。1992 年珠海还出了一件特大新闻，发巨奖给有重大发明的科技人员，不但奖房，而且奖车，还要给钱，三者加在一起，不下 100 多万。于是新闻一出，全国欣慰。100 万元，对于偌大的中国不过九牛之一毛而已，但奖在科技人员身上，便成热门新闻。

科技人员得了重奖，多少人激动，有的看见那么多的“银子”流入几位科技人员口袋里，不免为之咋舌。

其实，这是中国人大惊小怪了。

世界上的大发明家爱迪生，一辈子挣了多少钱？黄色炸药 TNT 的发明者诺贝尔，一生挣了多少钱？别的不说，按照诺贝尔遗嘱建立的诺贝尔奖，在世界上占据多么重要的位置，有多么巨大的魅力。

想到他们，我们不禁想问一句，如果中国的科学家、发明家也有了诺贝尔、爱迪生一样的发明，将会如何？

为着中国的现代化，中华人民共和国政府应该确认更好的科技兴国战略，中国立法部门应该颁布更多的有利于中国科技兴旺发达的法律。以利科学技术成为社会的宠儿，让知识分子能够飞黄腾达，最好飞黄腾达。

就目前笔者看到的资料而言，振兴科技必须做好如下几点。

(1)改革科技管理体制，让科研人员能够进门搞科研出门即市场

中国旧有科技管理体制，完全是计划经济的产物，科技人员只管研究，不问生产，不问应用，也不问市场。虽然国家也有推广措施，却手段有限，效益也有限。

科技研究应面向市场，科研体制也应该按市场经济的要求重新规范自己。比如中国科学院，是中国科学研究的最具热点最具权威最为人才荟萃的地方，过去一段时期，不知出于什么考虑，居然文理不分，大家聚在一起，后来又有了改变，是个进步。但最大的进步还在于走向市场，而走向市场非改革旧的管理体制不行。它包括：

改革用人制度。不能一有科学家头衔，即使什么不做，也可以永远坐在科学院的大办公室里领一份薪水。有成果者进，无建树者出。活水长流，青春永驻。

改革管理方式。凡能与市场活动直接挂勾的专业和研究所，均应走企业化道路。

改革管理体制。后勤供应应逐步走社会化服务道路。管理人员应精明强干，主要是少。不但行政人员应大额度裁减，管理干部也越少越好。越少越好这 4 个字虽然不合辩证法，但对于中国的管理体制来说，确是一剂良药。

一方面要改革旧制,一方面要另起炉灶。另起炉灶就是搞民营实体,集体、个人均可为之。

照理说,现代科技不是手工作业,个人和小群体不易搞出名堂。但看海淀科技一条街的情况,由大变小,一分为二的情况十分常见,而且往往小的更显出某种优势。

科技变小,也许并非长策,但民营机制确是好法。至少民营机制更易进入市场,这一点确定无疑。

(2)建立服务体系,使科技成果迅速走入市场,转化为物质财富

1993年2月14日日本《日经产业新闻》发表文章,认为“科学技术产业化是中国当务之急。”

文章说:“我们想向中国领导人强调的主要有两点:一、中国要加强科学技术体制,弄清基于市场机制的工业化发展模式,这是中国今后在全球生存下去的重要战略;二、如果中国现在不抓紧时间赶上西方工业国家具有的、以市场机制为基础的商品技术开发能力,今后对西方的依赖会越来越强。”

应该说,中国的科学技术水平还比不上西方工业国家,但中国确实已经有相当雄厚的科学技术基础。中国的科技发明成就很多,而且有些领域已经甚至达到世界先进水平。对于中国的科技界人士而言,最重要的还不是科学技术落后,而是他们缺少一种迅速进入市场的机制。而因为缺少这种机制,又反过来限制中国科学技术的充分发展。

中国应创造一切条件,使这些成果有更多的进入市场的机会,为达到这样的目标,应该建立一整套为科技成果转化为生产力和物质财富的服务体系。包括专利公司、开发公司、咨询公司、技术服务公司。一是健全服务体系,二是使用高科技服务手段。使用户可以毫不费力地就找到自己需要的技术,同时又能找到发明这些技术的科技人员。

中国的市场有无限美好的前途，中国的科学领域有无比巨大的潜力。张生爱恋莺莺，莺莺也爱恋张生，最需要的就是一位能办事会办事且不徇私的红娘丫环。

这个红娘就藏在未来的大市场里，把她呼唤出来，官方，民方，都有不可推卸的历史责任在肩。

(3)**健全法律制度，确保知识产权**

实在说，对科技人员的重奖更像一种政治行为，而确保知识产权不被侵犯，从而也保证科技人员的合法权益不受侵犯，才是治本之法。

讲到合法权益不受侵犯，有一点要特别说明。中国人一讲权益，往往想到的是受欺辱和侵犯。实际上，不受欺辱和侵犯其实只是最低保证，因为中国知识分子的权益被以各种方式剥夺惯了，所以现在的问题，还不是不受侵犯的问题，而是把应得的先拿回来。然后再使它们得到充分保护，该得的都没有了，你保护什么。你本该有100条黄金，现在只剩下2条，你还说保护，这样的保护基础就不公道，结果不是保护了应得的权益，而是保护了权益的丢失。

此外，还要讲几句，科学技术的基础理论研究问题。

科技体制凡有风吹草动，最敏感的就是从事基础理论研究的人。因为别人进市场易，基础理论研究者入市场难。

那么怎么办？基础理论研究有它存在和发展的最充分的理由，同时，基础理论研究也同样应当得到符合市场经济法则的那种收入水平。

为达到这一点，就应该做到：

第一，国家对基础理论研究人员的待遇应做出合理规定。

第二，有能力的企业集团可与科研单位联办一些基础理论研究项目。

第三，一些基础理论研究单位应转入相关大学。

第四，基础理论研究的人事、管理、分配体制也应该尽快实行深入改革。

同时，应该说明的还有这么一点，就是考虑到中国的经济状况，中国的科技领域的基础理论研究队伍不能太大，人员不宜太多。

1993 年 8 月 9 日《报刊文摘》摘登了一篇文章，文章的题目是《杨振宁访问东北师大时发表见解：从事基础理论研究的人不宜太多》。

本来讲这个观点，内心颇为踌躇，但看到杨振宁先生也有此见，他毕竟是科技场中人，自己心里也顿觉踏实许多。

3. 中国教育面临的挑战和机遇

从正面讲，教育不行，一切都有落空的危险。1992 年《中国统计信息报》就有一篇文字章，讲“我国实现小康目标最薄弱的环节”。有那些薄弱环节呢？一共讲了 5 条，其中第二条“大学生占适龄人口比例过低”。我国 1990 年占 2%，2000 年目标为 3%～5%，踞国际小康差 16%，最多的差 39%，差距很大。”

虽然差距很大，但是改革的速度不快。八五计划，高校每年增加不到 1 万人，“如果按这个速度，到 2000 年也只能达到 220～230 万人，每万人口的大学生仍只有 18 人，比印度 74 人低得多。”

一方面，是大学生占人口比率数提高很慢，另一方面，是失学人数居高不下，甚至年年有所增加。据 1990 年第 4 次全国人口普查 10%抽样资料显示，目前全国 6～14 岁不在校的学龄儿童共 3 373.9 万人，占这一年龄儿童总数的 19.07%，农村不在校学龄儿童共 2 830 万人，占全国不在校学龄儿童总数的 83.88%。”

将近 20%的学龄儿童不在校学习，这样大的比例怎不令人有触目惊心、失魂落魄的感觉？

但更可怕的是，对于失学现象，失学原因，失学违反中国义务教育法，中国人并非不清楚。然而，尽管这些年报界记者和一批又一批的痴心不改的教育工作者和一切有良心的中国人呼吁了又呼吁，感慨了又感慨，提案了又提案，讽刺了又讽刺，结果还是依然故我。死猪不怕开水烫，你说你的，我干我的。

在很多人眼里，经济搞不好，是硬指标，粮食没了要饿肚子，钢材少了会卡脖子，教育好坏只是装面子。

他们哪里晓得，如果一个民族的素质很差，那么，它造成的历史性灾难是无法用数字来表示的，即使因为人的素质不高，造成的直接经济损失也是极其惨重的。

1992 年 4 月 3 日，《参考消息》报道，“文盲造成大量经济损失”。而且不仅发展中国家而已。

文章说，经济合作与发展组织(OECD)“研究发展署唐纳·新德说，文盲造成了资金大量流失。他说现在的工厂工人已经不再从事 30 年前的机械工作了。今天，他们需要能够控制机器、查阅操作手册。尽管很难具体衡量出文盲造成的经济损失，但经济学家估计其造成的损失折合货币达 400 亿美元。”

发达国家因为文盲缘故，有可能造成 400 亿美元损失，而像中国这样的发展中国家。如果文盲充斥，或者长此以往，文盲边扫边生，那么，就无法进入发达国家行列。叶利钦说，俄罗斯将成为第八个工业国家。但愿中国能和他们一比高低，但至少在人的文化素质方面，中国人似乎还比不过人家。

石油大学校长张一伟教授 1993 年曾再次呼吁重视教育，他说:“唯有人民的素质不能引进”。这无疑是一个不易反驳的理由,你能引进各种先进设备,但你不能引进人的素质,何况说中国是一个人口多到连呼吸都有些急促的国家,更不要想会出现美国那样的情况:土著居民虽素质有限,大量移民却身手不凡。

中国人要提高自己的文化素质,只能靠自己了。而所谓靠自己,不是靠吹牛,靠自我感觉良好,而是靠教育。

然而,谈何容易!

不用说,中国教育正在面临十分困难的局面。之所以造成这样困难的局面,可以列出 100 条,1 000 条原因,但最重要的,还是“钱”及走向问题——尤其是钱的走向问题。

中国缺钱,教育更缺钱。

当然也要具体分析。

本书的分析是:一方面国家对教育确实重视不够,口惠而实不至。好话可以尽情奉献,然而,要钱却比登天还难。比如北京有一所学校,校舍太小,为了改变办学条件,找这个,找那个,找来找去,没啥办法。后来把原来的校舍卖给一个机关,一下子卖了 4 500 万人民币。学校全体人员,在新校舍未建成之前,天天去窦店上班,坚持三年,方返回城里。国家没钱,对。但国家机关却有钱。不然的话,为什么同样的 4 500 万人民币,学校求爹告娘,没有办法,而国家机关拿这些钱出来,却不费吹灰之力。

另一方面,学校本身也存在人浮于事,一线教学人员太少,而机关后勤人员过多的问题。同样上面讲过的例子,一所普通大学,教职工加在一起,700 人左右,但教员不过 50%的样子,而这 50%的人中,据有一次上面来人调查,真正满点上课的不过 100 多人。有人就说,梁山好汉 108 将,不算少了。但后面还有 600 人要分勺汤渴,就难免三喝两喝,把个黑旋风李逵喝成鼓上蚤时迁。不是李逵不行,而是负担太重。

再一方面，限于国家管理体制，学校虽然靠办一点夜大学之类，搞点计划外收入，但总的来说，还是体制太僵化，捆绑太死。

国家是学校的婆婆，如果这个婆婆不能为儿媳提供生活条件，那么就应该让她去自立新家。

教育特别是教育管理体制和学校体制应尽快实行改革。改革的方向，应有利于如下5个变化。

(1)**办学方式，由一转多**

所谓由一转多，是指由国家一家办学，转为可以多家办学。国家可以办学，企业可以办学，社会同样可以办学，国外投资者，也可以来华办学。

中国的教育基础如此薄弱，办学的人只恨其少，不怕其多，办学渠道，只恨其少，不怕其多。

(2)**改革教材内容，由计划模式转为市场模式**

这一点在中国经济类院校反映最为强烈。但在一般院校，同样存在这样的问题。你不要说，我这里是文、史、哲、医、农、理，和经济不太搭界。这话差矣。老实说，连中国文化的老祖宗都要放在市场海洋中再洗礼一回，你怎么能说自己一个活生生的学校就和市场经济不搭界？

不但搭界，而且正是份内之事。仅从课程设置看，旧的体制，没有一个学校，没有一个专业，不花很多精力很多时间去教授政治经济学，而且还有资本主义部分、社会主义部分，这没必要。讲经济学，过去专讲计划经济，后来又讲计划经济与市场调节相结合。讲来讲去，和市场经济不能搭界，这样的教育，费时甚多，用处甚少。早应彻底改革。

一些经济专业，为计划经济服务的课程成龙配套，与今天的改革现实相比，更是差之千山，离题万里。计划经济的课程，适当讲点也好，可以作为经济史课，讲讲产生这种体制的历史及其作用究竟如何。

不仅经济学，也不仅经济专业，教学教材中，为计划经济服务的内容还有很多。而这些内容，大部分是左的或含有左的毒素的，不论文、史、哲、政、经、法，为着真正能使教育为中国市场经济服务，确有很多艰苦卓绝的工作要做。

(3)**改学年制为学分制**

学年制是计划经济的产物，不利于培养学生的个性。连孔夫子说的"因材施教"都做不到。学分制则更宜于学生的自由选课和创造能力的发挥，而且学分制还有一个特别积极的社会效果，就是可以把学校的大门开得更大些。凡具有高中毕业文化程度的人，都可以进门来学。

早就有人指出，中国和西方国家相比尤其和美国的大学教育相比，我国是"进门很难出门易"。学分制正是改变这种特殊现象的一付良药。

(4)**根据社会需要或者说市场需要，大规模调整旧有专业**

中国自 1949 年以来，也多次调整专业，还进行过一次院校调整，结果是越调整计划经济的味道越浓烈。

现在好了——毕竟老百姓方是真正的英雄——过去的考生，是先认名牌后看专业，比如文科考生最高理想是北京大学。现在考生是先看专业后看牌牌，许多专业因为不合市场需要，已经出现招生危机。

还是那句老话，和市场经济较劲儿，倒霉的只能是自己，与其勉为其难，不如除旧更新。市场需要的就下力量多办，市场不大需要的，只能少办一些。

(5)**人事制度，由分配制转聘任制**

聘任制应该是真的，不是羞羞答签，今天留一个尾巴，明天留一个尾巴。

什么叫真的聘任制？

就是自校长以下，凡不能聘任者，便和学校没有关系。一切档案手续交给本人，由本人另谋出路。

当然，这需要动大手术，民办学校好办，公立学校校长如何聘请，立法是个前提。

(6)后勤服务，由一切自己转为服务社会化

前面引过一篇“公车走穴”的文章，地方政府的“车”都可以“走穴”，学校的后勤车为什么不能？也应独立核算，进入社会。

现在许多地方的情况，是似改不改，半改不改，说是承包，学校并没有真正受益，一线教学人员更不受益，只是肥了承包者。

最后，还想就现今弄得火热的贵族学校讲几句看法。

贵族学校，始于四川。但看现在的势头，有在整个中国大中城市和东部地区遍地开花的希望。

贵族学校全是私立学校，虽然私立学校未必都够贵族资格。

为什么叫贵族学校？因为它收费高，学校条件好。学生实行寄宿制，每班学生人数也少，一般不超过过 25 人。“公寓内有空调，统一被褥，统一服装，一日五餐，并由营养师科学配餐；在完成国颁教学大纲要求的同时，从小学一年级开始教授英语课和计算机课；学校为孩子们提供钢琴、健身房和游乐厅”，等等。①这是北京京华私立学校的情况，也有比之条件更好的，也有比之稍差的，但既然敢于称为贵族学校，那情形相去不会太远。

贵族学校收费高，学生入校，先预交现金 3 万元。3 万元，不是一个小数字，但学生能享受到这样的学习生活环境，也不算多。

中国是多年的社会主义国家，一时出了贵族学校，不免纷纷

① 1993 年 7 月 29 日《文萃》，《撩开私立学校的面纱》。

扬扬，说好说坏，意见相左，持批评意见的，主要是说这种贵族生活对孩子成长不利；从小使他们有优越感没有好处；同时对公立学校冲击太大，公立学校优秀教学骨干有被挖走的危险。

这几条，其实理由不够完整。

学校条件好，对于学生绝非坏事。你不能说，别人有空调，你也一定得有空调。这个不必。应该说，如果有条件，最好全国的孩子都能住上有空调的宿舍，都能上有娱乐厅和健身房的学校。既然不能全部做到，先有一部分尝试一下有什么不好？这好比中国实行的让一部分人先富起来的政策，是大家都穷好还是一部分先富好。说都穷好的，往往是那些有特权的人，或者被不患贫而患不均幽灵俘虏的人，他们生在20世纪90年代，还说着2 000年前的旧话。

公立学校优秀教学骨干被挖走的事，也应该有个新看法。你办的不好，人家当然要走，不去私立学校，也可能下海或者干点别的什么。你不能说，我不给钱，别人给钱也不行，这就霸道了。国家不能解决的问题，民间先给解决了一部分，有什么不好呢？还是毛泽东主席有远见。他老人家谆谆教导我们，说群众方是真正的英雄，“高贵者最愚蠢，卑贱者最聪明。”如果嫌这样说过于绝对，那么我们可以改成往往高贵者最愚蠢，卑鄙者最聪明，“往往，”好不好？

公立学校留住人才的办法只有一条，就是你的条件和你的人文环境比别人更好。请问，能更好吗？难。

4. 从专家门诊看医院改革

总的讲，医院的条件比学校好些。但改革的思路应大体相同。

现在最引人注意的是专家门诊。

其实专家门诊只是一个信息，它预示着，医疗卫生体制早该实行改革了。

医药卫生事业关系到每个公民的身心健康和生命安全。

其改革思路，应特别强调以下三点。

第一，目标明确，一切为了公民的健康与安全。

第二，公立、私立可以两条腿走路，但资格审定应有严格科学的立法依据。

第三，医药卫生的市场化发展应建立必要的规范。

5. 明星制已到大显身手时

对明星制也有种种争议，其实，中国虽然没有明星制，但已经有了强烈的明星效应。

如果没有明星效应，为什么毛阿敏 1992 年的出场费就达到 6 000 元？

为什么中国会有那么多的如痴如醉如狂如颠的发烧友？

明星制是市场经济的必然产物。中国既然实行市场经济，又何必非要歧视它？

照我的看法，中国电影改革的结果必然会出现明星制。而中国体育体制的改革必然走上民办公助的市场化道路。中国足球的真正出路就在于足球俱乐部制度的真正成熟和完善。

不仅如此，中国还应有自己的狂欢节日，因为竞争意识是现代人最突出的意识之一。

大家早已不满足于站在台下，而且希望走上台去。

随着中国改革开放历史任务的真正完成，中国的文坛、体苑，必定百花齐放。而中国的发烧友们也会如潮如涌，热风催雨满中华。

十五、文化需要融通，模式需要选择

中国泡沫经济的文化特色，是整个中国现代化过程都需要认真分析和对待的。

中国传统文化面对市场经济的九大弊端与四个优势。

未来中国文化如何走向，是一个有关中国发展前途的话题。

泡沫经济现象本质上也是一种文化现象，所谓中国特色的泡沫经济，不仅和中国现在的社会文化息息相关，也和中国历史悠久的传统文化息息相关。中国传统文化，源远流长，影响巨大，而且是世界上唯一一家没有发生过历史断层与社会断层的文化类型。中国传统文化是好是坏，争论多多。平心而论，好的内容也不少，如果没有许多精华，为什么能创造出那么许多历史的辉煌和历史奇迹？坏的内容也不少，如果没有坏的，为什么西方人自文艺复兴运动以来，取得那么巨大的历史成就，而中国自16世纪以降，总是一些挨打的历史、内乱的历史、腐败的历史、落后的历史？如果我们画一张大表，可以看出，中国人在科学技术方面的发明，主要集中在西方文艺复兴运动以前，此后我们没有什么重大的影响人类进步的发明创造。某些中国史界的先生们一讲发明，就说比西方人早五六百年，七八百年，一二千年。实在我们已经取得四大发明的时候，他们还落后着呢！可是，也不要毫无根据地替古人光荣，人家在世界文化中一火再火的时候，我们又成为东亚病夫了。

所谓中国特色的泡沫经济，主要是说发生在大陆的泡沫经济有鲜明的中国文化特色，也具有很浓的传统文化特色。它充分了反映了中国人的某种思维方式和行为方式，而这些正是整个中国现代化过程都需要认真分析和对待的。

1. 中国传统文化不利于市场经济的九大弊端

同任何一种传统文化一样，它们的内容都属于历史这个范畴，即有好有坏，坏中有好，好中有坏；坏能变好，好能变坏。因为有好有坏有变化，才需要不断扬弃和更新。

中国传统文化本身的优劣是一回事，现代人怎么看待怎么融合怎么评价它又是一回事。五四运动时期，批判和否定传统文化成为主流，五四运动时期最杰出的三位代表人物，陈独秀、胡适、鲁迅，都是传统文化的对头。陈独秀的批评着眼于政治，意在主张马克思主义。胡适更熟悉西方特别是美国文化，他对中国传统文化全盘否定。鲁迅先生首先以小说家身份登上历史舞台，但他的杂文有更高的成就。他不像陈独秀那样投身政治生活，也不像胡适那样对西方文化一往情深。他对中国传统文化有更深的理解，因此他的匕首和投枪，专门打击传统文化的要害部位。

但传统文化的影响无所不在，文化传统亦很难打破，新文化固然有无限生机，传统文化却又积重难返。五四运动以后，几起几落，一会儿说传统文化否定不得，一会儿说不否定就不能彻底革命。孔夫子跟着受累，好好坏坏，冷冷热热，要不就成为10亿人民的众矢之的——其实哪有那么多人对孔夫子同仇敌忾；要么又成为最重要的文化人物，要举行世界级的纪念会——其实表现这般热情的人，其动机也很复杂。但有一点是值得注意的，就是不能用阿Q的观点看中国传统文化。以为凡是中国的东西就是好，祖宗文化，世界第一，谁说不好，就是不爱祖国，别有用心。

老实说，中国传统文化固然在历史上起到过巨大的作用，但在很大意义上，它和现代化是格格不入的，和市场经济也是格格不入的，否则，为什么西方国家几百年前就进入市场经济历程，而中国人直到今天，才对市场经济有了些模糊不清的认识？

从世界各地的历史进程看，每个国家的现代化过程，都和它的文化传统、文化环境有关。西方基督教文明为什么率先进入资本主义，当代大思想家马克思·韦伯专门对此作过研究，写过一本文化名著《新教伦理与资本主义精神》。日本为什么一花独秀，成为亚洲唯一进入西方工业强国行列的国家？日本独特的文化传统和地理人文环境是促使它脱颖而出的基本性原因。

西方人、日本人能够办到的，中国人为什么办不到？很显然，中国文化传统不利于社会生产力的发展，不利于对外开放，不利于现代大市场的形成，是一个最重要的原因。

但看一些中国人现在的意思，是一心要向新加坡学习。因为李光耀先生认定中国儒家文化对现代化不但重要而且有益。东南亚四小龙特别是新加坡，就是以儒家文化为其重要发展特色。这个也不错，但具体分析新加坡、香港、台湾和韩国的情况，并非全面继承儒家文化。韩国文化自然有浓烈的民族特色，韩国人说，韩国文化中有中国儒家的影响，但不能说，韩国文化就是中国儒家文化的组成部分。这一点也和日本文化相似。香港文化既有中国传统，又有英国文化的大量渗入，可以看作是两种文化相融合的结晶。新加坡文化具有儒家文化风格，其基础却是现代市场经济蓝本。这一点和台湾文化十分相似。我们可爱的同胞们，切不要把大陆理解成新加坡。新加坡只有618平方公里，比北京市还要小一半的样子。不是说人家小就没有意思，而是说，毕竟中国的国情和新加坡的国情不同。比如单举深圳的发展，它不比新加坡差多少，但你能说深圳就代表整个中国的经济状况吗？上海在半个世纪前就被称作远东纽约，但你能说上海就代表了中国社会发展的层次吗？不但不能代表中国经济的发展层次，经过将近半个世纪的时间，上海不仅没把中国带起来，反而连自己也被中国大陆实行的各种政策七捆八捆，捆成一个大粽子，只剩下让人吃的份，自己已然全身麻木，动转不得。要说研究文化，应该研究一下日本文化倒是更为紧迫的事情。作为炎黄子孙，正视中国传统文化中的历史缺陷才是最为正确的办法。

中国传统文化从整体上讲，不利于中国的现代化建设，也不利于现在刚刚开始推进的市场经济的历史进程。具体分析它至少有如下九大弊端。

(1)**不讲工商，讲民本**

儒家民本思想，最有光华。但民本思想的负面效应，却是重农抑商。因为无论从地理环境上，从文化传统上，从社会类型上，古代中国都是一个中央集权的小农国家。

从地理环境上看，古代中国显然是一个大陆国家，大陆国家最适合农业的发展，而农业经济追求的又是一种安定的社会环境，最看重风调雨顺，最反对大起大落。古代中国，东有沧海，北面是草原和戈壁，西北是戈壁和沙漠，西南是高山大川，不宜交通。于是便以黄河长江为中心，形成中国农业的核心地带，成为中国经济的核心地带，又成为中国传统文化的核心地带。

中国的这种历史环境，决定了它必然实行重农抑商政策。因为商业固然可以获取高利，却不利于整个国家的稳定，商重则伤农，伤农则伤本。所谓儒家民本思想，在相当的意义上讲，就是农本思想。只要农业稳定，农民稳定，皇帝就可以和他代表的整个官僚阶层享受太平。不管这皇帝英明也罢，平庸也罢。

从反面经验看，中国古代的封建政权，没有一次是被农民以外的力量所推翻的。即使外力入侵，也和国内农民起义相互呼应。农民享福，则国家强盛，农民一乱，则江山倾覆。

所以历代皇帝，一味重农，一味抑商。虽然也讲士、农、工、商，农是最基础的，士人数量少，大部分是官僚阶层的候选人和接班人。工、商的数量也少，因为没有大的市场，也没有大生产，不发展大市场，也不发展大生产。中国的工、商，虽然也有历史的辉煌，但其实质却是为农的阶层和皇亲国戚服务的。真正的农民，只有自发的集贸市场才和他们发生某种真切的联系。

但商业的本质，是只要不管，就能发展。而中国传统文化的本性，则是只要影响农业稳定，一定要管。所以中国古来商人是最倒霉不过的一个阶层。虽然他们为中国社会的发展起过很大的作用，却是皇帝最差的一民，又是受惩罚最多的一民，还是受歧视最重的一民。一些朝代干脆规定，商人不得坐牛车，不得骑马，千里贩货，只能步行。商人出外行商，两个裤腿两种颜色意在标明身份，带有歧视含义。而商人阶层也知道自己随时都有可能被倾覆，所以很多中国商民，都既经商，又务农，不是自己亲身劳动，而是置房置地，把家产都安在农业当中。

所以，我们看中国科技史和商业史往往会惊讶，中国唐代以来的商业发展已经有很高的程度，而中国科技发展在好多世纪前就是独领风骚于世界，为什么最需要科技与工商的资本主义，不出在中国，而出在西方？此无它，因为中国的以农为本的文化结构，在中国工商业和中国应用科技还没有走到资本主义大门的时候，就已经堵住前门，也断了后路。

(2)**不讲开放，讲中心**

中国传统，不讲开放，但也不讲侵略。中国人的历史，总是受异族入侵的时候多，而主动出去的情况少。虽然有主动出去的情况，也大多因为政治原因，很少因为经济原因。所谓政治原因，一是保护中国本土不受骚扰和侵略，一是大扬皇帝国威，因为“普天之下，莫非王土”。

西方工业国家的发达，首先和哥伦布发现新大陆有直接联系。哥伦布发现新大陆，目标非常明确，头一位的目标就是为了黄金。未曾出航，先要权力，又要封地，还要对未来财富的分配办法。这几条在中国历史上没有一条被想到过，也没有一条行得通。中国人出使，都是皇帝钦定。让你干啥，赶快谢恩。否则刚刚赏你点信任，你就得寸进尺，和皇帝老子讲条件，先打下你的下半截来，看你还敢不敢犯上作乱。欧洲的发达，有赖于哥伦布，而美国的发达，又有赖于从非洲贩卖黑奴，英国本土才有多大，不过 24 万平方公里，比中国的台湾省大不了许多，但它一旦发迹，居然称为日不落国家。整个地球，不论哪个经度上都有自己抢来的土地。日本人发迹，内靠维新，外靠侵略，中国还是这种侵略的最大受害者。

中国人历史上也有远行，其艰难卓绝程度，正堪与哥伦布、麦哲仑的航行一比高下。而且，汉代就有张骞通西域，唐代又有玄奘大法师偷偷摸摸去天竺取真经，明代更有郑和下西洋，比之哥伦布更有气派。然而这历次的伟大远行，都没有经济目的，虽然有经济结果，那是计划之外的副产品。张骞通西域，政治军事目的是第一位的，目的就在于联合西域，打败匈奴。在那样的时代，汉武帝有重大的战略安排，可谓雄才大略，非同凡响。但于经济一事，考虑都不考虑。虽然西域传来的胡琴很好听，传来的葡萄很好吃。如果汉武帝以这样的品性去搞经济，那么，后来的世界文化格局都有可能发生变化。唐玄奘去印度，更是历尽艰险，因为他独身西行，而且没有合法手续。但中国人就是能创造奇迹。唐玄奘对中国传统文化的实际贡献，虽不比孔孟小，但也因为中国是一个以农为本，以儒为本的国家，他的地位就得不到充分认识和重视。后来干脆让吴承恩一番刻画，把他老人家和顽猴、蠢猪放在一起，漫画一通。郑和下西洋大约和哥伦布同时，前后相差不过半个世纪的样子。然而二者的目的和文化品性却是如此不同。哥伦布目的是黄金，不发财，就不冒险，为发财才冒大险，黄金就是太阳，光灿灿照在心头，无所畏惧。郑和的目的则是宣扬皇威，安托万邦，一路施金，一路宣传。前面没有经济目的，后面没有经济安排，虽然舰船巨大，堪称当时世界之最，航行之远，也不比任何人稍有逊色，终因为与经济无涉，所以固然喧赫一时，但不能长远扎下根来。

中国有5 000年历史，真正的开放没有多少时间。若论开放的时代，首推春秋战国。不过那是一种在统一王朝意义下的内部开放，并从此给中国的后来发展留下一个模式。中国文化，对外它是封闭的，大门开时少，关时多。就是出去走一遭，看上三天五天赶快回来。父母在，不远游，国君在，不外向。而对内关系，则是开放的。所以中国内部虽几经分裂，必定统一。合久必分，分久必合，分是过渡，合是结果。这当然和中国的农业文化基础有关。在中国农业生产的基础范围之内，统一才好生存，分裂只有贫困和死亡。但也和中国文化传统有关。中国为什么叫中国？因为是天地的中心，既是天地的中心，当然要叫中国，而且中心只有一个，别人都是蛮夷。蛮夷之人，甘心做皇帝的臣民，就得安抚。不甘心做臣民，就应该予以讨伐。中国皇帝是这中心的核心，贵为天子，代天行道。

中国人的这种文化传统，曾经产生过巨大的凝聚力量，所以中国人是一个最好寻根最不能忘祖的民族。我们的华夏同胞去了美国，入了美国籍，回到国内，还和一家人一样，即使一些报刊登载他们的消息，前面也必冠以美籍华人。美籍是修饰，华人是本质。但这其实并不很好，比如美国总统，真正老根就出生在北美洲的一个都没有。真正的北美人种应该是印第安人才对。为什么欧洲人讲到美国总统的时候，不说这个总统是美籍英格兰人，那位总统是美籍爱尔兰人呢？基辛格博士在中国大有名气，他就是一位德国犹太族移民。如果有人称他是美籍犹太人，他愿意听吗？美国人就是美国人，不是根据你出身哪一个民族，而是根据你加入了美国国籍。

中国人因为有世界中心的思想，一直到本世纪六七十年代还闹得热火朝天。说北京是世界人民的首都，说中国是一切被压迫人民的可靠大后方，说中国最高领导人是世界人民的伟大导师。这些，都合适吗？自中华人民共和国成立之后，很多宝贵时间，就是在这种疯疯颠颠的气氛中给浪费掉了。后来，睁开眼睛一看，发现中国人的人均收入，排到了世界的队尾，和中国人为伍的只剩下越南、老挝、柬埔寨、古巴这样的穷兄弟。

中国人好讲中心，好当中心，现在进行的由计划经济向市场经济过渡的历史大转变，还忘不了中心的意义，总想这也指挥，那也规定，要用一个统一的意志硬把中国经济的一切积极因素调动起来，而把它的消极因素抬手斥去。殊不知，市场的本性在于平等，市场的规则，在于法制。仿佛大禹治水。市场如水，只能因其势而利导之，大禹善导，便会成功。他的父亲一心想堵，结果成了一位没头没脑的怪物。

中国泱泱大国，岂能成为怪物？不应成为怪物的中国人应该放弃所谓中心主义的旧思维模式。开放的世界没有中心，只有平等交往，相互补充。

(3)不讲法治，讲清官

按说中国人这么聪明，不该弄不清法律是社会各阶层用来保护自己利益的，而清官是专门“治”人的。好的治人方法，称为人治，坏的治人方法，便兽性大发，拿人不当人，只是便宜了暴君与贪官。

当然古代法律是有政治性的，但它同时还有文化性。不同的社会文化类型，可以产生不同的法律文化模式。英国有大宪章传统，大宪章产生在13世纪，英国各领地的贵族便利用大宪章限制了其国王的权力。古代中国也是最早具有成文法的国家，却没有一段法治的历史。现代中国人动辄大讲法律的政治性，但往往忽视了最重要的一点，法律的政治性要给它所维护的政权带来实际利益才行。不因为你给自己的法律加一个无产阶级的大标号就比别人的法律高明10倍。黑猫白猫，抓住耗子才是好猫。何况，现代的法律对象最主要的任务是保护全体公民的合法权益。

中国古来轻视法治，重视清官，往往到了着魔的程度。

包拯大老爷是清官，上膺天命，文曲星下凡；下为黎民，什么难办的事情，他都可以办得来。头上有一个大月牙，好像是一本通往阴间的护照。老百姓奉之如神，说他“日断阳，夜断阴”。连阎罗殿中的判官都敢铡。这样的清官，已经具有半人半神的性质。说他是人，他有超人的能力。说他是神，但又管着人间的事务。他比上帝更容易亲近，人们看得着他，又摸得到他。而且他也不要享受人间香火，一心只为百姓办事。这等清官，谁不喜欢。有了这样的清官，还有什么可忧虑的。饥荒了，他来赈粮；冤枉了，他来昭雪；受欺骗了，他来辨伪。连打死皇亲国戚，他都有办法让你死里逃生。

中国人迷信清官，清官则迷信皇帝。包拯大爷的权威总是在皇帝的庇护之下。所以老百姓就万口一声，认定他是太后的干儿子。传统京剧演包公戏最有威严，最接近传统文化圭臬也最具中国文化特色。比如他去阎罗王那里捉拿坏人——不，应该是坏鬼，阎罗王急了，对他高声唱到："阴间事，不用你阳官来管"。这话也对，鬼魂世界的事情，该归阎王领导，你包大爷虽然是皇帝的干兄弟，太后的干儿子，来这里管事对鬼魂而言总不大体面。他哪知道，包老太爷比他更加理直气壮，气壮如牛，包公凛然对曰：

"宋天子他封我阴阳二官。"

听听，请听好了，宋天子——就是宋仁宗皇帝，已经封包拯为阴、阳二官，管你鬼魂不鬼魂，天子诏下，照管不误。

我想，这在中国文化以外的文化圈中恐怕是很难理解的。基督文化传统，只有上帝才能决定一切，而且，上帝既然已经决定一切，也就不需要那么复杂的天官系列，绝不像中国道教表现得那样——天上的官比民间的官还要更多更杂更累。皇帝、国王，虽然是一国之主，但在上帝面前，也不过一个有钱有权的奴仆罢了，——他也是上帝造的，上帝如果不喜欢，他的权势和财富顷刻之间便化为乌有。

西方人以上帝为世界主宰，可以说有神本位传统，一旦神本位被打破，人的地位便迅速提高，由神本位成为人本位。

中国文化传统，神也要归皇帝领导，皇帝本人就是天子，他不但可以顺应天命，而且可以封神。岳飞是大功臣，冤死了，补救办法就是封他为神。孔夫子是圣人，对皇家事业贡献最大，也封他为神。尤为奇妙的是，一旦封了神，就有灵验。比如旧北京很多地方，一不下雨，就去关帝庙烧香。关老爷是马上大将，虽有过五关斩六将的本领，和下雨有什么关系？老百姓不管这一套，想来关老爷既是关帝圣君，伏魔大帝，没有什么管不了的事，要下雨就下雨。天气大旱，不找关帝去找谁人？不但如此，就连世界上最著名的宗教领袖，中国皇帝也可以为他们排座次。唐太宗，姓李，道教祖爷李耳也姓李，于是，儒、道、佛排座次，道教排在第一。后来武则天掌权，看道教不舒服，马上改变过来，佛教又成第一。请问，你皇帝再威风也是凡人，人家李耳，释加牟尼都是至高无尚的神界领袖，你给人家排座次，算怎么一回事？中国人不管这个，因为中国传统文化认定皇帝应该具有最大权威，虽然他们也为“道”所管着。

中国传统文化也不同于日本，日本人最敬畏的自然是天皇，但在很长时间内最有权威的却是幕府将军。所以，日本一位哲人曾说，在日本，“至强”与“至尊”是分开的。中国则至强、至尊等于一事，最强的是皇帝，最尊的也是皇帝。中国的这种文化类型，决定了它必然是一个以官本位为基本特点的一元制封建国家。

官本位的封建王朝在1911年被灭亡了，但官本位的文化传统直到今天依然盛行。有人说，计划经济就是权力经济，这个概念非常精确。计划经济＝权力经济，更具体点，权力＝金钱。或者说，可以用权力统治金钱——稍加变种便另起波澜。

但要明确，完全的计划体制下，权力虽然可以支配金钱，却不能换取金钱，比如斯大林，他的特权极大，但如果想随便支取国库里的钱作为私用，还不行。他不是没有这种权威，而是这样做不合计划经济的规范。毛泽东也一样，而且他本人对钱更不感兴趣。自已好游泳，要在中南海修一个游泳池，也自己掏钱。改革开放以后，情况变了，一方面还保留了相当的计划经济的旧体制，特别是权力体制，一方面又要按着价值规律在理顺经济关系，于是二者发生矛盾。

这是一种特定历史条件下的奇异的矛盾现象。

至少这种矛盾外在形式上，不是权力与金钱的搏斗，而是权力与金钱的交换，有点权，就是钱。

就某些人而言：

管批件的就等于管钱，你想要批件，拿钱来买。

管印鉴的也是钱，虽然不是一切印鉴都可以换钱，至少很多主管部门的印鉴大大值钱。一个公文，要走270个衙门，盖270个章子，有些章子难盖很得，你只好先请顿饭，饭不是钞票，但没有钞票，龙虾不会上来，河蟹也不会上来。

管户籍的也是钱。一个户口多少钱，不是给国家多少钱，而是给管事的人多少钱。老百姓对此当然不满。但因为没有制衡机制，也不过叫骂几阵或骂几句，也算完事。

管注册的更是钱。给你注册，岂能白注？这理由当然也很充足，属于充足理由中之一种。但你干的就是注册，为什么还要另外加钱？您千万别提这样的问题，如果一提，非出麻烦不可。岂不闻：说你行，你就行，不行也行；说你不行，你就不行，行也不行。这句话，仿佛一个魔罩，只要和权力沾边，罩在哪里，都有效验。

管车票的也是钱，而且越是难办的票，越赚钱。

管办理护照的又是钱。出国对于中国人本是天一般大的事情，但出国没有手续不行，因为手续需要请认识人给办。于是托人，托人不能白托，不白托就得出点“血”。“血”是什么，也是钱。

如此等等，权钱交易，十分公平。权力者因为工资不多，难免寒酸，但真正从事教育工作特别是文科高等教育的人才真寒酸呢！像季羡林、张岱年这样举世闻名的大教授，除去一肚子学问和一屋子的书之外，真个一无所有。别看有的政府机关一位小科长，科长虽小，收入不少。所以一说下海，在大学教书的青年人扑通扑通成群地向商海里跳，而在许多政府机关工作的同等学历的中青年人，你用船接他，他也许都不干。

官本位不但反映在权、钱交易上——虽然权、钱交易最令公民气愤，还尤其反映在瞎指挥上。上一个项目，理应先请专家考察、测算。上海开发浦东，费孝通先生去看了，说没有2 000个亿不能真正起飞，这就是专家的水平。但中国的事，有时专家作不了主，主管单位也无须找专家。比如早几年电视机生产线上得过了头，洗衣机生产线也上得过了头。要问专家，谁也说不上。但上不上，专家不过是发发议论而已，掌权的大笔一挥，就是条生产线。不上生产线不好，一涌而上，又难免人多压塌了房，结果你也生产，我也生产，堆在库里，一片麻烦。报刊上时不时还报道，花很多外汇买来的进口设备，扔在一边，根本没用。1992年5月2日《北京晚报》摘《经济日报》一则消息："1 200万元的设备何以长眠不醒"。何以长眠不醒？厂长先生说："工厂有中央投资、省里投资、市里投资，上边不想动，谁敢轻易动？万一改造后，哪一天上边想再用它，还得重新建，追究责任，谁来负？"

权力的滥用，必然形成对市场的扭曲。自50年代以来，中国经济忽冷忽热，忽起忽落，很多情况下都是行政干预在发挥作用。有时候，一引入市场机制，经济热了，热得受不住，再用行政办法把它冷下来。这一冷不要紧，给社会经济带来的损失已然非常巨大。

这几年出现的另一些新苗头是，你不是权力经济吗？你不是有权就能换钱吗？一些真假大亨，或大骗小骗，便主动上门，以钱买权。农村中有花钱买个党员或干部当的，城里则有人设法花钱费力请权势者参加他们的活动。正因为如此，尽管电影院里冷冷清清，电影节才红红火火。

再有，现在人人都说，基建战线太长，不堪重负。基建战线太长，谁批准的？刘晓庆尽管红得不得了，你请她批准，她准没办法。到了后来，也不过是交一次学费而已。

中国市场经济是太需要法治，太需要将一切扭曲市场的权力驱逐出经济领域去了。而中国传统文化的官本位特性，正应该七剥八剥，让它暴露在光天化日之下。

(4)不讲生产，讲治理

中国历史悠久，史学尤其发达。史学的系统与完整，在世界各民族中堪称第一。但中国的史书虽多，对于历史上的经济文化记述偏偏少而又少。左一页也是统治，右一页还是统治。

中国史书中最有影响的是24史，或有25史、26史之说。不论哪个说法，都不能突破司马迁创造的《史记》规范，以皇室为“纪”，纪是全书的纲，以主要人物为传，传则是“目”，纲举目张，把几千年历史安排得有条有理。这种体裁称为“纪传体”。到了宋代，有司马光的《资治通鉴》。《资治通鉴》属于纪年体，是按年代来的。纪年体不始于司马光，《左传》就是纪年体。但《资治通鉴》因为文字更为通俗，史料更加翔实。历来有极多的读者。

无论24史也好，《资治通鉴》也好，都以帝王将相为主，普通百姓极少有入传的现象。司马迁时代，还写游侠、刺客，到了后来，对游侠、刺客也没兴趣了。除去帝王将相，就是文人学士，外加贞妇节女。农人极为少见，商人更为少见，倒是隐士多有，隐士是士人的组成部分，可以破除常例，给点照顾。

人物中缺少生产者，因为“劳心者治人，劳力者治于人”。为人所“治”者，其实都不能算人。但中国儒学，传统文明，不说他们没有人格，只说“唯上智下愚”不移，他们不过是一群无法教育的“蠢货”罢了。又有性三品说，劳动者云云，往好里说，不过中人之性，寻常之辈。中国传统儒学虽然最为崇尚仁者爱人，但与平等无涉。

不讲劳动者，也不讲生产方式、生产技术，更不讲交易方式、交易场所。所以现代研究中国经济史、商业史、科技史的人，只好遍翻古籍，四处搜寻，发掘各处保存的宝贝材料。千回万转，沙里淘金。

中国历史最重视的乃是治理，最憧憬的乃是皇帝治理的清明。一切功劳归于皇帝，一切错误另找别人。

中国重视治理，最高的治理者就是皇帝。最平庸的皇帝也常随意杀人，最昏庸的皇帝更胜似杀人机器。这个都不说它。那些最精明最能干，最具铁腕和心术的皇帝，即讲文治，也讲武治，既讲阳治，也讲阴治。

阳治的常见作法，一是收罗天下英雄，特别是收罗知识分子。自隋唐建立科举制度，知识分子完全成为封建王朝的附庸。他们已经失去独立人格，他们的人格只有和仕途连在一起，才能发挥作用。一是提倡纳谏作风，就是皇帝老爷能够听取不同意见。唐太宗是这方面的楷模，宋太祖也有些事迹可以传扬。

但无论收罗知识分子也好，纳谏也好，一切决定权，全在本皇上。皇上高兴时候，听取意见，一旦不高兴了，屁，不但不听意见，把你发配千里万里也是你的幸运。就算让你脑袋搬家，圣旨既下你也照样得望诏谢恩。

阴治的主要手法是四处派遣特务，这在明清两朝最为盛行。明清两朝阴谋治将，文字狱也多，皇帝镇压不同意见，更是无所不用其极。明朝的锦衣卫和东厂太监，就是这阴治的产物。其所作所为和西方中世纪的宗教裁判所也没有太大差异。论其刑法的残酷，堪称难兄难弟。

中国文化的这些不良传统，在计划经济体制下也时有表现。

比如突出政治。突出政治搞了好几十年。什么经济不经济，不在话下，只要政治好了，一切都好。思想工作万能，政治挂帅万能，群众运动万能。今天说江山有可能改变颜色，明天说和平演变的危险就在眼前，后天说地富反坏变天之心不死。大后天又说党内和社会上出现大量新生的资产阶级分子。左一个群众运动，右一个群众运动，结果往往成了运动群众。今天整这批，明天整那批。听上边的话，难免成为整人的帮手，不听上边的话，于是成为挨整对象。在极左阴云笼罩之下，中国的老百姓，真可谓左也不是，右也不是，哭也不是，笑也不是。唯有贫穷永远有理，富裕永远没理。

中国人喜欢整顿，但什么原因造成的整顿，谁应该对这些原因负责任，都似乎永远弄不明白。等到真要明白的时候，这个时代基本快结束了。

中国文化和西方文化的不同，在于我们只会孝忠皇帝，却很少能充分自由地发表自己的意见。不是没有意见，而是一见皇帝，马上矮了三尺。

凡此种种，都和市场经济大相径庭。中国市场经济发展，如果真正走上正规，对一切行政权力，必须建立严格的制衡机制。话剧《天下第一楼》中有一对联，上联云："好一座危楼，谁是主人谁是客？"一切经济实体才是市场经济的主人，权力机关只有改革，市场经济才能充分发展。

(5)**不讲交易，讲人情**

交易在中国的习惯用法上是一个贬意词。交易本来是一个商业名词，但在我们中国人这儿，它被赋予更多的政治意义。人们常听说，政治交易，权、钱交易，私下交易，和平交易，人质交易，等等。这些交易不知为什么，总给人一种带有阴风邪气的坏感觉。

有哲人比较中国文化、印度文化和西方文化的异同，认为中国文化是强调人——人关系的文化，西方文化是强调人——自然关系的文化，印度文化是强调人——灵魂关系的文化。

中国人重视人际关系。"仁者爱人"。"以仁为本"。三纲五常，君为臣纲，父为子纲，夫为妻纲，是为三纲；君臣、父子、夫妻、长幼、朋友，是为五常。五常即五伦，君臣之伦在于忠，父子之伦在于孝，夫妻之伦在于节，长幼之伦在于叙，朋友之伦在于信。

中国人讲到人际关系，可谓滔滔不绝，天衣无缝，连个蚂蚁都爬不进去。但也唯此，才给中国的经济发展带来巨大障碍。

为什么中国传文化特别尊崇三纲五常？因为没有三纲五常，天下会乱。不是别的方面，而是封建秩序大乱。在华人传统文化中，一切人际关系，都是等级关系。而只有维护这种尊卑有序的等级关系，才于小农经济有利。一个家庭，有 40 亩地，3 个儿子。大家齐心协力，可以糊口，可以纳租。如风调雨顺，还可能有结余。但如果三个儿子个个要门户自立，于是 40 亩地一分为 4，各家只有 10 亩地。其结果是糊口都发生困难，纳税更其难言，一旦不能风调雨顺，马上动摇国家根基。

古代中国是一个巨大的农业国，又是一个分散的小农经济国，这两个条件加在一起，形成中国文化的特殊文化类型。一方面它要建立最有效的中央集权管理体制，另一方面又要权力保持小农经济的稳定性。于是强调人伦，强调等级关系，就成为中国传统文化的最大特色之一。

这个作法，在封建时代处于发展阶段还是对的。所以中国传统文化在它合乎历史要求的阶段，确实有它存在和发展的伟大意义。但当世界经济和中国经济有了新的发展要求时，旧的文化传统就显得非常不合理，而传统人际关系也显得同样不合理。有人问，中国人的婚姻，坚持父母之命，媒妁之言，坚持了将近 2 000 年，也没有什么不正常，为什么到曹雪芹先生那里就不正常了？这贾宝玉还要去做和尚，那林黛玉还要焚稿断痴情，这是什么道理？什么道理？因为社会进步了，新文化诞生了，新文化和旧文化产生剧烈冲突了，就是这个道理。300 吨小船过南京长江大桥如扁舟一叶，10 000 吨大船就驶不过去。这不是船的过错，而是桥建低了。正所谓，一切存在的都是合理的，而一切合理的又具有历史必然性——它们终究会变成不合理。

中国人强调等级、强调人际关系的传统，对于中国经济发展同样产生许多不利影响。

第一个影响，作生意就是作关系。现在时髦的话叫作企业求发展不找市长找市场。有些理论家对此津津乐道，津津乐道也有道理。然而，他们大约都没有真正做过生意，或者说他们不知道市场怎么个找法。在中国，至少在迄今为止的中国，市长与市场有千丝万缕的联系。

比如某个钢厂生产盘条，用户要买盘条，直接找这个钢厂好了。不行，你找也白找，非有关系才行。所以有人就总结说三个图章顶不上一个老乡。老乡当然也是一种关系，中国人重乡情，堪称世界第一。其实不止老乡还有同学、亲戚、朋友、战友、学友、车友、校友、牌友、舞伴，还有朋友的朋友，战友的战友，同学的同学，亲戚的亲戚，以此类推。有时候，不知道哪个关系就可能送来几位关系，而一些老熟人介绍来的他们的老熟人，你就不能不认真对待。谁不知道我们中国人最重关系，最讲关系？我们决不做对不起朋友的事情。唯其如此，才形成一个于市场经济十分不利的大关系网。可以这么说，这个网纯粹是我们用自己的心血和双手织成的。只可惜这些心血从长远来看，都没有花对地方，从现实来看，也已经给市场经济制度带来种种混乱。

第二个影响，还不清的人情债。中国人重人际关系，关系又需要培养，于是各种联系，多如牛毛。而且越是神通广大，越要八面来风。并且来者不拒，不来还要专程请你，专门请你。最好就请你一个，你去不去？

中国的人情债，对于收入少的人来说，实在不堪重负，对于收入多的人来说，也赔不起那许多时间。但偏有善于经营者，你虽不堪重负，他也饶你不过；你虽赔不起时间，他还非拉你不可。什么时间？时间属于你自己吗？费话；走。于是，老鹰抓小鸡，抓了过去。

第三个影响，因为过于重视人际关系，结果弄得人际关系大畸形。比如，调动工作，非熟人不敢去，有熟人特愿去。到了新的单位，不问别的先问关系。不信，您去调查一下。调动工作或者不调动工作的人，其在单位的人际关系好坏，都是一个非常重要的因素。这也难怪，人际关系好，确实有好处无穷，人际关系不好，也有坏处无穷。

比如你想调动，人事处长是你朋友，三言两语，嘻嘻哈哈就把事情办了。但你人际关系不行，你想走，不同意。本处长偏不同意，一心为单位保留人才，你就没办法。

因为重视人际关系过了头，所以就特别容易出现窝里斗，而且对于他人的人际关系，特别是别人和领导的关系也特别敏感。什么拍马屁，抱粗腿，走后门，找关系，拉靠山，有根没根，这条线那条线。莫非中国人人种低下？否则别人那里为什么就没有这许多马屁精，偏我们这里有这许多马屁精。人家为什么就找不到几个抱粗腿的，我们这里为什么就有这么许多粗腿可抱。

有人常常感叹中国人活得累，不是我们精力不济，实在人情关系太过复杂。

(6)**不讲竞争，讲中庸**

中国文化传统，特别是儒家传统，在义利关系和分配关系上，有二个最为著名的观点。一个是重义轻利，一个是不怕贫困就怕分配不均。前一点，孔夫子有一段著名的议论。有学生问他，在仁政、人生饮食、国家军队这三种最重要的事情当中，到了迫不得已的时候，必须去掉其中一种，那么，先去哪种？夫子回答：去兵——军队可以不要。那么如果必须再去一种呢？夫子回答：去食——饭也可以不吃。孟子为孔后大儒，继承此说，齐王问他国家兴旺之道，他回答说："仁义而已矣"，但对经济利益之类干脆连议论的兴趣都没有。

重义轻利，轻利好义，是中国的伦理传统，自夫子至今，犹有遗声，但效果并不好。现代社会就是一个讲“利”的社会，但并非只讲私利，不讲公利。何况世界上加入联合国的就有180多个国家。有的说话很有份量，有的国家说话份量不大。其中一个重要原因，就和经济实力有关。那些经济落后的国家，虽有好心，缺乏实力，不免虽有善心，难于自重；又不免“心有余而力不足”，甚至“泥菩萨过河，自身难保”。让你承担国际责任，你也承担不起。不但国家如此，个人也是如此。中国要实现现代化，非使绝大多数人富起来方行。虽不必个个皆成富翁，至少多数人达到国际承认的中产阶层水平，这个才行。唯有有了比较坚实的经济基础，民族素质才能得到全面提高，人才能得到全面发展。如果都像60年代初或文革期间那个样子，连瓜菜代都吃不饱，你想全面发展，怎么发展？

中国传统文化又特别注重中庸，中庸作为一种思维方式，且不说它。作为一种分配方式，值得怀疑。所谓“不患贫而患不均”，用句时髦的话说，就是大家一起受穷，可以，某个人先富起来，不行。当然孔夫子讲的不均也是有特殊对象的，但作为一种文化现象，直到今天还有不良影响。

计划经济的大弊端就是在分配上不讲分等分级，而搞平均主义大锅饭。

平均主义正是中国文化特色，所以在中国实行起来，就有很好的历史性土壤。然而平均主义是培养懒汉和无赖的温床。有人统计，很多中国国有企业，每天实际有效劳动时间，不过三四个小时，而国家实行的却是8小时工作制。8小时工作制只真正劳动三四个小时，这算什么？隐形失业？有意怠工？无活可作？出工不出力？早几年搞满负荷工作法，看不出多大成就，或者在某些企业有成效，至少缺乏普遍意义。

市场经济，最讲竞争，优胜劣汰，毫不留情。好比体育比赛，如果赛来赛去没有胜者，谁还去赛？又好比文艺演出，永远不出明星，一定会丧失绝大多数观众。有人说，梅兰芳是人，跑龙套打小旗的也是人，有什么不同？在作为公民这一点上，当然没有不同；但作为艺术人才就有极大不同。否则，为什么毛阿敏唱歌，可以使票价翻番，而张三、李四、王二麻子唱歌，一张票也卖不动？

竞争是人的才能得以发展的必要手段，而把竞争用法律肯定下来，便成为社会经济发展的有效机制。竞争在文化意识上得到认同，则会给竞争的发展准备好优良的生存环境。

竞争能拉开个人间收入距离和企业间的利润距离，不是坏事情。竞争是一种比较，从而使好的更好，使坏的变好，总不能变好的，只好自我消亡。竞争需要坚持自由贸易原则，不管你什么性质的企业，只有货好，才有买主；只有服务优良，才能招揽顾客。而不是如计划经济体制那样，只此一家，别无分店。而且商品日见其少，只好凭票供应。发票供应就不要竞争了，因为连竞争的基础都没有了。事实证明，只有社会确立起竞争机制，不论个人还是集体，才能爆发活力；卖货的才能面上带笑，踢球的才能脚下生风。

中国文化传统，不讲竞争，反对竞争，不但反对竞争，而且反对冒尖。冒尖就是出风头，就是表现自己，就是骄傲，而骄傲使人落后。表现自己就是个人主义，而个人主义实为正人所不齿，君子所不为。变成俗语，就是出头的椽子先烂，又叫“人怕出名猪怕壮”。

人出名有什么不好？偏偏那些提倡做无名英雄的人，他们自己特别善长勾心斗角。要讲有名，鲁迅先生就大为有名，这是中国的光荣。曹雪芹也有名，周恩来也有名，毛泽东更有名。李时珍就是一位大名家，连莫斯科都有他的画像。如果中国连一个名人都没有，翻开世界历史，中国部分一片空白，那才泄气哩！有人说，名是一种客观存在，不是个人争来的，这当然也是。但竞争是自信的表现。鲁迅先生当初评论白话小说成就，就没有故作谦虚，把自己的著作放在一边。好的就是好的，好的还要宣传。别人已经知道，不妨再加宣传，使之影响更广。别人未曾知道，又何妨“王婆卖瓜，自卖自夸”？

这几年，中国人好像已经明白过来，虽然竞争的劲头晚了多少年，甚至多少代，今日终于焕发出来，而且大有一发不可收拾的意思。虽有时难免有些心浮气燥，境界似乎不够，但今昔相比，依然可喜。

但也有偏差。最主要的毛病是内部断杀。竞争的本意是以自己的长处超过别人的长处，而我们的某些同胞，却是以揭发别人的短处来证明自己的长处。这个不叫竞争，而叫嫉妒。有时更使用卑劣手段，专门给别人打小报告，或者干脆无中生有，躲在阴暗之处，造一个谣给你，让你三年五载吃不消。

这不是竞争的正道，甚至根本不配称为竞争。这还是人治与官本位体制下的旧病复发，不过转换了一个形式而已。王八尽管涂着白粉跳舞，可惜脖子还是绿的。

(7)**不讲增值，讲消费**

中国传统文化最讲究安居乐业，子孙满堂。它反对四处发展，主张父母在不远游。没有雄心壮志，也不要雄心壮志。中国传统文化的真正基础是农业自然经济。农民一生，最大的理想，一是能够衣食不虞，二是后继有人。前一条是讲生产的，有衣穿，有饭吃，有房子住，就已经满足。如果还能吃得饱，穿得暖，有新房子住，就算一生夙愿，如愿以尝。但必须有继承人才行，于是一定要生儿子，最少生一个儿，最好多多益善，儿子不怕多的。有了儿子，就想房子，有了房子，又想孙子。等到有了孙子，人也老了，不久又想身后事——就看你们把老太爷的丧事办的怎么样了，孝子贤孙伺候着。

中国农民的一生，实在是穷苦孤寂的一生。他们虽然也有自己的快乐，但从现代人的观点看，虽有快乐，不算快乐。纵然算是快乐，依然没有前途。还不说农民的一生，常常和兵荒马乱，旱涝灾害，联系在一起，从而显得风雨如磐，如泣如诉。

封建文化的经济特点，就是优先考虑吃穿，尽量考虑吃穿，终身考虑吃穿。它不考虑扩大再生产，更不考虑高附加值。

扩大再生产，是资本主义的特征。追求高附加值，是市场经济的需要。

但作为农业国家，用什么扩大再生产？要扩大也没办法扩大。权势者的扩大就是兼并土地，把农民的土地整片整片弄到自己名下。作为农民，自己的土地未必保留得住，你要扩大再生产，怎么扩大？所以遇到丰收，不过多吃两顿肉。遇到荒年，只好拖儿带女，出门乞讨。但最终还是要回家，因为土地既是中国农民的命，又比命更重要。就是命丢了，地也不能丢。因为地不仅是自己的命，还是儿子的命哩！

高附加值也不去想，因为没有想的条件。

比如农民主要靠的是种粮，向国家交的也是粮，到集市上卖的还是这个粮。为什么交粮、卖粮，而不把粮食变成面包，至少变成面粉，可以多收入加工费钱？但这是现代人的想法，粮食变成面粉，变成方便食品，变成各种精加工品，那才好呐。君不见中央电视台播出的“统一牌方便面”、“康师傅方便面”的港台式广告，那才是真正赚钱的生意呐！

中国传统文化中没有扩大再生产的传统，也没有追求高附加值的理论。充其量只有见好就收，勤俭持家的经验。“常将有日思无日，免得无时想有时”。话虽然是两句好话，但不扩大再生产，纵然“有”，能有多少？中国封建时代几千年，秦砖汉瓦也用了几千年，这不能不说是中国封建时代的悲剧，也是中国传统文化的悲剧。

但讲消费。旧的传统虽然极为重视勤俭节约，但绝大部分收入还是往往变成消费。比如赴梁山作好汉的一个重要理想，就是大秤分金，大碗喝酒，大块吃肉。而越是富贵人家，越在吃上下特别 功夫。凡看过《红楼梦》的都知道，那种吃法，实在令现代人惊诧莫名。中国人真正好肚皮，西太后一顿饭要摆上上百道菜。而一个完整的满汉全席，没有三天时间都没办法吃完。中国七大古都，虽然随时间推移，仿佛一个比着一个更有过一段繁华历史。但论其都市的繁华，还是以供贵族皇家消费为主。无非食也，衣也，药也，行也，用也，住也，乐也，聚亲也，节日也，外加一个安葬也。

吃风传到今日，中国人的吃，依然世界有名，据《天津青年报》的一篇报道说，根据国家公布的一项统计数字，1992 年全国仅吃喝、旅游花掉的公款已突破 1 000 亿元，而且公款消费仍以每年 20%的速度递增，无法控制。“国家含泪高呼公款吃喝玩乐的钱够我们一年举办两次奥运会的了！”

不仅如此，这几年许多地区的“白色消费”尤其令人感慨万端。什么是白色消费？白色消费就是花在死人身上的钱和物。据 1992 年 1 月 26 日《工人日报》载，“天津、济南等市抽样调查估算，每年烧掉、坏损的花圈价值 13.4 亿元。每年烧掉的服装等尸身上物品价值 15 亿元。”又说“南方某县，仅 40 多岁的农民夫妇早早为自己修下了占地 1 053 平方米的坟墓，墓碑高 4.7 米，宽 1.91 米，坟前立石狮守墓，设石象供祭。为修墓还专门修了一条长 850 米，宽 2.5 米的临时公路。”

这样的奇闻，真是中国人的莫大耻辱。且不说，他们有什么权力，可以占去那么多土地。土地是他个人的吗，是他花钱买的吗？他花钱买土地修墓穴、修墓道有法律依据吗？

中国的吃喝风，不但用于国人，同样用于境外同胞和异国人士。

1992年2月1日，《北京晚报》摘登《联合时报》一则报道。讲的是上海市川沙县侨办主任请香港企业家陶伯育吃饭的事。席间还有该县县长、县政协主席等六七人作陪。照理说，1人被请，数人作陪，也是中国时下的一大风尚。餐毕，陶柏育问："这一桌多少钱"，回答150元。陶先生连连摇头，说太贵了。问这些钱谁出，回答国家出。这老先生决意不让国家出这笔钱，坚持自己掏腰包，并且从口袋里取一张支票出来，对这几位县领导人说："今天这一桌算你们请了，我这里给你们开了3万元支票，算是我对侨办的一点贡献。今后如要请海外来的客人吃饭什么的，就拿我这些钱开销。"

陶老先生，陶老先生，您这么做，大约不是有意讽刺我们共产党的基层领导干部吧？纵然您无此意，禁不住我一般的书呆子要往那一面想，实在中国人的某些举动，完全可以上新"官场现形记"了。

1993年7月31日《参考消息》又有文章说"外国人疑惑：中国人为什么只有让对方大醉才算友好？"

有客必吃，有吃必喝，有喝必醉，不醉不算友谊。结果把一位希腊化妆品进出口公司的业务经理弄得大醉，"致使第二天谈判无法进行。"

这经理回到雅典向老板报告，结果被克了一顿。老板说他"没有出息，见酒没命"。这位业务经理叫冤叫屈，对老板说："不是我见酒不要命，是中国朋友不饶命。"这一顿酒不要紧，把胃也喝坏了，“休了一个星期，还被老板罚了款”。

亲爱的同胞们，我们如此好酒贪杯，究竟图个什么？

(8)**不讲创造，讲考据**

创造，自然包括许多不同领域，这里讲的主要是理论创造。中国古代也曾有过几度辉煌，但真正讲到百花齐放，在学术、学派方面的充分发展，却只有春秋战国这个黄金阶段。西方有古希腊、古罗马，中国有春秋战国，可以说是双峰并峙，各呈千秋。

春秋战国的文化特色，就是天下大乱，百家争鸣。虽然大乱却不是大倒退。不是像近世那样，一乱就走向破败、腐朽，而是乱中有治，乱中图治。在学术思想方面，更是百花齐放，你说你的，我说我的。有时互不干涉，有时互不相让。先有孔墨之争，孔门弟子三盈三虚，又荀、孟之争，儒分为八，主流其二。儒家之外，还有道家，法家，兵家，纵横家，名家，农家，阴阳五行家，流派纷呈，各显异采。这是一个争鸣的时代，又是一个共鸣的时代。没有争鸣也就没有共鸣。因为争鸣才形成共鸣，不鸣则已，一鸣就成为世界文化的一大奇观。

春秋战国时出现的文化发展能取得这样的成就，至少有三方面原因。一个原因，是社会性，社会剧烈发展和动荡，呼唤理论。另一个原因是政治方面的，各国诸侯对各种学派姿态宽容。

再一个原因是创作者主观方面的，他们思想上没有顾虑，也没有被某种权威压迫的感觉，自己就是权威，自己的理论就是最好的理论，而最好的理论自然也是无所顾忌的理论，老子虽然以无为本，与世无争；但不争也是一种争，看着别人乱争乱斗，于是自觉不自觉间就把自己的理论摆在了更高层次。

春秋战国时期的学术宽容气氛最为难得，也最为重要。先秦诸子，并非个个官运亨通，而且大部分官运都不亨通。不但官运不好，而且命运艰难连孔夫子这样的圣人也只好东奔西走，饿扁了肚皮，一生投靠无门，只能以授徒为生。但这不说明社会歧视他们，只是说明他们的理论创作气象非凡，没有把自己降到为当权者扶包提靴的水平。社会一时不能理解他们，但能够善待他们。做官的希望虽然不是很大，但受迫害的可能也几乎没有。汝等要讲只管讲，讲好讲坏无所谓的。而且看孔、孟到各诸侯国时，大多受到诸侯王的热情接待，平等求教。这样的机遇，也是后世王朝很少碰到的。先秦诸子中的代表人物遭横死的人不多，一位是吴起，但他不以学名世，他是兵家的代表，又是一位改革家。一位是商鞅，也是中国历代改革家中最具影响的历史先贤。一个是韩非，秦始皇最奉信他的理论，但反过来还是听信谗言害死了他。但从他们的死亡中，也可能悟出这样两个道理。一是中国古代社会，越是走向中央集权的专制制度，对于思想文化和理论人物越是残酷无情。二是当改革家不容易，改革需要付出代价，有时是生命代价。

但春秋战国这一文化辉煌现象，随着秦王朝的兴起而结束了，又随着汉武帝董仲舒君臣搞的废黜百家、独尊儒术而彻底完结。以后虽然也有过几次文化高潮，但如春秋战国一样的学术自由、百家争鸣的时代，直到晚清灭亡，也没再出现过。

先秦文化是创造的时代，后世文化主要是补充的时代。中国学术研究，汉、宋、明、清，各具特色。汉代以训沽著称；宋明两代以义理著称；清代以考据著称。中国古代学者在这几个方面，下过精细的功夫，也有非凡的成绩。其功夫之深，方法之细，考虑之周祥，材料之精致，都不是后人或者其它文化因素中人可以想像的。但从整个理论文化的客观走势考虑，其缺陷也十分明显。中国古代学者，主要是先秦以后的古代学者，他们只知注经，不知写经；只知训沽，不知创造；只知义理，不问体系；只知考据，不讲另起炉灶。

这一点和西方近代以来的情形形成鲜明对照。西方文化在古希腊古罗马时期，同样非常辉煌。但进入中世纪，便走向专制，出现历史性大沉闷，比之中国秦汉以后的学术发展，水平也差。但自文艺复兴运动开始，就出现一个新的历史趋向。西方哲学界、思想界、理论界、文化界出现数不胜数的文化创造和文化名人。那是人类历史中最为激动人心的历史时代，是一个需要巨人，同时也产生了巨人的时代。巨人层出不穷，巨著一发不止，这种辉湟一直持续500年，创造了一个又一个前所未有的文化奇迹。虽然这些人物不免个性有别，文采各异，对于宗教、政治、哲学、科技、文化所持观点歧见迭出，风姿百态。但从其主流考虑，则可谓不畏权势，不畏上帝，不畏人言，不畏迫害，气势恢宏，锋芒毕露，四面出击，所向披靡。所以我们看文艺复兴以来的世界文化史，不管你感情倾向如何，终于不得不承认，西方确实比我们先进很多。世界一流的文化人物和文化创造，大多出在西方。中国人虽然最以智慧著称，却没能培养出如培根、斯宾诺莎、牛顿、莱布尼兹、笛卡尔、伏尔泰、狭德罗、卢梭、孟德斯鸠、洛克、休漠、康德、黑格尔、圣西门、傅立叶、欧文、亚当·斯密等这样传奇的历史人物，当然也没有出现马克思、恩格斯和爱因斯坦、玻尔这样的历史人物。

中国文化何以至此？因为中国古代封建文化的独特发展道路，制约了中国人的文化创造和理论创造。

首先中国古代经济属于小农经济，小农经济是不能不影响社会文化的。

其次，中国古代虽然有相当的经济实力和商贸发展水平，但缺少真正的商业大市场。

再次，中国商业虽称发达，但其主体部分表现在消费领域，没有强大的手工工场，更没有大工业生产作为中国商贸的坚实后盾。

还有，中国科学技术重点表现在具体应用技术优势上，这种优势缺乏长远发展的理论活力。

最后，儒学文化传统，限制了后世文化的创造精神。

从具体的文化创作环境考虑，中国人总是顾虑太多，忌讳太多。

为尊者忌。这是儒学传统，小人不言大人过。但谁是小人，谁是大人，现代人未及深考。中国集权的封建王朝，其最大特点，就是封建集权制，人分九等，等等有别。上面为尊，下面为卑。为尊的人错了也不能公开批评，好像古代家规所要求的，爸爸作了错误决定，儿子可以好言劝告，但如果爸爸不听，也只能继续劝告。依然不听，就只好哭着劝告，跪着劝告。总而言之，不能让您老人家生气，您老人家真的生了气，打儿子一顿，甚至把儿子打晕打死，也是活该。臣对于君，正如子对于父，皇帝也称君父，就是中国人的政治爸爸。这个政治爸爸可不得了，臣民等不但不能教育批评他，就是你意见再正确，他不采纳，依然照错的办，他依然是政治爸爸。所以，多少有己见、有才能、有本领、有思想的中国臣民，只好一味给皇帝上书，对皇帝进言。劝告皇帝就是进谏。最极端的进谏就是冒死启奏。结果呢？如果恰好碰到李世民这样的皇帝，还算走运。一旦碰到雍正之流，说不定哪一天就是杀身灭门之祸。饶是这样，你到底都要为贤者讳，像布哈林遗嘱那样的文章是从来不曾听说过的。岳飞才是中国文化的最恰当的代表，他死到临头，儿子女婿要破狱出走，他还以生命威胁，让他们宁可屈死，也不能辜负了国家。

为贤者讳。为尊者讳，是真理对权势的屈从。为贤者讳，则是真理对谬误的屈从。要知道，贤者不能永远贤下去，也不能没有犯过错误。连牛顿这样的伟人都有很多错误，别人还用说吗？

但既为贤者讳，贤者的错误就得绕过去，绕过去还觉得对贤者不起，于是曲阿解之，将犯错误的东西解释成正确的东西。这一条更加可怕，后代儒者，只能读经，不知怀疑。虽然也有一种滑稽的说法，叫我注六经，六经注我。可不要以为这是作者比六经高明，而是说六经和他本人思想的一致性，他完全和六经同化了。六经是故书，故书能将后人同化，另一方面证明这后来人异化了，异化掉了自己的本来面目，成为一堆极低的虔诚信徒。这遗风传到极左年代，就是什么东西都要和报纸一致，就像古人那般，什么东西都要讲出处，即使全篇废话，一有出处，就是好的。古人写文章惟恐与经书不合，现代人写文章维恐与报刊不合。有的领导，看下面工作人员写的简报之类，专挑有没有出格的地方，只要一句话看着眼生，非查问不可。有时一问，没有出处，还要把写文章的人教训一顿。一问，有出处，好了，这样很好，很好，大笔一挥，通过。

为长者讳。中国人敬老，本意是好的。但弄到老的就是好的，甚于唯有老的才是好的，就荒谬了。中国人最喜欢说自己的老资格，人家一有发明，马上证明，这在中国古已有之。我们最喜欢的事情，就是宣传中国的发明比西方早多少多少年，早500年，早600年，最好早1 000年，听着才解气。但我要说，虽然我们的发明比人家一早就早好几百年，为什么现在人家反而比我们强大？长者的意见，固然有些很有见地，但长者的意见也未必全对，凡事必问老者，而且是2 000年前的老黄历。老黄历看不得，只会用19世纪眼光看世界的人，难免头晕目眩，又难免一惊一乍。

这件事反映到现代来，就是论资排辈。做学问也讲资格，尤其荒谬，这认识水平连韩愈都不如，韩愈还知道"为弟子不必不如师"呢！但中国的弟子很难超过老师，你想超也不行，你的翅膀还没这么硬。即使你说得对，你也得看前辈的眼色行事。否则，本先生一不抬手，就让你没有职称。要知道，职称和货币是联系在一起的，和房子的大小也有极其紧密的联系。

中国文化传统，使那些专门从事文化研究的人往往变得人格不完整。好一点，就是来点离经叛道，差一点，干脆皓首穷经。实在说，中国的五经四书确是古代很重要的历史文献。但要从五经四书中找出现代化来，干脆就是梦想。

理论的最高品格应该是它的独立性和创造性。没有个性的理论，实际上并不成为理论。而连人格都没有的理论，人家说计划经济，他赶紧说计划经济，而且说计划经济无限好来哟，谁反对计划经济，谁就是要搞和平演变。理论人格不能像个太监似的，明明让有权有势的男人给割去了生殖器，还偏偏喜欢为这男人大献殷勤。古来太监其过错一大半与本人无关，而今日的太监或文章，却带有强烈的自宫颜色。

实际上，理论与法律与政策属于完全不同的一个社会范畴。理论不怕其多，比如对于中国市场经济建设而言，不怕有100家理论，一百家理论才好说百家争鸣吗！理论越多，政府部门选择余地越大。这个不行，可以试试那一个。如果只有一个理论，想选择也没有选择，只好跳河一闭眼，本意是摸着石头过河，可一旦走进旋涡，爬都爬不出来。

理论的不一致，不值得大惊小怪。理论的特殊价值在于，它也许不是马上就能应用的，却可能是未来需要的。作者在其它一些著作中多次说过，春秋时代的儒学，就不适应当时的需要，所以没有一个诸侯国对它感兴趣。但过了几百年，汉武帝就看到它的价值了，于是废百家，那一百家都不要，就要这个。如果想当初，就只许一个学派的话，那么，汉武帝固然雄才大略，想要看看儒家学说，也就不能够了。

理论的生命在于创造，创造的前提在于无所顾忌，而不是封建时代的御差钦定，一句话也不敢多说，一小步也不敢多迈。理论没有禁区，任何问题均可研究。比如一个大夫，如果你给他划定禁区，说只看非传染病，那么，传染病怎么办？传染病特别是那种恶性传染病，如麻疯病、艾滋病一类，如果医学界把它们看作禁区，谁也不许管它。那么，人类的医学事业还有发展前途吗？

有的人总认为，不同意见多了，可能会出乱子。说实在的，这纯属杞人忧天，几篇文字，几本著作，不会把社会引向动乱，它没有这么大威力。

中国现代化事业正在蓬勃发展，何乱之有？要使理论研究发达起来，给真心实意愿意干现代化的人多提供几只耳朵，几只眼睛。

(9)**不讲科学，讲德性**

在中国传统文化中，科学技术没有地位。中国儒家传统重德轻技，以为德性可以决定一切，而技能，哪怕是最好的科学技能也不过雕虫小技而已，讲多了，还会败坏人心。

儒家学说的核心，乃是一个“仁”字，而它的最高理想，就是修身、齐家、治国、平天下。“大学有言”方之欲明明德于天下者，先治其国；欲治其国者，先齐其家；欲齐其家者，先修其身；欲修其身者，先正其心；欲正其心者，先诚其意；欲诚其意者，先致其知。”简而言之，就是修、齐、治、平——修身、齐家、治国、平天下也。话讲得娓娓动听，不失雍容大度。中心意思非常清楚，文字逻辑同样非常清楚。佛家讲出世，儒家讲入世，怎么入法？先修其身，再齐其家，再治其国，最后平天下。平天下是何等复杂艰巨的事情，但在中国人眼里，也不过平平常常一件事情。把儒家宣传的逻辑反转过来理解，想平天下，先得治国，想治国就得先齐家，想齐家就得先修身，于是身正不怕影斜。岂止不怕影斜，而且一正再正，不知不觉地就平天下了。这样绝妙的办法，连上帝都不晓得，足见我们中国的先哲先贤确实聪明。

但你不要说他们聪明，说他们聪明就是对他们的不敬，他们是以道德为本的，仁、义、礼、智、信，以仁为本。那么科学呢？技术呢？这是细枝末节，不问也罢。

这风气的影响，就是重德轻技。在中国历史上少有科学技术的地位，中国古代的科技发明确实不少，连英国科技史学家李约瑟先生都十分佩服。但是中国的科技发明固多，地位却不怎么样。儒家看它不起，国家也不拿它当回事。鲁迅先生曾经惊讶，中国的四大发明，到近代西方世界，马上产生伟大作用，连世界航船的方向都几乎给改变了。可是在这些发明的故土呢？火药就用来做爆竹，罗盘就用来看风水，他没有说明中国印刷量最大的书是黄历，用纸最多的项目之一是纸钱纸码。人家把火药拿去制成炸药，攻城掠地，好不威风。我们的火药却成为年节玩物，年年劈劈啪啪，响个不停，只会炸伤玩火者的眼睛。哥伦布用指南针，发现了美洲新大陆，中国风水先生的罗盘最大用处就是给皇帝找坟地。

实在说，这不仅是中国科技的悲哀，而且更是中国传统文化的悲哀。四大发明的发明者们，吾为你们感到悲哀。

直到今天，中国科学技术依然不能取得自立。它一方面，要依赖国家的施舍，而国家财政有困难，所能划拨的资金可谓少而又少。另一方面，又不能成为自主的科技实体，便和企业横向联合，或者干脆直接到市场经济的海洋中去搏浪击涛。

市场经济的一个规则，就是它专门向高技术高效率高品位的商品倾斜。而在一切下海者中，唯有科技发明者最易受到青睐。

2. 传统文化必须改造，文化传统理应继承

我们前面说过，中国传统文化中既有好的方面，也有坏的方面。虽然作为一个结构体，它又往往优劣难分，如不彻底改造，便会成为无形的枷索，套在正在向着现代化进军的人们的脖子上，特别是他们的心上，使他们动弹不得，一动，就像西施姑娘一样，要害心口痛。

但任何一个民族，都有自己的文化传统，而且这种传统只要这民族存在，它就永远不会消亡，即使这民族消亡，它依然有可能渗透到其他民族文化中去。

从现在发达国家的情况看，其中多数属于西方基督教文明，但也有亚洲文明，甚至日本就是亚洲文明的一个代表。亚洲四小龙也已经或正在跻身世界发达国家行列，它们同样属于亚洲文明，属于儒家文明的类型。现在亚太地区发展迅猛，除去四小龙以外，印度尼西亚、泰国、马来西亚、印度也都有长足发展。未来的世界经济态势，有可能逐步将重心东移。在北部则移向东欧和前苏联地区，特别是俄罗斯。在中南部，则转向亚太地区。而这两个地区又有许多新的机会和可能。

这就是说，亚洲文化同样可以成为世界现代文明的一个重要组成部分。究其实并不比西方文化差。或者说，在许多方面，它还有自己的许多独特的优点和优势。

或者，换个角度考虑，东方西方文化，从历史宏观角度考虑，它们之间并无优劣可分。而从历史发展的阶段考虑，它们之间则有起伏涨落快慢优劣之别。而从实现近现代文明的转变考虑，则不论东方文化还是西方文化都必然会经历一段惊心动魄的改造过程。

西方文化的发展曲线和中国文化的最显著区别在于，中国

文化的发展曲线，是连绵不绝的，虽然也有高潮和低潮，但高低潮的反差不强烈。西方文化是典型的否定之否定。如果说古希腊古罗马是第一次肯定的话，那么，中世纪文化就是对它们的第一次否定。而文艺复兴以后的文化则又是对第一次否定的再否定。因为有这种否定之否定逻辑，所以西方近代文明，虽然干的是一番史无前例的事业，却打着“复兴”的旗帜，穿着“复兴”的外衣，用着“复兴”的语言，开创新的历史奇迹。

西方近代文明如果不对中世纪文化进行彻底的否定运动，它就不能确立自己的发展基础，也不能充分显示自己的发展特色。大凡中世纪一切正统的内容，都在批判、否定、扫荡和扬弃之列，正是在这种与旧文化进行彻底决裂的奋争中，才产生一批又一批的文化巨人和文化奇迹。

现在一些中国人说到亚洲四小龙和日本就认为，他们的成功是儒家传统的功劳，至少有儒家文化一大半功劳。其实是不正确的。确切地说，日本也好，东南亚四小龙也好，他们现行的文化模式，都是典型的东、西方文化结合的产物。日本人自己就认为，明治之前主要是学习中国，明治之后主要是学习西方，因为他们既不拒绝中国，又尽量学习西方，他们才有这样的成就。新加坡也是如此。他们的主观文化最具浓厚的儒家文化色彩，而其社会经济体制模式，却全然属于市场经济这个范畴。也就是说，他们的文化基础是西方特色的。香港则是中英文化的共同产物，体制是西方的，文化习俗多是中国的。台湾和韩国，几十年的经济奇迹，有中国文化的因素，也有对西方体制的选择，而且直到今天，这两种选择仍然在交替进行。其结果，是韩国终于把独裁统治挤出了政权之外，而台湾的民主化过程也取得突破性进展。

中国大陆进行的现代化建设，同样需要对传统文化进行彻底改造。而且这种改造的意义，比之东南亚四小龙，更为重要。因为中国是一个大陆，是一个具有 12 亿人口 5 000 年历史的大国，处理传统文化与现代文明的关系，既非常必要又非常困难。但不论如何，这步棋一定要走的，也一定会走好。传统文化要清算，以鲁迅先生为代表的中国思想界伟人已然清算过将近一个世纪了，后来者们应以更高的眼光更好的方式继续走完这一过程。

但是中国文化作为我们的民族文化传统，确实有许多内容对中国现代化和改革开放事业十分有益。而且，任何一个民族，不清算陈旧历史，就不能开拓新的前途，而不继承文化传统，也不能达到新的历史成就。这个叫做积淀与变异。继承是一种自觉或难以自觉的积淀过程，变异则是对这种历史积淀过程的一种特殊的发展方式。而且不论世间一切事物，都需要变异，人本身就是变异的结果。如果只讲传统，不论变异，也就没有人类，自然也没有中国人，更没有什么儒家文化传统了。

论到对于市场经济可能产生积极作用的中国古代文化的优良传统，也有如下种种。

(1)**天人合一的思维与行为方式**

中国古代文化讲究天人合一，天人感应。中国古人最敬畏的不是宗教偶象，而是人间皇帝。皇帝的权威高于宗教的权威，这一点，前面说过的。但皇帝毕竟是要死的，对于现实中的皇帝，自然未敢多言；而对于逝去的皇帝，特别是前朝皇帝，则殊多异语。中国的皇帝大多有谥号，多数朝代谥号是在皇帝死后方由朝臣公议决定的。好的皇帝就有好的谥号，坏的皇帝，就有贬意谥号。比如隋炀帝、唐僖宗之类，也有的谥号表示了同情，如晋哀帝等。

皇帝是最高权威，但皇帝的是非也可以评议，那么就有高于皇帝的内容在。这个高于皇帝的内容，就是“道”。好的皇帝便称有道，坏的皇帝就是无道。道不但高于皇帝，而且高于世间一切事物，举凡社会政治、经济、军事、文化、医学、农学、博艺、武术，事无巨细，均有道在。人间有道，天上也有“道”，地府也有道。中国神仙鬼怪和西方的不同，西方是一神传统，上帝是最高权威，耶稣是上帝之子，别的不再考虑。中国是泛神论国家，尤其道教，其神仙系统无比复杂，上天入地无所不在。但中国的神仙鬼怪似乎更接近人生。神仙虽好，也有缺点。鬼怪虽劣，也有可爱之处。或者进一步分析，神仙中也有恶物，鬼怪中也有良才。善神恶鬼，恶神善鬼，都不算奇怪。坏的神仙，正如人间恶霸。好的鬼怪，或者比好人佳人贤人可更其美丽可爱。而且无所不在，难于言传。正因为道有这种作用和特性，《道德经》才说：“道可道，非常道，名可名，非常名”。

中国人的这种“道”的观念，决定了中国文化的天人合一天人感应的性质。这种性质，表现在方方面面，如表现在政治、经济、军事、文化、文学、艺术等种种方面，不但深化了这些内容，而且丰富了“道”的文化内涵。

天人合一的思维方式，对于现代经济无疑有重要的借鉴价值。

它反映在经济上，重视收支平衡，反对大起大落。中国人特别讲求实际的风格，不能说和这种思维方式没有直接关系。

它表现在对待环境的态度上，则主张对环境的爱护。天人合一，谁也离不开谁。比如中国的园林设计，就非常典型地体现了这个风格。西方宗教建筑，是以天人分离为特征的。宗教建筑代表的是上帝风采，因此，特别强调它的崇高性。拔地而起，不与风俗同流。而且大凡著名的宗教建筑，不是一个短时间内可以完成的。有的要经历数十年，上百年，甚至更长时间。中国人既主张天人合一，必然追求鬼斧神工的建筑成就，虽是人工，如同物化。所以好的建筑，不但表现在建筑本身，还要充分利用四周自然环境，让二者和谐一体。既有水色，又有山光，山光水色，浑然一体。中国人的这种思维和行为方式，必然会对未来人类的环境保护意识和保护方法产生积极影响。

天人合一思想对于人体卫生和保健，也有重大意义，如同中医中药，中医讲究五行六气，认为人体是一个小宇宙，自然界是一个大宇宙，二者相互关联。又认为无论人体和自然，都由阴阳构成，由阴阳而五行。这种衍化方式，决定了中医中药的治疗方法，更重视人体本身的整体作用，更强调整体诊治，辩症施治。中医的诊治方法，对于未来人类医学同样有不可估量的科学意义。

天人合一的思想反映在艺术文学等方面，尤有无穷妙趣。如中国的围棋，将来一定有大前途。如中国的武术、气功、杂技、京剧、小说等等，都有自已独特的风格，将来必定会对世界文学艺术产生巨大影响。

(2)**民族和解，宗教宽容**

西方传统文化属于多元性质，这是它的优点，又是它的特点。西方历史，总是处于国家、宗教和民族三者之间的聚合分化之中。一方是国家，一方是民族，一方面是宗教，三者不能或难于相互统一，也不能相互融合。国家的界线，并非民族的界线，民族的界线，也不是宗教的界线。自古以来，西方国家就在这三者的相互抗争和分解之中以求生存，而且为三者的和平共处付出极大牺牲。直到今天，这些问题，在很多地区，仍未得到解决。这是中国人往往感到疑惑的事情。

中国是一个民族和解、宗教宽容的民族。中国境内有许多种宗教组织，其历史同样非常悠久。佛教自汉代以来，在中国即发生重大影响；后来逐步汉化，并且产生禅宗这样的完全中国式的佛学宗派。道教历史也很长，影响同样巨大，还有伊斯兰教、基督教等均在中国历史上有重大影响，对中国文化的形成产生重大作用。中国历史上不同的宗教或教派也曾发生种种冲突，如佛教与道教的冲突，世俗政权与宗教组织的冲突，但从总的历史发展看，还是以相互和谐为主。许多庙宇中的神像，佛、道相参，乃至有儒人入祀。大家习以为常，甚至习以为荣。佛教、道教，加上儒学，很多人认为是三教同源，三教未必同源，但中国文化确实胸襟博大，不走极端。

因为宗教宽容，境内各民族相处也比较和睦，而且年深日久，相互依存，中国历史上有过好几次大的外族入侵，但大多以入侵开始，以互相融合而告终。如五胡乱华。五胡何曾乱？还不是大家融为一体，使中华民族更具生命力度。以后又有元人入侵，满人入关。元人入侵，带来元朝文化的独特发展方式，中国元曲作为蒙汉文化的结晶，也成为中国文化史上的重要内容。清人入关，把满清风俗带给中原，其后果之一，就是形成古都北京这样独特的文化传统。为什么说是独特的文化传统？因为在北京的文化传统中，既有汉文化，也有满文化和其他少数民族文化，既有儒家文化，也有满文化和其他少数民族文化，既有儒家文化、也有道家、佛家文化，还有伊斯兰文化。北京是一个中华民族文化荟萃之地，它的形成和昌盛，恰恰反映了中国传统文化的广大涵容精神。

以民族而论，作者曾在某个地方讲过，吉普赛人和犹太人周游世界，是两个民族色彩最为强烈的民族，他们走到哪里，都标记鲜明。从理论上，犹太人和吉普赛人不可能没有来过中国，但在中国不曾发生许多其它国家发生的虐待吉普赛人和犹太人的事情。因此，他们到了中国，既可以保留自己的原来信仰，又能和中国各族人民和睦相处，从而不再成为受歧视的特种人。

古代中国是一个十分重视土地的国家，又是一个十分重视乡情的国家。不论什么人，住在一起，就成了乡亲。成了乡亲，可不得了哟。君不闻古人诗曰："久旱逢甘雨，他乡遇故知，洞房花烛夜，金榜题名时。"纵然不闻，也该知道中国人有句俗话，叫做"老乡见老乡，两眼泪汪汪"。何谓泪汪汪，相亲相爱大动感怀之状也。

中国的这种民族和睦、宗教宽容的文化风格，将对中国现代化事业产生莫大积极影响，这是中国文化的一大优势，难能可贵呀！

(3)**瞻前顾后，重家护业**

中国人重视家庭，重视亲情关系，在世界上都是首屈一指的。很显然这里面有中国传统文化的功劳。认真地讲，这不全是优势，这里面有许多小农经济的文化成份在内。但中国人重视家庭，可以给社会带来稳定。中国人重视亲情，又可以使人际关系带来许多积极影响。中国在全世界有5 000万侨胞，不论在哪个历史时期，他们都对祖国作出很多贡献，特别是国家危难关头像抗日时期，和国家发展的重要关头如改革开放以来的今天，华侨的贡献都是我们一般不知内情的人难于估量的。

中国人重家庭，在经济上，不免瞻前顾后。虽然也有不孝子孙。有不孝子孙，就有无数指责。这一点和西方文化有莫大区别，西方人更重视夫妻关系。中国传统最强调父子关系，它的好的方面在于，儿子要考虑对父母的赡养，而父母也要考虑儿子的未来。中国人开始听到西方人父子母女之间，分居之后，相互走访，还有账单一类，脾气急躁的马上破口大骂，脾气和蔼的也认为不可思议。父母和儿女，吃几顿饭，还给个账单，疯了，准是神经病。中国人没有这个，不但没有这个，而且父母对儿女的服务，简直就是终生制的。儿女小时，一切全包，孩子大点，又为儿女的学业奋斗。哪个学较好，哪个学校不好，宁可托人送礼，绝不马虎从事。上了小学上中学，又为儿女的健康成长耽心害怕，虽然有些耽心，未免让儿女反感，令旁观者觉得好笑。儿女考上大学，还要举家送子入校。大学毕业，又为工作分心，还要为儿女婚姻分心。不但分心，有时就是全身心投入。有了隔辈人，有条件的就替儿女看养儿女，没条件的也尽可能在经济上予以资助。过节日，就希望全家团聚，儿女不到不算节日，孙子一辈不来绝对没有情绪。一直到临终，还要看看儿女，祝福他们幸福。有些老人，临终弥留，就盼儿女回来，有时一等数天，真不知道我们中国人的亲情精神有多么大的力量。

因为中国这样重视亲情关系，这样看重家庭，所以他们尽量要把最好的最有价值的东西留给自己的孩子。因此，存款，在绝大多数中国家庭里都是一件大事情。你不要一听中国的私人存款多，就惊讶。其实，这里面，有许多是不到万不得已时，绝不会随便取出的。就算货币贬值也不轻易取出。存款本身是自己血汗的结晶，但为了家庭，为了子女，为了父亲，就是受点损失也不能不留有储备。

据一些外国文化专家研究，日本的经济发展，之所以能在长时期内保持强劲的势头，和他们注重私人存款，私人存款额度很高，有莫大关系。这一点，对于东亚儒家文化圈内的国家和地区，大致都是适用的。中国人的这种品格，既于家庭稳定有利，也于民族经济振兴有利。

这几年中国人的离婚率年年呈上升趋势，但请放心，再怎么呈上升趋势，也不会发展到西方国家那种地步。日本已经是个很好的例证。当然，家庭文化的内涵是会发展变化的，随着现代化的深入，这种变化也会越来越深刻。但从总的趋势看，中国真的现代化了，中国家庭会变得更多亲情，更加幸福。

(4)吃苦耐劳，生存力强

道教是最有中国特色的宗教，它和其它宗教的一大区别，在于它对死毫不关心，对灵魂之类也不关心，它更关心如何生存，最好肉体成仙，长生不老。道教的这个文化特征，正是中国文化的一个反映。中国人最重视生命，虽然也关心彼岸的事情，那要看物质基础如何。钱多了，先不想扩大再生产，想家庭，想幸福，想长寿，想来想去，想到世界的那一面去了。钱少了，先解决生存问题，死这件事也就淡了。中国人认为最大的不幸莫过于死，所以能够活着，一定活着。自杀之类，是被人看不起的，虽然也会表示婉惜，但有埋怨情绪在内。就是打仗，也主张“置之死地而后生”。置之死地不过是一种手段，决心活着，以利再战，并且战而能胜，才是目的。中国能出白毛女这样动人心魄的事情，因为中国人相信“留得青山在，不怕没柴烧”。也相信“君子报仇，十年不晚”。

中国人能吃苦，直到今天，还有 7 000 万人未能脱离贫困。没有脱离贫困的中国人的生活，依然十分困苦。有的地方，一家人只有一条被子，夫妻两个只有一条裤子。最主要的是大人孩子都吃不饱肚子，这种情况，如果在西方，早就有抗议的了。但在中国，大家苦了几百年，能忍就会忍下去，何况总觉得还有希望在前头，相信只要有点油在，灯是不会灭的。

中国人能吃苦，吃劳动之苦。早几年，有人去内蒙古，看见许多南方人，背着大包袱，在草原上推销自己的商品。这是一种远远超过常人想象的劳动。但在中国这里，真的没有什么。没有钱挣的时候，也曾为学大寨而拼命，现在有钱可赚，吃苦流汗在所不惜。

我们前面说过，中国经济发展的优势之一，是劳动力价格低廉。这也正是 60 年代以后东亚四小龙得以发展的重要原因。中国的劳动力不管哪一个层次的都十分低廉。外国人到中国投资，凭这一条，准能赚钱。不但劳动力便宜得出奇，而且吃苦精神举世少见，这两点加在一起，成为中国走向市场经济的主要优势所在。

3. 潮起潮落，大浪淘沙

如前所述，中国传统文化对现代市场经济的影响，既有正面的，也有反面的，其正面影响，往往是间接的，其作用往往是潜在的。反面的影响却常常是直接的，其作用常常是强劲的。

或许可以这样说，越是中国传统文化中那些在历史上起过巨大作用的内容，往往越具有消极含义，如官本位体制、等级制观念、以三纲五常为核心的道德体系，以及重农轻商、轻视科技的价值观念体系等等。简捷地说，儒家文化在历史上，也曾历经5变。先秦儒家，处在奠基与开拓时期。彼时的儒学的最大特点，一在它的民间性，二在它的自主性。到了汉代，儒学为之一变。董仲舒提议、汉武帝采纳，“废黜百家，独尊儒术”，成为汉朝的国学，儒学一变而为官学。由民学变为官学，是儒学的一次质性改变。儒学自汉以来，受到各种学术，特别是老子、道学的冲击，又有佛学东来，至唐形成儒、道、佛三家并立的景况；而且盛况空前，气象非凡。自唐至宋又发生大变化，宋儒以先秦汉儒学为主旨，兼收它学，另成体系，或者为后人称为新儒学。先秦儒学，成其新的理念体系，并很快为统治者所青睐，特别是程朱理学，成为更具礼仪色彩的官方显学。直到明末清初，再次发生剧烈演变。于是启蒙家出来，向传统体系，特别是宋明理学提出挑战。至五四运动，发生又一次大变化。如果说，明清之际的变化，是生于儒内部对旧儒的批判，那么，五四运动则是一种新兴文化对儒学的倾复。五四运动中主要的文化人物，陈独秀、胡适、鲁迅都是批儒的专家。陈提倡马列主义，胡主张全盘西化，鲁迅则奉告中国青年，少读最好不读中国古书。五四新文化运动对中国传统文化的冲击是巨大的。但从历史的宏观发展看，这只是一个开始。更伟大的影响更深远的文化活动还在后头。这个暂不说。儒学自汉成为官学，儒子成为官员，是它的幸运所在，也是它的悲剧所在。唯有五四运动这样的新文化运动，才打破了曾于儒学的一切神话，使它得以回归文化本位的历史机遇。换句话说，儒学成为一种文化传统，不会消亡，只会发展，重建也是发展，再生也是发展。但发展需要机遇。直到本世纪后半叶，才随着一些东方国家的经济起飞，而使儒学文化的新生提供了新的依靠。而韩国、台湾、新加坡、香港等亚洲四小龙及日本的成功，则成为一种颇有说服力和吸引力的东方文化能够且必然复兴的曙光。

但从儒学方面而言，中国儒学之所以取得历史的光荣，根本原因在于它是最适合中国社会经济的一种文化形态，又是最适合中国大陆文化需要的一种文化形态。地理环境方面的大陆特色，经济形势方面的小农特色，加上文化形态方面的儒学特色，使得中国在古封建时代取得前无古人的巨大成功，也使儒学文化成为阻滞中国进入新的文明领域的一股强大的社会文化力量。

可以这样说，儒学在宋明时代达到其历史发展的顶点，但也从此与社会的发展产生日益不可调和的矛盾。至少明代始，资本主义在中国开始出现萌芽，儒家学说就已经开始受到种种侵淫和冲击。比如中国儒学特别是宋明理学是最主张言礼，最反对言情的，但明清小说的最大特点就是言情，不但言情，而且言性，性情交加，如风如雨。更大的冲击，则始于1840年的鸦片战争。西方文明终于以它特有的资本、功利、冒险和情欲精神，开始狂风骤雨一般侵袭古老的中国。从此，中国走上一条极其曲折极其艰难的现代化历程。虽然身临其境的人们对这条道路的理解常常是无序的，不自觉的，有时甚至是极其幼稚和混乱的。

旧的文化势力异常强大，它的强大不仅仅表现在它虽然已经千疮百孔依然不肯退出历史舞台，而且表现在，它常常以人的无法完全自觉的形式，就在人们的日常生活之中，就在人们的吃、穿、住、用、生、老、病、死，谈笑欢乐、喜怒哀怨之间时时刻刻发挥着强大的作用。五四运动提出要打倒孔家店。“文化大革命”再批孔老二，但孔家店真正的打倒了吗？孔老二真的批臭了吗？如果真的达到了批判者打倒者的目的，那么中国就不会发生“文化大革命”这样的历史性悲剧了。“文化大革命”这样一场所谓群众运动，竟然把批判孔老夫子作为自己的口号，可算是历史给中国人开的一个玩笑，大约历史老人下定决心，要以这么一种黑色幽默的方式，使中国人自己真正认识自己历史文化的本质。

而且直到今天，旧的文化势力依然强大，诸如不讲法治，破坏法治，不求规范，破坏规范，权钱交易，贪污腐败。这些且不说它，只说现代中国人的消费观念、生产观念、生存观念、价值观念中就有多少旧的文化搀杂其中。使得多少中国人虽然腰缠万贯，却常常走着与现代化相背谬的路径。只消看一看遍布中国各大城市的饭庄饭店，看一看中国人的坟地日益走向奢侈和豪华，看一看中国人的特有的娶妾现象、贩人现象、买婚现象、超生现象以及为着眼前利益，不惜破坏自然生态，尚且还振振有辞的情形，就可以知道，现代人类文明在中国这块古老的土地上真正扎下根来，有多么不容易。

学术界也终于认识到，孔夫子固然是儒学的创始人，但旧的文化传统却是一个系统工程，它不仅包括旧的体制，旧的管理方式，旧的经济形态，旧的价值观念，旧的道德规范，还包括旧的生活方式，交际方式，旧的习俗。一个只会摇头晃脑靠读《三字经》的民族是建不成现代化的。就是不读三字经而改为“老三篇”，也一样的随地吐痰，一样的饭前便后不洗手，一样的鄙视科技和文明，甚至一样的随地大小便的民族，依然是不可能建成现代化的。

但是，旧文化势力固然无比顽固，新的历史潮流同样不可逆转。自1840年以来，中华民族作出了重大的牺牲，甚至可以说尝遍了一切方式，为着国家和民族的昌盛，而抗争，而奋斗，而不屈不挠，而前赴后继。

虽然那方式往往是无序的，从林则徐到李鸿章，从张之洞到光绪帝，从康有为到孙中山，多少仁人志士，为着中国的富强，付出巨大的代价。可以这样说，1840年以来的中国历史，就是一种从无序到有序，一步一步走向和靠近现代化的历史。

中国是太古老了，中国的现代化过程是太艰难了，中国的现代化也许需要数十次的蝉蜕才能达到自己的目的。在这些蝉蜕过程中，既充满了危险，也充满了希望。

中国传统文化之所以有这样的力量，因为它有2 000年的历史积淀，经过2 000年的历史积淀过程，它找到了一种最为稳固，最能保护自己，最不易为其它力量所取代的生存机制和存在形式。

中国传统文化的基础，在于它的小农经济。中国的小农经济，如洋似海。小农经济的基础，如不被取代，或者不被化解，那么，根植于小农经济的中国传统文化就依然具备顽强的生命力。一遇适当的时机，它就会以某种新的方式站出来表演一番。有人不明此理，对中国的文化大革命之类的左病深感无奈。这也难怪，请想想，1911年，孙中山先生就领导革命党人打倒和埋葬帝制，但经过半个世纪时间，中国又来一场“文化大革命”，而且林彪之流用对待古代皇帝的手法去神化一位无产阶级革命的领袖，而且至少在其外在表现上，甚至比对待古代皇帝的表现更有过之。小农经济已然成灾，儒学文化又加强了小农经济的地位，前一节中讲到的中国传统文化不利于市场经济的九种情况，也可以从各个侧面说明这个问题。任何所谓文化，都可以分为传统文化和文化传统两个部分——尽管这两个部分本身是不能截然分开的。作为中国传统文化，本质上就是一种理论系统化规范化甚至有些宗教化的小农文化。而作为文化传统，则另当别论。

可以这样说，中国的小农经济基础永远不被打破和化解，那么中国的现代化就永远没有希望。而打破和化解小农经济的最根本的方式，只有改革开放一条路。

为什么说只有改革开放一条路？因为小农经济和计划经济有殊途同归之妙。它们好像一个事物的两端，其表现形式虽然大相径庭，但其内涵却十分相似。它们二者的最主要的共同点包括：二者都是权力经济；特别是中国的小农经济，没有皇权、族权、神权、夫权作支柱，它不可能具有那样顽强的生命活力。而计划经济本质上就是一种特殊的权力经济——尽管马克思的本意绝非如此。它本身既有浓厚小农经济的色彩，又有军事共产主义的形象。其次，二者都反对和排斥自由贸易市场。小农经济的国家必定重农轻商、重农排商；不排商则农业难兴，商业活跃则农事易乱。而计划经济对于自由贸易更是深恶痛绝。自由贸易是权力经济的死敌，二者如冰如火，冰火难容。再次，二者都以平均主义的分配作为自已的理想追求，中国的小农经济，本质是等级制的。皇帝和官僚不可能平等，地主和农民也不能平等，就是男人和女人甚至奴才和奴才都不能平等。但它的理想依然在于“均其田，平其赋”。或者可以说它是以均田为理想，而抑制土地兼并的恶性膨胀。计划经济是更加彻底的平均主义。在这个意义上，可以说计划经济是一把双刃剑，它一方面极力主张实行平均主义式的分配原则，一方面又在平均主义的基础上筑起权力与收入的等级式。

小农经济又最反对开放，农业自然经济不需要开放，它最喜欢最推崇最感荣耀最不能放弃的乃是自给自足。“日出而作，日入而息，凿井而饮，耕田而食，帝力于我何有哉?”所以农民不喜欢郑和，更喜欢愚公。连郑和都不喜欢，更没有哥伦布的位置了。古代近代中国都没有产生哥伦布的土壤，充其量，只有不断产生海盗的可能。

而改革开放，一反旧态，走出一条新的道路，这道路的“根”，可以一直追溯到明代资本主义萌芽期，可以追溯到1840年的禁烟运动，可以追溯到洋务运动，可以追溯到辛亥革命，可以追溯到二次国内革命战争和抗日战争。因为有这样的“根”，中国的改革开放才成为一股不可逆转，不可阻挡的社会历史力量。

虽然如此，中国当前的改革开放，依然比之历史上任何一次革命都来得更深刻，更全面，更彻底，也更富于文化内涵。中国的小农经济在改革开放面前败下阵来。中国现在已经有1亿农民转入城镇和城市，成为一代新型的城镇公民。这么大量的人口在这么短的时间内，离开农业入城镇，其意义是不可估量的。即使以北京的城建而言，北京的交通近几年取得巨大成绩，为世人所瞩目，但其中绝大部分劳动者，都来自农村。农民入京改造了北京，同时也在改造北京的过程中，升华了自己。更何况说，中国数以百万计的乡镇企业，它们正以他们的前人连想都不敢想不能想也不愿想的方式，在改变自己的生活，改变传统农业，也改变自己的形象和本质而取得巨大进展。有人看到现在农村中，真正在田间劳作的，主要是一些中老年男人和中年妇女，就禁不住表示惊讶和担心。其实，它恰好说明了中国农村的历史性进步。正如我们前面讲过的，如果中国的10亿农民，在三五十年内，有80%的人口走出第一产业，进入第二产业第三产业，那么，我们就可以说，中国已经实现现代化了。

改革开放自然不仅仅是传统农业的事，而且城市改革的进程更其艰苦。改革是一个系统工程，正如中国传统农业社会是一个系统工程一样。因为它是一个系统工程，所以在改革开放过程中，就难免不出现一些无序状态，就难免不发生某种衰落和失衡现象，就难免不出现新的形式的失误和牺牲。表现在社会形态上，新的事物层出不穷，新事迭出，变化无穷，而且不变则已，一变就热。改革开放以来，各种热点，纷至沓来。文凭热、经济热、特区热、出国热。此热未平，彼热又起。人们总在某种刺激中无奈，又在新的无奈中寻求刺激。热点多，说明变化大。变化大，又创造出新的热点。而且各类新时代的风云人物，同样如雨后春笋，又如过眼烟云。所谓“江山代有人才出，各领风骚数百年”。昨日的阶下囚，转眼间成百万富翁。而今日的百万富翁，转眼又变得一贫如洗。此起彼伏，此消彼长，人们一时痛快，一时徘徊，一时信心百倍，一时手足无措。但就是在这种此起彼伏、此消彼长、一时快乐、一时徘徊、一时信心百倍、一时手足无措的变化之中，中国的改革事业一步一步上了新的台阶。而它留给社会各类人员的印象，无疑是千姿百态的，变化丰富人生，新的文明日趋成熟。

表现在信念方面，人们同样遇到前所未有的冲击和挑战。在这些冲击和挑战面前，这世界实在变化太快，中国在变，世界也在变，冷战结束，仿佛一夜之间的事情，而“文革”的结束，又何尝不是一夜之间的事情。然而，送走一个旧的时代，又哪能如此简单？而且历史的发展往往呈螺旋状态。因为是螺旋状的，所以有时候，今日的进步反倒好像回到昔日的起点，而新的起点，又好像是对于昔日理想的背叛。想当初，中国人抵制日货，不惜洒热血，抛头颅。而今天，中国人喜欢外国货，又到了如痴如醉的地步。过去恨不能把洋鬼子一下子全部赶走，让他们永远不再回头。而今天又希望他们快来多来,最好带着大捆的外币蜂拥而来。过去批判个体经济,几乎无所不用其极,今天发展市场经济,又提供大幅度的政策优惠和关照,生怕个体经济不能充分发展。过去鄙视商人,《青松岭》上最讨厌的人物就是钱广,今天号召一部分人先富起来,万山大叔反倒成了悲剧人物,万山大叔何足道哉,连永贵同志的大寨精神都成为明日黄花。过去最是艰苦奋斗光荣,所以男孩们以穿一身褪了色的旧军装为荣,于今时装盛行,化妆品风靡神州大地,为着一个美字,甚至不惜付出生命的代价。世界变了,中国变了,变化如此之快,令人有些眩晕,有些茫然,有些不知所云,又有些烦躁不安。但眩晕也罢,茫 然也罢,知识层也罢,非知识层也罢,买了假种子的农民也罢,玩股票玩疯了又玩傻了终于玩成穷光蛋的人也罢,赔惨了的企业家也罢,可以说没有一个阶层同意走回头路,人们对前途的看法或许是千姿百态,但希望总在前面,则是绝大多数中国人的社会共识。

然而,信念发生危机。人们在这样的社会大潮起落之中,忽而厌古,忽而好古。厌古则不惜否定一切,看到柏杨先生的《丑陋的中国人》,不觉哀心大快。以为柏公的"老头乐",恰恰搔到痒处——好不痛快。好古则对古人痴迷,看这几年出版界的情形,从古代启蒙读物——《千字文》、《百家姓》、《三字经》、《龙文鞭影》、《幼学琼林》,一直到《资治通鉴》、《二十四史》,又到《诸子集成》,再到《明清清言》、《文人随笔》,再到各种古典小说,真可谓无古不成其事,无古不成其名。忽而好古,又忽而崇洋,对于西方人的学说,动辄形成热点,而且不热便罢,一热就热得眼黑。改革10多年来就有尼采热,叔本华热,弗洛依德热,萨特热。可以这样说,西方文化从来没有像改革开放以来这么大规模进入过中国,而西方的学术思想也从未这么全面地介绍给中国。中国派出的留学生,包括公派也包括自费生还包括各种出国人员,其数量都达到空前的水平。昔日的留洋热浪，比之今日的出国大潮，岂止小巫见大巫而已。

文化潮流岂止精神文化而已，商品文化、物质文化的交流虽古已有之，同样于今为烈。不但世界各地的产品大量进入中国，而且中国的产品也源源走向世界。美国人的消费品中，中国大陆产品是一大家，俄罗斯和其他独联体各国及东欧国家中，中国商品也是一大家。近几年来，开往前苏联的列车上，背着大包小包的中国个体户，完全可以看作是中国对外文化交流的先行者。

变化如此之大，人们旧的信息受到剧烈冲击。马克思主义到底还灵不灵，孔夫子到底还要不要，尼采学说到底有多大价值，弗洛依德到底算一个什么人物？现代中国人，可谓喜新厌旧到了极处，喜旧厌新却也到了极处。人们正是在这种徘徊与彷徨之中，重新寻找自己的信念，重新塑造自己的形象。

表现在人们的价值观念上，变化同样巨大而且深刻。

首先是公私观念的转变。中华人民共和国几十年，最为大力提倡的口号是"大公无私"。然大公无私虽好，需要有相应的物质基础作支撑，好比佛光虽好，要有莲花宝座相辅侍。山头上跑不得马，竹竿上停不得飞机。大公无私并非不好，惜乎历史时机未到。现代人讲大公无私，顶多是一种军事共产主义式的理想，它只有在极其特殊的历史条件下，才能证明自身确有存在的价值。但我们中国在相当长的时间内，一心要树立大公无私的观念，对于"私"字，深恶痛绝，以为公私观念是区别社会主义与资本主义的最根本的观念，反对国民昌盛，只要斗私批修。但是中国人在极左路线下，穷得连花生都吃不上，连臭豆腐都快见不到了，你还让他斗私，他有什么私可斗的？

于是改革开放，一改旧法，去除空言，讲究实际。对于"私"这个字，也有了新的诠释。如果以为"私"代表的就是自私自利，那还另当别论；如果认为公民获的个人正当权益也都可以列入“私”的范围，则又大谬之然矣。

改革初期，曾有署名潘晓的一封信，信中的一个观念，就是认为自私是合理的，后来又有“人与人的关系是狼”的思想泛滥，发明这理论的是英国哲学家霍布斯先生。霍先生一定没有想到，他的学说在遥远的东方，在几百年之后还会有如此众多的信徒。公私之辨，成为社会热点，人们的价值观念受到强烈的冲击。

社会主义制度实行了几十年，人们只知道，集体主义才是社会主义，个人主义只能是资本主义，个人主义就是利己主义。但后来又有了解西方情况的人出来证明，即使在西方，个人主义也不等于利己主义。在他们看来，利己主义自然也是一种自由，但必须以不影响他人的利益为度。例如在美国，对公民的隐私尤多保护，你利己主义尽管利己主义，但一旦影响到别人的利益，很可能要吃官司，让你加倍赔偿人家的损失。其实，个人主义是一种以个人权益和价值为核心的价值观念，而利己主义则是一种完全以利益为唯一追求的自私行为。

中国人好讲正确处理国家、集体、个人三者利益，但在实际上，往往保了大头，丢了中头，坑了小头。而且愈搞愈左，搞到后来，连中头、小头也没有了。公民本身的权益究竟应该有多大，中国公民自己的权益究竟如何得到保护，都成了无人敢于问津的禁区。

公私之辨，影响深入，波及古人，又开始了对古来的义、利观进行深刻反思。儒家学说重义轻利，人们不喜欢。杨朱主张“拔一毛而利天下不为也”，人们又不喜欢。那么，现代人应该怎么办？很多人虽然没有明确地对此作出回答，但那行动，就代表了一种回答：管他的什么义、利观念，先以致富为是，既然国家允许一部分先富起来，这部分人中为什么没有“我”呢？

改革十多年来，中国确实有很多人富了起来，富翁有多富？谁也不知道。据说年收入在5万元以上的人家，至少有几百万。一些人为着某种目的，一下子就可以掏出50万60万80万人民币。有的款爷，光别墅就有三四处。可没钱的，人均住房尚不到2平方米。这种强烈的对比，又冲击了本来已经十分脆弱的价值观念，而且使之更支离破碎，逻辑混乱。

于是有人说，中国人确实因为"发财致富"而弄得有些疯狂。疯狂造假的有之，疯狂贩假的有之；就是制造假酒假药假钞票的也在所多有。为着赚钱，为着马上就能致富，天地良心，全成屁话。喝假酒喝死人的现象都不是一次地出现过。而且假冒伪劣商品不但在国内泛滥，而且居然走出国门，在世界各地，特别是在前苏联地区产生破坏性影响，以至使得大陆在该地区的市场份额出现急剧下降的局面。中国的这些背大包小包的对外文化交流的先行者们，因为自己不争气，不但丢了自己的生意，也丢了国家的脸面。

可以这样说，中国传统文化，或者说中国传统文化的变革本来与泡沫经济现象没有多少直接的关系，但即使间接联系，也足以使其成为造成中国泡沫经济现象的一股强大的驱动力。

首先是新旧文化的矛盾。新的文化，应该以市场经济作为自己的发生基础，而市场经济即法治经济、规范经济、程序经济。但中国传统文化，不重法治，只重人治。二者的矛盾显而易见。中国现时的情况，是法治意识在加强，人治阴影又不肯退去。因为律师不同意审判人员的意见，就把人家轰出法庭的事有之，因为讨债无门，就启用暴力的事也有之。一方面，打官司成了时髦，名人不打官司，好像缺了点什么——这是法治意识初成的表现；另一方面，却又有各种各样的干扰行为。官司尽管官司，幕后活动比之幕前活动更具丰富多彩。于是，中国老百姓禁不住一遍又一遍地询问到底是官大还是法大？

新旧文化相持之下，两种体制又并存共在，而且两个体制之间的缝隙仍大。这缝隙的存在，既成为中国经济健康发展的严重障碍，又成为很多人发财的可靠保证。比如前面讲过的商品价格的双轨制，城、乡居民的二元制等等。俗话说，旧的不去，新的不来。中国的情况是，旧的尚在，新的又来，新的已来，旧的又未去，新旧之间，出现奇异的且又大半是畸形的经济现象。

还有新、旧观念的冲突，旧的观念不见得都和传统文化有关，但大半与传统文化相关。新的观念也不见得就是西方观念，但很多和市场经济有理不断、剪还乱的千丝万缕的关系。前几年有一本书，介绍了“600 个新观念”。600 个新观念，不算少了，但和现实生活相比，区区 600 观念，何足道哉。中国人想都不曾想过的事情天天都在发生，古来就曾有过的事情又天天都在重现，以至一些曾经绝迹的社会现象也重新出现在人们的现实生活之中。

凡此种种，使中国人的经济生活出现一种世间罕见的奇异现象。

一方面，中国的经济实力还很弱；一方面中国的经济发展速度又很快。

一方面，中国人的观念还很旧；一方面中国人的观念又在飞速变化。

一方面，中国人的消费水平还不高，甚至刚刚达到甚至还有很多人达不到温饱水平；另一方面，中国人的消费意识又千变万化，日新一日。

一方面，中国人的平均收入还很低，中国人还处在比较穷的层次；另一方面，中国人又出现那么多的大款、大亨，甚至出现了一个中产阶级雏形。

一方面中国人依然是最为克己为人的民族；另一方面，中国人的心理又呈现躁动不安、跃跃欲试的进取特色。

换个角度看，中国现阶段的经济状况呈现出特定历史阶段的特有矛盾。

一方面它正在走出小农经济的束缚，一方面又进入现代经济的发展轨道，于是出现小农经济文化与现代经济文化的矛盾。

一方面它正在摆脱计划经济的限制，一方面又未能达到成熟市场经济的层次，于是出现计划经济文化与市场经济文化的矛盾。

一方面它正在走出权力经济的局限，一方面又未能进入自由经济的境界，于是出现权力经济文化与自由经济文化的矛盾。

矛盾重重，落差太大，因为落差太大，于是泡沫四起。

再加上人为的因素，于是火借风力，风助火威，风火交并，又把这泡沫经济鼓动得漫天飞舞。

这就是说，所谓中国特色的泡沫经济是有它自己的根的，这个根就是中国特有的历史文化，包括古代文化、近代文化、当代文化，包括传统文化也包括外来文化，包括精英文化、官僚文化，也包括市俗文化。但其主线，正是世界现代文化与中国传统文化之间的冲突、磨合与较量。

自 1919 年五四新文化运动以来，中国人对旧的传统文化的清算已经用去差不多近一个世纪的时间。而今天的形势，正如同两军经过长期征战之后的一场决战。但请注意，这种决战的方式同样采取一种相当矛盾的形态。

一方面，二者的矛盾是你死我活的，另一方面二者的关系又是同舟共济的。因为双方最终都不能消灭对方，而只能在新的基础上形成新的表现形式，进入对方同化对方，借鉴对方，以塑造一个更新的文化形象。

换句话说，唯有战胜自我，方能发现自我。而战胜自我之后的自我其实已经属于一个新的“自我”了。

医生采用一切治疗方式，好像都未必有利于病人，但其结果却使病人恢复了健康。正如一个高明的厨师的行为，是处处在破坏菜蔬的本来面目，却又通过这种破坏，产生出更加美味诱人的菜肴出来。

中国特色的泡沫经济现象，这是中国文化走向现代化进程中的一个小小的插曲。如果泡沫经济现象确实是不可避免的一种社会现象的话，那么，这就可以说，中国人在走向现代化的文化过程中，应该补上这一课。只是完成这补课的代价——它的学费不应交得太多。

4. 未来发展，需要选择

未来中国文化如何走向，这是近几年特别热门的一个话题，也是学术界十分关心的课题。但更重要的是，这是一个有关中国发展前途的话题。所以文化问题虽然表面上看与学术界关系不大，而事实上，却是一件有关国计民生的大事宜。应该说，自1919年五四运动开始，中国的文化研究一直具有多重含义。

照笔者的观点，世界各民族文化的区别，在于其模式有别。不同的民族文化，可以实行不同的模式。但模式不是一成不变的，它通过人类的主观创造而不断丰富发展、积淀变异。这种主观创造相对于历史而言，就是选择，而选择是多种多样的。选择的基础有两个，一个是本民族文化，一个是异族及世界文化。但选择不是随心所欲的，不论这选择的主观色彩何等浓烈，其类型轨迹都会遵循一定规律。把这几点加在一起，就叫作一个规律：数种模式，多样选择。

研究民族文化，当然要分析不同民族文化的差异性，但差异性又有普遍性。只讲差异，就走偏了，只讲普遍性原则也走偏了。所以比较文化学，虽然是一门很时髦的学问，真弄点道道出来，也不容易。

世界各民族文化都会遵循一个共同历史规律，是毫无疑问的。特别是大的历史阶段，东方人经历过，西方人也经历过。反之，也是一样。

但要注意，研究规律问题，主要是向前看，通过找出普通性原则，用来指导自己民族文化的长足发展。

一个规律的主要表现方式上，不论哪个民族的文化，都会向着更高层次的文明类型看齐。什么叫更高层次的文明类型？说具体点，就是低科技应向高科技看齐，低生产率应向高生产率看齐，低生活水平应向高生活水平看齐，低民主层次应向高民主层次看齐，总而言之，是落后文明向着先进文明看齐。

比如说，过去无论东方西方，都采用蜡烛照明，后来西方人发明了电，怎么办？你不能说，因为电是你们西方人发明的，本中华民族就是不用。看看是你们的电灯泡好，还是我们的大蜡烛好。这个比喻未必全然恰当。但这样的人，并非没有，虽然不必如此典型，但在许多社会问题上，往往当事者迷。因为自己的观念陈旧，目光封闭，而找不到真正光明的路径。比如过去讲农业学大寨，不在商品经济上下功夫，不注意提高农业科技水平，楞用镐头和山头大战，以为自力更生的精神可以解决一切问题，甚至觉得关云长的大刀比原子弹还厉害，这个就错了。如果是一个人的错误，倒也罢了，如果把这错误楞当成正确，让千万人都照着去做，那么就变成民族文化的悲剧了。让知识青年都上山下乡，就是悲剧，后来五七干校，把知识分子都弄到农田去，也是悲剧。但愿我们中国人，前事不忘，后事之师，能够痛定思痛，不再陷入左的泥河中去。

全盘西化也不行，行不通。这在任何一个国家和民族，任何一个时代都是没有先例的。你尽可以向西方学习，在西方举凡先进的都要引进到中国来，但你不能把中国的国有文化都排挤出去。比如中国的文化传统，比如中国的社会习俗，比如中国的节日，比如中国的饮食习惯，比如中国的审美方式，比如中国的历史，比如中国的文学、艺术，比如中国人的亲情关系，这些都是无法根本改变，也不可能根本改变的。你可以崇拜法国拿破仑，但你无法抹煞掉秦始皇。你可以佩服荷马，但你不能无视《离骚》，虽然后者的风格，并不太合现代人的口味。你可以特别热爱莎士比亚，但你不能因此就不承认关汉卿、王实甫的戏剧成就。你可以钟情于交响音乐，但你不能反对中国人特有的京剧、杂技、曲艺和相声。你可以总穿西服，长扎领带，但你不能让一切中国人都放弃他们的民族服装。总而言之，文化其实就是这一切仿佛无比细碎的生活因素构成的一种总体现象，你既然不能把这些具体因素一一去掉，那种全盘西化的主张只能是一时冲动，冲动过去后，依旧混沌如故。甚至有“只为分明极，翻令所得迟。早知灯是火，饭熟已多时”之叹。

但也不能一味主张保护国粹。是国粹当然要保护，中国的长城、故宫、兵马俑，就是国粹。是国粹为什么不保护？不保护就不是中国人。但不能满眼国粹，让国粹弄花了眼，看不到中国以外的精彩世界。即使从中国文化的历史发展看，举凡历史文化的重大突破，都是各种不同文化杂交的结果。先秦时期，各诸侯国就有不同的文化，经过近400年的文化交融，终于为秦汉的兴旺发达打下基础。中国自先秦以降，便有南北文化之分，正如南有屈骚，北有“诗经”，南北融合，成为新的文化奇观。中国文化的高明，一在西汉，一在盛唐。西汉是吸收了春秋战国各国文化的精华而汇成的文化清流，虽然它在文化政策上主张废黜百家，独尊儒术。汉高祖统一天下,有法家的功劳,也有各家的功劳。文景之治,就有道家的功劳。汉武帝大战匈奴,则是儒学当家。盛唐文化最称博大精深,但盛唐文化其实不纯,不仅不纯,而且很杂。它是少数民族文化和汉文化相互融合的结果,是儒家文化、道家文化、佛教文化相互融合的结果,是南朝文化和北朝文化相互融合的结果,也是历史文化和现实文化相互融合的结果。中国文化的第三次大高潮是近代新文化运动,新文化运动同样不是中国民族文化自然发展的结果,而是中西文化相互冲突又相互交融,在知识界的一个强烈反映。可以这样说,没有西方文化向东方的百年传播,就没有新文化运动,没有马克思主义向东方的传播也没有新文化运动。新文化运动本身就是各种文化相互融合的文化现象。从这个现象里,我们可以看到徐光启、利玛窦的影子,可以听到洋务运动的声音,可以觉察到戊戌变法和辛亥革命的寄托,也可以感触到西方工业革命和马克思主义对古老中国的强烈冲击和震撼。

文化如同生物界,只有不断杂交,不断优选,才能不断提高自身的健康水平。民族文化传统只是一个"源头",就算中国古代文化没有一点瑕疵,但你只有一个"源头",人家却有两个源头,请想一想,一个源头和两个源头比较水量的时候,有没有取胜的希望?

一点希望都没有。

中国现代化进程需要继承中国文化传统,需要学习西方和其它文化类型中的精华。继承也好,学习也好,都需要确立一个目标,到底为着什么学,学了又干什么?目标极为明确,就是在尽可能短的时间里,使中华民族实现现代化。而达到这一目标的关键所在,现在也已经十分清楚,就是在中国实现由计划体制向市场体制的根本转变。

那么好了，只要是对实现现代化，对向市场经济转变有好处的文化，也不要问它是东方的也罢，中国大陆的也罢，台湾的也罢，新加坡的也罢，美国的也罢，英国的也罢，俄罗斯的也罢，巴西的也罢，阿拉伯的也罢，日本的也罢，法、德、意的也罢，波兰的也罢，瑞典的也罢，只要有用，只管拿来。只要有害，只管除去。来来去去，去芜存精，点点滴滴，蔚为壮观。

十六、给中国经济定位

纵观几千年中华文明史，真正的经济时代何以少而又少？

经济时代终于在70年代末来到中国。

世界经济重心东移决定着中国的应有选择。

惜哉喜哉，漫长的中国海岸线！

华人的独有特性对中国现代化的重要影响。

我们正处在历史发展的黄金线上！

在写这一章之前，本书曾用十五章篇幅分别讨论了中国各类现实问题，然而，讨论现实，是为了达到更美好的未来，议论今天，是为了更为美好的明天。明日中国将会如何，将应如何，我们企望其如何，这是此后三章需要探讨的问题。这里，先来考虑一下中国明天的理论定位。换句话说，就是中国的未来，应该在世界历史的大格局中占据一个什么样的历史地位。

1. 难得的经济时代

我们检索历史，会发现历史的发展有波峰期，也有波谷期；有繁荣期，也有萧条期，有统一期，也有分裂期；有和平期，也有战乱期；有民主期，也有专制期，有光明期，也有黑暗期。

从人类的主观愿望考虑，谁不希望自己的时代总处在文明时代，繁荣时代，和平时代，民主时代。所谓太平盛世，所谓政通人和，所谓五谷丰登，所谓国泰民安。历史的教训在于，人穷受人欺，家穷受人欺，国穷受人欺。中国古代启蒙读本中收有两句俗语："人穷志短，马瘦毛长。"这两句，于革命时期，全无意义，人穷志未必短，马瘦毛未必长。人穷要革命，马瘦要撒野。然而，毕竟人类的生活时代长，革命时代短，革命也是生活，却是异常的生活。若非革命，最好不穷。穷人难穿好衣，难吃好饭，儿女上学都可能找不到重点学校。人家的女儿弹钢琴，自己的女儿捡破烂，并非捡破烂的声响比贝多芬的音乐还好听，而是手里没钱，不捡不行。没钱不能享乐，没钱难于治病，得了小病，尚可一忍，得了大病，难免挠心揪肺，泪眼涟涟。

在和平时代，人穷难于立志，家穷难于文明。一个穷得连被子都盖不上的家庭，可能是一个善良之家，但绝不是一个文明之家。不是他不要文明，而是基础不行。首先教育要受影响，修养也要受影响，大人不能追求高雅，孩子不能正常发展，潜能不能得到发掘，智慧不能得到开发。作者在某个地方说过，一个连屁股都擦不干净的民族无论如何达不到现代化的。而一个连抽水马桶为何物都不知，连卫生纸都买不起的家庭，你让他把屁股擦得干干净净，确实困难。

不但个人和家庭，国家穷了，同样会受人排挤。你这里一有风吹草动，他马上派一艘航空母舰过来，航空母舰固然不能决定一切，但有它没有它确实不一样。你有心去帮助别人，但经济实力不行，只能给别人以道义支持，道义固然重要，还是物质援助更为实效。以中国的内部事务论，台湾海峡两岸的中国人——凡有一点良知的中国人，真正希望中国实现统一。然而，台湾经济发展快，大陆经济发展慢，台湾 1988 年国民总产值已达 1 147 亿美元，人均国民收入为 5 798 美元，而大陆的

2000年目标，则是达到人均收入400美元。收入差距如此之大，难怪双方接触不是十分顺畅。同为炎黄子孙无论贫富都不该忘却民族大义，当然是100%的真理，但真理不拒绝吃饭，贫富之间必有区别。试想，如果大陆比台湾还富，不要说富上10倍，就是平起平坐，那么实现中国的统一大业一定会容易得多。然而，历史的发展有它自身必然遵循的规律，有它自己的展现过程。尽管没有任何一个人希望灾难落在自己头上，但历史的机会却不是平等地对待每一个人，也不会平等地对待每一代人。大体说来，好的历史机遇，总是难得，而坏的历史机遇，却如鬼影魔形一般，一旦碰上，绝难消散。

从中华民族的漫长历史考察，虽然我们中国人最是以有5 000年文明历史而自豪的，但真的有比较详细记载的文明史，不过3 000年左右。如果从春秋时代（公元前770年）算起，至今不过2 767年时间。2 767年，比之5 000年，少了一半，但即使只算这一半，对于一个民族而言，也是一段极其悠长的历史了。

然而2 700年间，真正的经济时代，或者说繁荣时代，其实不多。据日本人研究，中国的历史，大约其治乱周期约在300年左右，即300年和平之治，300年社会动乱，大抵如是，未可细论。即使如此，真正可以称为太平盛世，经济繁荣的，却又没有多少时间。

自春秋算起，春秋无义战，那不是一个平祥的时代，更不是一个繁荣的时代。战国七雄争霸，大约没有一年不发生诸侯之间的战争。公道地讲，春秋战国之间的繁荣，主要是学术繁荣，思想繁荣，百花齐放，百家争鸣。经济和政治制度方面，改革是主旋律，繁荣却未成大气候。

秦始皇统一天下，自是中国历史上的一个新的伟大时代的开始，然而，秦取天下多暴，秦始皇人亦多暴，今日修长城，明日筑铜人，后天修阿房宫，大后天又去巡幸天下，结果把一个气象万千的大秦帝国，弄得头重脚轻，外强中干。于是陈胜一呼，饥民蜂起；刘项一怒，帝国瓦解。秦的天下虽然表面上亡于干戈之下，骨子里却深藏着经济原因。

自秦汉以降，中国历史上王朝更迭，治世不少，乱世亦不少。但真正可以称之为繁荣时代的，委实不多。汉有文景之治，虽然前后不过半个世纪时间，但其影响，确实大矣。它不仅为汉武帝的辉煌事业打下了坚实的基础，又为西汉 200 年历史基业打下了良好的基础。自汉至清，中国少有兴盛，多是动乱，直到隋唐时代，才进入第二次社会繁荣时期，而最著名的乃是开元之治。开元之治同样不过 29 年，即使自贞观之治算起，不过一个世纪时间，而其影响同样十分巨大。它的影响，不但对于唐帝国，而且对于整个中国古代文明都有无可比拟的历史作用。晚唐又乱，自五代而历宋、元、明、清四个时代，各有一段太平时期。十年太平，百年运祚，并非皇天有眼，而是经济使然。宋的前期繁荣，明的早期强盛，元帝国虽疆土万里，铁骑浩荡，大约包览了大半个世界，然而，经济基础不牢，虽然惊雷闪电，不能持之以久，没有多长时间，便消散于占领区的各个民族文化之中。清代超过前人，有著名的康乾之治。康乾之治，前后有一个多世纪的时间，但到了乾隆中期以后，其实已经危机四伏。慧眼独具的曹雪芹先生，看到这大厦的根基摇摇欲动，说不定哪一天便要“哗喇喇大厦将倾”了。

这样看来，中华民族渴求的太平盛世，企盼的经济繁荣时代，是那么难得的一种机遇。实际上，这样的机遇，不但对于中国，即使对于世界上各个民族而言，都是可遇而不可求的。

中国自 1840 年鸦片战争始，算是被人打破封闭时代，自觉又不自觉，自愿又不自愿地开始注入世界发展的历史潮流之中。然后，即使从 1840 年算起，直到 1976 年“文革”结束，大约 136 年间，依然没有迎来自己的经济时代，没有得到哪怕是短短 10 年的经济繁荣。

大抵说来，自 1840 年起，中国虽然经过大约十来个历史阶段，但其社会主调不是经济的，而是政治的，政治总是主旋律。结果，中国人民年年希望繁荣，却一个多世纪都不曾达到真正的繁荣。

在这 100 多年的漫长时期中，具有历史意义的大事件，可谓层出不穷。自鸦片战争始，先有洋务运动，后有戊戌变法，再有革除帝制，建立民国，加上北伐战争，第一次国内革命战争，抗日战争，解放战争，可谓好戏迭出，精采绝伦。然而，其主旋律大体上都是政治性的，其间也有几次大的经济机遇，然而，都因为这样那样的原因，被白白错过了。

首先是洋务运动。洋务运动，或可称为经济行为，但其实质，依然是社会政治行为的组成部分，其出发点是“以夷治夷”，其行为归属，依然不出晚清帝国的官僚机制之外。严格地讲，洋务运动，不是按照经济的本来规则进行的经济活动，而是按照政治要求进行的经济活动，所以其具有几乎一切政治要素，其组织方式都并非经济式的，尤其不是现代经济式的，而是政治式的，或者是政治藩篱之内的一块经济非地。这块非地，难于有光明的发展前途，尽管它的历史价值值得后人予以足够的重视。

洋务运动以后，以经济变革为主调的社会变革，几乎全然绝迹于中国历史舞台。辛亥革命自是政治行为，而孙中山先生要在辛亥革命成功后实现的经济理想——例如他要修 10 000 公里铁路的理想，也很快破灭了。接着是军阀混战，再接着是国内革命战争，后来日本人又侵入中国，中国被拖入二次世界大战。直到日本投降，才算迎来一次绝好的社会发展机遇，然而，这种机遇却只是理论上的，逻辑上的，而不是现实中的。

抗日战争胜利后，国、共两方，各有数百万军队，遣散这些军队，进入和平建设，显然是难于实现的。在国民党那一面既不可能，于共产党这一面也不现实。其原因也多，其根据也多，其中一大原因，是当时的世界，不是走向和平的世界，而是继续形成对抗的世界，在这样的世界上，中国人只能必须走政治的路，离打开经济之门，还有很长的历史距离呢！

1949 年中华人民共和国成立，经济发展的机会终于来了，然而，好运不长。建国不久，就打了一场抗美援朝战争，国家的大约一半财政收入都用到战争中去了。战争停止不久，便开始了三大改造，经济刚刚恢复，便搞“大跃进”。“跃进”如同拔苗助长。其结果，是很快走上一条背离经济原则的政治化道路。特别是从 1957 年反右开始，中国所谓的政治运动，可谓秋雨连绵，没有几天晴朗的天空。不但秋雨连锦，还要时不时来点狂风暴雨，直搞得天昏地暗，让善良的中国老百姓连北都找不到，甚至连饭都吃不饱了。

按理论，中华人民共和国成立之后，没有人再强迫中华民族非搞政治运动不可。然而旧思维旧机制旧传统的积习不是轻易能得到克服的。老子所谓“胜人者力，自胜者强”，战胜自己，确实比战胜敌人更为困难。

经济时代迟迟不肯到来，但它虽然姗姗来迟，终于在 70 年代末来到中国，而随着冷战的结束，其历史根基显得更为牢固，其发展前途也更为令人兴奋了。

自 70 年代末期以来的历史时代，可以说是人类百年不遇，甚至千年难遇的大好经济时代。这个时代，不但对于中国，而且对于俄罗斯，对于拉美国家，对于南亚和东南亚国家，对于北非乃至整个非洲国家，对于中欧和东欧，乃至对于整个世界，都是一次极好的历史机遇，同时也是一次深刻的历史挑战。历史终于为人类提供了一次以繁荣与和平为主调的历史活动舞台，且看人类如何利用之！

2. 世界经济重心东移，风景这边尤好

当代中国遇到的经济繁荣和历史机遇，不但表现在其民族历史环境的独一无二方面，而且表现在其外在与内在条件的独一无二上，这里先谈外在条件。

外在条件即世界经济的转移态势。中国属于太平洋国家，而太平洋国家，正是当代经济走向繁荣的最有希望的地区。

这，表现在三个方面：

发展重心，由大西洋向太平洋转移；

边际重心，由民族经济向经济共同体——自由贸易区转移；

管理重心，由各自为政向世界性统一规则转移。

(1) **发展重心，由大西洋向太平洋转移。**

这一点，对于中国，对于亚太国家都十分重要。

人类近、现代文明起源于西方，这个论点，尽管于我们中国人面子上不甚好看，但历史胜过脸面，纵然有些面皮紫涨，也一样没法可想。近、现代文明起于西方，或者说起于文艺复兴运动和哥伦布发现美洲新大陆。文艺复兴运动为西方的近代文明开基立业，哥伦布发现新大陆成为西方近代文明的一块永垂不朽的历史丰碑。然而它们都发生在大西洋地域，虽然哥伦布一生错认美洲新大陆为印度，但他去的不是印度洋，不是太平洋，而是大西洋。从此开始，西方文明不但后来居上，超过东方，而且不论从哪个方面看，都成为世界文明发展的主导力量。

从哥伦布发现新大陆的1492年算起，至今已有500多年时间，其中绝大部分时间，都是西方人走在前面，西方经济走在前面，西方文明走在前面。

但近半个世纪以来，世界经济的走向发生重大变化，其最主要的标志之一，即经济发展的重心不断由大西洋转向太平洋，特别是转向东亚国家。

昔日西方人的经济奇迹曾令世人瞠目结舌；

今朝东方人的经济奇迹尤令西方人感慨不已。

第一个奇迹，自然是日本。日本虽是二次大战战败国，但二战之后仅仅40多年时间，便成为世界上第二大经济强国，而且其势逼人，大有取美国而代之的势头。日本的经济发展，曾被西方经济界称为奇迹，这个奇迹，是西欧和美国疆域之外，由白种人以外的亚洲人发出的第一声呐喊。

紧随其后的便是东亚四小龙，即：韩国、新加坡、香港和台湾。四小龙也在短短的几十年时间内，创造出令世人刮目的经济奇迹。有人说新加坡虽然是独立国家，论其疆域，更像一个城市国家，但我要说，即使是城市国家，能取得那样的成就，也了不起。

新加坡确实不大，全国只有618平方公里，大约相当于北京市的一半多一点，人口约270万，相当于北京市常住人口的1/4。但它自1965年至1984年的20年间，年经济平均增长率达到10%，60年代至70年代更是其经济发展的黄金时期，“仅以国内生产总值为例，1965年为9. 7亿美元，1985年猛增至174.7亿美元，1987年增至198.95亿美元，1989年又增至283.6亿美元，1989年比1965年增加了28倍之多。”① 它的人均国

① 《四小龙腾飞之谜》第6—7页。

民收入按1989年计算已达到10 450美元，在亚洲仅居日本之后。

我们中国是个大国，我们的小康目标是人均收入400美元，和1989年新加坡人的人均收入的零头差不多。中国自是泱泱大国，数百年来，在经济上未曾辉煌。如果中国有三两个城市，比如中国的北京和上海能取得新加坡那样的成就，作一名中国人，必将更觉荣光。

香港经济同样不得了，因为它背靠中国大陆，又有英国人的管理和帮助，似可作为特例而论。

但韩国和台湾同样创造出奇迹，则立业靠的是他们自己的努力。台湾是中国的一个省，而且从其历史发展情况看，它只能算一个落后的贫穷的边远省份。蒋介石逃到台湾，为台湾带去大量财富，固然是台湾发生变化的一大原因，但更重要的原因，还是他们抓住历史机遇，创造了新的经济奇迹。

台湾经济发展神速，从1952年至1988年，“国民生产总值平均增长率为8.7%，其中14个年份增长率超过10%，20个年份增长率在5%以上，只有3个年份低于5%。1988年台湾国民生产总值已达1 147亿美元，人均收入为5 798美元。”①

韩国经济同样有令人羡慕的巨大魅力。韩国经济基础同样糟糕，韩国虽有值得骄傲的历史文明，但在本世纪50年代，所面对的都是令人灰心丧气的社会景象。彼时彼地，“即使包括对南朝鲜最了解、最有远见的观察家，也找不出一个人曾对它的发展寄与较大的希望。”②“昔日，南朝鲜是被日本残酷剥削的殖民地。光复之后，经济不但没有发展，反而更加落后了。可以

① 《四小龙腾飞之谜》第26—27页。
② 《人为的奇迹》第1—2页。

说，它从来就没有可供继续发展的经济基础和经济结构。”① 有一位著名作家曾这样描述朝鲜战争的情景，“到处是碎石破瓦，工厂只剩下了个外壳，过去高楼矗立的地方只留下一个又一个巨大的空洞，火车机车被彻底毁坏，尘土覆盖，肮脏不堪，使每一个来访者都感到压抑万分。② 曾对日本经济奇迹作出过正确预测的瑞典作家里克·赫德甚至说，韩国经济“毫无前途，一切都就此完结了。”③

然而，韩国经济偏偏没有就此完结，不但没有就此完结，而且同样创造出令世人刮目相看的经济奇迹。“在1962年到1989年的近30年时间中，一直维持年平均8%的增长率，其中1962～1966年平均为8．3%，1976～1971年平均为11．4%，1972～1976年平均为11．2%，1977～1981年平均为6%，1982～1985年平均为8．5%。1986年和1987年分别高达12．5%和12．2%。人均国民收入从1961年的80美元，增加到1989年的4 400美元。”④ 不但如此，韩国的许多商品，如钢材，如化工产品，如汽车，都在整个世界范围内产生巨大影响，在某些领域，颇有些欲与日本一争高下的英雄气象。

“四小龙”作为经济奇迹已经令人惊讶，更为令人惊讶的是，作为亚洲经济时代的象征“四小龙”不过是几个初期的代表，在“四小龙”之后，泰国、马来西亚、印度印尼亚、菲律宾、越南，以至缅甸都有良好的发展趋势和前途。今后的东南亚，已经不是四小龙，而是六小龙，或者八小龙，小龙成群，必将震惊世界。

---

① 《人为的奇迹》第1－2页。
② 《人为的奇迹》第1－2页。
③ 《人为的奇迹》第1－2页。
④ 《四小龙腾飞之谜》第16－17页。

亚洲是世界上最大的洲，而亚洲的总人口要占到世界人口的一半，亚洲人尤其是年轻人，比重很大，东亚年轻人的比重大约占到60%，如中国、印度尼西亚这样的人口大国，其年轻人比例都占到65%以上。年轻人是消费经济中的黄金群落，而亚洲的年轻人更是代表了世界消费市场的金色曙光。

东南亚之外，中国和印度同样有美好的经济前途。中国有12亿人口，1 040万平方公里土地，拿破仑大约在200年前就说过中国是一个雄狮的话，他认为中国这头雄狮正在睡梦之中，一旦醒来，必将震惊世界。可惜，中国狮子是太过于贪睡了，一睡就是几百年。如果从明朝正德皇帝登基的1506年算起，一睡就是400年，400年长睡不醒，令国人好不悲哀。是哪位哲人说过，睡眠即暂时之死亡，而一睡400年，即使并非真正的死亡，也大致与死亡无异。况且说，在这暂时死亡状态中，还有伤害，还有恶梦，还有创伤，还有屠戳。

然而，中国终于迎来了伟大的经济时代，今日中国，虽然仍然处在经济繁荣的起始阶段，但其发展成就，已然是世人瞩目。美国著名学者奈斯比特，最近出版的《亚洲大趋势》，开卷即论中国，并以一位美国预言家的眼光，引证了有关中国大陆经济的几个重要的资料。他写道："中国这条巨龙开始舒展其政治和经济的筋骨。无论现在还是将来，中国被看作是亚洲最重要的市场。就亚洲的发展速度而言，我认为任何企业要想在国际竞争中占有一席之地，都必须保证其收入起码有三分之一来自亚洲。中国的进口额每年递增25%，同时中国也是世界第四大出口国。因此我们有理由相信现在中国已成为整个亚太地区的中心。有资料显示：

·迄今大约有1 000家香港公司被大陆企业掌管，而在1987年只有400家。

·有300万大陆人受雇于25 000家港人控制的企业，这个数字是港方雇员的6倍。

·到1994年底，大陆与台湾地区的年度双边贸易额已超过200亿美元。

·1995年上半年，中国外贸总额达1 500亿美元，比1994年同期增长27．5%。

·中国开始成为亚洲地区的重要投资国，在马来西亚，134家中国公司的投资总额逾2亿美元。

·中国经济在6年内翻了一番。

·中国的开放城市深圳，国内生产总值已上升到人均近6 000美元。”①

说中国是整个亚太地区的中心，作为中国人，我们当然感到高兴，但高兴的第一行为表现，是还要加倍努力，再创荣光。

世界经济的发展重心，已从大西洋转向太平洋。而中国作为太平洋的最重要的国家之一，既是受益者，又是创造者，既是幸运者，也是挑战者；既是时代的幸运儿，也是时代的弄潮儿。

我们有150年的历史经验值得汲取，我们兴奋但不飘飘然，中国人理应脚踏实地，以无愧于时代付托的精神去迎接下个世纪的到来。

下个世纪——21世纪，有人说是中国世纪，这一点本作者不敢苟同。有一本《走出山坳的中国》，开卷便说“中国世纪”，而且认定，到“2020年，将三家分晋”，即中国经济超过德国、法国、英国与美国、日本，三足鼎立。到2050年，赶超日本，“成为第二经济大国”。此后“再用四五十年的时间，即到21世

① 《亚洲大趋势》第10页。

纪 90 年代，追上并超过美国，中国将成为富裕、文明、民主的第一世界经济强国。按照美国经济 50 年翻一番的速度，到 2090 年，其国民生产总值将不会超过 20 万亿美元，而中国经济从 2050 年到 21 世纪末的 90 年代，按照 20 年翻一番的速度，可达到 24－30 万亿美元，将首次超过美国，成为世界经济的第一强人。”①

能够这样，当然最好。可惜这推测是建立在美国经济 50 年翻一番，而中国经济 20 年翻一番的基础上的。这种推测，我们认为靠不住。对现代经济的百年预测，本来就是一件非常不简单的事情。100 年后，世界经济格局究竟怎样，美国经济怎样，中国经济怎样，欧盟发展前景怎样，美、加、墨经济区发展怎样，独联体国家前景如何，这里面的学问实在不是以单一的线性思维可以确定的。《走出山坳的中国》作者的观点，可以作为静态一论。

我们的看法，21 世纪，不便称为中国世纪，即使看今天世界的情况，不但中国，而且东南亚、南美、拉美、南非、中欧，处处都有经济热点。但环太平洋国家似乎处在更为有利的地缘位置上，与其说中国世纪，不如说是太平洋世纪，更为合乎实际。

但对“太平洋世纪”或说“太平洋时代”，也有不同的设想。中国青年学者王逸舟先生将这些不同理论归纳为四种模式，即：

美国的“蝴蝶模式”；

日本的“雁型”模式”；

马来西亚的“项链模式”；

中国的“扇形模式”。②

① 《走出山坳的中国》第 10 页。
② 《当代国际政治概论》第 459－460 页。

这四种模式，阐释的其实都是经济热点地区的地形特征。比如所谓蝴蝶模式，是以北美洲为这只蝴蝶的头部，以美国本土为“蝴蝶”的中枢神经系统，以美加墨组成的“北美自由贸易区”为头的外延，躯干部分则是中、南美洲。其余三种模式，大体类此。实际上，太平洋时代，并非哪一种模式可以取代的。四种模式各成热点，四种模式完全可以联系成四边对进的传导体系。太平洋世纪，应是这些模式的共同效应，尽管这些模式所代表的地区，或有消涨进退，或有冷热迟速。

即使21世纪能成为太平洋世纪，对于中国经济而言，也是一大幸事。

(2) **边际重心，从民族经济向共同体——自由贸易区转移。**

边际重心，是作者的一个借用语。其本意是讲现代世界经济的一大特征，是外向型经济已经成为重要的经济力量。因外向而打破旧有的经济区域，也因外向经济的日益重要而导致经济共同体和自由贸易区的出现。

自资本主义登上历史舞台以来，可以说，凡发达的最有成就的经济类型，毫无例外都属于外向型经济。老牌的资本主义帝国英国，其最兴盛时期，被称为日不落国家，并非英国的太阳不落，而是它的殖民地遍及地球的任何一个地区，从东经到西经，凡在日光普照之下的地方，都有英国的殖民地。英国区区小国，何以如此厉害，其基础就在于它是一个把触角伸向全世界的外向型经济帝国。英国之后，几乎所有的西方经济大国莫不是，而且因为分赃不均而导致各种战争直至酿成世界大战。英国之后，最大的外向型经济大国乃是美国，美国的经济实力远非英国可比，而它的创业史，正是开拓西部、贩卖黑奴的历史。美国文化传统，好管天下一切地方的事情，不管这事情与美国有无关系。但从深层理解，显然与美国的经济利益有关。或说世上之事莫不与美国经济有关，美国经济扎根于世界大舞台之上，随着它的强盛，美元即是世界通用货币，英语即是世界通用语言。中国文化传统不同，中国自古以来就是农业国家，治水国家，中央集权制国家，内向型国家。中国曾是世界上最为强大的帝国，即使到了十四、十五世纪，其经济实力，依然首屈一指。但中国经济从来不是外向型经济。西方率先出现资本主义，有它文化方面的历史原因，至少古希腊时代的经济就是外向型经济。西方人向海外扩张，到世界各地去进行贸易活动，极容易找到历史根据，更容易获得社会的理解和舆论的支持。中国则不然，自古以来，至少自秦汉以来，就实行重农抑商政策，虽然国力强大，但强大的基础在于农业。即使社会发生大动乱，也依然没有商人可以充分利用的社会基础。中国古代社会，治也在农业，乱也在农业，治也在家庭，乱也在家庭，家、国同构，伦理中心。商人地位不高，商业虽称发达，没有充分发展的社会基础。城市固然巨大，与近代西方城市的内涵不同。商人还要受到官府压抑，古人轻钱，所谓无商不奸。而现代社会，工商正是主业，打击商人，便是打击社会繁荣，压制商业发展，便是自毁社会长城。但中国文化传统既然源远流长，中国现代工商基础又十分薄弱，因此，中国经济走向开放，十分不易，而走向封闭，却能在文化传统和思维定势方面左右逢源。在相当长的时间内，一讲自力更生，便兴奋不已，一讲既无内债，又无外债，便血脉贲张。

资本主义经济属于外向型经济，因为它具有前所未有的强大的生产力。小农经济则属于自给自足经济，“日出而作，日入而息。凿井而饮，耕田而食。帝力于我何有哉!”资本主义经济不行，因为它有强大的生产力，所以它的产品，可以自产，无法自销，仅靠自己根本无法消化它，它一定要寻找出路，寻找市场。它自己生产的目的，就是为了卖给别人，卖给别国，卖给一切有可能需求的地方。而且因为它具有如此巨大的生产潜力，它本国的原料也往往出现匮乏，所以，它还需要别国的原料以为己用。中国经济早几年有一个时髦的名词，叫作两头在外，殊不知，两头在外差不多就是现代市场经济的一个普遍性原则。哲人说过，产品与商品不同，产品可以是完全靠自用的，而商品的本性就是卖给要用的人，因为资本主义的生产能力是空前的，它的商品不仅仅需要卖给别人，尤其需要卖给别国。

两个资本主义国家碰在一起，就可能发生市场之争，争的结果，又可能出现战争，于是资本主义变成帝国主义。一个强大的资本主义国家和一个落后的封建王国或半封建国家碰到一起，前者便要进入，后者又要抵抗，同样可能发生战争，这种战争往往转化为反侵略反帝国主义的民族战争。

然而，帝国主义必定走向失败，或者两败俱伤，或者失去市场。但资本主义总要发展，它的生产力总要提高，生产率既要提高，科学技术还要发展，市场更要扩大，凡此一切靠战争不行，于是便在新的基础上形成新的世界性经济发展格局。

现代世界经济，虽然基本上仍然以国家为边际单位，但没有对外贸易，便没有生路，这一点，已经被无数的历史事实所证明。这种情形，反映在那些从殖民地半殖民地道路上走过来的国家身上，往往会产生某种困惑乃至抵触情况。

但作为现代世界经济的一个组成部分，不论哪种类型的国家，都必须加入到统一的世界大市场中来，因为经济开放，乃是图存之道，富国之道，奋进之道和文明之道。

开放乃图存之道。现代世界经济，不开放，则无法生存。这一点，不但对于那些需要莫大的国际市场的国家如此，对于任何一个需要发展和生存的国家统统如此。

比如日本，日本经济发达，但其自然资源先天不足。一位日本问题研究专家提出："日本为了发展经济，必须出口，为了维持它的特殊的金融体制，必须发展经济。日本的繁荣，也许依靠出口，日本的生命却依靠进口。日本在进口上对美国的依靠程度比它在出口上对美国的依靠不知要大多少，事实上，当美国把日本的出口作为中心进行辩论的时候，日本一直在那里担心的却是它赖以生存的矿物进口和资源会不会断。担心必要原料进口被切断这一忧患正在成为日本政治文化的一个决定性方面，人们也越来越注意到保证这些物资的进口的是美国这个

表 1：日本矿产进口百分比（1987 年）——按重量计算

商品	进口比重（%）
煤	87. 66
石油和石油产品	99. 72
天然气	99. 94
铁矿	99. 76
铜	99. 20
镍	100. 00
铝矾土	100. 00
铅	91. 36
锌	85. 46
锰	100. 00
钼	100. 00
铬	79. 39
钨	82. 18
钛	100. 00

对日本的经济利益潜藏着敌意的强国。”① 该作者对日本矿产进口专门画了一个表格，其内容如表1。

如此比重的矿物进口量，可以说，如果取消外贸，则日本经济只有死亡一途。

也许读者会以为日本只是一个例外，事实上，日本固然有些特殊性，它体现的开放经济原则却具有普遍性。即使国土巨大资源丰富的俄罗斯，同样需要实行开放性经济，否则，保不准哪一天，就会吃不上面包，或者打不开电视。中国固然是最容易接受自力更生思想的国家，但曾几何时，中国也成为石油净进口国，不会很久，中国还会成为粮食净进口国。中国需要出口的商品固多，需要进口的商品同样不少，今日中国，如果取消开放政策，那么不消别人开除中国的球籍，我们自己就先取缔了自已的生存之路。

至于中东石油出口国的情况更是如此。中东石油出口国，个个暴富，他们的暴富，一靠石油，二靠出口。没油自然没有财源，有油不能出口，同样等于断了财源。近日（1996年5月20日）伊拉克和联合国终于谈判成功，达成以石油换粮食的986号决议，据此，伊拉克在6个月内要出口价值20亿美元的石油，扣除30%的战争赔偿之外，可换生活必需品。尽管如此，人们依然可以从电视画面上看到伊位克人欢欣鼓舞的场面。石油在现代经济生活中固然近乎液体黄金，一旦不能出口，黄金也罢，价值全无。

经济开放又是富国之道。经济开放，不但是存亡之道，开放则存，封闭则亡，而且是富国之道。唯有开放才能富强，这一点同样为无数的经济事实所证明。最能证明这一点的实例，应

① 《下一次美日战争》第9页。

首推欧、美经济，但最为一般中国读者熟知的则是亚洲“四小龙”的经济。单以台湾为例，“从1952年到1989年的28年间，台湾进出口商品总额由3.03亿美元，猛增到1 182亿美元，增长了390多倍；其中出口商品的增长更是迅速，由1.16亿美元增至659亿美元，增长了567倍”① 而且，更为值得人们重视的是，它的“出口值的98%是由工业制品创造的。”②早在1985年，台湾省就有21种产品的出口居世界第一，标明台湾制造的产品“遍布欧美市场。随着产业升级，一些电子工业产品，如电脑终端机、电脑显示器、个人电脑电路板、电脑影像拍摄机等，也跃居世界出口第一。积极灵活的出口贸易，使台湾获得了了巨额的贸易顺差，1989年高达136亿美元。1988年2月，台湾的外汇储备达767亿美元，仅次于日本。”③

经济开放，利国利民，国家要开放，不开放不能富国。企业界尤其奋勇争先，不打进国际市场，便好似缺了一条腿，别人两腿如飞，自己犹龙须虎一般，一蹦一跳，好不尴尬。第二次世界大战后，跨国公司发展迅速，它以“得天独厚的技术优势，规模经济，灵活迅速的市场信息和灵活多变的经济手段，适应了当代国际经济活动发展的大趋势。”据统计，当前全球的跨国公司有21 000多家，在国外的子公司12万余家，对外直接投资额近1万亿美元。早在70年代初，跨国公司就控制了资本主义世界90%的国外直接投资，其流动资产超过各国中央银行和各国金融机构全部外汇储备的一倍。跨国公司的每年产值占资本主义世界国民生产总值的1/4以上，销售额接近世界出口贸易额。跨国公司由于发展迅速，现已在资本主义经济中取得了

① 《四小龙之谜》第27页。
② 《四小龙之谜》第27页
③ 《四小龙之谜》第27页。

主导地位，成为强大的无国界的经济王国。”① 跨国公司发展如此迅猛，已经成为世界经济开放的一大标志。对跨国公司固然有种种议论，但其于世界经济体系的先锋作用，则无论如何，不能否认。需要说明的是，跨国公司并非资本主义专利，而是现代市场经济的必然产物，市场经济本无国界，硬不跨国，只能证明你自己太蠢。

开放可以强国，而且往往国门一开，立杆见影。打个也许不完全恰当的比喻，经济开放仿佛异族通婚，婚姻双方血亲关系越远，其后代的健康系数越高。封闭则如同近亲结婚，血缘越近，出生的孩子越容易夭折，或者憨头憨脑，口水乱淌。

经济开放又是奋进之道。经济开放不但要出口，出口可以换来宝贵的外汇，而且还要进口，进口又能换来本国所缺少的商品和技术。中国是个发展中国家，虽然文明古老，要讲出土文物，不是世界第一，也是并列第一，但现代化的东西不多。林语堂先生讲生活之好，认为中国的厨子，日本的妻子，英国的房子，是最理想的选择。虽然中国有故宫，有长城、有承德避暑山庄，有苏州园林，有颐和园，但讲居住条件的舒适，则不如西方现代建筑。中国厨子固然有名，但讲到厨房的现代化，还是舶来品多。

主张一切都要自力更生的人，对于进口洋设备，也许天生反感。纯理论推测，任何别人能创造出来的东西，我们中国人自然也能创造出来。但这只能作为理论推测，而绝不能作为经济决策。如果认为既然中国人能创造一切，所以一切都不要进口，那么现代中国人纵然不回到茹毛饮血的洪荒时代，至少和前清遗老相差无多。

① 《狼来了》第106—107页。

举个例子讲，中国虽然在1991年就已年产钢材6 600万吨，然而，“由于质量品种达不到要求，我们的几千万吨钢甚至造不出一辆完整的轿车。”钢是不少，品种不全，规格不高，所以，一辆轿车虽小，但中国的钢材品种甚至不能满足它的要求。造轿车尚且如此，造飞机，造航空母舰，自然更是缺三短四，徒唤奈何。

中国是个大市场，而且是个未曾深开发的初级市场。中国地大，人多。地大，大到世界一流；人多，多到愁白了头发。仅以中国的明天市场而论，人见了不免馋涎欲滴。然而，在中国航空线飞着的大型客机，没有一架是中国造的，此无他，因为我们的材料不行，技术不行，工艺也不行。如果说，因为我们不行，我们就不坐大型飞机，那么，倒霉的当然还是中国人自己，有飞机不坐，耽误了时间，耗费了生命，你怨谁。要知道，时间就是金钱，费时就是费钱，你费钱别人赚钱，你气得肚子痛得要命，没有交通工具，也是白搭。好在中国人聪明，虽然我们肯定自己在若干年内靠自己的能力绝对造出任何一种型号的大型客机，还是毫不犹豫地把人家的飞机先买来一坐。

不但汽车飞机，一切中国暂时不能制造的商品，凡别处有的，凡于中国有益的，都应该打开国门，让其进入。比如卫星电视，这几年中国的一些大城市竞相修电视塔，其实是一种浪费。无论从现代科学技术的发展还是从经济发展的角度上，电视塔都是过时的产物，电视塔不如卫视，既有卫视，还要大修其塔，那意思仿佛有了电灯还点油灯，不但光线不好，而且费时费力。

不但生产用具，即使消费品，包括生活消费品和文化消费品，引入一些未尝不好。服装引进皮尔·卡丹，有什么不好。1995年电影引进10部大片，效果也很不错。进片10部，部部赚钱。

观众开了眼界，经营者收了利润，国家增加了税收，文化市场添了热闹，哪一点不好？但有人惊呼，说外国大片进入中国，影响了中国影片的发展，说进口大片未必部部如意，说有些中国影片花钱不多一样收到好的经济效果。这些其实属于奇谈怪论。中国馅饼包子好吃不应该影响你吃面包，中国龙华鸡好吃不应该影响吃肯德基家乡鸡，中国有传统的长袍马褂，不应该影响穿西服革履。中国有八抬大轿，也不应该影响你坐皇冠奔驰。最可怕的是那些一面叫嚷禁黄一面去逛妓院的人。我们的想法，如果有人问，你们喜欢关云长的大刀，还是美国的航空母舰，照我们一定选择后者，尽管关云长是我们中国的古代圣贤，我们还是希望宁可有背祖训也要中国的现代化。

如果说，传统经济的界域是以国界为主，那么现代经济的边际重心则开始向经济共同体、自由贸易区转移。

古代经济，为了保证国家的独立，必须建立关税制度，过关纳税，顺理成章。试想，如果由着别国的物品特别是商品可以大摇大摆出入无人之境，那么，王朝的权威何在，国家的利益何存？如果英国人可以随意向中国输入鸦片，那么大清王朝岂不成为英国的附庸？但是关税的存在，必然影响贸易的发展，特别是近代以来的开放型经济，关税过重，必然成为自由贸易的大敌。不但与出口国利益不合，而且与进口国利益不符，即使是打着保护民族利益的大旗帜。如果因为关税而影响与世界经济的一体化进程，从本质上讲，最大的受害者还是自己。举个例子说，中国的未来，必是世界上最大的汽车市场之一，但国内汽车成本太高，技术落后，如果大幅度降低关税，则对国产汽车不利。一辆日本蓝鸟牌轿车，到我国的口岸价不过 8 万港币，约合 1 万美元，以现在的比价折合成人民币，不过 8、9 万元。而中国的一辆夏利，差不多就是这个价格。请问，如果在关税为零的条件下，您要买车的话，是买夏利还是买蓝鸟？关税过高，于进出口双方都有害。传统经济固然把关税看得比命还重要，现代市场经济也并非一开始就明白这个道理。本世纪二三十年代，西方工业国家特别是美国也曾为保护本国工商利益而开展关税大战。其结果，是使本来不景气的市场更其不景气，而受害的双方终于明白过来，靠打击别人不能抬高自己，还是与人方便，自己方便。

中国为了保护民族工业，许多关税直到1996年前还居高不下，但其结果，并没起到保护民族工业的目的。正门不开，走私产品，屡禁不止，甚至出现越来越多的反常现象。其结果，是民族工业照样受冲击，国家税收照样受损失，而社会风气却因此受到深层次的恶性伤害。以家电而论，“根据日本海关的统计，日本1992年向中国出口200万台录像机，而据中国海关统计，我国只进口了10万至20万台，”[①] 二者相去差了十分之九。请问，那180～190万台录像机跑到什么地方去了呢？请爱好日本录像机的中国同胞放心，这些录像机一台也没掉到太平洋里，只不过它们并非通过公道——海关而是通过私道运到中国来了。”据统计，走私录像机已经占领了国内市场的90%，走私集成电路板占领了国内市场的50%，走私复印机也占领了市场的20%。”[②] 明代大将戚继光曾在中国沿海大战倭寇，戚将军在天之灵不曾知晓，如今中国的走私实在比扰乱中国沿海的昔日倭贼厉害百倍。

看来，关税太高，总是不好，不如降低关税迎接挑战。本人写到此处，刚好看到1996年5月23日《北京晚报》、《报刊文摘》上登的一篇题为“国产卫生巾为何难敌洋货”的报道。文

① 参见《狼来了》第159页，第179页。
② 参见《狼来了》第159页，第179页。

章写道："我们有6亿妇女，其中经期妇女2亿，卫生巾市场很大，但是90%市场已为洋货、三资企业产品所占领，而国产货的地盘甚小。"

何以国产卫生巾地盘甚小，因为质量不行。俗话说，人与人比得死，货与货比得扔。虽然没扔，卖不出去，更是怕人。面对洋货的冲击，有出息的办法，是励精图治，迎头赶上；没出息的办法是鸵鸟战术，闭目不看；饮鸩止渴的办法，是提高关税，不让别人参与公平竞争；有远见和魄力的办法，是打开国门，让自己的亲生儿女摔打锻炼。

降低关税，统一关税以及最终取消关税，正是现代世界经济的内在要求。然而世界关税一下取消有困难，于是近者相亲，同类相召，便出现许多引入注目的经济共同体和自由贸易区。

最引人注目的自由贸易区当首推昔日的欧洲共同体，今日的欧洲经济联盟。

欧洲联盟现有15个国家，全是发达国家。发达国家先开放，正符合"马太效应"定律。虽然上帝的本意，也许并非使穷者益穷，富者益富。欧共体的道路，其实并不平坦，但能坚持、发展，说明它代表了参加国的共同利益。欧共体1958年成立时，不过西德、法、意、荷、比、卢6个成员国。但1985年欧共体决定于1992年底实现内部统一大市场时，已有12个成员国。以1992年的资料考虑，欧共体拥有3.41亿人口，236.6万平方公里总面积，而且在成员国内部实现人员、商品、资本和劳务的自由流通，其国民生产总值将达到48 405万亿美元，成为世界上第一大贸易团体。

记得丘吉尔在二战将要结束时，参加美、苏、英三国首脑会议，他面对美、苏的强大国势，曾感叹说，与美、苏相比，大英帝国是太小了，英国处在苏、美之间，仿佛是一头坐在巨象和北极熊之间的毛驴。面对世界大市场，国小则机会必少，人少消费规模则小。西欧国家虽然在发展水平上，处在世界的前茅，但因为国家规模不大，很难与美国这样的超级大国抗衡，于是联合起来，形成大规模，大市场，大气象，大风范。欧盟如能真正走向统一，其在世界经济舞台上必有更多的主动权和发言权。

紧随欧共体之后的经济共同体，当属北美自由贸易区。北美自由贸易区源于美国和加拿大签定的贸易协定，这个协定于1989年1月1日生效。该协定规定，在协定生效10年之内，将取消两国的全部关税，取消银行股权比例和分支机构的比例，对于相互贸易中的非关税壁垒也将逐步撤除。1990年，墨西哥加入这一行列。1991年5月，三国一致同意讨论三国间的自由贸易协定，从而使美加墨自由贸易区进入实施阶段。美加墨自由贸易区是可以和欧盟相媲美的巨大自由贸易空间，它的地域面积远比欧盟为大。其人口也比欧盟为多，国民生产总值同样在欧盟之上。记得基辛格博士说过，实用主义哲学乃是美国的国家哲学。美国人既推崇个人主义，又主张实用主义，凡具有实际利益的事情，美国人都会发生兴趣。美国与西欧工业国家虽然有千丝万缕的经济联系，但在利益之争面前，美国人岂能落后他人。欧洲联盟既有可观的经济前途，北美自由贸易区必有更加得力的体识与举措。

欧共体与北美贸易区之外，最重要的世界性经济组织当推亚太经济合作会议。此外还有东南亚联盟、南美洲经济集团、北非和地中海集团、独联体、中非和西亚国家经济集团等等。

就我国而言，主体上还是以华人经济圈和边贸为主，虽然在经济共同体这种模式方面不会像欧、美那样取得大的进展，但边贸活跃，且有一定规模，一些金三角地带尤有发展前途。目前实行更多的还是双边关系，如北边的中俄边贸，东边的中日、中韩贸易，南面的中国与越南、老挝和东盟的贸易。从大的范围看，中、日、美、俄将会构成不同的三角组合关系，如中美俄三角关系，中日美三角关系，中俄日三角关系，等等。但从短期时间看，还是双边关系，更具有可行性和现实性。出现这种情况，其实也和中国文化传统的特有品性相关。西方人的习惯，是从上到下，先立约，而后有行为；行为要为条约约束。中国人的习惯，是从下到上，先有行动，再规范这些行动，干起来再说，摸着石头过河，走一步看一步，遇到阻碍还会变通权衡，便宜行事。在西方人看来，没有规矩，难成方圆。而在东方人看来，空论无益，有了实际再定名称。西方人宁可无屋住，盖房子前也要先有图纸，中国人则先搭个棚子住下再去考虑未来的宏伟前途。但无论怎么样，经济一体化已成历史潮流，无论你从上到下也好，从下到上也好，“从头看到脚，风流朝下跑；从脚看到头，风流朝上流。”大趋势更改不得，因势利导，方为哲夫。

但经济一体化的道路还很长，困难还很多，机会即是挑战，应战难免输赢。其间最大的麻烦，在于不同国家的贫富不均，富国希望一个标准，贫国希望另一个标准。欧共体成员国，内部差异最小。差异虽小，不等于没有差异。所以，尽管欧共体堪称最具平等基础的经济共同体，在一些具体问题上仍然不能归于一致。比如法国的农业保护，比如欧共体内部实行统一货币——欧元，就受到一些成员国的坚决反对。对于欧共体至关重要的马斯特里赫特条约，在丹麦的第一次全民公决中，就没有获得通过。最具典型的例子，莫过于发生于1996年春季的英国疯牛病。英国疯牛不始于鼠年，但鼠年伊始，就成了震惊英伦三岛的大麻烦。照理说，既有疯牛，就该杀掉，然而，牛之所在，利之所在，杀牛容易，去利艰难。或者按传统中国观念理解，英国既是欧盟成员，英国有了困难，后果应大家分担。这观点同样没人理睬，毕竟害怕疯牛，人同此心，心同此理，而分担后果则囊中羞涩，不愿出钱，以致英国人终于按捺不住，扬言，欧盟再拒吃英国牛肉，英国将采取报复行动。

但无论怎么说，欧盟国家的经济水准相去无多，美、加、墨经济区碰到的问题显然要更为严重，美、加情况近似，问题不大；墨西哥虽与美国为邻，经济发展慢了几步，如果双方完全实行统一的标准，则不大现实。

况且说，墨西哥经济虽不甚发达，却不能归属于穷国之类。世界上富国虽多，穷国更多。如果硬实行同一标准。则于双方不利。

仿效欧盟作法，则可能出现大的混乱。举例讲，欧盟内部，有人员、劳务、资金出入自由权，这在欧盟行得通，而且大受欢迎，在不同经经济发展水准的国家之间就行不通。否则的话，穷国的老百姓还不争先恐后向富国涌进。这不是说，穷国的人不爱国，如中国俗话所谓“狗不嫌家贫，儿不嫌母丑”。如果这家太贫穷，再住下去，莫说一条狗，连儿子也养不活的，如果这狗依然不再自寻活路，那么，这一定是条蠢狗。在经济面前，唱高调无益也无用。英国人好讲平等。但平等要有相应的经济基础，否则，请把大门打开，让一切喜欢美国生活的人在美国住一住，我看单是第三世界的赴美浪潮，就会使美利坚合众国出现巨大的社会危机。

关税也是如此，入关自然应遵守入关规则，关税过高，必须裁减，但国情不同，不应一步到位。中国的科学技术和生产能力以及企业管理、市场管理水平都较西方工业国家有很大差距，如果说，只要是比中国先进的东西，只管进来，其后果也会不堪设想。不要说别的，如果把中国大陆的汽车、钢铁、电子、航空、化工等支柱产业统统向西方国家把大门彻底打开，单是失业人口一项，中国政府就会担不起，中国社会也会担不起，即使美国这样有钱的国家怕也会担不起。对于如同中国这样的国家而言，入关不啻于一场革命。革命也者，既要消灭敌人，也会牺牲自己。敌人不是别的国家，而是阻滞中国进步的各种滞后因素，然而消除这些因素，纵然不比长征还难，至少不比长征容易。

但无论如何，世界贸易自由化，产业国际化，经济一体化，管理现代化，已成为历史潮流。历史潮流也者，非人力可阻挡者也。硬和历史潮流较劲，只能为历史所抛弃，哲人所言，逆历史潮流而动，谓之反动。反动也是旧时用语，无论何者，逆时而动者，若非蠢得可怜，便是蠢得可憎。

人类的诸多前贤，早有大同理想。古代西方的伯拉图，中国先秦时期的墨子，加上后来西方的空想主义者，如莫尔、康帕那拉、欧文、傅立叶，以及中国的康有为等等。然而大同是个理想，实现这个理想谈何容易。现在看出，大同的基础在经济，人类未来走向大同辉煌的第一步，就是真正实现经济一体化。

(3) **管理重心，由各自为政向世界性统一规则转移。**

这里讨论的问题其实是前一个问题的继续，但对于和中国一样曾经实行每年计划经济的国家而言，走向世界性统一规则，则不仅是管理内容的深化，而且差不多就等于一场革命。

开放时代，需要统一规则，但开放是一个历史过程，不同民族不同国家不同地区，进度不一，难免参差不齐。锁国时代，你有你令，我有我令，你那里开放，我这里封闭，甚至在相当长的一个历史时期内，世界各大地理区域彼此封闭，互无往来。

即使进入近代历史之后，由于各个民族的发展进程不一样，依然缺少建立共同经济规则的条件。非洲原始部落的经济规则自然与美国人的经济规则不一样，就是美国内部，印第安人依然有相当多的时间保留着自己的生活习惯和经济方式。中国在1949年以前，四川凉山还有奴隶制，西藏也是农奴制，但与凉山的农奴制有区别；还有一些地区还有原始部落。加上战争年代，国统区与解放区，沦陷区与抗日根据地，其经济运作方式与规则显然都有极大的区别。准确地说，世界需要统一的经济规则，是第二次世界大战后，特别是冷战结束之后出现的新的历史性要求。

但即使在二战之后，还有东、西方不同经济体制的区别，最大的区分，在于一方实行市场经济，一方坚持计划经济。现在看来，市场与计划，可以作为两种资源配置和经济管理的方式与手段，但作为一种体制，一种模式，二者则有质的区分。

计划经济，作为一种经济体制，它的本来含义，就是否定和排斥市场，它不是以市场规则即价值规律来确定自己的存在方式和行为准则的，而以计划方式确定自己的存在方式和行为规则的。说的通俗点，就是它根本或基本不承认价值规律的作用，它主张按照需要有计划地平衡和确定自己的生产和消费。

计划经济体制虽然产生于社会主义，但社会主义的生存基础却统统诞生于东方落后国家。以中国而论，中国计划经济的发生基础不是出于发达的资本主义经济，而是基本上建立在小农经济的历史基础之上。小农经济的特点，则是以自给自足为基本特征。而自给自足的必然结果，必定压抑市场经济的发展。或者换句话说，中国式的小农经济，并非全然否定价值规律，但不以价值规律作为自己经济生活的基本准则；也不全然否定市场，但不以市场生活作为自己经济生活的主体，市场不过是生活中的一味调味剂；认可价值规律，但不认可市场的主体作用。因此，中国古代社会，虽然有强大的国力和民力，却没有迅速进入近代资本主义的历史条件。

计划经济比传统的小农经济在对市场规则这一点上，要走得更远，它不但否定或基本否定价值规律在经济生活中的主导作用，而且根本否认或基本否认市场在经济生活中的主体作用。它以经济计划取代价值规律，以计划体制取代市场体制，从而建立起一套与西方市场经济相对立的经济体制。

计划经济体制出现在原本落后的东方，不啻为穷人的天堂，甚至可以说是人民的天堂。它所体现的均等、福利、权力和自主精神，都是闻所未闻，更是见所未见的。从这个意义上，去分析、了解和考察中国或者苏联在斯大林或毛泽东时代出现的种种事宜，就都是可以理解的了。

但是，因为计划经济体制从根本上违背了价值规律，而价值规律至少是人类历史发展到现阶段还无法超越和回避的经济活动的根本规律，所以它尽管受到欢迎，尽管表现出某种超越一切已有现存体制的效应性，它的种种弊端还是不可避免地日益暴露出来。

计划体制本质上属于战时体制，计划体制的精神最近似于战时共产主义。因此，计划体制并非在任何情况下都是一种不合时宜的体制，至少表现在战争时期，或类似战争状态下时，它的种种优势体现出来。

比如第二次世界大战。二次大战中，反法西斯的第一主力军，无疑是苏联，而苏联实行的正是计划经济体制，或斯大林模式。计划体制，恰好顺应了战时要求。战前，需要全民动员，为苏联的五年计划而奋斗，战争爆发后，更是人民不分男女老幼，地无分东西南北，凡有利于抗战的，一切都毫无保留地贡献出来。这时候就看到计划体制的好处了。可以说，以反抗侵略战争特别是大规模侵略战争的直接有效性而言，没有哪一种体制是比计划经济体制更有效的了。

然而，战时好用的东西，在平时不见得好用。不但不见得好用，甚至会成为有重大负面作用的内容。中国古人喜欢讲毁剑铸犁。虽然剑的辉煌是犁无论如何无法比拟的，自古以来，人们只闻有剑客的不平凡，有谁听说过犁客的不平凡呢？然剑之为用，在于战斗，而剑之不能用于生产，不言而喻。所以给武士带来荣光的固然是腰上的剑，而使千百万黎民百姓安居乐业的却是土中的犁。

计划体制在和平时期的经济价值，虽然有效却常常有害，或者说短期有神效而长期有大害。在计划体制，国家特别是有权威的领袖无论要求做什么，很快就会产生成效。有人曾感叹说，想当初毛主席若号召人人种树，说不定中国会成为世界上享受最多绿色环境的国家。但即使如此，计划经济，因为其不合乎市场价值规律，即使你能一下子造100亿片树林出来，也难免不为粮食的短缺而肌肠辘辘。

由于计划体制否定价值规律和市场调节的主导作用，因此，计划体制下的企业必定出现种种怪现象。

怪现象之首，是企业虽是经济主体，却不用考虑利润问题。有利润固然更好，没利润也不算毛病，反正是计划体制，让你生产，你只管生产，产品是否有用，不用管它，有时一方面产品积压如山，一样评先进得奖旗，升官职，当模范。

而这种违反市场规律的计划结果，是使生产者的积极性日益减少，于是平均主义笼罩一切，懒汉随处可见。最终结果是出现必需品短缺。因此有人说计划经济的本意虽然是想达到“各尽所能，按需分配”的目的，而其后果却成为短缺经济，不但生产资料短缺，生活资料也短缺。

计划经济的后果是出现短缺，市场经济的后果——如果不加以调控的话，则必然出现剩余。在这个意义上，我们可以说，资本主义的贫困是商品过剩的贫困，而计划经济的贫困，则是一切物质生产匮乏的贫困。

市场调节，利润即是指南针，哪里有利，便向哪里冲锋，不让冲锋，便去偷袭，不让偷袭，打洞挖沟也要进去。市场经济的奇妙之处就在于，它可以使一切短缺的东西以令人惊讶的速度生产出来，有时甚至像变戏法一样地“变”将出来，真令人有目不暇接、匪夷所思的感觉。

以美国为例，1790年许，美国工业总产值不过世界工业总产值的1%左右，那时的美国，至少在经济上，还是一个小小的美国。而到了1900年，即大约110年以后，美国工业总产值即占到世界工业总产值的30%，成为当时世界上最富于生产活力和经济实力的国家。与此大致同时的中国，虽然清朝的康乾盛世，确实在当时具有首屈一指的经济规模，论其发展速度，却是令人汗颜不已。1750年，中国制造业年产总值，比英国多36倍，比整个欧洲多1/3。但自1750年两个世纪以来，全世界工业产值增长了300倍，而中国只增长了5～10倍。美国自1790年至1900年，已由一个刚刚独立的弱小国家成为第一流的世界强国，而中国则从1750年的世界老大地位，经过短短的90年时间，到了1840年，已经是朽木难雕，成为世界列强争食的一块肥肉，让区区3 000个英国兵，把个大清帝国打得晕头转向，不知所之。

计划经济不顾价值规律的作用，逆律而行，企业必然走入经济困境。计划经济又不顾企业的本来职能，而将许多本来与企业无关的责任硬让企业负担，如社会医疗保险，职工退休金，直到职工住房等许多企业原本无法负担的责任统统划归企业所管，真可谓前有险阻，后有追兵。

以退休金而言，职工在某个工厂干了一辈子年老退休之后，向这个厂子要退休金，仿佛是天经地义的。而事实上，这是一条任何人也难以通行的死胡同。

照理论，一个 2 000 人的工厂，如果技术水平提高了，而生产规模不变，则人员应该减少。如果技术水平提高了，生产规划又扩大了，则人员可能增加，也可能无须增加。但计划体制下的企业所面临的形势却是，从业人员是按计划分来的，除非再按计划分走，否则，这些从业人员就永远属于这个企业，正像这个企业永远属于国家一样。即使生产技术水平提高了，人员也不能削减，生产规划减少了，人员依然不能削减。等到老的职工退休了，你还要把这些老职工的退休费包起来。其结果是，企业越老，人员越多，退休人员也越多，有的企业退休人员比例竟大于从业人员比例。这些沉重的企业负担，你让这些企业走向市场，真是千也难万也难。

还有住房问题，在计划体制下，毫无例外，企业的住房要靠计划解决。如政府不拨钱给企业，或没有钱拨给企业，则职工的住房只能靠自己解决。然而盖房子不是一件轻而易举的事。一个企业，在通常的情况下，它能有多少利润用来盖房子？何况职工原则上是只进不出的。职工年龄日长，男大当婚，女大当嫁，婚要生子，子要生孙，子子孙孙是没有穷尽的。试想让负有如此重负的国营企业去和三资企业进行竞争，国营企业怎能不败？

计划经济本质上属于权力经济。因为虽然从理论上讲企业是全民企业，国家也是全体公民的国家，但举凡计划体制，真正说了算的还是权力机关。机关层次越高，权力越大，其权力越不受制约。其结果，是权之所归，利之所归。尽管在计划经济条件下，国家决定实行低工资消费，但处在权力系统中的人，却可以享受种种特权。比如让中国老百姓最为若恼的住房问题，对于一些权力机关而言，就根本不成问题。1996 年 5 月 23 日《北京晚报》曾登了一则新华社讯，这则通讯说“中国的城乡居住现况明显改善”。文章不长，但那内容足以令吾辈一样的读书人又惊又怪又生莫名之叹。文章说：“由于政府高度重视和转换机制所带来的活力，近些年来我国城市住房建设取得了前所未有的成就。从 1979 年至 1995 年，全国城乡共建住宅 129 亿平方米，其中城镇住宅 25．5 亿平 3 米，农村住宅 103．5 亿平方米。短短 16 年取得如此成就，这不仅在中国历史上从来没有，而且在世界范围内都是十分罕见的。”

偌大的中国，16 年城市居住面积增加 25．5 亿平方米，是否世界罕见，本人见闻不多，未敢轻信。但以亲身经历和亲眼所见而言，对这 25.5 亿平方米的住房的走向却是倍觉疑惑。中国虽有 12 亿人，城市人口不超过 3 亿。这 3 亿人口还有 65%的青年人。即使分房人人有份，那么 25．5 亿平方米的住房，平均摊在每个城市居民头上，每人可得 8．5 平米的住宅。中国城市居民每人增加 8．5 平米的住宅，果真如此，真要谢天谢地，感激涕零。然而，实际情况如何？

权力经济的另一个危害，是使企业失去主人的身份，而成为政府的附庸。中国现在正向市场经济转化，笔者在五六年前就曾提出问题说：市场经济，谁是主角？主角是政府吗？是职能部门吗？是执政党吗？是老百姓吗？其实都不是。市场经济的主角，只能是企业。以中国民族戏剧作比方。演员只能是企业。一般角色由企业担当，主演、大主演同样只能由企业担当。政府和其他一切非企业部门只能充当文武场面，为企业敲锣打鼓，贴腔伴唱。当代著名经济学家萨缪尔森曾对中国经济发表过这样的意见，他说："中国的大工厂如果想有什么大作用的话，最终还得租给许多小的制造业企业。中国可能朝那个方向进行试验。反对自由市场的官僚应受到惩罚；帮助小的生产者得到原料和机器的官僚应得到酬谢。在美国很重要的一条是，我们创立企业时，不需要得到任何人的批准。我靠我自己，赚钱我活下去；如果我是没有效益的生产者或生产没人要的产品，我就垮掉。如果避免70年代军事独裁的那种法西斯主义，新的中国就会学到许多怎样发展市场、同时消除没有效率的政治干预的作法。我相信。中国只要照目前这条道路前进，就可望在2020年成为全世界第二或第三大的经济强国。"①

萨缪尔森相信中国会照目前的路子走下去，到2020年就会成为世界第二或第三强国。对萨缪尔森先生的这等美好的祝愿，我们理当表示感谢。但感谢之余，我们尤其应当听听他讲的"我们创立企业时，不要得到任何人的批准，"和"我靠我自己，赚钱我活下去，"否则"我就垮掉"，这两句话。

中国人申办企业，可谓难矣。实际上，个人出资办企业也好，用什么别的方式出资办企业也好，申办者出钱出力担风险，而福在人民利在国家，这有什么不好，偏批准程序万般复杂，申办不成，还要请客，请客不成，还要送礼。不但手续复杂，申办者如同有了过失一般，低头哈腰，一副乞求施舍状。其实，企业多了，劳动岗位多了，失业可以减少，税收可以增加，流通可以加快，生产可以提高。这等好事，还要千管万管，令人百思不得其解。

企业从属于政府，企业没有独立人格。虽有企业法人，法

① 《外国要人名人看中国》第264页。

人形同虚设，因为管理者是上级任命的。上级既有权任命你，也有权调动你，何况中国人最有权变智慧，如果上级对你不满，他无须使你降级，就能让你失去既得的利益。本来你是个很有前途的大厂厂长，但你不能讨领导高兴，于是一纸调令，便让你去做同样级别却无职无权又百思不得要领的调研员。你是处级厂长，便让你去作处级调研员，你是局级厂长，便让你去作局级调研员。调研员可大可小，任你孙悟空一个筋头十万八千里，让你头疼，照旧头疼。这种体制，只会弄成企业管理者只对上负责，而不对下负责；只对长官意志和长官情绪负责，而不对企业效益企业前途负责。他的眼睛原本不是向上长的，然而。当上峰掌握你的政治生命时，眼睛虽不自然向上生长，也会慢慢向上翻去。当然，在任何情况下，都会有以公废私的人，有赤诚为国的人，有忠心为民的人，有拼死敬业的人。然而，基础不对，机制不良，则好人难于发展，歪风易于成长。毕竟改革的成功，重在体制，不在良心。

权力经济的最直接后果，是权力膨胀，难于调治。远点的例子不说，只说北京市陈希同王宝森隐瞒财政收入这件事。两个人不瞒则已，一隐瞒，就瞒掉 183 个亿。《广州日报》报道："据北京市常务副市长金人庆在北京市人大的新闻发布会上说，现已查明陈希同、王宝森等人隐瞒财政收入、转移财政资金达 183 亿元人民币"①

183 亿人民币这是一个什么样的数字？然而，说隐瞒就隐瞒了。幸亏，王宝森案发，否则，发展下去，又该怎样？

一面是市场经济，一面是计划经济，经济要走向一体化，二者只能并轨。并轨不是平分秋色，平分秋色只会弄成非驴非马，

① 转摘自 1996 年 5 月 16 日《采风报》。

而是毫无例外全应该以价值规律为经济活动的基本规律，承认市场经济在当今时代的历史地位与作用。

中国经济由计划经济向市场经济转变，必然会遇到公有经济与私有经济的关系问题。所谓公有经济，其实是国有经济。中国是社会主义国家，有人就认定只有国有经济才能代表社会主义。这其实是半截子理论。即使专从社会主义定义出发，也不能说只有国有经济才是社会主义。从根本上考虑，社会主义应该是代表全体公民利益的一种社会制度。而不论哪种经济，只要对人民的利益有好处，就应该得到发展和鼓励。反过来说，虽然你打着全民所有的牌子，但你的效益既差，产品也不合格，向银行贷了巨款，既不能还本又不能付息，而且工人的工资也低，待遇也不妙，甚至于因为亏损连工人的工资都不能得到全额发放，劳保福利更成一句空话。这样的企业，虽是国有企业，要它何用？不如让别的企业将其兼并，或者令其倒闭。

中国经济由计划经济向市场经济转变，又面临两条价格体系并轨，两条管理方式并轨的问题。中国的改革，因为实行渐变方针，不是休克疗法，一步到位，于是在两条价格轨道两条体制之间留下很大空白。这空白对很多人来说，不是大福就是大祸，有时因祸得福，也有时因福改祸。总的来讲，两条轨道并存，终究不是好事，虽不能一步到位，亦应该尽快并轨。

一方面要并轨，一方面又要和国际惯例接轨，无论并轨也罢，接轨也罢，对国营企业而言，都是一次绝不轻松更非简单易行的工程，于是国家要求国有企业练内功。但照本书作者的看法，练内功，就该一心一意改革旧的体制，使之合乎一般国际经济准则。否则，练内功变成了练嘴功，练来练去，没有正面效应。许多国有企业的老板，内功不行，嘴功不差，一是会说，二是会吃。要讲真正成为世界大市场中的弄潮儿，本事就没了。

但世界经济潮流正是向统一的行为准则转移，向统一的行为规范转移，向统一的世界市场转移，向世界经济一体化迈进。面对这样的历史潮流，中国的企业，中国的市场，中国的管理者，毫无例外都应向统一的世界规则靠拢。

然而这是一项历史性的大工程。

完成这样的历史工程，不是哪一个阶层的事，不是哪一个地区的事，不是哪一个行业的事，不是哪一种职业的事，不是哪一级行政官员的事，而是全体公民的事。需要全民努力。唯有全民努力，方有望尽快完成这项伟大的历史性工程。

由此想到前几年的全民经商潮。一时之间，仿佛人人都在或准备下海，个个都在经商或准备经商。于是有喜欢幽默的人编出社会笑话说，墙上掉下一些砖打着10个人，则有9个人是总经理。下海的人多，总经理自然也多，然而，总经理多，并非坏事。中国从来都不是一个以商业为主导的国家，而未来社会却要求人人有商业意识，价值意识，市场意识，大家都去体会体会，有什么不好？前一些时间，经商的人一多，便有人忧虑，说学者都去经商，学问谁去做？工人都去经商，产业谁去做？教授都去经商。教育谁去做？其实经商也是学问。要改变中国几千年传统观念，靠说教不行，靠传统道德不行，靠古来的各种行之有效的办法不行，靠自1840年以来的老经验也不行。唯有现代大商业可以改变中国，唯有世界性大市场可以引导中国走向现代化。

以此点观之，人人懂得市场，实炎黄子孙一大幸事也。

中国经济需要向世界经济接轨，中国经济需要逐步接受世界市场所要求的统一性规则。为此，无论哪一个方面，都应尽到自己的努力。

中国企业应全面实行现代企业制度；

中国金融应全面向世界性银行法则并轨；

中国市场应建立与世界大市场相一致的行为规范和行为机制；

中国政府应确立自己在市场经济中的合理位置；

中国应真正实行政企分开；

中国所有行业都应进入现代大市场接受洗礼；

中国应完善各类专业市场机制，如科技市场、文化市场等等；

中国应建立合乎现代股市要求的股票市场；

中国应确立为现代经济所必须的法治社会机制；

总而言之，中国应根据现代市场经济的要求确立自己的现代历史地位。

为中国经济定位，位置即在现代化。

3. 特殊机遇，地利在天，人和在我

从我国的内在条件考虑，中国实现现代化定位有种种独特有利条件。对这些条件，站在不同的角度，可能会有不同的理解，而且这些条件只有作为一个整体结构时，才能产生最大限度的社会效应。也就是说，对这些条件，既有单独分析的必要，更有综合考虑的必要。这些条件不是孤立出现的。即使它们可以孤立存在，其社会效应也只有在整体结构条件下方能充分表现出来。这好比一架飞机，飞机无疑是由许多零部件组成的，没有这些零部件，则飞机不可能存在，但只有这些零部件，它绝然不是一架飞机。飞机的效应虽出于它的各个组成部分，又不等同于这些个别成份，此所谓整体不等于局部之和。只是为了表述的方便，这里对这些基本条件且一一记述之。这些条件包

括：

北纬 30～60 度内最后一条黄金海岸线；

具有独特内涵的儒家文化圈；

分布于五洲四海的华侨贸易网；

具有巨大潜力和活力的中国大陆经济架。

（1）**北纬 60 度内最后一条黄金海岸线**

很显然，这里讨论的是地缘问题，或者说是地缘经济问题。然而，地缘作用的研究，在中国大陆曾是禁区；以为一讲地缘作用，就有地缘决定论的嫌疑，而一旦成为地缘决定论，就成为历史唯物主义批判的对象。

然而，地缘是一种客观存在，地缘是否有决定价值，也是一个并未真正解决的理论问题。依本人看法，地缘作用如何，会因历史发展阶段不同而有异。越是在人类发展的早期阶段，地缘环境的作用就越大，越到人类文明的成熟时期，其作用就相应变小。但无论如何，其作用的客观性都是不容否认的。相比之下，反倒是那些认为人类的实践可以决定一切的观点是靠不住的。否则，为什么人类只能产生于地球，而不产生于月球不产生于金星、木星、水星、火星？人类不产生于已探知的其它万万千千的星体而独独诞生于地球，就证明了地缘在人类初始时期的决定作用。

对地缘作用的研究，东西方实有不同。西方人对地缘的研究，或可追溯于古希腊时代，至少在 18 世纪已经成为一种理论潮流。比如大名鼎鼎的法国启蒙主义思想家孟德斯鸠就是一位地缘性格论者。在他最为著名的法律著作《论法的精神》一书中，就专有一章讨论“法律和气候的性质的关系”。单这题目在某些中国人看来，就属胡思乱想。法律属上层建筑，属人类历史文明的一部分，而气候属于大自然的一部分，请问法律与气候有什么关系？难道因为你是寒冷地域哈尔滨人就可以和处在亚热带的海南人享有不同的法律规定吗？但孟德斯鸠的态度是认真的。他意在说明，因为出生的气候带不同，其人的气质和性格因之而产生差别，正是因为有这些差别，南方人和北方人在行为方式和法律追求方面才有所不同。这在南北方交流不多，甚至难于改变生存地域的年代，自然是有它的道理的。

孟德斯鸠对此多有论述，但看他的感情倾向，他似乎对于北方人更多偏爱，而对于南方人不甚多情，对印度人批评更多。他说："印度人天生就没有勇气，甚至出生在印度的欧洲人的儿童也丧失了欧洲气候下原有的勇敢。"①他认为"在南方的国家，人们的体格纤细，脆弱，但是感受性敏锐，他们或者耽于一种在闺房中不断地产生而又平静下来的爱情，要不然就是耽于另外一种爱情，这种爱情给妇女以较大的自由，因而也易于发生无数纠纷。"又说："人们在寒冷气候下，便有较充沛的精力。心脏的动作和纤维末端的反应都较强，分泌比较均衡，血液更有力地走向心房；在交互的影响下，心脏有了更大的力量。心脏力量的加强自然会产生许多效果，例如，有较强的自信，也就是说，有较大的勇气；对自己的优越性有较多的认识，也就是说，有较少复仇的愿望；对自己的安全较有信任，也就是说，较为直率，较少猜疑、策略与诡计。"②

孟德斯鸠之后，英国学者巴克尔、德国学者赖亚尔、美国学者森普等都对地缘的人文价值发表过很多颇有影响的意见。德国大哲学家黑格尔，影响20世纪史学走向的汤因比和写过《东方专制主义》的魏特夫，也都对这一问题发表过重要意见。在他们看来，自然环境，必然会对民族文明产生巨大影响，人

① 《论法的精神》上册，第230页。
② 《论法的精神》上册第228页。

们在同相应的自然环境作生存斗争时，就会形成自己独特的民族风格和文明类型。

有研究者看到西方人的研究，便联想到中国古人对地缘作用的议论，于是想到中国源远流长的风水术。但批评者便认为，这属于文不对题，拿中国的风水术和西方的哲学、人类学、史学观念作比较，不知道是对中国文明的推崇还是在对中国文明玩一个黑色幽默。但是风水术也并非全然迷信，客观地讲，东、西方对于地缘环境的研究本有不同。西方文化属于海洋文化，它的品性——从历史的发展趋向考虑——本来就是外向的。因此，它的地缘环境研究，注重的是大的环境区域的地位与作用，比如将寒带、热带、沙漠地区和内陆地区作为进行相互比较的具体研究单位。而中国传统文化属于大陆型文化模式，它的基础在于家庭，所谓家国同构，伦理中心。因此，中国的地缘环境研究不能不围绕家庭环境进行，即使对帝王兴亡的研究与预测，其实也是家庭地缘环境研究的一个特例而已，其内容依然不脱阴宅、阳宅这两个基础部分。中国古人对地缘作用的重视，当然不限于风水一术。实际上，中国人在建筑特别是在军事方面，对于地缘的人文作用有更多更好更科学更有价值的理论和应用。建筑方面的应用，源于天人合一理论，要把自然与人工巧妙地结合起来，使人工胜似天工。在军事方面的应用，则有更充分的功利考虑，所谓“一人当关，万夫莫开”，并非“夫”之厉害，乃是“关”之厉害。所谓靠山近水，安营扎寨，乃是利用地形地貌，保证自己的势利与安全。但无论从哪个方面讲，中国人的研究地缘，多在战术方面或多在应用方面下功夫。中国人虽是最不喜欢谈论功利的民族，但在对地缘的利用上，首先考虑的还是利益关系。

那么，地缘环境对于近、现代经济究竟有什么影响？回答说，影响十分巨大。如果我们从各大洲的经济发展顺序看，先是那些沿海国家首先取得发展。而在同一个大的经济区域内，又总是一岛国开始发展，比如欧洲最先发达的国家乃是英国，而东方最早进入现代化的国家，乃是日本。凡此种种。难道仅仅是一种偶然的巧合吗？

依作者的研究，世界文化类型，可分为大陆文化、海洋文化与岛国文化。大陆文化的代表，首推中国。中国是个大国，又是一个大陆性国家，虽然中国有漫长的海岸线，但在历史的发展过程中，它的品性不是外向的，而是内向的。中国文化以农业为基础，以家庭文化为本位，以中央集权制为统治框架。这三点决定了它在封建时代创造出人类前所未有的辉煌业绩，也决定了它很难从大陆文化的束缚中挣脱出来。因此，它虽然有辉煌的历史，却在资本主义时代，落后于西方，惨败于西方。大陆文化的另一个代表是印度，印度虽然东、西、南三面临海，它的重心却在内陆。它处在东西交汇点上，然而很可惜，它既不愿向东方发展，又不愿向西方发展。反过来看，东方人常常认为印度便是西边的终点，而西方人也同样认为印度便是东边的终点。于是印度便成为所谓的“桌球袋”。它虽然处在海洋的拥抱之下，却没有将海洋作为自己的文明发展之路，这一点，则与中国传统文化有某些十分相似的地方。

海洋文化的代表则是基督教文明，或者更确切地说是西欧文明。西欧文明自古希腊时代起，就是开放性的，到了文艺复兴时代，更有了空前的外向性要求，于是沿海国家首先是西班牙和葡萄牙，尔后是意大利，再后是荷兰和英格兰、法兰西。于是从远洋航海开始，以哥伦布发现新大陆为契机，揭开了西方近代文明辉煌的一页。

与海洋文化相比，岛国文化尤有特点。岛国文化代表首推英国和日本。岛国文化集海洋文化与大陆文化之特点，岛国文化对内具有很强的凝聚力，对外又有很强的开放性。因为对内凝聚，它具备了某些大陆文化的特性；因为对外开放，它又具有某种海洋文化的特性。费孝通先生有一个论点：越是资源缺乏的地区经济发展越快。而岛国文化又反映了这一定律。岛国一般面积不大，缺资源，资源不算丰富，虽有发展，发展余地不算很大。因为资源不算丰富，所以增强了岛国人特有的危机感；因为内部发展余地不大，所以又增强了它们的向外扩张的愿望。以欧洲大陆和英伦三岛相比，大陆人的盲目乐观性显然高于英伦三岛。而以中国和日本相比，中国人往往在危机四伏的情况下，还会高枕无忧，甚至自我感觉良好，但日本人在高速发展时期，都往往大喊大叫，认为可怕的危机就在面前。

正因为有这样的品性，英国人才能在17、18世纪的欧洲，创造出令历史感叹的经济奇迹，而日本人，也能一枝独秀，以亚洲人身份，率先跨入世界发达国家行列。

岛国发展于前，大陆沿海国家紧随其后，或者说二者相互感应，形成近代西方经济发展的一大奇观。但是东西方的历史进程有先有后，这里除去地缘原因之外，还另有别因。但在同一地域之内，无疑是那些靠近海洋通道，或接近海洋文化和岛国文化地缘条件的国家，更容易发达起来。比如亚洲的“四小龙”，几乎个个都具备这样的条件，它们或者处在一个独立的岛上，或者具备典型的半岛条件，总之，海洋通道对于它们来说，还是血脉相关。

有人说，近、现代经济，完全可以称之为海洋性经济。对这一点，自可仁者见仁，智者见智，但有一点是显然易见，即越是靠近海岸线的地带，经济的近、现代化进程越是方便。自文艺复兴运动以来，世界经济的发展，可以说，产生过三条黄金海岸线。这三条黄金海岸线是：

第一条海岸线，西欧大陆海岸线。其北端始自荷兰，其南端，止于葡萄牙和西班牙，正处在北纬 60°之内。这条海岸线，甚至可以称之为欧洲近代文明的摇监，它不啻于欧洲资本主义文明的生命线。

第二条海岸线，是美国东海岸，其位置同样处在北纬 60°之内。这条海岸线，也可以称之为西欧海岸线的对应线。西欧近代经济的发展，迫切需要一个与之相适应的大市场，而这个大市场，首推美洲新大陆。历史业已证明，这个大陆虽然在文明基础方面，落后于亚洲，落后于东欧，甚至落后于非洲，但其潜力的开发，却较之任何一个地方更为容易。而当它一旦觉醒起来，又很能成为足以令西欧震惊和无奈的经济伙伴和对手。

第三条海岸线，即美国西海岸，其长度大约跟东海岸线相同。其发展虽比之东海岸落后许多，但其经济价值，对于 20 世纪的欧、美而言，也绝不比东海岸逊色。美国的发达，可以说是伴随着西部开发而兴起的，而西海岸的开发，更成为美国经济另一大门户。美国经济得天独厚之处，正在于其终于达到东西并进、左右逢源的良好境地。

这三条海岸线的共同特征在于：它们大体上都是南北走向，而且地域开阔，同时，它们都处在北纬 60°内。这两个特征对于我们中国人而言，正可以从中得到许多重要的启发。

近代世界经济的历史走向，在于由西向东，又由北而南。由西向东，表示了西方先于东方的态势，由北向南又表示了北强南弱的态势。换句话说，世界经济已经得到开发的黄金海岸大体上都发生在北回归线以北至北纬 60°以南这个区域之内。

令人遗憾的是，中国漫长的海岸线虽然也在北纬 60°之内，却是没有发挥出如上述三条海岸线那样的巨大作用。

令人欣喜的是，中国的海岸线的潜力正在发挥出来，而它的未来或许更加美好。

(2) **具有独特内涵的儒家文化经济圈**

方才讨论的地缘的经济作用，姑且可以称之为地缘定理。即：

内陆与海洋国家相比，海洋国家的经济发展先于内陆国家；

岛国与大陆国家相比，岛国的经济发展先于大陆国家；

沿海国家与内陆国家相比，沿海国家的经济发展先于内陆国家。

但是，地缘固然重要，只是问题的一个方面。同是海洋国家，其经济发展的速度和序列也有不同，同是内陆国家，其经济发展的速度和序列又能区别。所以在地缘规律之外，还应有别的定律。这里讨论的是人文定律，即相同的人文传统信仰会使不同地域的国家和民族获得经济发展的趋同性。

这一点，已为人类的经济历史证明，并且正在为现实经济所证明。

同为欧洲，其经济发展的速度和序列并不相同，大体说来，西欧发展较快，东欧发展慢。但值得注意的是，东、西欧的发展速度并不是按地球的经度划分的，也不是按历史上的强弱划分的，甚至不是以种族渊源划分的，而是按其宗教流派划分的。西欧经济发达地域中的国家，大体上属于基督教占主导地位的国家，如英、法、德、奥、意、荷兰、瑞士、北欧五国等等，而发展速度较慢的中、东欧国家大体上是信奉东正教的国家。

自然，宗教的分布是和世俗的历史演变不能截然分开的，但宗教信仰作为一种长期形成的文化传统，显然对一个区域的经济、文化的历史选择与走向产生莫大的推动或制约作用。如果我们把目光放得更远大一点，我们还会看到，在世界经济的总体分布图上，相同宗教信仰区域的国家，其经济发展水准往往处于同一个级次之上，而具有不同宗教文化传统的国家间，则出现一条或隐或显的经济分割线，有时甚至一线之隔，晃如两世，此一端经济发达，彼一端未离贫困。

历史地讲，任何宗教信仰，均无贵贱之分，不论哪种信仰，都应受到人类的共同尊重。宗教既无贵贱，信仰更加自由。但同时也应该承认不同宗教传统的地域，其经济发展的模式和速度也确有不同。

以当今世界而论，政、教分开本来已经成为大的历史趋势，甚至早已成为历史。而信仰自由，同样成为公认的世界潮流。不同民族的宗教信仰原本不应该对于经济发展再产生任何消极作用。但现实提供给人的的信息却是，正是因为宗教文化传统不同，在当今世界上才造成种种民族性冲突或地域性冲突。这些冲突包括：中东以色列和阿拉伯国家长达半个世纪的冲突；前苏联境内的阿塞拜疆与亚美尼亚之间的冲突；中东地区的冲突以及曾经持续很长时期的黎巴嫩不同教派之间的冲突。这些冲突，或者持续几年，或者持续几十年，给各方多少人造成种种损害和极其严重的不良后果。认真地说，有些冲突各方，本来属同种同源同语同国，例如波黑冲突中的各方即是如此。但是，偏偏这些同种同源同语同国的民族，却发生你死我活的惨烈酷杀。这在局外人看来，似乎十分不可思议，甚至有的东方人会问，他们之间有什么区别，不就是宗教信仰不同吗？实际上，上述种种冲突的各方，原因其实复杂，但宗教传统不同，显然是其中一个重要原因。

中国则不然，儒学传统，虽然强调等级观念，但宗教意识薄弱，宗教态度宽容。中国传统文化，唯在民族关系与宗教信仰方面具有特殊的价值。中国是一个多民族的国家。历史上虽然也有许多民族纠纷，民族侵害，也有汉族对少数民族的压迫。但从历史发展的总体情况看，中国传统文化，在处理民族关系方面是成功的，在处理宗教信仰方面，尤其成功。世界上主要的宗教信仰，中国无其不有，无论佛教、基督教、伊斯兰教，以及中国土生土长的道教，佛学东来后在中国土地上诞生的禅宗，加上其他种种教派，可说宗教信仰百花盛开，但中国文化都能宽容对待它。儒家态度，对待鬼神，原本是无可无不可的，所谓“祭在，如神在”，“敬鬼神而远之”。对鬼神并非不敬，但敬而远之，又近似不敬。对鬼神并非不信，但信而不深信，又近似不信。儒家的这种态度，转移到对各种外来宗教的立场中，同样采取敬而远之的态度。儒、道、佛之间，或与其他宗教之间，虽有冲突，终于相容；虽有分歧，终于相通。儒家最为敬重的，与其说是鬼神，不如说是君主。忠、孝、仁、义，虽与神鬼无涉，但有宗教般虔诚。中国儒学文化的这个传统，使古代中国从来没有成为政、教合一的国家。而历史上有作为的帝王，对于各种宗教所采取的政策，也大体上与儒学传统相吻合。中国历史上虽有灭佛之类的毁灭宗教的行为，但大体言之，宗教与世俗政权之间，各类宗教与儒学之间，均能相安无事，甚至互通有无。

中国儒学文化的这个传统，为当代中国经济的发展准备了一个良好的条件。在国家内部，很少发生因宗教信仰原因而出现的冲突和混乱。在海外华人中，也很少出现因为宗教信仰而出现的民族矛盾与纠纷。儒学传统，就其本意而言，本来有轻商重仕的传统，对待工商业的发展产生消极影响。但表现在人际关系上，又有亲和礼让、态度宽容的现实风格，这种风格对于华人经济的发展，显然有重要的帮助。

我们在前面说过，近、现代经济的发展，常常以同一宗教的传播范围为同一水平线，儒学虽不是严格意义上的宗教，但它在中国文化传统的地位，有某种宗教性含义。同时，也有学者认为应该称儒学为儒教的。儒学是否可称儒教，仁智互见，此处不论，但儒家文化作为一种传统，在它的传播范围内，同样具有规范社会风俗，联通经济发展，促进相互关系，加深彼此信任的作用。举个例子说，亚洲“四小龙”的成功，固然有其相近的地缘环境在起作用，同时，也不能忽视其共同的文化传统的现实价值。四小龙中，台湾、香港属于华人经济，韩国和新加坡也具有浓厚的儒学文化传统。或许可以这样说，在东南亚这块土地上，与儒学文化更为接近的地区，才是经济最早发展起来的地区。不唯如此，即使如印尼、菲律宾、泰国、马来西亚等相关的东南亚国家，其内部最活跃的工商阶层，也首推华裔后代或华侨阶层。奈斯比特说：

“东京的富士通研究所调查了亚洲 5 个主要国家的上市公司，发现绝大多数为华人拥有，具体如表 2。

表 2

国别：	华人所占份额：
泰国	81%
新加坡	81%
印度尼西亚	73%
马来西亚	61%

奈斯比特为此而感叹道：“从上表可以看出，华人居然拥有如此雄厚的经济实力，而这个令人惊异的结论还仅限于公开上市的公司。此外，华人还控制着亚太地区中小型企业的 90%，为社会提供了一半以上的就业机会。”①

① 《亚洲大趋势》第 11－12 页。

不唯如此，如果以华人所占人口比例和控制经济的比例相对比，更可以看到华人经济具有怎样的魅力（见表3）：

表3

国别	华人人口比例	控制经济的比例
印度尼西亚	4%	70%
泰国	3%	60%
菲律宾	3%	70%

因为华人经济的影响日益扩大，也因为儒学文化圈的影响日益扩大，近几年出现不少新的说法，其中一个观点，叫作儒家资本主义。儒学本与资本主义无关，也和市场经济不搭界，但华人经济影响大了，儒学的地位提高了，既然基督教可以和市场经济发生某种内在联系，则儒学作为人类的重要文化遗产，自然也可以和市场经济发生联系。

或者应该这样说，任何一种文化传统都可以在未来的经济发展中找到自己的位置，但这需要种种必要的条件。中国传统文化，经过一百多年的洗礼与再生过程，终于开始找到自己在未来经济中的一个合理的位置。西方著名学者马克斯·韦伯曾写过一本影响巨大的理论著作《新教伦理与资本主义精神》，是专门讲资本主义发展和新教伦理的内在联系的。通俗地说，就是为什么唯有在新教伦理文化的氛围下可以产生出崭新的资本主义精神。后来日本取得经济奇迹之后，日本学者山本士平也写出一本《日本资本主义精神》，虽然这书的影响不及韦伯的那本著作的影响巨大，但毕竟它也替日本人发出了自己的声音。但在我看来，市场经济作为人类的一种必然要经过的经济形态，不论在东方，还是在西方，都会取得生存和发展条件。只是由于东、西方的文化传统不同，它的出现会有先有后，它的结构模式，也会形成各自的特征或特长。或者换句话说，任何文化传统都无法彻底拒绝市场经济的到来，如果彻底拒绝，则只能是这种文化传统的灭亡。而伟大的文化传统，一个也不会灭亡，于是就会形成不同的市场经济模式，即所谓的新教伦理与资本主义精神，或者日本资本主义精神，或者儒学资本主义，或者基督教资本主义，或者其他文化传统下的市场经济模式。无论如何。时至20世纪90年代，作为人类重要文化遗产的儒学文化，终于迎来了市场经济发展的历史性高潮时期。这一时期的到来，既是孔夫子的胜利，也是亚当·斯密的胜利。

（3）**流布于五洲四海的华人经济网**

华人经济或者按其文化传统而言可以直接称之为儒学经济圈，但二者其实还有区别。或者换句话说，华人经济圈的范围比之儒学经济圈还要大些。儒学经济圈，至少从目前看，主要分布于东亚和东南亚一些地区，而华人经济则流布于五洲四海，甚至可以说，凡有人类的地方，都有华人的足迹。当然，作为一种传统可以说任何华人活动的地区都有儒学文化传统的影响，但以其现实地位而言，他们的经济成就或许更为引人注目。毕竟中国人向海外寻求生活不是以传播某种文化为其生存使命的，这一点和基督教的发展有质的不同。

基督教向世界各地的发展，往往充满了与某地固有文化的冲突。中世纪不消提了，彼时的基督教会，政、教合一，情态野蛮，对外传教即对外侵略，特别著名的如十字军东征，实际上是一场历时百年的充满刀光剑影的大洗劫。中世纪之后，西方文明虽然取得世界发展的领先地位，但基督教的对外传播，依然与所传播地区的文化充满尖锐的矛盾。基督教属于神教，一神独尊，万物皆生于我，这不能不和各种异教徒产生难以调合的矛盾。即使英、法革命之后，传教士的使命依然是明确的。明清之际，到中国来的传教士，可谓最少政治目的，最富科学精神，然而其传教使命依然明确。仅仅因为他们中的某些人为了在中国打开局面，而改变一下服装和用语，还得到罗马教庭的严厉斥责。

中国人流布海外，几乎处处不在，但中国人的海外发展，绝对没有政治目的，更没有宗教目的。我们的先人辛辛苦苦，离开故土，不为别的，只为谋生。中国圣贤早有名论，食、色，性也。中国人的人生哲学，以生存为第一要义，以忠孝为价值之本。不能生存，何言忠、孝。为了忠、孝，必须生存。所以，我们无数祖先，流布于世界各地，可以说，他们不曾因为信仰或者政治问题而和所在国发生过矛盾。尤其在西方，只有西方国家岐视华人的历史，没有华人有负于西方社会的历史。

中国人为了生存，可以忍受一切难以忍受的苦难生活，可以付出常人难以想象的艰苦劳动，可以创造各种生存奇迹，可以和任何一种肤色，任何一种民族和睦相处。

然而，中国侨民并非没有自己的理念，没有自己的人格，没有自己的社会观点。中国文化从来不属于宗教文化，但中国人自有自己独特的民族感情。中国文化对鬼神固然不甚敬重，但对祖先却存在永难消减之情。应该说中华民族是最重视亲情，最重视乡情，最重视民族情的民族。身为炎黄子孙，无论他们走到何处，他们最无法忘却的乃是亲情、乡情和民族之情。所谓“久旱逢甘雨，他乡遇故知”。他乡遇旧尚且如此，到了异国他乡见到自己的同胞，其情其景可想而知。

中国人重视乡情、族情、种情，有时到了难以理解的程度。比如中国的侨民，已经入了他国国籍，但一旦回到祖国，报刊上还是要大讲某籍华人，如过去我们闻之耳熟的美籍华人杨振宁，美籍华人吴健雄等等。其实，华人既已入外国国籍，再强调其华人身份，似有不妥。比如美国是个移民国家，美国历史上已有43位总统，怎么没有听见人家说这些总统是美籍英人，或美籍爱尔兰人呢？

然而有一弊必有一利，中国侨民生活在世界各国，不生事，不存异念，而且勤勤恳恳，为居住国辛勤劳动，作出贡献。在基督教徒心目中，世界本为上帝所造，所以他们不怕迁移，甚至于喜欢迁移，只要有希望有幸福，哪里都能去得。中国人少有宗教情结，但有乡情族意，他们不论走到哪里，都不会丢掉那一份如火如荼的故乡情，那种拳拳眷眷的游子情。他们富了，要还乡看一看，穷了也想回家看一看，甚至一生最大的愿望，就是落叶归根。中国传统最重视落叶归根，最欣赏狐死首丘，认为衣锦还乡是大荣耀，即使不能衣锦还乡，只要你还惦念着故乡，故乡人也一定对你有一份慈母之情。

旅居海外的华人，约有5 700万人，其中已入居住国国籍的大约有5 500万人。5 500万人，其中大部分居住在东南亚一带，流布亚洲的华人约占海外华人总数的85%左右。其余欧洲、美洲、澳洲、非洲也都有华人居住。其中如美国的加洲，拉美的某些国家，还是华人的聚居地，加州一州即有100万左右的华裔。

华人遍布世界各地，有些行业，几乎是华人的专利。如华人餐饮业，真如离离原上草，春风吹即生。华人好像天生善为烹调，凡有人群的地方，便有华人，凡有华人的地方便有华人餐馆。华人餐馆物美价廉。去华人餐馆用餐，不但可以亲身体验到中华民族的乡情乡俗，也可以体会到华人的勤劳与智慧。

自本世纪中叶以后，旅居海外的华人，文化层次日益提高，从劳工型开始转向知识型，种技型。华人的智慧，原本早为世界所承认，所谓人类的钱袋装在犹太人口袋里，人类的智慧装在中国人头脑里。美国的大学教授，医院主任医生，以至硅谷的科研人员，华人都占有很可观的比例。华人本有政治传统，而旅居国外，不愿从政，但近些年已日益在社会公共生活中发挥自己的聪明才智。

中国海外华人，仿佛一个强大的信息网络，更是一个无所不在的商业网络。中国抗日时期，旅外侨胞就曾作出过极其巨大的贡献。中国实行改革开放改策以来，各地的旅外华人，纷纷为自己家乡的经济腾飞出钱出力，献计献策。单海南一省，海外华人的投资即有 2.5 亿美元之多。而侨胞对海南的投资额比起广东而言，还要少得多！

中国重视亲情、乡情、族情、种情，但表现在经济领域，或者说表现在大的社会区域方向的社会活动上，则更为重视乡情。当然族情也要，种情也要，但相比而言，乡情更甚。日本人是最重视族情种情的，直到今天，还有不少日本人认为大和民族源于一脉，对非大和民族的人，采取另眼相看的态度。所以一个外族人，即使在日本居住几十年，他依然还是一个异族人。中国人就不一样了，无论你是哪个民族出身，只要居于斯地，便为斯民，而且无论多长时间，便成为地道的乡里人了。既为乡里，便生乡情，来日异地相见，不免“老乡见老乡，两眼泪汪汪”。中国人的乡情，并非只是籍贯。柳宗元于柳州作官，官清政和，人称柳柳州，他死之后，柳州人为他立庙祭祀。柳柳州也者，并非柳州人也，但柳州人认他为同乡，也在情理之中。中国的乡情，反映在军事上，便有湘军、淮军之说。反映在旅外乡人间，又有同乡会。这种重乡情的特有的中国情结，对于海外华人的生存，对于不同地域华人的商业活动，对于大陆与海外华人的联系，确有非常重要的关系。中国商人多以行业区分，更以地域区分，历史上最有名的商人，常常冠以晋商、徽商、粤商、浙商、川商头街。中国的古人，常以籍贯自称，如燕人张翼德之类。中国文化这些传统作风，无疑对现代华人经济贸易圈产生重大影响。比如你想出国，最好找同乡帮助；比如你想发展实业，也最好找同乡联络。比如你准备回国投资，同样最好找同乡接洽。中国人走到海外，开始时难免遇到种种困难，然而一旦找到同乡组织，马上会有“宾至如归”之感。而海外华人如此之多，海外同乡会更是比比皆是。原东南亚一带的中国同乡会组织。就有6 000多个，真可谓“只消寻得同乡会，天下谁人不识君”了。

华人经济圈，常以地域区分，而中国地域广阔，又为这种经济圈提供了种种地利之便。过去国人常讲华南经济、华东经济、东北经济，说法固然不错，界限未必过于疏广、模糊。确切地说，中国地域经济，其实有更为精细的划分，而其热点所在，如南方的广东与香港经济区域，东南方的福建与台湾经济区域，东面的山东与韩国经济区域，北方的京、津、唐经济区。对于后者，也有环渤海经济区的说法，但我们看来，这种环法，困难尚多，实行不易。倒是京、律、唐之间更易产生联系和发展。加上以上海为龙头的长江中下游经济区，都将有非常光明的经济发展前景。其中任何一个经济区域的成功，不但对中国经济，而且对世界经济的发展都将产生重大现实价值和历史价值。

对华人经济贸易圈的认识，似乎国外学者并不逊于大陆学人，美国学者奈斯比特曾就此而感叹：

“海外华人圈作为一种势力圈在当代世界经济中独领风骚。”①

何以如此？

① 《亚洲大趋势》第13页。

因为，“华人企业的核心是人际关系。”① “华人经济实体其实就是一个靠宗族和同乡组成的公司和企业网，企业之间层层联结，规模不断扩充，直至覆盖全球。说个形象的比喻，它就像当今的‘互联式电脑网络’，华人圈不论形态还是特性都十分于此类似。比如，互联式电脑网络并不限制成员的增加，网络中没有统一的控制中心，任何一位进网成员都可能获得最大限度的独立与自由，同时网络的价值来自于信息市场的扩充。在华人圈里，企业联络范围也可以无限扩大，并且企业自治意识不很强，没有权力中枢，大家唯一遵循的一条共同法则就是：市场挂帅。这种特性在当今的世界经济中非常适用——既便于整体协作，又强调独立奋斗精神。华人建立如此网络，无异于如鱼得水，可乘机大展宏图。”②

（4）**具有巨大潜力和活力的中国大陆经济架**

中国有一条具有无限价值的黄金海岸线，而且其位置恰在北纬 60°之内，是北半球最后一条黄金海岸线。这条线虽不为中国所独有——它的北端伸入朝鲜和俄罗斯，但中国所经段落无疑处于更为活跃的历史状态下。站在这条黄金线上，向外观察，就有上面所讲的儒家经济圈和华人贸易圈。但这只是这条海岸线优势的一半，它的优势的另一半，则在这海岸线的另一方面，这就是现在要讨论的中国大陆经济架。

所谓中国大陆经济架，其实是作者的一个杜撰，因为我们实在想不出用一个什么词来形容中国大陆经济的组织形式。中国大陆经济，以它的地域发展速度和质量而言，可以清晰地区分为三个经济带，即东部地区、中心地区和西部地区。三个经济带的特有组合方式，姑且称之为大陆经济架。

① 《亚洲大趋势》第 13 页。
② 《亚洲大趋势》第 13 页

东部地区共有12个省、市、自治区，即辽宁、北京、天津、河北、山东、江苏、上海、浙江、福建、广东、海南和广西。12个省、市、自治区，个个都处在沿海地区，除北京以外，其余11家都有自己的海岸线。

中部地区，共有9个省和自治区，即黑龙江、吉林、内蒙古、山西、河南、湖北、湖南、安徽和江西。它们处在中间地带，论其经济状态，有些比上不足比下有余的意思。

西部地区，也包括9个省和自治区，即西南的四川、云南、贵州和西藏，西北的新疆、甘肃、青海、宁夏、陕西。

三大部分，三种质量，三种速度。于是出现东西差距拉大的情形，于是引起国家的注意，于是产生种种不和谐的气氛，于是便有学者引经据典，说古论今，探讨东西平衡的理论和方式。

照我的看法，东、西部差距固然应该缩小，用缩小差距而取得平衡，又用取得平衡再获得更均衡更高速度的发展。但这需要具备必要的理论前提。理论前提是，第一，东部的发展速度不能因为中西部发展的差距拉大而放慢，即不能牺牲东部发展速度而消极适应中西部的发展。就像过去搞一平二调那种行政办法一样。中国东部经济发展迅速，这是中国的希望所在，也是中国经济的龙头所在。中国东部地区，虽然只是全国面积的11%，但人口占40%以上，约有4.2亿人，东部发达，牵动了中国经济的高速发展，吸引了大量海外资金，也为中、西部的发展从战略方面打下了基础。从世界经济发展的经验看，唯有一个地区的高速发展，方能带来相邻地区的长久发展。昔日美国经济，如果东部不取得巨大成就，则西部开发便会乏力，其最终结果，是既牺牲了东部，同时也延缓了西部发展。经济的区域平衡固然重要，但平衡有消极平衡与积极平衡之分。消极平衡，是削弱强者，支持弱者，那办法，好像拆东墙补西墙，又像为了小儿子的健康而使大儿子吃不饱饭。其结果，是东墙既被拆坏，西墙又未补好。小儿子既未成长健壮，大儿子又饿得面黄饥瘦。与其如此，不如延长东墙，联结西墙，更不如使长子健壮发达，为小儿作出榜样。

东部需要发展，中央政府应继续给予种种方便。吸引东部企业乃至海外企业愿意到中西部寻求发展。大体说来，西部的优势在于资源和土地，人少地多，利在土地，资源丰富，利在资源。但开发和利用，需要令开发者有利可图，最好有大利可图。请君自想，一个企业家，如能在东部开发，他为什么要去西部，如果西部的利润率不如东部，他凭什么非去西部建立自己的企业。想当初美国开发西部时，政府为了吸引东部人乐意去西部发展，土地的价格贱到令人难以置信的地步。据《美国的历程》一书记载，美国 1820 年制定的一项新土地法，把每英亩的最低价格减少到 1 美元 25 美分。虽然拍卖价格比这个最低价格要高出许多，但 1 英亩土地只定价 1 美元 25 美分，确实是太过于物美价廉了。1 英亩折合中国 6.0702 市亩，就是说 1.25 美元可买 6 亩土地，换成中国比价，不过二三元钱即可卖一亩土地，如此卖法，能不令一切要发财致富的东部人蜂拥而至。中国人的特点，是极好攀比，北京城市，一座普通商品住宅，1 平方米要卖六七千元。如果中、西部也向这个价格攀比，其结果必定有价无市。与其有价无市，不如变劣势为优势，以最大的诱惑吸引最有实力的买主。其结果，既有利于他人，也发展壮大了自己。

值得说明的是，达到东、西平衡，本质上属于经济性行为，而不是行政性行为。当然，政府的正确政策引导也是必要的。比如日本，日本政府对于落后地区也有大规模的财政支持，但这种财政支持，不是随意性的，而是通过制度化和法律化的。但无论如何，只靠政府支持不行，路子也不对。只有使西部地区的经济活起来，把它应有的潜力发掘出来，使物流、人流、财流经过经济杠杆，争相流向西部，才是经济的成功，也是除贫治本之路。

中国大陆经济的层次固多，可贵之处在于总的评价刚好用8个大字来概括，即潜力极大，活力极大。有潜力而没活力，那只是死水一潭，纵然你桃花潭水深千尺，竟是死水一潭，也没前途。有活力而无潜力，极易出现泡沫现象，虽是娇花美草，不过风流一时耳。中国经济的魅力在于二者相互扶持，不但前景美好如画，而且可摸可触。

中国大陆是一个巨大的市场，这个市场，对于任何一个国家的企业家而言，都有着同样巨大的吸引力。

中国大陆市场至少有如下4个特点，这4个特点，个个都有诱人的魅力，简直可以称之为中国市场的4大美人。

第一个特点，商品短缺，需求旺盛。我们前面说过，短缺是计划经济的结果，计划经济制造短缺，又最惧怕短缺，还特别忌讳别人议论短缺。但对于市场经济而言，短缺不是坏事，而是好事。市场经济的特点，是过剩，因为过剩，所以出现繁荣。如果遇到短缺性需求，则真如猪八戒见美人一般，让背即背，让驮即驮，当牛作马无怨无悔。中国的经济现状，一方面发展很快，一方面缺口很大。因为中国人口基数特大，要达到西方工业国家的生产和生活水平，可以说，样样都少，样样都需要大量生产。唯其如此，中国的经济前途，才让西方企业家见之念佛。

短缺是福，这对于在计划经济条件下生活惯了的人，有点不可思议。有人会反驳说，短缺是福，为什么在3年自然灾害条件下会饿死那么多人，为什么许多贫困地区，至今还不能脱贫？为什么中央政府对一些落后地区投入那么多援助不见成效？

为什么？

回答说，因为政策不曾对头。凡短缺的地区，一旦政策对头，找到自己的优势，都能很快脱贫。比如越南，过去接受别人多少援助，但该困难依然困难，困难到吃饭穿衣都成问题。一旦改革，不消三年两载，原本货架上空空如也，便改变为商品齐全，琳琅满目，原本靠进口大米维持生存，便改为大米净出口国。

只消有市场，短缺便是福音。若是没有市场，便应打开市场大门。

第二个特点，劳动力便宜。因为经济发展水平不高，劳动力价格十分便宜。中国自改革开放之后，愿意到美国去讨生活的大陆人数极多，笔者曾去美国驻华使馆办过签证，那情形真如同上山求神拜佛的一般。中国人为什么如此想去美国，以至许多很受欢迎似乎也很有前途的影视演员、音乐家、画家，非去美国打工洗盘子不可。难道说，在美国洗盘子比在中国演电影还更风光？还更能体现个性吗？说穿了，还是美国收入高，生活水准高。在美国洗盘子究竟有多少收入，不能确知，但这里有一个 1983 年的资料，该资料分别列出各个阶层的年收入，见表 4。大约洗盘子者的收入可归入表中倒数最末一类人，一年可得约 15 000 美元。即每月可得 1 250 美元，以现在的比价算，约合 10 000 元人民币。1983 年时，美国的收入如此，而与之同时的大陆人员，月收入 200 元已经算高收入了。月收入 200 元，年收入不过 2 400 元。即使达到今天的月收入 600 元，也不过 7 200 元。以 7 200 元的年收入和 10 000 元的月收入相比，美国的吸引力大约在此。

表 4

阶级	教育	职业	年收入
上中层阶级	大学或研究生毕生	高级管理人员和专业人员、中等企业家	50 000 美元
中层阶级	至少中学毕业，常有大学毕业和学徒出身	低层管理人员工长	30 000 美元
工人阶级	中学毕业	车间工人，办事员，售货员	约 20 000 美元
劳动贫穷阶级	中学毕业	服务人员、纯体力劳动者、办事员[1]	约 15 000 美元

中国劳动力价格便宜，有时便宜到令人心疼的地步，一方面是劳动力价格便宜，一方面是市场需求旺盛，二者相加，难怪中国有如此高的经济增长率。

第三，私人经济、乡镇企业十分活跃。中国经济活动中的一大奇观，是国有经济步履维艰，私有经济、乡镇经济和相当数量的三资企业却是生龙活虎，气象非凡。一些国有经济明明已到破产的边缘，还在千保万保。这作法其实与经济规律不合，这种对于国有经济的过分偏爱，其实是观念上的误区，这里且不管它。

单以中国的私有经济、乡镇企业而论，对于中国的改革开放事业，对于中国的国计民生，对于中国 12 亿人口的生存幸福，可谓至关重要功劳大焉。

私有经济，盈亏自负，赚了钱，自有人向你收税，亏了钱

① 《美国人与中国人》第 53 页。

便由经营者自负其责。别的种种令人烦恼的事务不算，单是这两条，已足以使私有经济，必须按市场规则去规范自己行为。尤其个体经济，本钱不多，风险不小，经营者尽心竭力，用尽浑身解数，利在自己，功在国家。作者与私有经济接触不多，唯与个体书商有比较多的联系。个体书商良莠不齐，声名不算很好。以我的个人经验而言，虽然也受过某些书商的欺骗，但我们依然认为，中国图书市场的繁荣，个体书商功不可没。他们身上所担的风险，所遇到的困难，所付出的劳动，所花费的精力，实在是局外人所难以想象的。在我们看来，写作固然辛苦，经营同样辛苦，没有个体书商的努力，很多很有影响的著述，就不会产生那样大的社会效应，作者也得不到本应得到的劳动报酬。目前，中国的私有经济、合资经济在规模上已经超过国有经济，可以想见，一二十年后，中国会有更多的企业家出来。人类工商史上，西方企业家独领风骚的时代即将过去，说不定哪一天，中国的企业家也会成为好莱坞的支柱，并在纽约股市上一呈风流呢！

第四，消费潜力大得惊人。中国大陆消费市场有多大潜力，实在不好确论。但中国人的存款余额有3万多亿，已经可以想见其潜力之大。不唯如此，中国有12亿人口，大约4亿个家庭，每3个家庭增置一台收录机，就需要1亿多台。每10个家庭添置一辆轿车，就需要4 000万辆，请想一想4 000万辆轿车是个什么概念。当然，中国人买得起轿车的家庭还不多，但在20年前，买得起电视的人不也很少吗？倒是美国人的预测更为大胆，奈斯比特先生就有这样的消费预测，他说：“在过去10年中，亚洲的经济增长率一直保持在6%～10%，未来10年，亚洲的中产阶级将增加1～2倍。除去日本，亚洲其它国家的中产阶级到2010年将达到8～10亿，其消费水平也十分惊人，预计为8～

10万亿美元。这个数字大约是现今美国经济的150%；而美国中产阶级用了将近一个世纪才达到了这样的水平。以今天亚洲的发展速度计算，不用10年，这一进程便会完成。”①

到2010年，亚洲中产阶级将达到8～10亿人，其消费水平同样达到8～10万亿美元，而且相当于现今美国经济的150%，单从理论逻辑上讲，单亚洲——日本还要除外——中产阶级购买力，就可以把现今水平的一个半美国的年产值全部购买下来，而且消费掉，呜呼！亚洲人的未来消费市场，真是巨龙腾飞，不可一世也。

奈斯比特没有讲，这可以购买1.5个美国年产值的中产阶级中，有多少中国人？但我们可以相信，如果奈斯比特的预测不错，则其中至少1/3的人数属中国大陆，将近1/2的消费数额属亚洲华人经济圈。

但照本书作者的意见，现在给中国经济定位，还不宜如此乐观。中国经济现状究竟如何？还有诸多不同意见。有人认为中国经济是“山坳上的中国”，也有人认是“走出山坳的中国”，有的认为“中国经济是二元体态下的中国”，也有人认为是“十字路上的中国”。单以机遇而言，当今中国确实处在历史发展的黄金线上，既处在中国历史发展的黄金线上，也处在世界发展的黄金线上。中国若不能抓住这个历史机遇，为自己的明天正确定位，并努力实现其本应实现的目标，则这一代中国人不但有愧于中国先人，而且有罪于后世子孙。

---

① 《亚洲大趋势》第81页。

十七、如何对待现代化

中国的希望：已空前满足的国人却仍有种种不满……

真正现代化并非只是“四个现代化”。

什么样的人才算是现代化的中国人呢？

人跟动物一样，也是全面素质优化才能生存。

人的观念系统，是观照世界的第三只眼。

1. 现代化概念诠释

当今中国的一大奇观，是中国人最爱议论自己，最爱褒贬自己，最爱将自己和别人进行比较，最爱对各种社会现象进行检讨、批评和挑剔，同时也最爱在新的状态、新的心态、新的气氛、新的环境中去寻找自己的位置。或许可以这样说，现代中国人，与自己的前人相比，是收入最多的中国人，也是最不满足的中国人；是生活水平提高最快的中国人，也是牢骚满腹的中国人；是参加政治活动最少的中国人，也是意见纷纭、最不易统一的中国人；是享受现代化成果最多的中国人，也是对现状最不满意的中国人。拿这一代中国人和他们的前辈比，他们本应最愉快，最满足，最知道感恩戴德，也最乐于听取领导者的意见，而现状恰恰相反。于是，就有人批评说，这是一边吃肉一边骂娘，是生在福中不知福。但在我看来，这还是中国的进步所在，也是中国的希望所在。不要怕七嘴八舌，最好是七嘴八舌，唯有七嘴八舌，才反映出社会的活力。别看现代中国人对自己，对许多社会现象，对周围环境，对政府官员，对歌星、影星、球星，对工作单位，对老板，对上级，对同事，对朋友，对情人，甚至对自己的父母、师长、妻子、儿子，都有如此多的不满，然而这刚好体现了这个时代的特色。唯有不满，才能上进。唯有不安份，才能有更多的创造。历史的经验证明，只会说好话的多半是秦桧、严嵩，而敢于仗义执言的，却是屈原和海瑞。然而，当今的世界却大不同了，现代人不仅仅要仗义执言，甚至不管你仗义不仗义，执言不执言。他们所寻找的，或许是中国5000年文明中从未发生过的内容；他们寻找的或许是他们的伟大的先人连想都不曾想到的内容。他们的主观目标，或者并不算高，他们的个人抱负，或者过于直露。但他们所代表的情绪，所反映的历史潮流，对于中国之未来，都有着不可估量的重要价值。现在中国正处在一个大转变时期，在这种时期，需要各种意见，各种声音，各种追求，各种探索，甚至各种冲撞和各种牺牲。唯其如此，方能从一种从未有过的历史深刻变化中，绽露出新的历史时代的耀人的光明。

对现实有种种不满，并非证明现实不好，但也不能证明现实一切都好。现在中国正处在大转变关头，确有许多机会，又有许多挑战；确有许多困难，又有许多希望；确有许多难题，又有许多有利条件；确有许多令人头疼的问题，也有许多令人自豪的现象；确有贫困如昔的人，也有巨富者在；确有污七八糟、污泥浊水，也有高尚情操、动人事迹；确有贪官坏官糊涂官，也有克己奉公为百姓鞠躬尽瘁的公务员模范；确有大发展大发明大发现，也有歪论谬论奇谈怪论。总而言之，是社会处在兴奋之中，处在发展之中，处在变革之中。鱼池水清，难成滔天巨浪；大河水浊，但有万里前程。这一点，应是毫无疑义的了。

中国社会，虽不便称百废待兴之时，却是百事争强之际，需要做的事情有千件万件，但中心议题还是现代化。唯有坚持现代化方向，方能使中国社会现象由无序而有序。唯有坚持现代化方能使很多纠缠不清的问题，找到一个共识基础。

但是，现代化并非一句话，它的内容原本复杂，而人们对现代化的认识，也需要一个历史性过程。

现代化概念早在70年代业已提出，那时讲四个现代化，即工业、农业、科学技术和国防现代化。经过这许多年的实践、探索、反思和积累，应该认识到，现代化内涵其实还要丰富得多。上述四个现代化只是产业和技术方面的。然而，即使只求达到产业和技术方面的现代化，原本也不那么简单。

产业和技术的主体是人，人不现代化，产业和技术现代化是空的。一方面没有现代化的人，难有现代化的产业和科学技术，毕竟产业和科学技术需要人去实现。另一方面，没有产业和科学技术的现代化，人的现代化也没有存在的基础。二者的关系，颇似先有鸡还是先有蛋一样奇妙。但有一点是清楚的，即鸡与蛋之间无论关系如何，却是二者缺一不可。如果我们把产业和技术看成客体，而把人看成主体，没有主体的努力，客体不能自动，而没有客体造成的环境，主体也难于生存。

人的现代化之外，还有体制现代化。据一些学者研究，制度与体制有别，制度是一个大历史概念，比如封建制，在中国一存在就是几千年！比如资本主义制度，在西方已经存在几百年。体制则是比较具体的历史概念。此论妥否，且不管它。但体制却有一个能否适应现代化需求，即自身是否现代化问题。起码旧的经济体制，如计划经济体制，已经全然不适应现代市场经济要求。如果体制不变，那么，无论人的现代化，还是产业或科学技术现代化，可能都缺少一种必要的存在方式和行动机制。好比人的脊柱出了毛病，虽然大脑异常清晰手足十分健壮，偏偏脊梁出了毛病，那也麻烦。

说到体制，体制本身又是一个庞大而复杂的大系统。最简单的分法，即有政治体制与经济体制。其实内容远不如此简单。从国家政体，到立法体制，行政体制，司法体制；从经济体制，到治安体制，保险体制，福利体制，市场体制，还有文化体制，体育医疗卫生体制，教育体制，科研体制，以及纵向分布的国家体制、地方体制和基层体制。体制如此之多，而且相互关系如此之密切，有时候牵一发即是一发，有时候改一制会联动整个系统。

但无论如何，体制的改革是最为复杂的改革，改革的目标，无疑是使之达到现代化要求。

还有社会公共设施的现代化。社会公共设施，如邮政、电话、交通以及其他各种公共服务设施，这些内容，既不完全属于产业和科技范围，也不完全属于体制范围，然而它的现代化意义十分重要。公共设施的现代化如不能与其他内容取得同步发展，则必成社会系统变革的滞后力量。

可以这样说，现代化既是一个复杂的有机系统，又是一个崇高的社会理想，既是中国人应付时代挑战的手段，又是孜孜以求的历史目标。

在这些现代化内容中，体制改革无疑处在最为核心的位置。体制不变，则一切其他的变革都有可能处于空谈的地位。而体制的改变，难免会带来种种问题，如双轨制问题、各种规章制度随之变化问题、短时期内出现的理论或社会保护真空问题。比如劳保福利制度的改革，过去国营职工的医疗、劳保、退休福利，是由国家全包下来的，现在一变，就出现某种真空状态，旧办法已不适应现时需要，新办法又还在酝酿形成过程之中。比如实行劳动合同制的劳务体制，也必然会形成铁饭碗与泥饭碗同时存在的现象。于是，同样一个工种的工人，就可能两种待遇。加上过去几十年欠帐过多，很多事情，斩不断，理还乱，甚至一不小心越理越乱。其出路，没有别的办法，只能把已经进行中的改革坚持到底。

改革体制，事关重大，其间难免失误，同时也会因为种种其他原因而带来种种问题。如社会风气问题，官僚主义问题，执政党作风问题，某些干部生活腐化问题，等等。有人说这全是改革开放带来的负作用，其实未必。江青没有参与过半点改革开放，她那种作风，那种生活方式，和改革开放有什么关系。有人说，开放固好，好比早晨起来，打开窗户，放一放新鲜空气，不幸苍蝇也乘隙而入，蚊子也乘隙而入，甚至马蜂也乘隙而入。其实，中国现实生活中的许多腐败现象，并非全是“开放”的结果。很多毛病，如官商勾结，如嫖娼赌博，如走私贩私，很多都是中国传统社会中的旧病。洋病固然也有，土病仿佛更多。不管洋病土病，从根本上革除这些病症，需要改革的步伐更快些，力度更大些。否则，贻误时机，后果更坏。

体制现代化，产业、科技现代化，公共设施现代化和人的现代化，相互关联，缺一不可。但对中国人而言，人的现代化无疑处于更为特殊的位置。本章将于人和人的观念的现代化作出专门探讨，并认定唯有在人与人的观念方面迈出更大的步子，中国的现代化事业才会取得更好的人文环境。

2、人的困惑：寻找精神家园

中国俗语谓："一年之计，莫如树春；十年之计，莫如树木；百年之计，莫如树人。"人为百年之计，人又是社会的中心。西方自文艺复兴以来，人文主义便成为社会的主题。中国自辛亥革命尤其是五四运动以来，人文思想同样得到飞跃性传播。鲁迅先生一枝如椽巨笔，对于中国国民性作辛辣、深刻、幽默而又入木三分的剖析。毛泽东强调人的精神，主张革命的人道主义。几百年来，人的思想大放异彩，从东到西，从笛卡尔到尼采，从林肯到罗斯福，从马克思到毛泽东，即使人未能成为社会的主题，至少成为人类文明发展的一个标志。然而，对人的看法，终于发生了困惑。

中国人在50年代，60年代，甚至70年代，不曾产生对人的困惑。那个时候，我们曾认为中国人就是最革命的人，最正确的人，最有理想的人，也是世界上最幸福的人。虽然人与人也不同，有革命的动力，也有革命的对象，但既成为革命的动力，就自豪充满百骸，自觉无所畏惧。

然而，历史证明，这种自豪，既有几分肤浅，又有几分幼稚，外加几分不明事理。改革开放打破旧时的迷梦，贫乏和落后惊醒了人们的良知。奇异的是，开始觉醒的人反而成了缺乏自信的人；能够冷静思考的人反而成为疑窦丛生的人。中国人究竟如何，中国人的品性究竟如何，中国国民性究竟如何，中国人文传统究竟如何？这些原本不成问题的问题，反而成为很难简单回答的问题。表现在人的理论兴趣上，则柏杨先生的《丑陋的中国人》，首先受到大陆读者的热烈欢迎，虽然很快出现不同意见，但柏氏理论知名度之高，似乎并不在鲁迅先生之下。之后又有李宗吾的《厚黑学》被挖掘出来，同样一炮打响。

但研究的其实依然是人性或说中国国民性问题。宗吾先生在天之灵，或又因之得到安慰，或者为中国今天依然如此“厚黑”，而倍觉愤慨。

柏杨、李宗吾之后，此类研究文字，俗俗雅雅，雅雅俗俗，长长短短，大大小小，如潮如流，不一而足。有概而论之，专门作整体研究的；有专辟一径，作具体研究的；有从地域出发，专写北京人，广东人，上海人，东北人的；也有从性别出发，专对女性和男性进行研究的；有旧说也有新作；有专论也有杂感；有批判也有分析；有大气磅礴，也有匕首投枪；有洋洋数万言，也有潇洒语录体；有中西比较，也有中日比较。而且看这势头，还远远没有达到真正的高潮，恰似一波未平一波又起，风起云涌正未有穷期。

于是，我们不禁要动问一声，中国人到底怎么了？我们常说，中国有 5 000 年文明，而且是四大文明古国中，唯一没有出现文明断层的国度，难道经过 5 000 年文明进程的中国人，反倒不知道中国人是什么人了吗？于是儒学经典被印了又印，新儒学思想被谈了又谈，批评者今日批罢明日还要加评，赞赏者献上一顶桂冠后马上又取出一顶桂冠。然而——不济于事，中国人该不明白依然不明白。中国人对于自己的这种困惑，可以说是数十年来未曾有过，数百年来绝少碰到。还是一首歌词写得好：“不是我不明白，这世界变化快。”

这世界变化是快。

90 年前的中国男人还梳着辫子，女人还裹着小脚哩！

70 年前的中国人还在为革命和反革命而流血牺牲哩！

30 年前的中国人正为文化大革命准备情绪哩！

20 前的中国人正和“四人帮”作拼命较量哩！

然而，这一切都过去了，但现实生活中的中国人并没有真正找到自我。我们依然为种种社会现象所困惑。依然在苦苦追寻，中国人应该成为什么样的人。

实在说，生于今世的中国人，既有世间少有的大幸运，也有史上少有的大困惑。有时，我们真的不知道我们应该怎样对待自己，怎样对待别人，怎样对待外部世界。

举个例子讲，中国人本来是最重视家庭，又最重视父子关系的民族，但我们敢说，现在的中国人确实有些不知道如何做父亲，如何做母亲，如何做丈夫，如何做妻子。

鲁迅先生在六七十年前，曾写过《我们怎样做父亲?》但在当时，先生的主观判断是肯定的，他的文章不但写得幽默深刻，而且充满自信。但是六七十年后的今天，我们这一代已经做了父亲或正准备做父亲的人，明白应该怎样做父亲了吗？至少本作者的经验，对此不曾明白或者说不全明白。

比如对于孩子的爱吃零食，爱花钱，我们有一个充满自信的对策吗？别人有没有，不晓得。如我们一般的中年人，很多都处在拿不定主意的傍徨态。

照我自身的经历，我们原本是要教育孩子勤俭节约，少花钱，少吃零食或不吃零食的，我们本来应该说，我们十五六岁时已经远走他乡，已经带着小背包到天南海北去插队去兵团，去部队去三线，去干革命去讨生计去了。然而，我们的道理真的是对的吗？如果是对的，那么，为什么我们不让孩子再走我一样的路。如果是不对的，那么为什么我们还要用这不对的内容去教育孩子。我们不吃零食，甚至没零食可吃，以至现在面对各种各样的冷饮，都有些不好意思开口，既叫不出这些食品的名称，也不知道具体价格，甚至会害怕上当受骗。倒是儿女们比我们表现得更潇洒，更老练也更明白。请问，如果我们硬去限制他们的冷饮爱好，是不是我们有点落后于时代？

中国传统又是最重视师生关系的，尊师敬道，自古而然。然而，今日的教书先生同样遇到新问题，新问题简直如牛毛一样多。举个最简单的例子——称谓问题。中国的祖传习惯，学生对于先生必用尊称。古代观念，一日为师，终身是父。尊称用不好都是罪孽。现代人捷简了许多，见到先生，只称老师，然而，这一代青年人，开始袭用美国习惯，对于称老师已经有些厌烦，他们更喜欢指名道姓。即使当面无可奈何，只好以老师呼之，掉转屁股，还是指名道姓，只管将先生二字省去。对于此等作风，比较传统的先生仍不觉大生感慨，而更喜欢美国习惯的学生却振振有辞。细想起来，倒也是的，美国的学生对先生可以直呼其名。中国的学生为什么不能对先生直呼其名？姓名本是符号，而且是公共符号，符号的作用就是传达信息之用，别人可用，学生自然可用。更何况，总在符号之后，缀上老师二字，不但费时、费力，而且很容易在心理天秤上把先生放在与学生不能十分平等的地位，对学生不便，对先生也不便。何况，自由人人有之，愿呼老师者尽管呼之，不要呼者也应悉听尊便。

一方面，是该叫老师的不叫老师，令听惯老师称谓的人心中大为不快。另一方面，是与老师无关的人，偏偏呼之为老师，听得人不免肉皮发紧，很不舒服。年轻的主持人见到老主持人，叫什么，叫老师；青年演员见到老演员，叫什么，叫老师。一个大学生见到团委书记，叫什么，叫老师；甚至许多青年读者见到任何一位小说作者也叫老师。中国是文明古邦，自古称谓繁多，堪称世界之最，而今用语如此匮乏，令人思之汗颜不止。

中国文化传统，最为重视人与人之间的关系，但又最忌讳男女之间的自由交往，虽然是“仁者爱仁”，“四海之内皆兄弟也”，仅限于同性主要是男性间的交往，一说到异性，马上精神紧张。“男女授受不亲”，男人的手不能接触女人的手，手都不能接触，别的部位更接触不得了。但现实中的男孩女孩不但有很多往来，而且有种种新见。家里一装电话，孩子马上高兴，今日给这个同学祝庆生日，明日给那个同学讲解作业，今日传递一个信息，明日议论一番球赛，电话越打越多，当家长的不免神经兮兮 。有儿子的就不喜很多女孩给自己的儿子打电话，有女儿的又怕那些讨厌的男孩勾引自己的千金。于是电话监督，形同克格勃，孩子们大为反感，常常弄得家庭气氛十分不快。

请问，孩子们特别是异性青年的接触究竟是好是坏，家长的担心是否多余。如果举例说明，那我们相信，持各种观点的人都能举出一个两个，甚至更多的极端性事件。然而，孩子们的意见，固然不见得就是真理，有些提问，对于中年人而言，确实难于回答。比如他们看报纸上说刘胡兰烈士曾有一位恋人，就问刘胡兰是否属于早婚早恋。比如他们看《红楼梦》，就问贾宝玉林黛玉的爱情是否合理。如果合理，那么，他们也不过是中学生的年龄，比如他们看了一些伟人的传记，就问这个算不算第三者插足，那个算不算婚外恋。比如他们偷看到父母少年时的情书，就问当初父母为什么给对方写条子就没有影响学习！

此外，还有诸如情人现象之类的事，缠扰着现代中国人，烦恼着现代中国人。情人好不好？情人不好，为什么情人节的鲜花要卖去那么多？情人是否违法？违法，国家为什么不颁布处罚情人的条例。外国人情人成常景，有的民族甚至以有情人为荣，不但丈夫以有情人为荣，甚至夫人还为自己的先生能有情人为荣，说这是因为自己的丈夫有魅力。前些时，流行一时的《廊桥遗梦》，曾使中国图书市场火了一把，又使中国电影市场热闹了一番。但那内容其实也是讲婚外恋，婚外恋如此之美，中国人试一下，又能咋的？中国人连试一下的勇气都没有，请问，算不算缺少现代人的生活气息。

比情人更难堪，还有同性恋。同性恋在某些国家已经被法律承认，而在中国，很难取得合法地位。但也有人说，同性恋，中国古已有之。君不见，明末封疆大吏洪承畴就是一个同性恋者。但马上有人反驳，说洪承畴算个什么东西，还不是投降了清朝，成为汉奸。但还有一些大名人如柴可夫斯基，也有同性恋倾向，柴可夫斯基可不是“汉奸”。如此这般，弄得当代中国人好不烦恼。

上述种种，其实不过是些小例子而已。而对这些小例子没有好办法从容对待之，可见中国人对“人”的困惑已经到了怎样的程度。

小例子或可不顾，大是非却不能不提。是非之一，是道德败坏，风气不良。

道德状态不佳，尤其职业道德令人忧虑，令人愤慨。服务态度不好已经是积年旧症，虽年年改进，但变化不多。态度不好，伤害顾客感情，已经令人烦恼，有些职业，则有关人的生死，更令人忍无可忍。比如，做医疗手术，要递红包，递红包始于何时，不能确知，但医疗费本来已经十分昂贵，再加上红包，更是不堪重负，何况一旦形成风气，对于整个社会肌体，都有毒害，然而，人命关天，别人既送红包，你哪敢不双手奉上。万一你不递红包，惹得操刀的医生——老爷——不高兴，其后果岂堪设想？须知人命只有一条，一旦死去，永无弥补。

早几年，下海成风，多少人到商海中游泳。然而，下海容易，赚钱就不那么容易了。商海一开，如潮如涌，但航海的规矩——商业道德却是一片混乱或一片空白。遵守信用者也有，唯利是图者仿佛更多些。中国人原本最讲亲情友情，孰知一入商海，人情就变。亲情不值几个小钱，友情也不知逃往何方。据有经验者言，越是朋友还要越加小心，朋友借钱不还，要起来更加困难，朋友要赚你一把，不但伤财，而且伤心。但看这几年刑事犯罪者中，吃朋友，吃自己人的大有人在，就是亲手将朋友置于死地的，也并非绝无仅有。

社会风气不好，表现在治安不好，浪费惊人，吸毒贩毒，屡禁不止，刑事犯罪比比皆是。自 1996 年 4 月底开始“严打”，仅一个星期左右的时间，据《北京晚报》5 月 7 日报道，“严打以来已抓获 576 名负案在逃犯”。不抓则已，一抓就是 576 名，这不过刚刚开个小头而已。对此，有人欢呼，有人高兴，有人嘀嘀咕咕。总之，认为“打”总比不打好，希望严打能变成常打。否则，如果像医院培养试验病菌一样，先让坏人“茁壮”成长，然后一总打之，那么深受其害的显然是老百姓。

现实生活，已令人对道德败坏现象大声疾呼，理论领域见解同样五花八门。于是人们希望道德回归的呼声越来越高，一些理论界人士则明确提出要为现代人寻找精神家园。

什么叫寻找精神家园？即为现代人的精神寻一个安顿之所，使人活得有依靠，有信念，有精神寄托，有生存希望。

按照本书的思路，建设现代化中国，需要道德现代化的中国人。然而什么样的人才算是现代化的中国人呢？

像雷锋那样的人？

像焦裕禄那样的人？

像周恩来那样的人？

像孔繁森那样的人？

还是像鲁冠球那样的人？

像赵章光那样的人？

像倪振亮那样的人？

还是像王蒙那样的人？

像张承志那样的人？

像王朔那样的人？

因为见解不同，去年还发生了九五“二王”与“二张”之争，即王素、王朔之间的“二王”与张炜、张承志之间的“二张”的争论。

争论的热点，一是人文精神，一是人文主义。

一方认为，人文精神失落了，文坛风气日衰，甚至痞性大发，调侃成风，没有风骨，缺乏责任感，“我是流氓我怕谁”，于是呼唤人文精神的回归，力图重返精神家园。

另一方认为，所谓人文精神失落，本身就不合事实，也不合情理。讲人文精神失落，用什么标准衡量，所谓失落云云，是和 50 年代比，还是和 60 年代比，还是和 70 年代比。50 年代中国有人文精神吗？60 年代全国处在大动乱之中，神州上下，一片疯狂，那时候有人文精神吗？

70 年代前期尚在动乱之中，后期又在开放之初，那个时候的人文精神比今天还要“茁壮茂盛”吗？而且人文精神对于不同区域不同时代的人而言，或有角度不同，所谓失落云云不过反映了对市场经济现实的不适应。

一方要高举人文大旗，一方认为这种举法就有大问题，争来争去，没有结果。

一面讲人文精神，一面又涉及到崇高问题。王蒙先生写了一篇《躲避崇高》，于是招来物议。于是又发生崇高与流俗之争，甚至崇高与“痞子”之争。崇高是多么美好的字眼，竟与“痞子风格”摆在一起，令人不但很难理解，而且大生黑色幽默之感。

争论十分热烈，旁观者又高见迭出。旁观者，意见也不一致。有的认为，此等大事，争论一下大有好处，听听双方意见，很有裨益。也有人认为，这种争论，没什么意思，甚至认为"二王"、"二张"的论争，"使人感到文坛寂寞久了便要有些无事生非的骚动"。① 岂但无事生非，甚而至于"争论双方的思维方式仍是旧的，仍是阶级斗争式的，所以用了抵抗、抗战、流氓、伤害一类字眼以及人身攻击。由此可见，伏尔泰所提倡的，我不同意你的观点，但我誓死捍卫你的说话权力那种论争态度不可能被这一代文人接受，所以百家争鸣的道路还很遥远。

您看，争了半天，比伏尔泰还差一截。让人闻之气短。但伏尔泰是什么时代人？法国启蒙主义思想家。二王、二张是何时代人？是20世纪末，中国文坛的头面人物。这样看来，中国的人文思想较之西方相去远矣。这样的结论，包括当事人和非当事人能够同意吗？

照我们的看法，对人文精神这样的大题目，争论一番很有价值，虽然仁智互见，可以相互补充。争论有利于突出彼此的主张，从而给人以更深入的思考余地。

中国人需要人文精神，中国人中也确有弄不清楚人文精神为何物的，争论一番，或可开开眼界。

中国最重精神家园，恰恰又一时找不到令自己满意的精神家园，争论一番，或可弄清些精神家园的路径。

在我们看来，崇高当然是一种非常难得的好人格好品格好追求好理念，但崇高自有它的归属系统。崇高固好，不能强加于别人，我要崇高，别人也必须崇高，如此崇高，就有些可怕。崇高又不能只是一个口号，而且谁不承认这个口号，谁就是不崇高，不崇高就要以崇高教育之，如此崇高，又有些可厌。实际上，崇高只是人类的一种感情，崇高之外，还有优美，优美

① 《南方周末》1996年1月12日。

之外，还有忧郁，忧郁之外，还有怯懦。崇高固然可以令人高山仰止，怯懦之情，也可令人反思不已。能对敌人枪口，脸不变色心不跳，固然是大英雄本色，就是吓得两腿发软，路也走不得也，但终于没有变节投敌，我们也得承认这同样是一位烈士。毕竟怕死不等于变节，何况人类并非天天打仗，尤其不是日日对敌。战争年代，固然需要伟大的英雄和崇高，和平时期，尤需要平和与良善。英雄与凡人相比，还是凡人更多；壮烈和平和相比，还是平和更多。人类可以推崇壮烈，但绝大多数人还是需要平平静静地生活。

但人的确实需要一种内心深处的精神家园，或者说需要一个甘心情愿地为之献身的精神家园。

中国人——当代中国人的精神家园，究竟在哪里呢？

回答说，它正在人的探索与憧憬之中。

中国人所寻找的精神家园，至少应包括三个要素。

首先，对西方文明的借鉴。为什么先讲对西方文明的借鉴，因为不论东方，或者西方，人们讲的人文主义或人文精神，其文化渊源自然久矣，但作为近现代意义上的社会文明，无疑首先诞生在西方。人文主义是与西方文艺复兴运动和启蒙运动相联系的文化现象，它以人为中心，以大市场为依托，以法国革命为自己的历史纪念，以《人权宣言》和美国《独立宣言》为自己的蓝本，以文艺复兴运动以来的众多的杰出思想家为自己的代言人。人文精神或许可以说是资本主义历史时期的时代精神，但它又是人类历史发展所必然的文明阶段。

人文精神直接出于西方，自然和西方的文化传统有密切关系，因此，它的某些文化特色或与东方人的传统有不尽相合之处。但作为人类文明的一个重要的组成部分，现代中国人欲建精神家园，不能不予以特别的重视。

其次，对中国文化传统的吸收与借鉴。中国文化传统中有许多借鉴的内容，而且历史证明，没有历史的文明是不可能存在的，即使它可能出现，也一定难于持久。人类文明好似一条长河，人类无论在任何一个方面，都不可能阻断这条河流。只取其一段水流，没有历史根据的创造，可能轰轰烈烈，却不能博大精深，它可以辉煌一时，但终究逃不出因其内函肤浅而遭淘汰的命运。

历史的奇异之处在于，没有变异，社会无法前进，文明无法发展。但只讲变异，却又不能得到历史的支撑，从而失去所赖以生存的土壤。变异与积淀相互冲撞又相互依存，没有变异，则无从积淀，没有积淀，也谈不上变异。变异是对于历史的挑战，而积淀是对于历史文明的延长。中国人寻找精神家园，向自己民族的历史寻找帮助，既是明智之举，也是必由之路。

当然，中国历史传统，并非一切都好，如果一切都好，还要现代化做什么？但中国历史毕竟不同于西方历史，西方人文精神中，总是带有强烈的或者说浓郁的基督教精神在内。虽然西方启蒙主义思想家特别是法国启蒙主义者，曾对基督教大加鞭挞，必欲置之死地而后快，但基督教作为西方文明的一个传统，其精神依然潜移默化，流布于现代西方文明之中。虽然尼采早已宣布“上帝死了”，但基督教作为一种历史文化，其精神不死。不但精神不死，而且在西方文明中还占有重要的位置。

中国从来不是宗教性国家，虽然各种教派都在中国有自己的发展余地，但毕竟中国是一个有着悠久儒学传统的文明古国，中国文化更重世俗，更重人情。中国人将人与人的关系看得重于人与物的关系，也重于人与神的关系。中国人拜神求佛，并非想为上帝献身，或求上帝宽恕，而是希求得到神的帮助，以便使自己和自己的家人生活得更美好、更健康、更幸福。

中国的这种文化传统，决定了特有的现实主义风格和品性。中国传统文明，喜欢在精神追求方面，一方面讲仁者之心，一方面讲自然之道。仁者之心，主要表现在人与人之间的关系上，自然之道则表现在人对外在世界的关系上。二者既相异又相通，毕竟道之所在，必是仁者所在，而仁者所在，又岂能违背道的精神。换句话说，中国人的寄托不是寄托给上帝，而是托于自己的良心，而自己的良心必然是合于“道”的要求的，所以无论仁者、智者都应不懈努力，以“致良知”。

中国这种特有的文明传统，必在人类文明进程中，逐渐展示自己的风采，取得应有的历史地位。中国人重亲情、重家庭、重良知、重自然之道、重天人合一的文化品格，经过重新组合归整之后，将成为中国人自我保护和心理安顿的一块有益的精神园地。

其三，未来的人文精神，还需要现代中国人不断地去追寻、去探索。毕竟，中国人现在进行的事业是 5 000 年来，我们的先人从来没有遇到过的事业。其实，我们既不可能用西方人的理论去框定它，也不可能用传统文化去限制它。何况说，这样伟大的社会变革，是任何理论也框定不住，任何传统也限制不住的。

不唯如此，毕竟今日世界不是昔日世界。今天的世界，不但与 1640 年英国革命时期有了翻天覆地的变化，而且与 1789 年法国革命时期也有了翻天覆地的变化。即使和 1860 年美国南北战争时期相比，和 1918 年第一次世界大战结束时相比，甚至和 1945 年二次世界大战结束时相比，同样发生了无可比拟的历史性变化。实在说，本世纪 40 年代初，法国、意大利、比利时等国的妇女还没有选举权哩！直到本世纪 60 年代，美国种族隔离思想还很猖獗哩。到了 1971 年，瑞士妇女才获得参加议会选举的权利，直到1976年全体葡萄牙妇女才获得了选举权。公正地说，二次大战之后，西方世界才发生新的质的变化。法西斯既已灭亡，军国主义也彻底失败，尤其是科学技术取得空前的历史成就，从而以前所未有的广度和深度改变了西方社会的历史面貌。1956年，美国白领人数第一次超过蓝领人数，从而使中产阶层成为社会的主体。这种历史性变化，实在比爆炸10 000颗原子弹更深刻，比《人权宣言》、美国《独立宣言》更具有现实价值。

况且，西方在变，东方也在变。东方的变化或许比西方更快，或许比西方更大，特别是本世纪70年代以后，改革劲风吹遍整个东方的天空，使古老的东方尤其是俄罗斯、中国、印度这样的大国，发生新的历史巨变。而且过去一向不被人重视的地区，如拉美，如非洲某些地区，也都出现新的历史契机，甚至取得惊人成就。比如智利的社会福利，就解决得比西方国家更有活力，这些变化无疑给人类新的人文精神的确立，提供了新的现实基础。很显然，21世纪的人文思想和人文理论，一定会比20世纪的人文思想和人文理论，内函更丰富，气象更博大，更具世界性，同时也更易于在各个民族中传播、扎根。

未来的人文精神，将更富于民族传统。自文艺复兴运动以来，领先于世界各区域文明的唯有基督教文化传统区。无论科学技术、产业发展，还是社会文明、理论创造，都是西方文化优先于东方文化。但这种现象，经500年历史大演变，终于出现历史转折。除基督教文化传统之外，儒学文化，伊斯兰文化，以及各种各样的民族、区域文化，都在不同程度上得到人类社会的重视和确立。以儒学文化传统区域为例，它已经不再是落后的毫无生气的，难与世界共融共世的地区，而是朝气蓬勃，充满活力的经济文化区。同时，未来的人文精神必有更广博更深厚更丰富的文化传统作基础。不但基督耶稣要为新人类文化祈祷，而且孔夫子也要为新的人文精神歌唱，穆罕默德与佛祖也将为新的人类文明祝福。

自然，道路并不平坦，至少人类身边，不但有“风声雨声读书声”，还有“枪声炮声呻吟声”，还有“骂声叫声屠杀声”，还有“噪声乱声污染声”。但是，整个世界为着一个共同的市场，一个共同的规则，一个共同的生存环境，乃至一个共同的幸福，进行不懈努力的时代，确实自古以来，未曾有过的。人类即将进入21世纪，有人说，21世纪将是太平洋时代，甚至是中国时代。也有人认为21世纪依然是美国时代。但从今日世界的发展趋势来看，21世纪将是人类的世纪，或者说是人类世纪的开端。

人类世纪的开端必有新的人文精神出现，那精神所指，就是我们这里所追求的未来世界的精神家园。

这里顺便对人文精神的思维方式补充几句话，依照某种传统思维方式，总有人认为好的精神是贯输而成或是培养而成的。贯输和培养并非坏名词，但对于一个时代一个民族的历史精神，却不能由培养而形成或由惯输而告成。老实说，那种精深博大的历史文化精神不是哪个人可以培养出来或者可以被一个人的力量发掘出来的，它存在于整个社会的历史过程中，它处在文化结构体的深层地带，它需要整个社会的努力，需要政治、经济、科学、文化的共同效应，需要各种各样的探讨、探索，甚至流血牺牲。比如中国的先秦时代，先秦时代最伟大的人物莫过于孔子，而形成先秦时代伟大文化品性却不是孔夫子一个人的功劳。时代文化民族精神是一种共同性系统文化碰撞、组合、分解、融通的过程。讲培养，是找错了对象；讲惯输，是弄错了层次。要讲培养，是谁培养了老子、孔子、庄子、孟子、韩非子？是谁培养了笛卡尔、霍布斯、洛克、斯宾诺莎、康德与黑格尔？是谁培养了马克思、列宁、林肯、罗斯福、鲁迅和毛泽东？是谁培养了哥白尼、伽利略、牛顿、玻尔和爱因斯坦？伟人并非私学弟子，是社会历史的伟大机遇选择和哺育了他们。而伟大的历史文明和时代精神，则须经千秋积淀，百年努力，十全机遇，三波九折，历练而成。

中国人现在寻找的精神家园，或许正是这样一种历史精神。

3. 人的素质——优化才能生存

动物自进化而来，这已经成为常识，人不同于一般动物，人有两种进化，一是生物性进化，一是文化性进化。

动物进化的原则，叫做“物竞天择，适者生存”。这一点对于人也是适用的，人如果没有经过人前史的这一进化过程，那么，就没有后来的文明基础。换句通俗的话说，没有猿的进化，哪有人类文明？从这一个意义上考虑，进化乃是人的生物本性，人猿若不追求上进，上帝也没办法。

猿猴进化为人，文明固然提高，道路更其复杂，难怪人们常常感叹，文明的人或许不如野蛮的猿。人类有监狱，猿就没有，人类中有妓女，猿也没有，人类中有太监，有强盗，有土匪，有刽子手，这些怪物，猿中一个也没有。最重要的，是猿的进化，一半在于自身，一半在于环境，物竞天择，其义若此。人类固然高于猿类百倍、千倍、万倍，但人类所遇到的危险同样万倍、千倍于猿类。“物竞天择，适者生存”，动物进化中只有一种死亡危险，即只有不能“适应”才会导致死亡。而人类至少有两种死亡可能，完全不适应于自然生存环境，固然会死亡，就是完全适应自然生存环境，只是因为素质太差，过不了文明关，同样会导致死亡。虽然人类因其文明而比任何一种动物都更具智慧和强大，鹰隼虽能高飞，却飞不出大气层，人类不但能飞出大气层，还能登上月球，飞向宇宙；熊虽暴虐，象虽强大，但人类的坦克显然更有威力。然而，动物只消适应环境，就可以生存发展，人类不仅需要适应环境，而且需要创造或追赶文明。不文明的人类，不但可能被环境淘汰，尤其可能被文明淘汰。

动物处在进化过程中——唯有适者才能生存；

人类处在文明历史中——唯有优化才能生存。

所谓优化，即不断提高自身素质，提高公民个体素质，提高民族群体素质，最终达到不断深化人类自身的整体素质。

回顾中华民族的近、现代史，中国自1840年以来，之所以处处挨打、处处被动，政府腐败、体制落后固然是核心问题，但科学不发达，人的素质低下，同样是非常重要的制约因素。所谓东亚病夫，并非是别人恶意的攻击，而由于自己的不开化，文明水准低劣，更使得大清帝国这个原本连上帝也为之微笑的庞大帝国，不仅没有战胜对手的力量，甚至失去了能够自我生存的力量。

16世纪上半叶，当哥白尼认定太阳中心说，推翻地球中心说，于1543年发表《天体运行论》时，中国人对现代物理还没有半点知觉，倒是中国的五当山上的道士正在对所谓星位奇观发生浓厚兴趣，对“祖师出汗”、“海马吐雾”、“雷火炼电”予以不平常的关注。

16世纪与17世纪交接的时代，正当伽利略对人类近代物理学发表许多重要见解，作出诸多重大贡献的时候，正当中国明代将亡，清朝将生之时，彼时的中国，虽在欲尽未尽之前，已经显出某种深刻的衰朽气候。

1628年，里维发表《动物心脏和血液运动的解剖研究》，彼时中国的医学，仍处在针灸、推拿，“五运六气”乃至“戾气学说”的统治时代。

约半个世纪后的1687年，牛顿发表了《自然哲学的数学原理》，从而为近代物理学奠定了坚实的理论基础，作出了划时代的伟大贡献。然而，彼时的中国，正处于大清国劫后的恢复之中，对于新的科学还见所未见，闻所未闻。

可以说自西方文艺复兴时代起，西方的科学成果，如春潮奔涌一般，令人目不暇接，又如群星灿烂，形成一段充满神奇色彩的需要巨人并产生了巨人的壮丽时代。

而自那个时候特别是16世纪以来，中国不但在科学技术方面，而且在社会制度、政治决策、军事发展、文化教育等所有方面，都出现失落现象——不是中国自己不曾进步，而是人家进展神速，我们进展迟缓，仿佛龟兔赛跑，偏对手又是一只谦虚的长脚兔，而这里只管有一种固执僵化且自命不凡的老龟神气。

即以思想政治文明而言，虽然中华文明是最为重视思想政治的国度，但自1453年西方进入近代文明时期算起，西方的思想人物，如笛卡尔、霍布斯、斯宾诺莎、莱布尼兹、康德、费希特、谢林、黑格尔等等，可以说个个都是世界级人物。而中国自明以降，直到清朝灭亡，并非没有自己的思想人物，但与西方相比，确实无论在其历史贡献还是以其影响而论，二者都相去甚远。

当1690年，美国的洛克先生发表《政府论》的时候，正值康熙二十九年。洛克的《政府论》，在西方文明史上占据着重要的一席之地，它反映的社会民主思想，对西方近代文明特别是新型社会权力机构的建立，起到了非凡的历史作用。而当时的中国，正在为重建封建大帝国而赏心悦目而踌躇满志哩！

1789年，当法国正在撰写《人权宣言》，而美国正在落实

《独立宣言》的时候，中国人却在花费无数气力，用人工编篡抄写《四库全书》。《四库全书》固然也是重大的文化贡献，但以其思想品位和历史定位而言，显然与《人权宣言》和《独立宣言》处于不同的历史层次。

1860年，当林肯总统正在为南北战争呕心沥血之时，中国的“中兴”名臣曾国藩正在为剿杀太平天国而殚精竭虑。当林肯发表《解放黑权宣言》，并快取得南北战争胜利时，曾国藩也在为攻破天京而兴高采烈哩。

或者可以更形象地说：

当亚当·斯密撰写发表《国富论》时，纪晓岚正为《四库全书》而绞尽脑汁呢！

当华盛顿坚决不肯作皇帝，且以身作则，废止总统终身制时，乾隆正准备当太上皇呢！

当英国兵舰到中国海岸耀武扬威时，昔日的八旗子弟还在提笼架鸟抽鸦片烟呢！

当达尔文发现进化论，从而一举震惊世界时，康有为先生正在发表“老不下跪要此膝何用”的高论，而某些中国大员还弄不清到底英国人有没有膝盖骨呢！

东西方比较，特别是自16世纪以来的500年比较，中西应该比的内容实在太多。但直到本世纪中叶之前，可以说，中国的历史延长线，是伴随失落、衰朽、悲愤和屈辱而划出的。中国的落后，并非只是有一个腐败的政府，或者只是科技不行，或者只是没有找到杰出人才，或者只是缺乏某种战斗精神，实在16世纪以来的中国文明，已经和西方文明拉开距离，虽然从表面上看，好似还可称雄此一世，实际上已出现内在腐朽，不仅不能称雄一世，即使称雄时，也只是表面光光而已。

自然，当处在革命年代时，革命者面对的主要是社会制度，此时，过多地讨论人民的素质，便有为旧统治者帮闲之嫌。而在建设年代，如果依然对公民素质、民族素质的落后不闻不问，甚至视而不见，乃至自我感觉良好，就不仅是观念上的僵化，而且是对于现代文明的背叛了。

现在的某些中国同胞，或者某些学者专家，或者某些有身份的人物，一谈到中西文化比较，就马上滋出一种莫名其妙的民族情绪。以为凡说西方优点的，必是崇洋媚外，一定要痛加驳斥；而一说中国缺点的，必定是丧失民族自尊心，甚至里通外国，必欲置之死地而后快。同理，有谁一谈西方的优点，便大不高兴，而一谈西方的问题，便兴高采烈。诸如谈到西方的乞丐，西方的失业，西方的丑闻，西方的心理病患者，西方的枪战，西方的黑社会，都要津津乐道，喜形于色。但是，真的平心而论，中国人的素质和西方人的素质例如美国人的素质相比，究竟是好是坏，哪好哪坏，很多大块文章，虽然架子摆得老大，谈来谈去——如果能够看下去的话——却往往丈二和尚摸不着头脑甚至如入迷宫，找不到路径。

比如中国人和西方人例如美国人的素质如何，最忌定性分析，最好定量分析，分门别类，逐一比去。例如：

每万人中，中、美各有多少大学生？多少硕士生？多少博士生？

每万人中，中、美各有多少疾病患者？

每万人中，中、美各有多少残疾者？

每万人中，中、美各有多少触犯刑律者？

每万人中，中、美各有多少科技发明者？

每万人中，中、美各有多少医生？多少护士？多少家庭服务设施？

每万名婴儿中，中、美各有多少非正常生育者，有多少非健康婴儿？

每万名老人中，中、美各有多少享受社会服务者？

以及，中、美双方各自的人均产值，人均收入，人均享受社会福利程度，人均居住面积，人均寿命，人均拥有电话率、电视率，人均占有公路里数，人均占有耕地，人均占有钢产量、化肥产量等等。

这种比法，也许美国人会胜，也许中国人会胜。但我们看美国人的胜面一定很大。如果能将各种指标和素质指标，逐一进行比较，且画一个大表出来，使中国人人人可以看到，我们以为决不是一件坏事。如果两相比较，中国人更强盛，那么因为我们有 5000 年文明历史的积淀，我们一定不会骄傲。假使真个比不过人家，甚至绝大多数项目上比不过人家，那么，我们也好知道自己的短处，下定决心，一心一意实现中国的现代化。

一个民族的落后，非一朝一夕之过，一个民族的强盛，亦非一朝一夕之功。那么，提高全民素质，以应对世界文明的挑战，就应该从优生优育开始。然而，讲优生又联系到婚姻质量，讲婚姻质量又联系到家庭的文明，以此可知，民族素质乃是一项十分精密的系统工程。古罗马人对于婚姻有严格规定，且若非强壮婴儿，便取消他生存的权力，这作法虽然是野蛮的，不合现代文明规则的，但男女婚方皆需健康，应该成为现代婚姻的起码条件。不但身心应健康，而且应有文明生活习惯，从而为下一代的出生创造良好条件。

优生事关重大，国家应该立法，优育更其重要，岂能等闲视之。

优育中心是教育，教育包括义务教育、高等教育和终身教育。

但看我国的现状，义务教育虽有法律保证，但不能做到真正落实，失学儿童之多，特别是边远、贫困地区教育环境之差，都足以令人触目惊心。近几年大搞希望工程，有些起色，也有的地区，明文规定，学校校舍不合要求，乡镇领导不能坐轿车。但从另一个层面理解，中国人的智慧，不知什么原因，总能鬼使神差，用在嘴上，用在腿上，用在耳朵上，用在屁股上。用在嘴上，就是吃，一吃吃掉1000亿，请问，如果把这1000亿用在教育上还用得着“希望工程”吗？还有那么多青年教师流失吗？用在腿上，就是玩，游山玩水引以为荣。哪好去哪儿，不怕山高路远坑深。而且玩了近处玩远处，玩了京城玩山林，玩了中国玩世界，玩了东方玩西方。但这显然都是有权有钱有势有关系的人方能做的事。玩来玩去，除去腐败，没玩出什么名堂。用在耳朵上，就是动不动先来个“大哥大”。大哥大历史不长，在工业国家，普及率也不很高。但中国人的智慧就在于，能给这种先进的通讯设备赋予新的价值含义。早几年有人写文章说中国人用“大哥大”属于一怪，即专门擎在手上，专门边走边用。朋友相会，便有人手举一黑盒子出来，且兼有气宇轩昂，摇头摆尾之状；或稍加含蓄，找个碴口，马上把家伙亮将出来，相信“大哥大”能证明一个人的身份。“大哥大”本通讯用具，能证明人的身份？有一部“大哥 大”，就能证明你是外交部长，证明你是北大教授，能证明你是三峡总工吗？能证明你是作家王蒙吗？显然不能。所谓“大哥大”证明身份云云，无非证明你有钱，没钱能用“大哥大”吗？有钱能使鬼推磨，于是人前人后，有些飘飘然不知自己为何物的感觉。虽是如此，“大哥大”犹如传染病一样在中国传播。“款爷”有生意要大作，使用“大哥大”，官老爷要身份体面，也必须来个“大哥大”。据说，有的地区，政府专门下令对公务员中使用“大哥大”限期收回。此等事情若说是中国特色，爱国——特别是爱中国面子的中国人，一定不会接受。要说不是国中特色，有这现象的国度也一定不多。用在屁股上就是买汽车，汽车越买越豪华，已成为一种社会病。病根出在何方，作者没有调查，所以不知所以然。但看各级政府三令五申，加上硬性收缴拍卖，可知此与权力机构的歪风邪气有关。按理，东方传统最是强调保护国货，所以诸如韩国、泰国等经济发展很快的国家和地区，洋车、洋烟、洋酒，其实不多。中国是泱泱大国，此事一定要讲“派”，讲“份”，讲“脸面”。且中国人又是最喜于表演性的民族，如果连一辆世界级的车子也没使用过，岂非有失体面与身份。于是各种洋车通过各种渠道，进入中国，成为中国有权有势有钱人的腚下物。与这“四用”相比，中国教育简直就是“无用”。纵然梁山军师当了小学校长，一样的“无用”。

窃以为，中国所谓重视教育，所谓“百年大计教育为本”，最好不要成为一句空话，尤其不要成为各级政府官员嘴上的一句空话。“希望工程”虽然给了中国失学儿童一线希望，但真的希望不在平民百姓的钱袋里，而在权力机关的作风上。

但仅靠国家，教育怕也办不好。所以，教育体制还须改革，办学方式还要再作商量。官办，民办，企业也办，内资办，外资办，合资也可以办。如果渠道多些，且都能在方方面面得到保证和支持，中国的教育或许可以较快地走出困境。

还有终身教育。终身教育有似于职业教育但内容更为宽泛、实用。德国主要是前西德在二战之后，出现经济发展的黄金时代，其历史性经验之一，就是进行职业教育。德国的职业教育，有法律规定，如德国的《联邦德国职业教育法》，《联邦德国职业教育促进法》，一法不够还要二法，法规之外，还要促进，促进也是法律，堪称一大发明。德国重视职业教育，不但立法，而且对这法律还要不断修改；不但有法可依，而且有法必依。虽然经济学家对于经济现象的认识历来不乏异见，但对德国职业教育的认识，却大同小异，德国职业教育被称为造成德国经济奇迹的秘密武器，可知其作用确实不凡。

从长远观点看，凡是经济能有持久发展的国家和地区，人的素质都是比较高的，教育和职业教育也相对比较发达。“子不教，父之过”，此等老调，可以休矣。“人无教，国之过”，此等论调，正应提倡。所谓教育，不是国家站在人民之上，指手划脚，“乔太守乱点鸳鸯谱”，而是国家重视教育的地位，尊师敬教，让教育成为兴国之道，强国之本。

人的素质的提高，还需要有相应的社会标准，文明标准和技术标准。以个人论，就是提高公民的全面发展率，从民族论，就是提高民族的文明素质率。

个人标准，古有论之。进入近现代以来，更有诸多论述。以笔者的见解，大体说来，应包括德、智、体、心、美五个方面。

这里应该说明的是，人的素质的涵养和对人才的发掘启用，不是一个概念。人的素质，自然要有更为全面的标准，但对人才的选用则不能求全责备，还是应该遵循古训：“用人如器，各取所长”。比如韩信曾经依食漂母，陈平曾经有过偷窃行为。但是两个人都是人中之杰，刘邦不用韩信，则千军无帅，不用陈平，则临难无谋。但是，你不能因此就认为，当个流氓也很好，偷点东西也无妨。

德、智、体、心、美，哪个重要，哪个次要？过去某个时期，按某些思维定势，总喜欢提出这样的命题。结果，往往得出德最重要，德是统帅是灵魂的结论。其实，德、智、体、心、美，——如果这 5 个方面可以根据现代人的素质要求的话，本来是缺一不可的。不论哪个方面，一方出现硬伤，则人才报废。人才既已报废，还谈得上素质涵养吗？

但应根据现代化的历史性要求，为德、智、体、心、美确立新的标准。

德，主要是公民道德。德很重要，这一点，或曾有过疑问，其原因恐怕主要是因为在“极左”时期。“左”的东西太多，结果败坏了“德”的声誉。以为所谓道德无非是说教，既是说教，听不如不听。硬让人听，只能招人讨厌，结果是一提“道德”二字，便使许多青年人头疼。其实，道德之事，论古今中外，非要不可，短缺不行。西方社会，大凡去过西方工业化国家的，一个共同印象，就是这些国家的社会道德标准不低，社会道德素质高。比如你去德国，德国的交通信号灯往往是没人看管的，但汽车行至灯前，遵纪如仪，绝没有一看没有警察，马上来个自由驾驶闯红灯的现象。假如你向车外随便抛弃果皮废纸，马上会有后行者下车，替你郑重捡起。美国人虽说公民手中枪支最多，但你要去打猎，非有自己的枪证方行。你想来个变通，向朋友随意借上一支，美国人虽然最崇尚生活的随意性，但在这方面，十有八九会让你失望。

道德是社会的的保护剂，又是人生的文明体验。道德不但保护社会，而且保护社会中所有的生存者，但道德应是内在自觉的追求，如果把它作为外在的装饰，则很容易陷入虚伪，成为自欺欺人的东西。

现在中国人讲道德观念，应建立在公民观念上。没有现代公民观念，则道德的基础不牢。先讲公民，讲公民的权利与义务，讲公民的社会责任与平等权力。

中国传统文化，并非不讲道德，而是讲道德讲得过了头。汉武帝“废黜百家，独尊儒术，”虽然合乎时代大义，以现代人的眼光看，未免埋下重德轻技的坏传统。朱明理学的道德观，则与现代人的看法相去甚远。特别是三纲五常、忠孝节义之类，尤其令现代人无法接受，也无法容忍。中国传统道德，建立在等级伦理的基础上，因此人格也是按等级而来的。帝王的人格高了，臣子的人格就低了，官的人格高了，吏的人格就低了，主人的人格高了，奴仆的人格就低了，男子的人格高了，女子的人格就低了，而且高低悬殊，毫无平等而言。所以，中国传统文化的人格观，是大可值得考虑的。其坏的传衍，即形成若非人上之人，便是人下之人，而没有平等的人，没有标准的人，没有正常的人。以明制而论，首辅大臣触怒了皇帝，一样拖出午门打屁股。首辅虽为百官之首，其地位尚且如此，寻常百姓，还有什么人格可言？百姓都是小民，见到知县都要称父母官的，殊不知知县也只有露水大的官职，芝麻粒样的前程。京剧中有一出《法门寺》，戏中的知县老爷，管你冤案不冤案，一不高兴，就要用刑。但他一见太监总管，马上浑身酥软，如抽掉脊骨一般，即使见到太监总管手下的小太监，一样怕得要命，动不动就站在地上乱打哆嗦。

中国人缺乏公民意识，所以这些年虽然特别爱讲平常心，其实在人际关系方面是很难有平常心的，弄不好便成柏杨先生讲的酱缸文化——窝里斗。以致于一个中人国人是条龙，三个中国人成了一条虫。

公民观念是确立现代道德观念的思想基础，但只有观念作基础不行，还需要有相应的制度保证和物质保证。比如中国农村的联产承包责任制，大锅饭时，仿佛十个中国人中，倒有九个没有责任心，出工不出力，出力不出全力，结果公社经济越弄越穷。而一旦开始承包，农民马上来了积极性。由此看来，只有有了参予权，才能产生责任感。没有权力的责任是外加的责任，这种责任非有监督不能执行，请问监督下的责任算什么责任呢？

智的概念十分复杂。作者大约在10年前编过一本《人才学》，对此，作过一些思考。作者认为，智作为一种素质，应该确切地称之为智能系统。而它包括的基本内容，至少有4个方面，即：

才——能力系统；

学——知识系统；

识——方法系统；

技——技术系统。

这几方面其实是不可分的，能力脱离不开知识，知识也离不开方法，方法又不能完全脱离技艺。前些年流行一个说法，即现在的很多大学生，属于高分低能型。即其考分很高，能力不强。这种现象确实存在，之所以出现这样的情况，和教育体制有某些内在关系。你一切以考分定终身，他只好死记硬背，背来背去，背成“傻瓜”。一肚子“知识”，但都是“死”的，以至讲起专业技能或对现实问题的处理能力来，就不行了。于是得了“高分低能”的坏名声。

才、学、识、技，虽然不可分割，但因为每类人才甚至每个人才的组合方式不同，因此而形成不同的人才类型。大哲学家如老子，他的知识结构中识的比重必然会很大，而技能如何，不属于决定性地位。同样作为军事指挥员，因为指挥位置不同，对才、学、识、技的组合要求也不一样。要冲锋陷阵，没有好武艺是显然不行。而“运筹帷幄之中，决胜千里之外”，会不会武艺，算不上大事情。日本明治维新时期，有一位天才的将星大村益次郎，战马都不会骑，率军出发，只能步行。剑也不会用，武士不会用剑，徒令同僚一笑。然而，他对当时的现代军事科学了解很深，又多谋善断，挥师作战，可谓百战百胜。所以汉初大将韩信，虽然钻过恶人裤裆，指挥千军万马，偏能

“多多益善”。黑旋风李逵，尽管抡起两把车轮般大斧，连皇帝见了都要紧张，却只能冲锋陷阵，作个军中爪牙。

才、学、识、技，属于动态体系，其具体内容应根据时代要求不断更新，不断丰富，不断发展，不断充实。昔日的将军，懂什么立体战争；孔夫子门生，要什么外语考试。而现代学人，非有中西文化的基础，非有世界性眼光，非有获取新的知识的能力，非有跨学科的知识体系，要成为合格的学者也难，成为学术带头人更不够格了。

这里，还要为现代技术说几句话。中国传统道德，重道轻技，是个很大的缺点。相对于封建时代，这个缺点不算严重，相对于现代市场经济，这几乎就是一个致命的弱点。虽然中国人也承认“艺不压身”，但真正重视技术的社会作用，还嫌不够。现代人若没有相应的技术观念和技术能力，则其生存手段必然有限。军队这些年来搞军地两用人才，至少对于增强军人退役后的生存能力是个好办法。而且一下子培养出那么许多有技术有知识的人来，对于中国市场经济更是绝好的支持。孔夫子讲学，主习六艺。以中国的现实而论，6 艺太多，如果能做到人人掌握一门有用的生产技术或科学技术，则中华民族，幸莫大焉。依作者的观念，中国应作为国策，确保每个成年公民学会一门现代生产技术或科学技术，人人有一技在身，中国人的智能素质即将为世人刮目相看。

体即身体。身体乃人生之本，民族健康及民族生存之本。个人没有健康的体魄，或许还有成才的可能，整个民族若无健康的肌体，则无论从哪个方面讲，这个民族都不能成为强大的民族，十有八九会成为落后的甚至屈辱的民族。

20 世纪之后，特别是第二次世界大战之后，国际体育活动，日益兴旺日益火爆，连过去没多少国家愿意承办的奥运会，都成为名利双收的摇钱树，争办奥运，成为重大的世界性活动。足球比赛，更是成为国际性运动项目。一只足球，牵动全世界数十亿人的心。这种场面，既是亘古未见的，也是鼓舞人心的。现代中国人体魄虽有大改善，但比之西方国家，还是很弱。和西方人打乒乓球，双方各立球桌一端，西方人虽身高马大，不见其强，中国人身体灵活，亦不见其弱。但一到对抗性很强的项目，如足球、篮球、拳击之类，和西方人相比，立刻相形见绌。有人说，西方人是食肉性动物，中国人是食草性动物，身体素质怎么能没有差距。这比喻有些不伦不类，但中国人蛋白质纳入不够，甚至于热量吸取不够，也是事实。但更重要的，是中国全民性锻炼太差，运动场地少得可怜，而且常常关起门来，闭置不用，甚至另作他用。中国有12亿人口，但足球场就少得可怜。中国有2 000多个县，90%以上的县连一个足球场也没有。现代中国人的平均参加体育锻炼时间，若非世界倒数第一，也一定处在很落后的状态。我们见过的农民。一生没参加过任何体育锻炼的人大有人在，而这些年知识分子英年早逝，几乎已成社会话题。现在的中国人虽然不是东亚病夫了，但要成为体能强国，差距尚远。

心即心理素质。心理素质好坏其实也是身体健康与否的一个重要方面，但它也可以自成系统，即包括个体心理，也包括社会心理，既包括心理健康，也包括文化心理习惯。

心理健康是人体健康的重要标志，肉体虽然健壮，哪怕健壮如牛，但心理方面有障碍，一样属于病人。心里方面的疾病，有些危害自身，有些还会危及他人、扰乱社会。如性心理疾病方面的窥阴癖、露阴癖种种。个人心理有毛病，应该去看医生。只不过中国文化传统常把心理方面的问题转化为道德问题，结果弄成新的压抑。而中国人在传统道德和传统文化压抑之下，又有把心理问题转化为生理反映的特征，比如旧时代女人的头痛，心疼，常常属于此类。女人的心口疼，在外人看来，大约常与胃病或心脏病有关，而在旧式中国女人那里，则是一种心理疾病，因为她受到太多的压抑和寂寞，于是她觉得心口在疼。

西方人重视心理卫生，按他们的统计，西方人有心理疾病的人数很多，于是，有些带有“左”色的学者便认为这是资本主义造成的社会后果。其实这与社会制度有些关系，关系不大，只不过双方的认知标准不同。在他们看来，除去绝对没病的，可能都会有些心理疾病，就像健康的人也会感冒也会泻肚一样，而按中国人的传统看法，除去神经病或精神病患者，其余都算正常——没病。

心理素质表现在社会文化方面，具有更典型的社会化表现。比如中国传统社会心理有很强的从众心理，所谓傻子过年看隔壁，别人敢作的，自己也敢作。所以中国的事情，最易成风，而且一旦成风，纠正也难。比如，某些国营单位的内部偷盗，不盗则已，一盗就可能成风，而一旦形成风气，便肆无忌禅，要改也难。你要说，一个大工厂个个都是盗贼，恐怕不合情理，但正因为从众心理太重，所以成风也快，改变也不易。

但社会心理习惯在新的历史变革面前，需要社会积淀和涵养。比如见义勇为这件事，中国古有路见不平、拔刀相助之风，这风气现在被破坏了，成了路遇不平，没有相助。有的受害人大声呼救，也没有应声，有时受害人本人还埋怨除害者多事，宁可吃哑吧亏，也绝不得罪坏人。见了坏人先鞠躬，以见我们是礼义之邦。

应该说形成这样的风气，于中国人面上无光。但作为现代文明，也不宜提倡见了坏人，不分男女老幼，拿着刀子就上，这没必要。老人、妇女、儿童就不该如此。最好的办法，是记住坏人特征，马上报警报案。窃认为，如能做到这点，已经十分不错。毕竟让平民百姓与行凶歹徒搏杀，有点过于危险，也有点对公民的生命安全不负责任。

人的素质中，还应有“美”的一席之地。

美是一种情操，一种审美能力，同时也是一种社会文明的标志。美与德、智、体并列，先人早有此说，而今思之仍觉很有道理。

爱美是人的本性，人需要陶冶情操；一个民族若无爱美之心，必是愚昧的民族，而愚昧的民族哪里谈得上文明二字。

美与美有时代之别。封建时代的中国女人以小脚为美，现在看来，属于一种病态。“极左”时期，只爱武装不爱红装，涂点口红也是资产阶级，穿一双高跟鞋也是资本主义，无风硬要刮风，无事偏要生事。但对真正不美的现象，往往视而不见。“文革”时期，对于祖国优秀文化遗产，几乎无命不革，对于有大功于人民的功臣几乎无命不革，而对于随地吐痰，环境污染，污言恶语，吸烟无度，则视而不见，甚至引以为荣。

美的总是好的，虽然美也有历史品性。但同一条生命线上，林黛玉就比刘姥姥美，贾宝玉就比焦大美，苏东坡就比黑旋风李逵美，赛金花就比阿Q美。

自然，美的事物不能只看外表，然而没有形式，难有内容，纵然只是形式强些，也比假、大、空、左来得美丽。

由此联想到中国人的现代形象问题，据说西方人心目中的中国人形象，总不脱男人头上留辫子，女人脚下缠金莲，长袍马褂瓜皮帽这样一种老程式。这实在因为中国人落后久了，贫穷久了，封闭久了。这两年中国实行足球俱乐部制，西方来过几个著名球队，成绩有输有赢引起了西方球界的重视，这样的比赛，别的且不说它，至少对传播中国人的新形象会有好处。中国男人早不留长辫，中国女人早不裹小脚，中国社交场中人早不穿长袍马褂了。未来中国人给世界的形象，应该是健壮而非孱弱的，应该是文明而非野蛮的，应该是开放而非封闭的，应该是潇洒而非呆板的，应该是进取而非守旧的。我们宁可如太空人一般新奇浪漫强悍，也绝不要那般缩肩拱背委屈求全的假斯文像。

老子云："知人者智，自知者明；胜人者力，自胜者强。"能战胜和超越自己的民族，才有应对一切内外挑战的力量。

4. 人的观念——观照世界的第三只眼

早几年，作者见过一本书，叫作《新观念600种》。新观念如此之多令人有些惊讶，也有些怀疑中国是否真有这么多的观念。但细想起来，600种新观念似乎也不为多。改革这样的大事，百年不遇，甚至千年难遇，人的观念自然会发生各种各样的变化。旧观念风雨飘摇，虽风雨飘摇，又不是一下子可以消除得掉的。新观念如春潮涌起，又如春风化雨，况且新中有旧，旧中有新，二者或可截然分开，或者风马牛不相及，或者藕断丝连，或者你中有我，我中有你。

改革者先须有改革观念，观念确是人的眼睛。观念的力量，虽然属于精神这个范畴，但它的影响，却不限于精神而已。即使只是一种精神，精神的力量也未可轻视，想当初，深圳竖起"时间就是金钱，效率就是生命"的大牌子，虽然只是两句口号，但那影响却不是两句话可以概括的。

观念即是思想。思想本是人生中最为活跃的内容。但这要看处在什么样的时代，处在什么样的文化氛围之下。处在专制时期，思想固然还是思想，但活跃却绝不能活跃，一活跃就成为罪恶。比如中世纪的西方，宗教统治严酷，稍有不慎，就可能被遂入宗教裁判所。比如中国封建时代，知识分子只能读经，非经即是叛逆，叛逆必遭惩治。中国自“废黜百家，独尊儒术”起，除去儒学，不能再公开讲授其他学问。自宋明以降，除去理学心学，几乎没有别的研习路径。李贽说了几句不要紧的话，就被迫害致死。其实，李贽先生何曾反对封建体制，何曾提倡社会变革，然而，封建卫道士们已经神经紧张，受不住了。中国封建时代，虽然重视婚姻，但不认可爱情，婚姻事大，而且光明正大，爱情事小，而且难以见人。所以林黛玉固然爱贾宝玉到铭心刻骨，终于没有讲过“我爱你”这样一句现代人看来最平常的话，只因为她有些自由恋爱的意思，便断送了自己年轻的生命。

新观念的作用，很多情况下，无法用金钱去衡量。它或许可以成为一座历史的丰碑，永远激励后人去探索，去奋进。比如培根讲的“知识就是力量”，伽利略说的“地球仍在转动”，笛卡尔说的“我思故我在”，黑格尔说的“一切存在的都是合理的”。我们不能说这些话真有永恒的价值，但我们可以说这些话所反映的时代精神，则具有不朽的品性。

新观念未必就是多么深刻的观念，甚至未必是经过深思熟虑的观念。它可能只有一时之用，也可能只为少数人接受，甚至新观念与新观念之间还会发生冲突，而且你争我夺，各不相让。就如同先秦时期，诸子百家的争论一般。但是，正是因为有了这许多新的观念，有了这新观念之间的相互冲突和验证，才在表面一片混乱和吵闹声中，渐次达到新的和谐，渐次进入新的境界。

历史经验证明：唯有宽松的环境，才能使各种不同的见解趋于平和和精细，而唯有平和与精细，新的观念才算完成了自己的历史使命。

对于现代中国人而言，我们以为有如下八种观念尤其值得注目：

科技观；

法制观；

价值观；

功利观；

择业观；

公共道德观；

环保观；

开放观。

（1）**科技观**

为什么八种观念，要以科技为首？因为今天人类所处的时代，本质上也可以说是一个科技时代。没有科学技术作支撑，即没有今天的物质成果，没有今天的精神成就，也没有今天的社会文明。

从中国传统文化这个角度看，中国古来就有重道轻技的传统。对于儒家道统，自是推崇倍至。儒学经典之外，对于释家、道家、乃至诸子百家，各种史书、文集，也曾给予相应的肯定。中国人读书，其实就是读经。在贾政一流的道学先生看来，吟诗作赋都不是正路。文学都不是正路，科技更不是正路。所以中国古代生产者，固然可以制造出阿房宫、长城、颐和园、故宫、江南园林、三大石窟这样惊天动地的大工程，但是创造者的名字却很少流传，他们的事业也绝少得到官方的重视。因为照儒学道统看来，这都是些“劳力者”所做的下贱事体，妄谈事业两字，都是对圣人的不恭。

但是，自15世纪以来的近代文明，却是一个以科学技术为先导的文明时代。这个时代的社会贡献，固然也是全方位的，无论政治、经济、军事、文化、科学教育，种种方面，都有大创造、大人物、大事件、大贡献。然而，相互比照之下还是科学更有魅力，科学家更是光荣，技术更有效用，产业革命更富于历史推动力。

美国的迈克尔·H·哈特曾为对人类产生巨大影响的人物排座次，共选拔出100个人物，其中科学家和发明家37人，政治、军事领袖30人，哲学家14人，宗教领袖11人，文学艺术家6人，探险家2人。科学家和发明家独占鳌头，占到1/3以上。且牛顿排名第2，蔡伦排名第7，古腾堡排名第8，爱因斯坦排名第10，巴斯德排名第12，伽利略排名第13。前10名中，科学家发明家占到40%，其余6人为穆罕默德、耶稣、释迦牟尼、孔子、圣保罗、哥伦布。这个名单和上述引证情况说明如下三点：

其一，西方人看来，科学家、发明家是推动人类文明的最重要的力量。

其二，进入近代史以来，科学家发明家的地位尤其重要。在所排对人类文明产生重大影响的前10位人物中，除去哥伦布之外，属于近代史范围的全是科学家、发明家。

其三，西方虽然也重视政治、军事人物的作用，并不将他们置于唯我独尊的地位。

这和中国历史的文化特征形成鲜明的历史对比，中国自秦汉之初，便形成中央集权的封建大帝国，因此，官本位，家、国同构便成为它独特的文明特征。所谓家、国同构，即在家以男性家长为中心，在国以皇帝为中心。皇帝即是一国之家长，家长亦是一家之皇帝。至于科学技术，不过下等人之事，君不闻“劳心者治人，劳力者治于人”？连治人的劳心者，在皇帝面前，连完整的人格都没有，更何况还处在治人之下的劳力者了。

可以这样说，自周秦以降，中国从来没有一个历史时代，没有一个王朝，甚至没有一个历史时期，是以科学技术作为时代主流的。西方近代史，开基立业的人物，首推哥白尼和哥伦布，然后是伽利略和伟大的牛顿。任你再伟大的皇帝，比之牛顿，就相形见绌，比之哥白尼，又相去远矣。但中国历史不是这样，我们没有听说过有谁拿蔡伦和汉武帝比，或拿李时珍和朱元璋比，或以李春和隋文帝比，或以张衡和汉武帝比。没有人比，也没人敢比。即使在中国影响特别巨大的史书也少有这些科技英才的地位。中国人最引为自豪的文学作品，也绝少有这些科技人才的形象。即使是传播广远的民间文学如各种说唱曲艺，也几乎没有一个段子是以他们为主角的。赵州桥固然常有人提起，却莫名其妙地和八仙传说纠缠在一起，结果把一部科学杰作，弄成一首美丽的传说。

中国自中世纪之后，与西方迅速拉开距离，和科学技术没有地位有直接的内在联系。因为科学技术没地位，所以它自身也很难取得突破性发展。科学技术之所以没有地位，则另有深层次的社会原因。

往事去矣。现代中国人正在开创走向未来的现代化大事业。现代化事业自是离不开科学，所谓科学是第一生产力，第一生产力者，对社会发展最起作用之因素之谓也。如果我们不能给科学以自由，则科学必不能给中国人以现代化。

因为中国自古以来缺少自然科学传统，所以实验方法、实验精神之类的现代社会观念，在中国人中至今仍没有扎根，更没有开花结果。中国人与西方人比，似乎更重玄学，更相信偶然性，对那些非实证性非实验性的玄妙不可理喻的内容，往往充满热情，甚至盲从盲信。比如近十年兴起的气功热。气功本是中国古来的健身方法之一，但到了现代人手里，竟然变成能呼风唤雨，能超越实体，能脱离科学轨道的半神化的内容。不但百病可医，而且居然不用任何药物，而且越是疑难病态，越是药到病除。其流派五花八门，其作用神乎其神，其方法莫名其妙，而其影响竟遍布神州大地。作者并非不信气功，但一贯认为，越是动作花哨、效果离奇的气功，愈应对其倍加小心。甚至不妨来点怀疑精神，敢于向它提问，勇于向它索寻实证。大约凡属科学范围内的东西，全是可以实证的内容，而且可以反复验证，百验百效，方算找到了真理。如果实验百次，竟有100种结果，则必有99种属于伪科学。科学道路恰如华山之路，虽然奇妙无比，通途只有一条。科学结论，不是文学描写。文学人物，最好一人一态，百人百态，科学结论却只能千人一面。曹雪芹笔下的女性，可以姹紫嫣红，个性纷呈。X光机下的图像却只能按同一标准进行诊断。总而言之，如果中国人没有过科学技术这一关，那么所谓现代化云云，说来说去，不是宣传家的鼓动便是玄学家的臆想。

树立科学观念，必须承认科学的权威。科学的权威应该是至高无尚的。凡是已经科学证明的东西，就必须遵循科学规律去做。据说，现在中国的工伤事故中，相当一部分是因为违背科学规律而造成的。科学是天底下最讲道理的东西，也是最不循私情的东西。不慎触电，可以死人，小人触电必死，伟人触电同样必死。绝不因为他比别人来的伟大，电流在他身上就不起作用。真的科学斗士，他们的科学道路或者并非出自科学目的。例如伽利略，他当初的研究科学，与其说是为了证明基督教宗教教义的错误，倒不如说是为了证明这些教义的正确。但一经实验证实，原来的教义有误，他便义无反顾，告别上帝，相信科学。鲁迅先生也曾对孙中山先生虽然病笃依然不改初衷的科学探索而深表敬意。孙中山学习西医出身，一生不信中医，当他病入膏肓之时，有人建议是否请中医进行珍治，他依然表示了反对意见。鲁迅先生认为，这种精神是最为难能可贵的。过去我们喜欢讲不唯上，不唯书，而唯实。但“实”也要进行科学检验，凡应由科学予以确立的东西，而科学又不曾确认的，那么，首要的任务，就是进行科学研究。科学不给定义，上帝虽然万能，恕吾等不敢领受。

确立科学观念，需要科学“土壤”，或者说需要浓郁的科学氛围。一个民族只有少数人信仰科学，则科学观念难于得到社会的理解。只有形成气候，科学才能得到充分的传布。仿佛人人都说老鼠吃了盐会变蝙蝠，你也这样说，我也这样讲，父要传子，子又传孙，家要传邻，邻又传里，本来是一篇虚话，传来传去，三人成虎。谁说蝙蝠不是耗子变的，反而成了谬误，没知识。

确立科学观念，先要普及科学知识。虽然科学是人间最美好的内容，然而，普及起来却十分不易。听科学原理，无论如何没有听神话故事更浪漫，没有读武侠小说更惬意。武侠小说中，其实有许多反科学的内容，然而，因为其情节曲折、浪漫，武功出神入化，虽不合于科学，却合乎文学创作的想象规律，或可说是别一种科学方式。科学的普及，需要全社会的努力，科学家自是责无旁贷，整个社会都应予以支持，科技馆最好免费请青少年参加，自然博物馆也应选择固定时间向全社会开放。

普及科学知识，也要讲究科学。因为科学是一个严整的开放体系，科学自身也在发展。讲科学和讲历史不一样，讲历史应从头向后讲，讲科学则应反其道而行之。普及科学应从后向前讲，先讲最新发展成果，由此出发，讲它的历史发展过程，因为只有把最新成果最快传播出去，人们所得到的才能是最合乎科学原则的科学知识。

科学技术既是一种高尚的社会文化，又是最重要的社会生产力。科学技术的普及，要靠传播，更要靠实践，只有更多的人生活在科学的大系统中，科学知识才更容易得到深层次的普及。

特别重要的是，科学技术既是生产要素，它就有更充分的理由进入市场，它的发明人就有最充分的理由得到最大限度的物质报偿。西方的诺贝尔之所以能设立诺贝尔奖金，因为他的研究成果给他带来了巨大的经济收益。邓稼先、钱三强之所以没有设立自己的奖金，因为他们几近一贫如洗。

科学家、发明家的致富程度，反映了市场经济的成熟程度，唯有科学家、发明家能经风浪于商海，中国的市场经济才会取得长足的动力。

（2）**法制观**

法制胜于人治，在中国大约已成人人尽知的道理。法制是市场经济的保证，中国人经过这十几年的改革开放，已经有了越来越深的体会。没有法制则公民没有真正的人身保障，社会没有真正的公平竞争，市场没有可靠的交易保障，对外开放没有良好的交流基础，这些也已经多有议论，而且常常见诸于文字。然而，对法制能否在中国真正得到确立，存疑的人依然不少，公然蔑视法制的不法之举也时有发生。这里不谈理论，也不过多引证举例，只讲确立法治改变人治从而使法治观念真正在民心人心中扎根的几条必要的条件。这些条件包括：

法制无例外。法制的基本征象，即依法办事，而依法办事的必备准则，即法制无例外。

所谓法制无例外，即对受法对象而言，不管你是达官贵人，还是普通百姓；不管你是政府要员，还是普通职员；不管你是有功之臣，还是有前科者；不管你父亲是谁，母亲是谁，阿爷、阿舅是谁；不管你是有钱没钱，有权无权；不管你是懂法还是法盲，也不管你是本国公民还是入境之人，只要违法，必以法绳之。这样的社会才可以称为法治社会。

相反，如果有任何例外，那么，千里之堤，都有可能溃于蚁穴，梁山上虽有108条好汉，但若实行法治，必难执法如山。金毛犬段景柱犯了法，固然要惩治，及时雨宋江犯了法也必须惩治。你不能说，杀了宋江，梁山无主，看在宋大哥人称及时雨救过无数好汉的面上特赦了他。如果那样，则法治二字必成一纸空文。宋江既然可赦，卢俊义必定可赦，因为晁天王归天之时，也曾留下遗言："捉得史文恭者，便为梁山之王。"史文恭何人所擒，正是河北卢俊义也。卢员外本该为山寨之主，既未作山寨之王，应享受与宋江同等的豁免权，既杀不得及时雨，自然也杀不得玉麒麟。玉麒麟既杀不得，浪子燕青一定也杀不得，因为燕青不但是卢员外的义子，而且救过卢俊义的性命。从这一点上看，没有燕青，就没有卢俊义擒史文恭。燕青之功德，虽不在卢俊义之上，亦不在卢俊义之下。况且杀了燕青，令卢俊义痛不欲生，各位好汉怎么安心。燕青既有特权，宋清自然更有特权，燕青与卢员外虽亲，不过是义子，宋清与宋大哥却是一奶同胞，义子尚且可以便宜行事，亲兄弟自然应该法外开恩。宋清既杀不得，孔明孔亮亦杀不得。孔明孔亮既杀不得，吕云、郭盛又杀不得。因为前者既是宋大哥的徒弟，后二人却与前二人负有同等的责任。吕云郭盛既可法外从事，林冲、花荣更当无所顾忌。毕竟吕云比不过林冲，郭盛也比不过花荣。况且没有林冲，晁盖怕难为梁山之主，没有花荣，又哪有宋大哥的锦绣前程。如此接二连三，近五便六，结果是梁山好汉，个个可以任意行事。法治二字，全成屁话。

也许有人会说，这种联想，纯属无中生有。但我们要说，这种联想，确有古训于前。曹雪芹写贾、王、史、薛四大家族，就有“一损皆损，一荣皆荣”的深刻见解，而中国历史实实在在存在过的“四大家族”，也确实有些人是和尚乘飞机——无法无天。

法制无例外，要求例外的，就是罪人。

法制无干涉。法制的公平，在于独立司法，不允许别人干涉。古代中国虽然也是最早具有成文法的文明古国之一，然而以现代标准衡量，则中国虽有5000年青史，却从来不曾实现过法制社会。此无它，因为法制之上，还有皇帝，法律出于钦定，帝王高于法。这样的法律，虽然或有一时之行，但很难做到持之既久。至少我们没有听说过哪一位皇帝因为法制问题而被迫或自动离开皇位，也不曾听说过，因为不合法制，皇帝就不能罢免任何一位达官或者勋臣。

中国传统法律，与其说是为了达到法制目标，不如说是为了巩固皇帝的权威。封建社会原本就是家天下，家天下者，以天下万物为一己之物。这样的法制基础，你想法制，简直和造反怕没有多大区别。而造反便是大逆，大逆便凌迟，不把你一刀一刀切成肉馅，已是阿弥陀佛，老佛爷龙心慈悲法外施恩了。

法制无干涉，但未经过成熟法制的中国人，还最喜欢干涉司法行为。所以，一有勋亲贵戚被抓，必是求情条子不断。即使并非勋亲贵戚，只是某县城当局长或当科长的干儿子的表兄弟，被抓也有可能兴师动众，弄得司法者食不甘味，夜不成眠。

唯如此，所以尽管宣传法制多年，老百姓还是不断地提问，究竟是权大还是法大？

干涉无法制，法制无干涉，这一条若不立法，则司法权威便不健全。

法制无变通。所谓法制无变通，即司法程序不能变通。偏偏中国文化传统，又最擅长变通。这其实不能全埋怨中国人。实在说，变通本是专制的后果，因为你专制，我又没有权力抵制你的专制，但也不愿意落井下石，或者助纣为虐，怎么办？变通。变通是对专制的一种软抵制，因变通而形成缓冲地带，不至于使受害者被专制者一网打尽。

这方面的例子，可说数不胜数，再加上民间文学的极力渲染，更显示出变通的必要性、正义性、合理性和智慧性。

比如晋王要杀赵盾一家，赵盾实乃晋国的股肱之臣，忠臣良弼，怎能处死。然而君命如山，反抗也不行，于是义士程婴和公孙杵臼，便一人舍命、一人舍子，用程婴的儿子换下赵家的儿子，以保住赵家的后代根苗。照理说，晋王杀死赵盾一家的王命，既是错的，就该与晋王议论，或者公然与之对抗。但是不行，与国王对抗只能死路一条，而照命执行，又成千古奇冤，而且绝了赵门之后。于是变通一下，以自己的生命和亲生儿子既保住了国王的面子又保住了赵家的后代。这种变通往往使牺牲变为英雄，而发动此案的国王也没有成为千古罪人。

如赵氏孤儿一样的事情，在以后的演义中还屡有出现。比如薛刚闯了祸，皇帝便下诏杀薛氏的全家，于是徐荣出来，法场换子，那情节几与赵氏孤儿所演的一模一样。除去《法场换子》，还有《二童换子》，还有《包待制智斩鲁斋郎》，情节少有变化，文理依旧相通。

然而，这样的变通，变来变去，便没有了法制的地位。法制不能变通，连程序也不能变。公审既成法制，就应该照制执行。不能想公审便公审，不想公审便秘密审讯。想当初，刘少奇的冤案，如果公开审讯，则一定不会出现堂堂中华人民共和国主席不明不白死在河南的惨剧，而彭德怀元帅如有机会在法庭上对强加给他的诬陷之辞作出公开答辩，则定会在中国法制史上增添光辉的一笔。

法制无二解。二解即对法律条文的不同解释。法律行为不同于理论行为，理论需要争论，法律需要统一。理论不能只有一家之言。法律只能作出一种结果。如果同一案件，竟然可以得出两种司法结局，若不是司法人员徇私枉法，一定是这法律本身出现悖论。

当然，实现法制目标，绝非一件简单的社会工程，但使全体公民都逐步具有法制观念，则是建立法制社会的必要保证。

（3）**价值观**

价值观的核心是对人的价值的认识，而它的影响则几乎涉及到人类文明的方方面面。

原始社会，没有价值观。如果后人根据他们的行为进行推断，则原始社会的价值观是建立在部落内人群平等的基础上的。即在同一部落内，人人具有平等地位，吃平等，穿平等，人格平等，行为平等。一个著名的现代人访问原始部落的记载里，他为了感谢这个部落对他的热情接待，他送给他们一条毯子，于是这个部落的首领便将这条毯子分割成相等的许多一平方寸大小的小方块，然后将它们分给全部落的人，这方法在现代人看来，自然十分荒谬，但却合乎他们的价值原则——一切使用品，都必须平均所有。但部落与部落之间，常有各种争斗发生。或许应该说，原始社会的解体，在内部是由于生产力的提高从而产生了剩余生活品，在外部则由于相互竞争而增强了彼此的生存能力。

奴隶制时代，则是人们价值观念的分裂时代。所谓价值分裂，即奴隶主具有超人价值，而奴隶失去人格。

封建时代，是人的价值观念的等级时代。封建时代，或有少量奴隶，但不能成为一个完整的社会阶层。封建时代的人，并非没有人格，而是人格有贵贱。特别是像中国这样具有漫长封建历史的国家，其人格的差别既有十分完备的分级方法，又有建立在这种分级方法上的伦理观念。中国古人是，人分几种，种种有别。贵者益贵，贱者益贱。中国古代伦理的核心，是三纲五常。三纲即王为臣纲，父为子纲，夫为妻纲。三纲一立，人格即变。皇帝有人格，臣子没人格；父亲有人格，儿子没人格，丈夫有人格，妻子没人格。而且人的等级之多，差别之大，西方人很难想象。同样是官员，还有官大一级压死人。同样是奴才，还有奴上奴与奴下奴之分。中国的这种等级价值观念，对于中国古代自有其重要的理论价值，但对于现代文明的确立，却是一大危害。

资本主义以反封建起家，主张人人生而平等，宣扬自由、平等、博爱。

资本主义的这种价值观，无疑是人类历史上一次重大的革命。自古以来，或者确切地说，自人类进入私有制以来，有什么人宣传过人人生而平等，有哪种社会将人人生而平等写入国家法律、人类宣言中去的吗？显然没有的。而且，也不能把这种情况看成是一种虚伪的宣传，或者是一句空话。举个例子说，美国第六届总统约翰·昆西·亚当斯，他有每天早上去河里游泳的习惯。有一次与一位女记者不期而遇，他不愿接受记者的采访，偏这位女记者非采访他不可。于是她就坐在他脱下的衣服上面向他喊到“游到这边儿来！”亚当斯吃了一惊，问她“你要干什么？”记者回答要采访他。但总统大人光着身子站在水里怎么采访。于是亚当斯总统只好和她商量，“让我上岸穿好衣服，我保证让你采访。”但这位女记者回答说“不行”。她的理由是：“你是美国总统，有千百万人民都想了解而且应当了解你在银行问题上的态度。我一定要得到明确的回答。你若上岸来抢衣服，我就要大声呼喊。海湾那边就有个打渔的，你不让我采访就别上岸。"这理由虽然十分正当，但这方法却不免有威胁讹诈之嫌。然而，亚当斯总统没办法，只好"躲在齐脖深的水里回答她的问题。"

总统以这样的姿态这样的形象回答一位女记者的问题，那样子一定有点滑稽。但我们应该承认这是资本主义之前绝对不可能的文明。比如在中国封建时代，能看到这样的景象吗？别说那个时候，根本没有记者这样的职业，司马迁先生不过讲了几句关心朝政的话，汉武帝一生气，就对他施以宫刑。如此这般，两相比较，可以看出资本主义文明的革命性。

实际上，资本主义文明的确立，确实经过了几百年时间。这期间，既有火与血的奋斗与牺牲，也有大工业的开创与贡献，还有无数英杰人物的不懈努力。其中也包括欧洲各国思想界哲学界人物的创造性劳动。现在书刊上常常说的一句俗话，叫做第一个吃螃蟹的人乃是英雄举动，而第一个敢于面对教会，面对旧势力，面对几千年旧文明，第一个要求人人生而平等的人，岂不比吃几个螃蟹更有气概。

但也应该指出，提出人人生而平等，并不等于达到人人生而平等，即使在观念上，法律上，舆论上达到了人人平等，也不等于在经济上、物质上、生活上、社会地位和社会财富共享方面到达了人人平等。美国虽是最为新兴的资本主义国家，但他贩卖黑奴的历史并不光采，美国的种族歧视直到本世纪中叶还没消除干净。美国虽称发达，但贫富不均的问题还是没有真正得到解决，而且在可预见的将来，也没有彻底解决的希望。人人生而平等，作为一种理想，它的真正实现还需要很长的历史过程。

虽然如此，人类依然应该对这一目标无懈追求，作为现代中国人，尤应该在这个重大的理论问题上，作出自己的应有贡献。

现代价值观，首先应保证公民之间，人人平等。人的价值应该得到社会的承认，得到法的保护，得到他人的尊重。

在现代文明中，公民的生命具有最高的价值。换句话说，生命价值，高于一切。这一点，不同的文化传统，有很大的认知区别。一般地说，东方传统文化，更为重视群体利益，更为强调等级价值。因为重视群体利益，所以最主张以小换大，主张牺牲个人，保存全体。为着保存10 000人的生命，牺牲3 000，可以。为着保护国家的利益，牺牲10万人，也可以。同时，又强调生命的等级价值。为了保护曹操，不怕牺牲曹洪，而且曹洪也愿意自我牺牲。“天下可无洪，不可无公。”为了保护唐僧，不怕牺牲孙悟空，猪八戒自然更不在话下。一条猪命，能值几何？

东方人的这种观念，在欧洲近代史上，比较少见，唯在德国文化传统中存在这样的倾向，套一句黑格尔的观点，骏马既要飞奔，则难免踏坏田间的苗，踏死路边的草。假定踏死的不是草木而是人命，为着整体利益，也没法可想。

但现代文明的发展趋势，还是日益强调对公民生命的珍视和保护。即如现在的战争，都以不杀伤平民生命为前题。且不问你这战争是否正义，如杀死无辜平民，则必是受到谴责。从中国的情况来看，尊重和以法律形式严格保护公民的生命，同样是一种极其要紧的文明保证。实际上，如果每个公民个人的生命得不到社会的珍视，那么，也许终有一天，会酿成千百万人死亡的文化惨剧。

除去珍视人的生命，还要保护人的私有财产。私有财产的神圣不可侵犯，是资本主义文明的三块基石之一。社会主义的目标是取消私有财产，建立公有制度，但看现代社会主义的历史经验，马克思在《哥达纲领批判》中定的目标在短期内无法实现。人的私有财产还将长期存在，按劳分配以及按资分配按价值规律分配的体制也将长期存在。因此对公民合法所得，同样应得到充分保护，同样神圣不可侵犯。那种极左时期的动不动就没收充公，扫地出门，甚至使用各种手段逼你自动投降的恶劣作法，绝对不能允许其有存在的余地。随意剥夺别人合法收入的做法，打击的是国家安宁，破坏的是民族团结，影响的是社会稳定，侵害的是人民利益。因此，凡侵害公民利益的，司法机关即应打击之。

还有公民自由，公民自由如公民生命和公民财产一样，非触犯相关法律任何人任何组织无权剥夺。但对于自由的解释，因为文化传统不一样，理解方式也有区别，在英、美式国家，凡法律没有禁止的，就是自由的天地，你不禁止，我就自由。但在德国式的国家，除去规定要走的道路之外，其余道路都不能走。英、德两国为西方国家，但文化传统，差异不小。中国传统，既不同于英、美，也不同于德意志。中国人善于变通，你不让走的地方我可以变通而行，你规定走的地方，我也可以绕道而行。所以，在中国人这里，后门往往比前门更有曲径通幽之妙。自由是构成现代文明的大概念，自由与法制相联系，没有法制则社会失去权衡，没有自由则社会又会失去活力。

还有保护个人隐私，尊重个人选择，以宽容态度对待别人的信仰和政治选择，等等。凡此种种，共同构成现代人的价值观念体系。而这个体系的确立和完善，正是中国现代化过程的一个必要的有机组成部分。

（4）**义利观**

如果我们以美国的义利观作为参照系数，我们会发现，中美两国的义利观念有很大的差异性。

中国传统义利观属于义利统属型，义与利有一致性，但不处于对等地位。义居于统帅位置，利处于从属地位。中国人并非不讲利，但讲利更要讲义，不义之财，虽多勿取。或者换个好的说法，叫作君子爱财，取之有道。所谓名不正则言不顺，言不顺则事不成。

按照现代一些西方学人对中国文化的研究，认为中国人属于特别讲究现实主义的民族。中国古代圣贤即有“民以食为天”之论。可见对于物质生活是十分重视的，但重视物质生活，先要使这生活合于“义”的原则。所以，一个饿得要命的人，当然需要食物，但嗟来之食，固然绝对不吃，就是不符自己信念的食物，也绝不下咽，甚至连看一眼的兴趣也没有。中国儒家推崇伯夷、叔齐，说他们有气节，其原因之一，就是他们宁可饿死在首阳山，也不食周粟。

由此可见，中国传统文化中的义利观属义利统属型，而其恶性发展便成为义利分裂型，成为“君子言义，小人言利”。以至“君子不言钱”，看见金钱马上闭上眼睛，捂住鼻子，不让铜臭之气熏染了自己。张爱玲女士本是中国现代文坛上一颗耀眼的明星，她小时候，父母让她抓阄，结果她一把抓住一枚金元宝，而且张口啃，于是惊得连深受西方影响的妈妈也摇头不已，而使十分传统化的父亲闭上了眼睛。其实，钱，真的如此不好，如此可厌，如此不能乐道吗？

西方人尤其美国人对于金钱的看法另是一路。不说爱钱如命，但在金钱面前，是绝对不会马马虎虎、浑不在意的。他们的义利观，属于义利统一型。发展到最后，往往成为利先义后型。先讲利，后讲义，没有利，哪来义。你穷得跟阿 Q 大叔一样，想吃个窝头还得去偷，哪里还有什么义举。义举需要物质基础，仿佛盖大楼一样，地基牢固，然后谈发展。

先利后义，并非不义，而且如果人人都能挣到足够的钱，那么也就不需要那么许多捐献、赞助、救济和乞讨了。美国人主张义利统一，讲究先利后义，并非没有义举，深通美国国情、民情与文化的中国学者段连城先生曾说："也算是衣食足而后知礼义吧，美国人显得乐善好施，1980 年共向国内外捐助 350 亿美元，人口中有五分之一参加各种无偿义务服务，全国的基金会有 3 000 多家。"①

350 亿美元，可不是一个小数字，而且还是 1980 年的事情。1980 年，中国最富有的江苏省，年生产总值不过 321. 8 亿人民币，广东省 245. 7 亿人民币，河北省 219. 亿人民币，而福建省只有 85. 9 亿人民币。而且参加义务服务的人数达全国人口的五分之一，也是很了不起的大比率。中国有 12 亿人口，如果五分之一的人都自愿参加义务服务，就有 2. 4 亿人。2. 4 亿人每人只消做一次义务服务，则场面一定十分盛大，甚至十分壮丽。

美国人强调义利统一，甚至先利后义，所以他们的义举，自愿程度高。因为我有 实力、能力和财力，我要帮助别人，无须看任何人眼色行事。中国人也喜欢义举，但很多社会活动，带有相当的行为从众性。比如参加捐助活动，先要环顾左右，别人都捐，自己自然不肯落后，但又不好超前。中国人的这种心态，和中国特有的义利观念与特有的历史文化传统有关。

未来的义利观，至少要做到义、利统一。不论东方西方，唯利是图，总是不好。人毕竟是社会化的动物，如果一点义心也没，虽然居于人类，不算合格的人类成员。

① 《美国人和中国人》第 56—57 页，新世界出版社。

但要学会对自身的利益保护。例如我国这两年开始的消费者权益保护，以及开展了好几年的打假活动。权益保护，既是国家的责任，也是每个公民的责任，你自己如果都不能对自己负责，恐怕别人很难替你负责。前些时，中国出了一个王海，专门打假。结果弄得某些商业企业大感头疼，个别人十分反感，认为，王海的行为已经不属于消费者权益保护范围。但我们要说，如果你的店里没有卖假货，则即便有10万个王海，也无法可想。如果你店里确实卖了假货，且不论你这店是大店还是小店，是“洋”店还是“土”店，是超市还是连锁店，别人无论用什么方法找出你的假货，要你赔偿，你都应该心服并且知过即改。有人说，王海知假打假，是利益在背后作推动力。利益作推动力有什么不好。商场卖货不同样是背后有利益作推动力吗？否则，你为什么不免费赠送，不一折售货，假本身就有贪心，私心作怪，别人指出你的假来，你还要说打假者有贪心，那就有点贼喊捉贼的味道了。也有人说，商业企业是中间环节，假货却是生产企业生产出来的，打假只打商业不打工业，是本末倒置，是只打老鼠不挖鼠洞。这理论其实并不很妥。应该说制假的自然要打，卖假的同样要打，鼠洞固然要堵，老鼠也一定得打。否则，只管堵洞，不管老鼠，中国的老鼠如此聪明，还不成千上万跑到光天化日之下，又偷又骗，又跳迪斯科吗？

一方面讲权利保护，一方面讲竞争。竞争是一门学问，不但要有勇有谋，而且要善于抓住时机，抓住机遇。人间机遇难得，机遇一失，或许永不再来。机遇面前，人人平等，你只管奋力向前，不要有不必有不须有各种杂七杂八的糊涂观念，因为唯有竞争，才可能有最佳选择。所谓相马不如赛马，竞争如同赛马，赛的结果，才会使最好的机遇，最好的位置，找到最好的人选。如果你推我让，常遇春为了谦虚就不去跳采石矶，赵子龙为了给别人立功机会就不去长坂坡，朱可夫就不打柏林，林彪就不指挥辽沈战役，能行吗？当然这都是极端的比喻，之所以采用极端的比喻，目的在于放大真理的能见度。总而言之，义利观念绝不排斥竞争思想，相反，平等竞争正是人生之大义。

（5）**择业观**

美国人的择业观，主要包括两个意义：一方面，它是构成公民权益的一部分，既然人人平等，则必然人人该有择业的自由。换个说法，既人想干什么，就干什么——只要你有竞争力。另一方面，又是实现个人价值的必然途径。这一点，美国人和日本人也有大差异。日本人更重视团队精神，一般不大喜欢调换职业，企业也鼓励职工以厂为家，进厂如进家，进家就不要再离厂。日本的企、事业职员，很多都是一辈子只为一个厂家、一个公司、一个机关服务，直到退休，也没有去意。美国是个人主义占主导地位的国家，不是没有集体主义，集体主义要排在个人主义之后。进厂固然进厂，但进厂不等于进家，一边吃着碗里，一面又看着锅里。转换工作单位是家常便饭，就是改换生活区域，也是常事。大凡真正的美国人，一家子挤在一个单位工作的人是少而又少，而一辈子只住在一个地方的人，更是没有出息。美国人喜动，他要寻找更适合自己的工作岗位，他们一心要最大限度地实现自己的最大人生价值。对比起来，日本人面前，尽管有 10 个机会，他只看中 1 个。中国人面前若有 3 个机会，便会踌躇不决。而美国人面前只要有 1.5 个机会，他就会想方设法把它变成两个。美国人不免有点“这山看着那山高”，这句话在中国人这里是贬语，而在美国人那里却是希望——如果那山真比这山高，为什么不尝试爬一次呢？

中国人的传统择业观，未免外在的因素过多，如果说美国人择业观有两个基本含义，则中国人的择业观，至少会有三个含义，即：

第一，这职业是贵是贱？

第二，有无终身保障？

第三，周围的人际关系怎样？

除去这三个因素，才考虑这职业本身的魅力和它与自己的特长符与不符？

职业分贵贱，是中国封建旧病。封建文明，不但人格有高低，而且行业有贵贱。士、农、工、商，士人最贵，商人最贱。商业之中，服务业更贱，越是直接为人服务的行业，还越是被人看不起——这实在有点荒谬不伦。比如给人做衣服穿的裁缝。大清朝律，一人作裁，三代不得入考场。比如为人洗澡，给人修脚的职工，比如给人烹调美味的厨师，给人以整洁美好形象的理发师。这些职业，虽对于人类大有益，却统统属于下等行业。中国人有等级癖，人分九等，已经荒谬。行业还要分三教九流，而且还有上九流，中九流，下九流，更其荒谬，这种文化传统，影响到择业上，必有贵贱之别。西方历史上也有这传统，比如莫里哀要去演戏，他父亲便发雷霆之怒。可见演员在西方也曾是被看不起的行当。但中国人的等级观念之深影响之久，实在是西方人望尘莫及的。官宦子弟，如果去当兵，就是大羞辱；书香子弟，若是去经商，又是大羞辱，世家子弟，若是去唱戏，还是大羞辱。婚姻先讲门当户对，教子更讲耀祖光宗。然而，按照这个逻辑，世间总是贱业极多，而贵业很少。贵贱之别，与“官本位”文化体系有内在联系。大抵说来，离皇家权力主线越近，则其职业越贵，离皇家权力主线越远，则其职业越贱。

这种遗风，虽经数十年扫除，至今依然存在。比如中国人在交际上特别重视以官衔和职称作称谓，就常令西方人大惑不解。西方人也有以官衔作称谓的时候，但适用范围很少，如对总统、大使这样特殊的职业，则称总统阁下、大使阁下，大约前者关乎国体，后者关乎国家。中国没有总统，对领导人另是一番称谓，但最喜欢姓名忌讳还在于一般性社会交往中。在这样的场合，呼名道姓，就是不敬。言必称科长、处长、局长、教授，总工、老总。人生当一科长，原本也是一大光荣，但非让别人以此作为敬称，否则便不高兴，则完全没有必要。当个教授也是一大光荣，别人见你言必以教授相称，也没必要。其实，五四运动时代，这类毛病还十分少见，比如鲁迅、林语堂、老舍、梁漱溟、周作人，都曾作过大学教授，但我们似乎还没有在什么地方听到人们提及这几位大师级人物时，言必称教授的情形。而且习惯成自然，如果有谁为了向他们表示尊敬，非要称之为鲁迅教授、周作人教授或老舍教授、林语堂教授不可，则显得有些滑稽又有些各色，外加些不尊重的意思在内。

职业本无贵贱，能实现自己的人生价值就好！比如造原子弹是要紧事，你非让老舍先生去造，岂不有“辱”斯文。写小说同样是紧要的事，你非请邓稼先作《骆驼祥子》，岂不是有意为难这位科学精英。行业正如中草药，不分价格高低，只要对路就好。

将职业与终身保障挂起钩来，是计划经济的产物，就是要个铁饭碗。因为国有企业是个铁饭碗，相比之下，集体企业就是瓷饭碗，个人企业就是泥饭碗。这种观念，完全出于不同所有制的待遇不同，而且相互差距巨大。一似住高楼，一似住茅舍，如果让人自由选择，除非精神有病，不会选择后者。但改革开放之后。情况发生变化。国有企业挣钱有数，而下海经商机遇无限，有时下海一年的收入，就抵得上国有企业职工一辈子的收入。于是观念发生变化。广东开放得早，天下人才东南飞。深圳被划为特区，各路豪杰赴深圳。但国有单位的福利还在，于是国家有“一国两制”的政策，家庭便有“一家两制”的选择。一家两制，既享受国家福利，又不失赚钱机会，这般好事，谁不想要。然而，这实际上是一种非公平性竞争，顶多可以算作改革期间的过渡性现象。这种现象不会长久，这种择业观念，虽显示了择业者的投机性小智慧，从长远来看，也不过如同一次良性投机而已。其作为择业观念，还不够资格。

重视人际关系，则是中国文化中的特有品性。中国人最为重视人际关系，因此，择业时特别看重。有熟人，特别是有权力有地位的作靠山，内心安矣，情绪稳矣，心态佳矣，顾虑少矣，干劲足矣。中国人重视人际关系，至少在相当的历史阶段内，有它存在的合理性，就如同在生产流通水平不高的情况下，出现了些“父子店”、“夫妻店”具有合理性一样，但从长远发展考虑，人际关系终究比不过业务更要紧。择业的目的首先是创业，“业”不发达，人怎么能发达？如果在“业”上没有成就，而在个人前途上却如花似锦，那这如花似锦一定来路不正。中国传统文化中原本就有一种奇异的现象，或说在中国社会中一直存在两种人。一种是干事的人，一种是专门琢磨干事人的人。其结果，往往前者蒙冤受屈，后者洋洋得意。比如岳飞就是前者的代表，秦桧就是后者的模范。这等模式，真比苍蝇臭虫，更令人可厌。

择业为了创业，舍此不成择业观。

(6) **公共道德观**

大约10年前，作者在写一本伦理学著作时，提出一个观点，即不同的历史时代，会形成不同的道德结构形态。作者认为，道德结构由个人品德、家庭道德、职业道德、社会公德四个基本部分组成。奴隶时代，最强调个人品德，那个时代最推崇英雄主义。封建时代，最重视家庭道德，所谓百事孝为先。资本主义时代，大工业时代，最重视职业道德。而当今之世，有特别强调社会公德的历史倾向。

从东西方对比的角度看，中国人和西方人在对待道德观的选择方面，依然有很大的差异。西方人重视社会交流，却把家庭看成不容外人进入的个人自由天地。西方人的交往，多在公共场所，出外会客，有比较严格的穿戴礼仪。如果穿错了衣服或者衣冠不整洁，那就是失敬。但在家庭内部，则比较随意。

中国人正好相反，越是朋友越要请入家门。评价学问优劣也拿家庭作比喻，所谓升堂入室。升堂已然进入很高境界，入室的境界则更为满意，如果连“门”“经”都寻不到，这学问两字就羞于谈起了。中国人与朋友交，一般朋友去茶座，要好朋友可入家门，极好朋友可入书房，再好朋友便可袒衣面谈，所谓推心置腹，赤诚相见。中西对比，差异之一，西方人更重视公共道德，其公共道德观念有许多值得我们借鉴之处。中国人则以家门为界，“各人自扫门前雪，休管他人瓦上霜。”旧的胡同，有了垃圾，倒在门外，就算完事。对此，鲁迅先生曾发议论。比如他住的北京宣武区南半截胡同，胡同的地面就高出院子地面许多，其原因在此。这地方作者也曾住过，但出生也晚，没有看到垃圾铺街的“奇异”场面。

西方人因为重视公共道德，其公共环境保护也好。没有去过西方国家的人，至少可以从电视上看到，他们国家的街区环境确实非常整洁，而且花草丛丛，景色宜人。中国人重视家庭，别看楼门以外乱七八糟，进入居室，便是另一世界。很多居民楼，楼道脏得要命，下脚都要小心，楼栏干坏了也没人管，门灯坏了也没人问，而且楼道中的杂物，多到如丘如山，你也挤占，我也挤占，更有养狗人家，家里不为这宠物准备便器，却让这宝贝到楼道大便小便。住平房的，屋内可以一尘不杂，院内却是区域分明，院外则是“自由之地”。每每骑车过胡同，总要小心各个门洞里是否有甚动静，否则，你正骑车赶路，说不定哪个门洞里便泼一盆脏水、热水出来。

中国人的这般毛病，非改不可，而且培养良好的公共道德观念，不客气说，对于炎黄子孙而言，正需从零做起。

公共道德观念的另一差异，是双方处事态度不同。西方人在公共关系上，遇到麻烦，先要讲清是非，如果失礼，必须道歉，否则，不是酿成争议，就会请律师出马。中国人在处理公共关系时，虽有争议，但其道德表现，主要是礼让。所谓“退一步，海阔天空。”没必要为小事而争斗。不但公共关系，即使邻里关系，也往往以礼让为贤。康熙时有一位文华殿大学士张英，桐城人氏，有一年他的老家修治府第，与邻居发生争执，告到桐城县，县官见双方都是高官望族，不敢决断，他的家人便写信给他。他以诗代语，劝诫家人说：

千里修书只为墙，让他三尺有何妨？

长城万里今犹在，不见当年秦始皇。

结果，你礼让我也礼让，就此成为一段佳话。

礼让是个好品质，什么事都论是非，打官司，未见得是件好事。西方人律师如云，官司如雨，看不出什么文明征兆。但礼让不等于忍让，如在公共场合，见到坏人坏事，只管一味忍让，无异于助纣为虐，养虎为患。想当初，若是多几个杨志，牛二必不能成为一方之大虫，又怎能成为青面兽的刀下之鬼？但我不主张不分男、女、老、幼，见坏人一拥而上，但坚决主张，认住坏人特征，尽早拨打电话，把它报案，这一点，前面已经说过的了。

（7）**环境卫生观**

环境与卫生不是一回事，但有内在联系。

先说卫生观念。卫生观念是现代人必须具备的观念之一。然而卫生观念的形成，既需要精神方面的提高，也需要物质条件的配置。有人说，美国文明是建立在抽水马桶和汽车上的，这一点，至少我很相信。而且我有一个坚定不移的信念，一个连屁股都擦不干净的民族是无法进入现代化的。在这个意义上说，文明也是一个需要强化的过程。没有现代化，就没有现代文明，纵有些皮毛，这文明也是脏的。

但卫生不能脱离环境，因为环境污染已经成为全球性的大问题。因为某些有害物质施放太多，弄得南极臭氧层出现大洞，结果人类皮肤癌患者急剧上升。因为大气污染，有的城市，生活其中一天相当于吸九根卷烟。北京的环境污染同样到了十分严峻的地步。但在北京城内，呼吸被污染了的空气，不知道一天相当于吸几支纸烟？但看四周围，尽是说红不红说黄不黄的晦人颜色，很容易使人的心情沉重起来。

环境问题，是有关人类生存的特大问题。但环境问题的解决，是个系统工程，需要资金，需要立法，需要舆论监督，还需要居住者的环境意识。

中国的事也好，外国的事也好，没有绝大多数公民的共同努力，是不可能在短时期就改变面貌的，环境问题尤其如此。因此，中、小学就应开设环境课程，国家应须颁布更详细的环境保护法，受害人应有充分的要求赔偿的权力，司法机关应对受害人的要求给予充分的支持，行政机关应对环境问题负起必要的责任。诚能如是，环境问题才有望解决。

这一方面中国人应该向绿色和平组织学习，对于任何危害环境的行为，包括污染环境、破坏自然和人工景地、滥杀野生动物、损坏各种植物植被，都应立即作出反应。毕竟地球只有一个。中国人应拿出爱家庭的劲头爱护地球。因为地球正是人类的家园。

(8) **开放观**

改革开放之前，中国人喜欢说，立足祖国，放眼世界；

改开开放之后，中国人天天说，打开国门，走向世界。

走向世界，既需要行动，也需要思想。现代中国人应该具有胸怀博大且与人相通的开放性世界观。

中国人应关心世界，发表意见，不但政府应发表意见，每个公民都应有自己的见解，发表自己的意见。世界不是哪一个国家哪一个民族的，套一句先人名言，世界是你们的，也是我们的，归根结底，世界是我们大家的。中国人居住在世界的东方，与其他民族、国家为邻，大家应该共同关心我们这个世界，别人关心的问题，我们应该关心，别人未曾关心的问题，我们也可以关心。

据说美国人的脾气，任是什么地方发生与他们脾胃不合的事，他们都要吵吵嚷嚷，表示自己的态度，而且要亲自动手，帮助人家解决问题。哪怕是这事端发生在天涯海角之端，发生在野老边荒之地，发生在某个小县某个小村某个小角落，连当地人都未曾引起多大注意的事情，一旦与他们的价值观念不和，他们也可能激动万分，也可能焦躁万分，也可能愤怒万分，也可能伤感万分。然后便要整理行装，办理户照，为人家去解决问题。

美国人的这种脾气是好是坏，且不管他，但身为人类的一员，中国人也应该对世界上的事情发表自己的看法，表明自己的态度。南极污染了，别人关心，中国人也焦心；鲸鱼危机了，别人着急，中国人也激动；太空出现新情况，别人兴趣盎然，中国人也高度注意。那里有人被杀，那里有油船泄漏，那里有森林大火，虽然出事地点离中国千里万里，虽然那里的人与炎黄子孙既不同族又不同种，但是，同为人类，就该有仁爱之心。孔夫子讲仁者爱人，身为世界经济一体化的中国人，不仅应成为具有博大胸怀的仁者，而且应爱世上一切公民。且关心世界，就该了解他人。世界虽然正在以激昂的情绪疾逕的态势走向经济一体化，毕竟不同民族有不同的文化传统，而不同的文化传统又形成不同的思维方式和行为方式。人类既要勾通，就该承认彼此间的差异，既要承认差异，就该了解他人。段连城先生写的《美国人与中国人》，为了证明这一问题，连举4个实例，证明不同民族的文化差异性。

第一个例子，50年代，"一家出版社为其对外宣传刊物设计了一个喜庆封面，像春联一样，大红色加黑字。送给苏联专家看"，人家一看，"反应强烈，问道：'你们是不是要办丧事?'因为在苏联，宣布丧事一般是用红色加黑边。"

第二个例子，六十年代，"要出一本宣传中国宗教自由的画册。摄影师为了显示云岗石佛之大，就找了一个漂亮女孩坐在佛腿上作为衬托。结果不能出书，理由是那幅照片对佛爷不敬。"

第三个例子，七十年代，"一位老同志在北京设宴招待美国左派的一位女领导人。席间说起中国人吃狗肉。"那老同志不明白美国人'爱狗成风，爱狗如命'，只顾就如何捉狗，如何灌冷水，一路讲来。这位美国妇女虽是左派，也一边听，一边说'哦。不！不！'几乎掉下泪来。"

第四个例子，八十年代，中国女排三连冠，一家刊物将女排身着短裤运动衣照片用作封面，"结果有些阿拉伯国家不许进口，因为那里的妇女是不能裸露肢体的。"

如此等等，可见彼此了解之难，但中国人要走向世界，非与各民族交往勾通不可。于是了解人家、理解人家、尊重人家，同时也要自解、自明、自尊、自重。唯其如此，才算有了些开放意识。

了解别人，自然和别人发生比较。比较各有优劣，人有所长，我有所短。照本书作者的看法，世界各种文化传统，就其宏观的发展而言，没有优劣之分，但在具体的历史发展阶段，确有先进、落后之别。先进、落后是客观存在，怎样比较都有高下之分。或者用自己的优点比人家的缺点，这样比，只能越比越不知天高地厚。或者专用自己的缺点和人家的优点比，结果越比越丧气，看人家的月亮，不亮也亮不圆也圆，自己的月亮亮也不亮圆也不圆。但总的来讲，寻找自己的缺点总比寻找人家的缺点更要紧些。历史经验证明，唯有那些善于寻找自身不足更重于向别人学习借鉴的民族才能成为大有作为的民族，唯有那些肯于不耻下问又肯于向别人求教的领袖人物，才能成为大有作为的历史人物。然而做到这一点谈何容易。美国写《丑陋的美国人》，受到奖励；日本人写《丑陋的日本人》就挨批评，中国人写《丑陋的中国人》，则引起争议。毕竟文化背景不同，对自我暴露弱点的心态也不同。但你总要进步。50年前，中国一位年轻的学人易君左写了一本《闲话扬州》，对扬州风物有所批评，结果，扬州人大怒，竟有扬州公众代表于1934年夏天成立了一个“扬州交易团”，一定要追究易君左的法律责任，结果，法院裁决，“易君左公开道歉，并且赔偿名誉损失费800元，交扬州方面办公益事业；中华书局则销毁《闲话扬州》纸版，停止发行《闲话扬州》——扬州人胜利了。”①

为此，当时还有人写一上联，算是对这事再添些黑色幽默。其联曰：“易君左写闲话扬州，引起扬州闲话，易君，左矣。”

---

① 《扬州文化谈片》第4—5页。

但事实证明，易君未左，而是当时的扬州人左了。因为扬州本文明繁华之地，竟没有一人出来为易君打报不平。

半个世纪后的今天，虽然还有人一听到批评中国传统文化就暴跳如雷，或有伤心落泪的，但毕竟时代不同了。研究中国传统文化研究中国文化品性，以及研究各地文化的著作此起彼伏，连年不绝，虽然未必篇篇都比易先生高明，惹火烧身的事情毕竟少了。

为了国家强盛，何必害怕批评。历史经验证明，那些勇于批评圣上的，倒大多是忠臣，而那些只会溜须拍马的，几乎没有一个好东西。因爱之深，故恨之切，所谓“恨铁不成钢”，此之谓也。

开放观念的形成，不仅仅是个理论问题，尤其是个实践问题。中国人应走出国门，同时也欢迎别人来中国做事。举个简单的例子，中国有几亿人口，输出劳务没有多少。其实输出劳务是一个富国富民，又开阔公民眼界和学识的好办法，以中国现有的劳务资源，即使输出 1 亿人，也可以的。虽然，也许整个世界劳务市场也没有这样的市场能力，但做些必要的努力，总是好的。

中国人在心志上，还应有与外国人兼容的能力。几十年前，中国排球成绩不佳，请日本的大松博文来华指导，很有益处。几十年后，中国足球状况同样不佳，从德国请来施拉普那，应该说同样也有益处。但愿这种尝试，不要浅尝辄止。而且中国球迷乃至每个中国公民还应有更为博大的胸襟。去年，非洲球员韦赫被国际足联命名为 1995 年足球先生。而他在同一年度还获得欧洲足球金球奖。欧洲人能把属于本洲的金球奖赠给非洲籍球员。而中国 95 最佳阵容，却没有一个外籍球员可以入选。对此，于俊先生作如下评价：

“正是在这种鲜明的对比之下，郝海东对南美只能望眼欲穿，范志毅亦不知他的德国之行要盼到何年何月，高洪波在万人签名的挽留中寸步难行。即使是区区一个中国足球最佳阵容评选，我们也将高佳、丹尼奥、马来罗摒除在外。而日本则把联赛的最佳球员奖馈赠给南斯拉夫的斯托伊科维奇，把德国的布赫瓦尔德、巴西的比斯尔克留在了去年日本中心足球最佳阵容行列。”①

要知道中化民族是最善于进行民族融通的伟大民族；

而步入 21 世纪的中国人岂能落后于人。

中国人将自立于世界民族之林，中国人正将步入世界民族之林。

我们企盼这一天早早来临。

① 见《足球》1996 年 1 月 18 日，《书赫的震撼》。

十八、五点理论反馈

先进文明的方方面面，迟早必将取代一切过时、落后文明的方方面面。

不同的民族、不同的文化类型会选择不同的文明结构。

文明的阶梯与社会因素的平衡。

在改革大潮面前：创造，适应，跳跃。

未来的中国，将是理论发展的黄金时代。

中国古有重视思想文化的光荣传统。这一点和日本和印度和俄罗斯都有区别。日本古无哲学，也无史学。他们的哲学一半存在世俗民风之中，一半借助于外来文化，主要是借助于中国儒学与佛学。他们的历史常与传说混在一起，令人可闻可读而不可辩。印度有哲学传统，但没有史学传统。印度的史学同样处在与神话与宗教相交叉混淆的朦胧状态中。俄罗斯是欧洲东部最大的国家，但进入近代之前，同样不曾在文学、史学、哲学方面作出过世界级的历史贡献。唯有古希腊古罗马堪与中国古代思想文化相提并论。

中国历史上，史学最为发达，儒学影响最大，文学与儒学既相异又相通，儒学经典中就有《春秋左氏传》。《春秋左氏传》便是一部地地道道的文学著作。中国人重视史学，不但古有私人修史之风，尤其有官方修史制例，这自然也和儒学的影响有某种内在联系。古代中国不但儒学、史学发达，而且道家、释家特别是禅宗同样发达，而且传播久远，流布四方。中国文学同样成就辉煌。中国的文论，虽然不似西方文论那样强调体系的完备和分析的系统性，但自有其深厚的内涵，且充满智慧与情趣。所谓儒学文化圈，与其说是中国物质文明的发祥地，不如说是中国精神文明的幅射场。其中最突出的自然是儒学思想，尤其是孔孟学说和宋明理学，其在东亚和东南亚的影响，可谓源远流长，根深势壮。

中国的现代化同样需要相应的理论尤其是哲学思想的帮助。我们讲人的现代化，人的观念的现代化，其中一个要素，就是哲学思想的现代化。而这一点，“食肉”者族或未自觉，社会需求已自前行。仅从改革开放以来的文化市场特别是图书市场看，即出现特别的文化景观——在相当长的一段时间内，不是文学书籍销售量大，而是思想、文化、哲学、理论著作独领风骚，整个80年代的畅销书中，大约此类著作要占去十之七八，而特别有影响的文学作品不过十之二三。这两三年，由于各种原因的综合作用，加上电视、电影的助力，情况有些变化。现代小说，主要是一些新名家的小说，占据相当市场，如王蒙、贾平凹、苏童、刘恒、刘震云、叶兆言、陈村、陈染、方方、池莉、王朔等，更是风采独异，卓而不群。但看发展势头，思想文化、哲学理论书籍将重新显示出自己的风采。至少会在形成读书热点方面表现出不平凡的实力。

历史地看，中国人虽有重视文、史、哲的传统，对抽象思维不甚关心。然而，现实生活的巨大变化，使人们产生或终将产生热切的理论渴望，而这种渴望又因为种种主、客观因素而变得更其热切，更其急迫。

当代中国处在改革开放的历史关头，新的变化天天发生，国外的世界，又因为我们封闭既久，显得格外精采。于是种种读书热潮，滚滚而来。先有弗洛伊德热，又有萨特热，再加上尼采热，还有卡耐基热，米兰·昆德拉热，汤因比热，以及各种名人传记热、报告文学热、柏杨热、李敖热、胡适热，林语堂、周作人、梁实秋热，及至这两年，对于五·四以来的各种思想著作，似乎都在发生兴趣。中国的哲学未来，真是大有希望。因为中国自古以来，没有过这样的理论胸襟：既要读通外国的理论精华，又要读透中国的历史先人。然后，交合中西，贯通古今，指点江山，发现自己。如此这般，经数十年努力，中国哲学，能不辉煌？

中国是个大国，大国会有相对独特的理论需求；中国又将是一个新兴的经济强国,新兴的经济强国将有独特的理论风格。中国还是一个具有数千年文明数百年屈辱与奋斗的文明大国，这样的文明大国必将有内涵深厚的理论底蕴。同时，中国的现代化，也应该包括思想、理论、哲学的现代化在内。凡此种种，使中国的理论兴趣，将会长期持续下去，其具体的热点，抑或三月一变，抑或三周一变，抑或三天一变，而其深层次的理论追求，将不达彼岸，决不会休止。

这里，谨就作者十年累积，谈几点浅见别识；也学时下风尚，称为对策五律。

1. 文明必在律

所谓文明必在，是指举凡先进的文明必然发生、传播、占据和存在于一切人类空间，虽然它的传播速度有快有慢，它进入不同的民族和区域有先有后，但最终它必将取代一切过时的或比它落后的内容。

文明必在律首先表现在科学传播方面。古时候，因为人类不是作为一个相互联系的整体而存在的，其相互间的传播、联系会受到影响，但先进的科学技术依然会随着不同文明区域的相互联系而得以传播。现在人们喜欢说，科学无国界，反映的正是这样一个事实。

科学无国界，技术也无国界。科学技术不因为哪个民族发明了它，它就属于哪个民族所专有，别人不能染指；同时，科学技术也不受它的发明地所限，即使你没有发明它，甚至你不理解它，或者你从自己的认识出发，打算拒绝它，结果也是毫无用处。拒绝科学，只能证明拒绝者的愚昧；拒绝技术，只能延长拒绝者的落后。到后来，科学一样要传播，技术一样要发展。晚清时代，铁路初入中国，就有人反对，说修铁路会破坏地脉，地脉一坏，国家的命运都将受到伤害。于是修了又拆。但是，铁路是近、现代运输的必须之物，别说修铁路与地脉二字屁不相关，就是真的影响了它的地脉，也没办法。用简单的比喻，鱼与熊掌既不能兼得，只好先把鱼儿丢掉，保住熊掌要紧。你地脉再重要，哪有中华民族的生存重要，即使伤了地脉会影响到八代子孙的幸福，也只好硬起心肠，说一声，对不住了，然后，该挖还挖，该凿还凿，不但大修特修，还要修够修好。

科学技术，岂止铁路一端。古代四大发明，出在中国，造纸术中国在汉代已然发明，传到西方，相差了好几个世纪，晚一点不妨，但一定会传播。没有造纸术和印刷术，就没有西方文艺复兴运动。由此可知，科学技术的传播有何等重要。

古代科学技术发明很慢，传播也慢。现代的科学技术，已经将整个世界联成一体，而且发展迅速，更新换代十分频繁。以电脑而言，3 年前 386 还是先进机型，去年 486 都开始落伍。给人的印象，几乎一年一大变化。这样的变化，如果哪个民族不能勉力追上，说这个民族前途堪忧，决不是一句虚话。

科学技术如此，生活方式也如此。先进的生活方式，必定取代落后的生活方式，不管你对旧的生活方式，怀念何深，感情何厚，你也只能发发思古之幽情而已。而且最好不要沉溺于幽情之中不能自拔，否则，给自己带来诸多痛若，到头来，还只能怨你自己不开化。以吃饭为例，中国人对于吃饭最为重视，吃的艺术也曾经堪称世界第一。然而，现代人的生活节奏快了，再想满汉全席，已不现实。况且说，满汉全席中许多菜肴都是由珍贵的濒于灭绝的野生动物的肌体所制作，纵然您老人家嘴馋如猪，也只能自己打嘴巴，算是望屠门而大嚼式的刺激。现代人生活节奏快，传统食品中，不好做、不好带、又不好保存的内容，即使不被淘汰，市场也一定萎缩。要等时来运转，这代人是没希望了。因此，快速食品应运而生。方便面刚到大陆有些人还不习惯，一会儿说有添加剂，一会儿说不对口味，一会儿又嫌价格太贵，一会儿又说常吃会营养不良。但经过三年五载，凡有中国人工作的地方，就有方便面存在。实际上，岂止一个方便面，再加上方便饺子、方便包子也还不够。于是肯德基在中国大发利市，汉堡包在中国名头响亮。未来的中国人，还会享受到各类的遍布于世界的美食美味，同时中国传统食品，也要进行更大力度的革新。否则，尽管中国曾在饮食方面独领风骚于世界，而今后，有可能因为老大思想作怪，成为落后于时代进步的分子。

吃之外，还有穿。时装流布于世界，已是无可阻挡的潮流。现代时装，一些地区还不能接受，但那只是时间问题。中国人开始何曾接受时装，但不接受有什么好处，不接受只能使自己吃亏。请问一个人有多长的生命，一代人又有多长生命，即使人人能活 100 岁，其中如花似玉的好年华能有几时。30 年不接受时装，就毁灭了一代人穿衣方面的美好情趣，60 年不要时装，就连子带孙都受惩罚。何况，时装还是个大市场，它不但能美化人生，还能带来滚滚财源。这等好事，如不争先去做，岂非世界极大傻冒？

不要说时装，即以牛仔裤为例，已经很可以说明问题。牛仔裤并非中国人的发明，但中国人穿上一样漂亮一样潇洒。文明必在律，至少对牛仔裤十分适用。中国虽称地大物博，文明古老，但如果取消了牛仔这道风景，会使千百万人感到不舒服。

吃、穿之外，还有住。现在大多数中国人还是满足于住单元楼，其实单元楼乃是最低层次的现代住宅。即便这样，单元楼也不是中国人的发明，单元楼不是，摩天大楼也不是，公寓楼不是，别墅更不是。虽然不是，何妨拿来。只消住得舒服、健康，管是谁的发明。中国人也不比外国人缺心眼，人家能学中国人的四大发明，我们为什么不能住他们发明的高级别墅，玩他们发明的摩天大厦。

生活方式之外，还有生产组织方式。不要以为凡是西方发明的东西，就是资本主义，就该反对。先进的东西，本没有地域之别，既然行之有效，就该来者不拒。大抵说来，中国的人民公社就比不上美国的农场更具生产效力，而中国的国有企业模式也不如西方的股份公司更具活力和效应力。尽管中国古有老字号，又有很多很大的国有企业，因为你的效益不行，你就该向别人学习。学习皮毛不行，还要洗心革面，洗心革面如果依然不成，只好推倒重来，就按人家的办法重新做起。实际上，中国的国有企业，如不进行全面改革，确实已经走到山穷水尽的地步。即使有些企业没有亏损，其组织形态依然不合现代经济的要求。中国国有企业改革，进行的四个分离——政企分离、“两权”分离、党政分离、社企分离，实际上已经是割头换心的大手术。我们希望这些大手术取得满意疗效，还中国国有企业一个健全的肌体。

产业如此，国家管理体制同样如此。人类历史上经过几千年封建时代，封建文明在人类史占据特别重要的位置，然而，青山遮不住，毕竟东流去。西方近代文明终于取代封建文明，不管你如何顽强，终于被一个一个摧毁。英国革命发生于1640年，法国革命发生于1789年，英、法虽然只有一海之隔，革命的间隔差了139年。法国革命时，德国人还在一心一意追求统一，而俄国还刚刚开始向西方学习。而此时的中国，正在为大清王朝的昌盛不衰而沾沾自喜。但不管怎么样，法国封建王朝灭亡了，德国帝制灭亡了，俄国革命发生了，中国辛亥革命也一举结束了在中国实行了2 000多年的封建帝制。从1640年到1911年经过了271年，然而1914年还是爆发了第一次世界大战，1939年又爆发了第二次世界大战。但不管怎样大战，毕竟封建时代已彻底灭亡，军国主义也彻底败亡，法西斯主义同样得到毁灭性下场。先进的体制终究会取代落后的体制，不管你对这体制有怎样的感情，有怎样的企盼，也不管有多少人曾为这体制而牺牲，或者多少人曾将这体制作为自己毕生的理想。

还有思想。科学没有国界，思想也没有国界。因此，孔夫子所代表的儒家文化，不仅属于中国，不仅属于儒家文化圈，而且也属于世界。同理，西方的著名哲学、科学以及一切有价值的学术著作和思想也一样属于人类，属于世界。虽然洛克是英国人，虽然笛卡尔是法国人，虽然康德是德国人，虽然爱因斯坦是犹太人，但他们的思想已经成为人类所共有的文化遗产。而未来的文明必定是人类历史文明的共同性继承。

2. 模式结构律

如果说，文明必在律讨论的是人类文明的共性规律，即不论哪个民族，必然会走向文明，那么，模式结构律讨论的则是个性规律，即不同的民族或者说不同的文化类型会选择不同的文明结构即文明模式。比如同是改革家，彼得大帝就不同于明治天皇；同是征服者，亚里山大大帝也不同于成吉思汗。

模式是由结构的不同组织形态构成的，而结构是由不同的因素或相同的因素按不同的比例组成的。同样的因素，因为组织方式不同，会形成不同的物质，例如人们熟知的金刚石与石墨，其组成原素完全一样。因为它们各自原素的结构方式不同，结果成为两种差异极大的物质，一个很硬，一个很软。袁世海先生讲到京剧铜锤花脸和架子花脸的区别，认为两个行当都重视唱、念、作，但对三者的安排顺序不一样，铜锤对这三者的安排顺序是唱、念、作，架子花脸对这三者的顺序是作、念、唱。同样三个因素，顺序一倒，比重一变，就形成对比鲜明的两个行当。

对于结构的理解，可以成为某种认识世界的方法。比如对人才智能结构的分析，就可以使用这种方法。王国维是个学术天才，他对自己的智能特点有中肯的分析。他认为自己不能成为哲学家，哲学家重理性，自己感情太重；但也不能成为文学家，文学家重情感，自己又理性太多。哲学不成，文学不成，扬长避短，作美学研究正好合适。老舍先生作过教授，外语也好，他的语文功力，怕是一般文学家难于望其项背的，他当教授一定也是很出色的人物。但他更擅长更喜欢的还是写小说，虽然老舍堪称学者，依然以小说家闻名于世。林语堂，外语出名，因编英语教材而获得过很高的经济回报。他的中文好，英文也好，以英文向英国介绍中国文化，至少直到今天没有人超过他的。他作翻译家，一定出类拔萃，他的数、理、化同样有卓越才能。他写的小说，也有很大的影响和发行量。但比较起来，他的散文还是最为出色。林语堂的智能结构显然与老舍不同，与钱钟书更不一样。钱先生虽然姓钱，挣钱的本事不如林语堂，数学才能更不行，考数学连及格都成问题，当发明家自然毫无指望，他外语同样出名，学识更其出色。以学识而论，林语堂远非敌手。小说写得也好，他的《围城》，其成就远在林先生的几部小说成就之上。他们两位虽然都是全才，可见全才与全才比，也有模式的不同。康德也是全才，早期文章，写得非常漂亮，而且他的学识之广，同样文理兼通而且兼精，但论他的哲学思想，已是人类哲学史上少见的巨星。莱布尼茨也是全才，其才能的全面，牛顿比不上他，但科学地位，则他不如牛顿。尽管与牛顿在微积分的发明权上大战一场，其科学地位依然不如牛顿。但他既是科学家，又是哲学家，还是社会活动家，兼作外交家，而且样样有成，样样出名，这一点，是牛顿爵士比不上的。

结构的理论价值在于，它认定组成因素的比率不同而形成不同的模式，而不同的模式无论对于一个人，或对于一个社会都具有极其重要的实用价值和效益价值。

比如一个运动员，只有单项运动指标突出，意义不大，甚至于毫无意义。比如一位篮球运动员，只是弹跳力好，别的都平平庸庸，那肯定不能成为一名球星。即使样样都好，单是心理素质差，也是个致命的弱点。平时训练如下山猛虎，5 个人都打不过你 1 个，一参加正式比赛，特别是国际大赛，马上心跳加速，面色苍白，腿肚子不断抽筋，手腕子僵硬无比，该断的球也断不到，该投的球也投不中，篮板也没份，罚球也不中，这样的运动员，堪称极端训练型人物，任何奖项，都与之无缘。

比如一位将军，当然对士兵要有爱心。将军不爱兵，即使他样样全能，也不能成为出色的指挥员，但只知爱兵，别的一概平庸，也不能为将。看见血就想哭，看见自己的部下流出血来，就禁不住号啕大哭，这样的将军应立即送去看心理医生。否则，他不但会断送自己的前程，尤其会断送全军荣誉。

又如一个国家的文明建设，不能单打一，只能全面协调发展。就是只有个别项目优秀还不行，非有优良结构才好。别的全不行，就是治安特棒，真个路不拾遗，夜不闭户，将10万元现金丢在街上都没人拣，根本没有抢劫、强奸之类的刑事案件发生，想弄明白什么是强奸案都得查百科全书。但是人民穷得要命，生产落后得要命，一个个饿得两眼发蓝。这样的国家，尽管有最好的治安，我们也一定不敢接受它。单打一打得再准，不过单打一而已，如果靠单打一就能取得胜利，关羽的大刀无比厉害，项羽的长枪同样厉害，刘玄德为什么还要三请诸葛，楚霸王又怎能够兵败东江。

以当代资本主义而论，虽然都属于市场经济，但英国与德国就有很大区别，英、美与日本又有很大区别。差别固然差别，本质上并无两样。本质上尽管没有两样，毕竟对比几方的构成模式，还是各有不同。因为模式不同，所走的道路也不同，发展曲线又不同，效应方式还不同。

法国一位著名企业界人物米歇尔·阿尔贝曾认为资本主义有三个不同的变种，首先是英、美式的个人资本主义，其次是欧洲大陆的互助资本主义，再次是日本的公司资本主义。

个人资本主义，强调的是个人价值和个人创造性。三种模式相比，美国人确是最有创造能力，不说别的，单以诺贝尔奖金而言，美国人就独占鳌头，几乎年年获奖。美国人强调个人价值，反对对个人的过多干预，个人隐私自然不能干预，个人选择也不能干预。它的优点在于，创造力出于自愿，它的缺点在于，教育成就很不如意。德国的战后奇迹，很大程度上是靠教育特别是职业教育的成功。这一点，美国人学不到手，也没有学习的劲头和意向。美国固然是世界上最有创造性也最富有的国家，他的流浪者和文盲半文盲状况，都比德国严重。

美国人强调个人主义，日本人强调团队精神。日本战后经济同样创造奇迹，在许多方面，不但让别人刮目，而且令大老美吃惊。日本经济已跃居世界第二位，虽然这两年遇到不少麻烦，但其成就也是有目共睹的。日本人的团队精神，表现在政府、企业、行会之统一体，共同为日本的经济发展而出力。这在美国又行不通，美国自罗斯福新政开始，也讲国家干预，但美国式的干预都是间接的。你有市场，我有政策，我以政策影响你的市场，但企业和个人的创造自由，则是任何一个政府都无权干涉，无法干涉，无能干涉，也无意干涉的。美国第三届总统杰斐逊有一句名言："最好的政府，乃是最少管事的政府。"这话虽出自杰斐逊之口却反映了美国文化的传统精神。罗斯福固然强调政府干预，但从他的宏观文化品性考察，他仍在相当大的程度上继承了自由主义精神。美国政府不直接干预企业的行为，更不干涉公民 个人的择业行为，日本政府就不一样了。日本政府不但关心企业，而且要出谋划策，很多事还要具体帮助，你不让日本政府管企业的事，不但日本政府不同意，连企业和行会都不同意。他们会说，你政府什么都不管，还要政府干什么！

但日本政府管得太多，陷得太深，终于管出了麻烦。这麻烦虽然不自田中先生始，却在田中那里引发了政府危机。然而和后来的日本泡沫经济背后隐藏的数万亿呆帐相比，田中所遇到的麻烦也不算大了。

不同的模式自然有各自的优势，也有各自的劣势。若无优势，这模式怎么会产生，怎么会发展，怎么会取得那样的成就。若无劣势，怎么会出现问题，怎么会产生麻烦，怎么会被人超过，又何必研究对方，要求完善或者改革呢？

但模式的确立，不仅是主观努力的结果，而且和各自的文化传统有内在关系。英国历史自然和法国与德国有很大区别，英国近代文明是以经济革命为其主流的，而且它古有“大宪章”传统。国王地位虽高，不得随意侵害贵族利益。在近代革命之前已经不能随便侵犯贵族利益，在革命之后，更不能随意侵犯工商界的利益了。英国自古是个国王与贵族希求平衡且找到平衡保障——大宪章的国家，工商处在国王与贵族之间，可以左右逢源，又可以前后有靠，还可以支持一方，反对一方。英国的近代革命，总体上看，是平稳的，平心静气的，革命自然不能不流血，但英国人的血珍贵得很，一点一滴都有价值。英国革命不如法国革命轰轰烈烈，也不如德国近代政权那样飞扬跋扈，但它的革命是发自骨子里的，先讲经济，打好基础，虽然楼层外表不甚华丽，但地基却是异常牢固。18世纪的产业革命出自英国，不是偶然的；英国革命一旦成功，便平平稳稳以得300年发展，也不是偶然的。英国文化传统决定了英国的近代文明选择。

法国另是一番景象。英国近代文明，社会变革，经济为主。法国的变革则是社会革命，政治为主。因为政治为主，所以表现得轰轰烈烈。不革命则已，一革命便惊天动地，使法国发生天翻地覆的大变化，使世界为之震惊，为之目瞠。然而，经济不牢，动乱必大。法国自1789年大革命起，经历三次帝制，五次共和，加上两次大战，可谓艰难曲折，五味毕尝。但法国没有走上法西斯道路，道路虽然曲折均不离市场经济轨道，又不离资本主义文明，共和是资本主义，帝制还是资本主义。政治方面固然变化万千，经济方面犹然年年进步。法国模式的贡献仿佛一位古代侠士，自身固然有本领，对于世界文明的影响来得尤其剧烈和浪漫。

德国另是一路。大凡资本主义早期文明，首先是强调国家的统一和强大，争取走向民主和繁荣。意大利如此，荷兰如此，英国如此，法国如此，德国自然也是如此。但德国的经济基础比法国更为落后，它的长期分裂局面又使它在统一上用尽了心思，想尽了办法。正是在这样的情况下，德国才有俾斯麦的活动舞台，而且自俾斯麦时代起，德国就种下了要与世界争雄的种子，并且终于因为霸占洛林等地区而给后来的第一次世界大战埋下了祸根。

第一次世界大战的责任自然不全在德国，但第二次世界大战的法西斯主义，却是以德国为首。英国不曾走向法西斯，独德国出现法西斯，自然也和德国的文化传统与他们在近代以来走过的道路有关。德国的近代社会结构，处于严重的非平衡状态，它具有强大的政府组织，具有强大的军事力量或军事潜力，却没有相应的经济文明和文化环境。于是结构倾斜，终于走上危险、罪恶的法西斯之路。

以中国和日本相比，同样具有文化结构方面的历史差异性。日本原本落后于中国，但日本在明治维新之后，只用短短30年时间，便打败中国，只用一个多世纪时间，便在亚洲脱颖而出。尽管它是第二次世界大战的战败国，但其经济实力和发达程度，不但在亚洲首屈一指，而且较之美国和欧洲也并不逊色。

中日文化传统相比，可以写一本大书，这里只讲两个具体的方面。

一个方面，日本文化很多来源于中国，日本人也不忌讳“文源于唐”的说法。但它对中国文化有引进又有选择。有人曾作过这样的归纳：

日本人从中国引入佛教，但不引进道教；

日本人佩服中国的宫庭制度但不要太监；

日本女人学习中国礼法但不裹小脚。

虽然大体上，两国都处同一类型的文明传统中，但这三点差异，确实表现出日本文化的鲜明特征。

另一个方面，日本与中国传统文化的很大差别在于，日本人拒绝外族人但不拒绝异族文化，中国人不拒绝异族人但总以文化正统自居。

日本人自认为大和民族生于一体，所以不能接受外族人，但他们对异族的文化，却非常欢迎。日本传统文明，近代之前，主要受中国人影响，近代之后，主要向西方学习。日本人不忌讳向别人学习，而且以学习为荣，所以日语中不但有许多汉字，而且杂有很多西洋文字。日本人对中国儒学十分熟悉和敬重，对于中国古典文学中的人物，如诸葛亮、关云长、张翼德、赵子龙，他们不但熟悉，而且充满钦佩之情。

中国传统，对于异族，反感不多，而且一旦相互接触，便很快融为一体，所以五胡乱华，终于相互交融；元人入侵，终于接受汉族文化；清人入关，汉化更快。但中国人的老大思想严重，只承认天朝的伟大，看不起东洋人，也看不起西洋人，自认为天下居中，又自以为是天下正统。抱住儒学传统不放，既不愿向西洋文明学习，也不愿向东洋文明学习，僵化、保守，终于落后于人。

但要说明的是，虽然传统不同，现代化道路是无可阻挡的。模式结构律的意义在于：以别人的模式作参考，找出自己的特色模式，以一种新的文化结构，超越旧我，塑造新我。

3. 发展阶梯律

发展阶梯律研究的是经济历史演进过程中的阶段性规律。

阶段是一种客观存在，仿佛人的一生要从小到老，从生到死。承认阶段，是为了科学地处理好与发展的各个阶段相关的事宜。如同孩子的智力开发，开发晚了会造成终生遗憾，开发过早又会造成人的损伤。同理，人到老年，过早退休势必影响退休者的收入，过晚退休又会给退休者的晚年生活带来某些不利。阶段不是臆想物，超越阶段的想法，有时会成为主观臆想。比如大跃进时代提出的 3 年超英，5 年赶美。从那时起，到现在已经过了将近 40 年，既没有超过英，更没能赶上美。就是再过 40 年，能不能赶上美国，同样还有一些疑问。超越阶段，即超越规律，而规律是不能超越的，硬去超越，便有如揠苗助长，或者如同自己揪着自己的头发硬要飞腾升空一般。

这里谈 4 个有关经济发展阶段的问题。

(1) 类型阶梯：劳动力密集型到资金密集型再到科学技术密集型

所谓劳动力密集型，即以劳动力为主要创利手段的企业生产或流通类型。比如早期的手工作坊，技术当然也要，但主要是人海战术，人多势壮，效益也大。又比如火车装卸工，人人一把大板锹。火车一到，但见锹光飞舞，人越多，效率越高。

所谓资金密集型，即以资金为主要的创利手段。同样的劳动力，同样的技术水平，我的钱多，你有一间工作间，我有两间；你有两间，我有八间；或者你做 1 个广告，我做 10 个广告。不是别的，因为我资金雄厚。因为资金雄厚，所以财大气粗。因为财大气粗，利润也多。

所谓技术密集型，即以科学技术作为主要的创利手段。仿佛古人所言，兵不在多而在精，势不在大而在谋。想当初任原大摆神州擂，长得人高马大，喊声如雷，勇则勇矣，只是没有多少计谋，燕青虽然不如他高大魁梧，但比他聪明灵活，但用几招小计，便把这金刚一般的蠢汉丢下台来。技术密集型是市场经济条件下创造高额利润的主要手段。它比之劳动力和资金显然有更大的威力和更大的可塑性。

各种生产类型，各成一个阶段，由低向高发展。第二次大战以后，日本经济即属于劳动密集型经济，五六十年代，进入资金密集型，70年代后，技术密集型取代资金密集型，从而为日本经济的飞跃提供了必要的条件。

这样看来，中国的现代化道路，自然要由劳动力密集型不断向资金密集型技术密集型过渡。以现在中国的经济状态看，东部发达地区，处在资金密集型成熟的前后期，而绝大多数乡镇企业，中西部地区还处在劳动力密集型的状态下。技术密集型或甚至信息密集型的企业也在不断出现，但无论就数量还是就总体比例而言，技术密集型企业还没有形成优势，以其为主导的类型阶段尚未到来。

研究企业创利的类型阶段，目的在于使中国的企业发展有个参考，从而不断改进和调整自己的产业要素结构，以最佳方式达到类型的转换。

需要注意的是，类型转换有它本身的规律。中国人口众多，劳动力资源因而丰富，剩余劳动力情况严重，因此，虽然劳动力密集型属于比较原始的产业类型，但它适合中国的国情。对于此类企业不能盲目排斥，相反，应充分利用中国的劳动力资源优势，吸引外资，扬长避短，虽是以量取胜，也要打出节奏，打出秩序，打出水平，并为以后企业类型的成功转变打下良好的基础。

（2）产品阶梯：从初级产品到加工产品到高附加值产品

农业自然经济条件下，所产物品几乎全是初级产品，土豆就用簸箕撮，小麦就用垛子垛，玉米就往梁上拴。小农经济是自给自足经济，只要实惠不要好看，只讲节俭，不问方便。但在市场经济条件下，初级产品显然处在不利地位。因为是初级产品，劳动含量少，价值很难上去；运输、使用不便又很难形成热市。在卖方市场时，商品不多，萝卜快了不洗泥，瓜甜也卖，瓜苦也卖，你不买别人买，有点卖的就摆威风。但一旦商品数量多了，初级产品成了小媳妇，超市不要，出口不行，摆在一边，好不可怜。

同样的产品，初级产品如果只有5%的利润，到加工品的利润率会翻一番，而深加工品还可翻番。比如75克小麦，值几个钱，变成面粉，就贵了一些，再变成小袋面粉，又贵了一些，加工成馒头、面包，又贵一些，变成方便面，尤其是包装精美、好带好用、佐料齐备、味道鲜美的方便面，还贵一些，小麦能有这般变化，仿佛大姑娘十八变，越变越好看，实在是传统农业生产者所始料不及的。

中国农业的出路，一在科技进步，二在规模生产，三在产品深加工，有这三条，农业经济必有前程。

这种从初级产品到高附加值的转变，不仅农业而已，对目前中国的经济状况而言，几乎一大半商品都存在适时转变阶梯问题。

（3）**企业阶梯：从分散生产到规模生产到行业生产**

中国改革开放以来的工商业发展，以三资企业和乡镇企业最为引人注目。三资企业这里不讲，乡镇企业的特点，即自负盈亏，行动灵活，规模不大，随乡而立。

乡镇企业规模小，但其经营方式完全或大体是合乎市场经济要求的，这一点，使它们较之国营企业更有活力。乡镇企业内容也复杂，乡镇企业是个统称，其中有许多其实是私人企业，或者挂着乡办企业的牌子，或者顶着村办企业的名义。

乡镇企业特别是农村私营企业，因为布局过于分散，技术水准很低，又没有各种保护措施，所选择的项目，又基本上属于劳动力密集型的，且多是大中城市不愿意承揽的项目。所以往往耗费资源大，环境污染严重，工人的人身保护不到位。

在这样的条件下，这些企业为了生存，拼命寻找市场，一旦发现好的市场，不管本身条件如何，不管是否合乎国家有关规定，便想方设法，一定要上。比如烟的市场好，便村村制烟，酒的市场好，又处处造酒，景德镇的私人瓷厂远远多于国营企业，其经营方式比国营企业更是灵活百倍。南方一些酒厂，尤其八仙过海，各显其能，造酒的速度国有企业连想都不敢想。

于是，越是那些有高额利润，那些污染严重，那些国家限制的行业，越如同长疯了的野草一般，锄也锄不尽，药也药不死，烧也烧不光，这里边，尤以小烟厂、小酒厂、小纸厂、小金矿、小煤矿为最，人称金、木、水、火、土，又称“五小”乱中华。

“五小”如此猖獗，原因也多。最重要的原因，一是农民太穷，二是管理不善，这个不去讲它。可从经济效益和经济发展前程而论，四处分散的小企业不合乎市场经济的要求，而且成本过高，费用太大，污染严重，后劲乏力。小企业终应成为规模企业，规模企业又必然向行业经营的目标发展。

所谓行业经营，即一个区域内以一种产业为其主导性产业，如北京的电子一条街，服装街，美食一条街，高技术产业开发区等等。世界上这类成功的试验，如瑞士的手表业，荷兰的花卉业，尽管是一个行业，却为一个国家的经济生存提供了基础。所谓行业立国，高速发展。中国是个大国，其行业经济集中性发展的余地也大。而且一些知觉早、动作快的地区，已经具备了发展行业经济的基础条件。

国家既要反对"五小"，就应该为规模生产和行业性集中生产创造好的外部条件。好比你要武松打虎，就该将酒将肉送与武松，否则，让武二郎天天挨饿，却把老虎喂得皮光眼亮，武二爷固然神武绝伦，怕也难免成为老虎的早餐。

（4）**商品走向：从自给自足型到出口导向型到自主消费型**

经济落后，只能先以自给自足为目标，但市场经济反对的就是自给自足，而贫穷地区的优势在劳动力价格低廉，于是便走出口赚汇的道路，等到经济发展达到一定的阶段，又由出口导向型转变为自主消费型。

而这一切，都与人民生活的贫富水平因果相关。穷得要命，先说活命；有了吃穿，便要发展。发展莫如创汇，于是在有条件的地方——主要是沿海地区，大力开拓外向型经济空间。这时，最好的衣服自己不穿，出口给外国人穿；最好用的用品自己不用，出口给外国人用；最好的食品自己不吃，出口给外国人吃；最好的儿童玩具自己的儿女不玩给外国儿童去玩。不是中国人傻了，看见好衣服就讨厌，而是中国人太穷，穷则思变，变则要有牺牲，于是自己勒紧裤带，去发展外向创汇型商品。这种时候，人们对出口转内销的商品最为青睐，因为它的价格不贵，而质量和花色品种都比国内商品好上许多。

但这种情况只能是经济发展中的一种历史过渡。毕竟，中国人也是人，而且是西方人认可的最有智慧的人，如此智彗的中国人怎能满意把那么美好的商品都先卖与他人。于是，当经济发展到一定阶段，人们的消费水平达到一定层次的时候，就会由出口导向型转向自主消费型。

对于这一点，奈斯比特先生在《亚洲大趋势》一书中已有议论，而且他将"从出口导向型向消费自主型"作为亚洲经济发展的八大趋势之一。

但我们要说，中国人头脑不要热，东部地区，应该以出口导向型作为自己的阶段发展目标，而中部地区同样应把向东部地区“出口”以及直接出口作为自己的阶段性发展目标。依次类推，西部地区依然如此。中国大陆现在虽然有相当数量的外汇储备，但和台湾比，数量不多，以人均占有数量比，数量更小，若能在出口方面发展顺利，则中国经济起飞的翅膀还要更灵活更矫健。

研究中国经济发展阶梯律，目的在于认准自己所处位置，从而既不浮躁轻狂，也不丧失转轨的时机。

4. 组织平衡律

对于经济时代而言，平衡发展自然是最理想的态势。然而，这只是一个追求目标和理想。绝对的平衡或均衡是不存在的，或真的存在，也不是好消息。仿佛人们现在熟知的黄金分割律，黄金分割律只有一个：0.618。它经过千百年历史事实的考验，自然有它的伟大价值。但黄金分割律同样不能绝对化，如果要求所有的音乐作品必须100％地合乎黄金分割律，那么世界上也许只会剩下一首歌曲。而只剩下一首歌曲，人类将无法判定它是好是坏，黄金分割律用于人体美，也可以找出诸多证据，但同样不能绝对化。如果硬要绝对化，全世界只能有一个美女。全世界只有一个美女，肯定令人心烦。好在上帝慈悲，世界上不但没有出现这样悲惨的事，恰恰相反，世间的美女正是数不胜数。由此看来，黄金分割律固然重要，打破这个分割律也很重要，但是无论如何，它是一个客观存在。比如晴雯小姐虽然有些水蛇腰，这水蛇腰可能和黄金分割律有点矛盾，但因为矛盾，晴雯小姐的个性风采更其突出。但不能过度，如果你认为既然晴雯小姐水蛇腰不那么合乎黄金分割律，然而依然美丽，于是就一不作二不休，索性把水蛇腰变成“刘罗锅”，那可就又左了。结论是：规律不是教条，但规律又不能违背，小的调整可增进活力，大的背谬则必受惩罚。

组织平衡律的本意是说，唯在平衡状态下，才能取得最快的发展速度和最高的经济效益。

然而，需要平衡的内容也多，甚至多到数不胜数。

如：公民个体、社会团体和国家利益的平衡，如不平衡必生麻烦，小不平衡则生是非，大不平衡则发生动乱。

如：不同地域间经济发展的平衡，小不平衡，可以接受，大不平衡，必遗祸患。

如：精神文明与物质文明的平衡发展，如不平衡，则或者走向僵化教条，或者走向拜金主义。

如：中国经济发展与周边国家和世界经济发展状态的平衡，如不平衡，或者国家利益受损，或者不能与世界经济顺利接轨。

但有一点必须说明，平衡不等于统死，这如同统一不等于同一。强调平衡，不是说万物归一，二锅头也这个味，西凤也这个味，五粮液也这个味，茅台还这个味。

有人以为，既讲平衡，就该一切统一于现代化。回答说，统一不错，但有分工不同。社会应该有统一的目标，但不同行业、不同岗位、不同区域、不同阶层应该也必须有不同的职能。只有这些不同职能得以充分发挥各自的作用，统一的社会目标才能得以顺利实现。

套用一个习惯说法，有矛盾才有一致，有对立才有统一。可惜，这个思想，在相当长的一个时期内，成为了斗争哲学的工具。一讲矛盾，马上想到阶级斗争，一讲对立马上想到阶级敌人，结果弄得疑神疑鬼，草木皆兵。

有敌人当然要与敌人斗，有阶级斗争自然要讲阶级斗争。中国古人有“敌戒”之论，认为因为有敌人的存在，内部才更易团结，情绪才更能振奋，国势才更其昌盛。比如大地震面前，一切内部矛盾都隐藏而去，无论男女老幼，一心只是救灾，这般时候，无需灌输、教育，人人奋勇当先。

但组织平衡律的理论价值，不但在于非常时期，尤其是运用于正常状态下。毕竟，人类文明，常态时多，异态时少。所谓关云长大刀虽然厉害，只能用来杀人，华佗先生的小刀固然很不显眼，却能救人性命。

常态下的组织平衡，同样要求各种不同职能不同利益不同矛盾方面都必须各司其责，甚至各求其宜，以其不同作用力所形成的共同强力，使得社会生活得以平衡和发展。

具体地说，企业就是要千方百计追求营利；而税收部门就要千方百计研究收税；学者就是要费尽脑力研究学问；出版者则要横挑鼻子竖挑眼，发现这学问中的毛病；孩子们就要一切有利于成长；老年人就是要一切服从于幸福；警察就是要费尽心机捉拿坏人，保护好人；工商部门就要想方设法保护合法经营者，取缔非法经营者；卫生部门不管你是谁，不合卫生标准一定纠正，违背卫生法决不宽容；检疫人员，只看结果，六亲不认；野生动物保护者，宁可开枪杀人决不使保护对象受损；法官就要依法办案；律师就要依法辩护；犯罪嫌疑人只管百般申辩；公证人员只管为当事人作证。唯有如此，经济才能发达，社会才能文明。组织平衡律在经济发展时期的适用范围故为广泛。许多具体内容，前面已有所叙，这里只讲4个基本方面。

（1）**历史平衡，寻找最佳生长点**

与历史平衡，首先需要找出与本民族历史传统相适应的内容与方式。前面提到的英、美资本主义属于个人资本主义，日本资本主义属于企业资本主义，欧洲大陆属于互助资本主义，其实都与它们民族的传统相联系。英国有大宪章传统，法国有军团主义作风，日本有团队精神，所以日本的企业强调整体效应，一个日本人可能不如一个美国人更富于创造性，但三个日本人就可能比三个美国人更有凝聚力。中国文化传统最重视人际关系，重视亲情、乡情、友情，这个前面说过了。反映在现代人们对历史文化的选择上，理应发挥其长，而避其短，扬长避短，确定自己的最佳继承点和生长点。

西方近代企业，一直将利润率放在首位，利之所在，义之所在，没有利办企业作甚？利小不如利大，为着寻求最高利润，最好从一头牛身上剥下两张牛皮。中国企业自然也要营利，没利同样没趣，就是你有趣，价值规律也不喜欢你。但中国是一个有着浓郁人情味的国家，好的管理者，不但懂利润，还要懂人情。即使你有本领从一头牛身上剥下三张牛皮来，你也不要那样做，而应该只取一半留一半给你的雇员和同仁。中国古有中庸传统，凡事一做过头，马上招来指责，物极必反，乐极生悲。你要说为什么西方人赚了又赚，就没有生悲，我们中国人甚至没有乐极，已然生悲。回答说，因为国情不同，传统不同。基督耶稣固然喜欢“马太效应”，孔夫子却主张中庸。中国的事业，与其办得风风火火，不如办得一路顺畅，不求大起大落，但求通行无阻，只要通行无阻，就有希望成功。所谓“不怕慢，就怕站，”企业家不明此道，在中国很难做人。

中国文化传统注重亲情、友情、乡情，所以夫妻店便有市场，也有效益。特别是乡镇企业，尤以一族一姓主办的为多。这里面当然有弊也有利。但至少从现阶段而言，还是利大弊小。自然，以家族圈形成的企业，难免任人唯亲，难免排斥外来人才，难免有背离法治之嫌，如同某些有名的乡镇企业出现种种不利局面一样，但中国传统如此，顺之容易成功，逆之增加阻力。

与历史平衡，不等于一味向历史献媚。凡历史上有的方能思考，方能讨论，古人有例，便理直气壮，前人无例，便手足无措，这没必要。历史文明，需要借助外来文化的帮助，日本人若不吸收中国文化和西方文化，就没有历史的繁荣也没有今日的昌盛。唐王朝若不吸收佛教文化，也没有大唐文化。秦王朝若无客卿的帮助，便不能统一中国。美利坚若不吸收各国传统文明的智慧，也不会如此强大，甚至没有其出身之地。

历史的平衡，需要历史的发展，发展才能平衡。传统的平衡，需要引进外来文明，引进才能平衡。否则 1 000 年只是孔夫子，孔夫子也会不高兴；10 000 年依然只有孔夫子，等于毁灭儒家传统。一要继承，二要借鉴，两者结合的好，便会产生双倍的社会效应。一时结合不好，也会给后人提供有益的经验。

与历史平衡，尤其需要创造，仿佛一个天平，历史处于一头，现实处在一头，如果没有创造，则天平只会向历史倾斜，而不会保持平衡。创造是历史的生命，人们讲到中国古代皇帝，总会想到秦皇、汉武、唐宗、宋祖、还有成吉思汗与康熙大帝。如果一切都照秦皇的去办，那么就不会有汉代的兴旺发达；一切都按秦皇汉武的去办，又不会有唐宋文明。况且说，秦皇前面还有春秋战国，春秋之前还有远古三代，如果一切不变，讲文明就去问周公，讲军事就去问姜尚，讲医学就去问岐黄，讲水利就去问大禹，那么中国 5000 年文明岂不成为一纸空文，如作者一般的炎黄子孙怕连裤子都穿不好哩！

继承，借鉴，创造，三者的有效结合部，即是历史与现实平衡的最佳生长点。

（2）**理论平衡，寻找最大涵盖量**

理论平衡包括两个基本方面，一是理论与现实相协调，二是理论本身得到发展平衡。

理论与现实的平衡，在道理上极易明白。理论过于超前，则没有市场。人们无法理解，只好束之高阁，以待他年——如果这理论真有价值的话。理论如果滞后，则会出现理论乏力的社会现象，理论乏力，如同人的精神不振，虽有发达的肌体没有相应的头脑，四肢发达，头脑简单。基本平和时期，便是蠢才，若在变革时期，难免出现盲动。

从理论与现实的实际效应上看，理论还是超前些好，超前比滞后好。理论流派还是多些好，多些比少些好。理论发现还是来得快些好，七嘴八舌比四平八稳好。理论越是发达，人的选择余地越多，社会因而容易进入有效发展阶段。

理论自身的平衡，基本前提是百花齐放，百家争鸣。如果只此一家，别无分店，平衡就没有基础，两条腿走路，一前一后，就是平衡。只一条腿走路，走也是蹦，跑也是蹦，有什么平衡可言？

理论的特质在于，它不怕错误。理论的错误常常是相对的，它相对于某个时代而言，可能是错的，但换一个时代，又可能是对的。比如孔子学说，在战国时代，就不算正确，若是正确，为什么战国七雄谁也不肯推崇他的理论，灭六国并取天下的秦国还尤其对他的理论大不感冒。但孔子学说，在战国不受欢迎，不等于它永远不受欢迎，到了汉高祖时，就已经初露锋芒，到汉武帝时，便唯我独尊起来。

理论的另一个特质在于，不同的理论流派可以形成共同的理论效应，即共鸣效应。中国古代，自以儒学最有影响，但代表中国传统文明的，不但儒学而已，至少还有佛学、道学。先秦时代百家争鸣，正是共鸣效应的最好验证。如果只许一只鸟叫，别的鸟全不让唱，那么，这鸟唱得再好，只嫌其单调无变化，听不许久，便会生烦。

西方自近代以来，以私有经济称雄于世，但这并不妨碍公有理论的发展与兴旺。早一点的，如莫尔的《乌托邦》和康帕那拉的《太阳城》，晚一点的如巴贝夫、圣西门、欧文和傅立叶的空想社会主义理论。这些理论，毫无例外都是宣传公有制的。从西方近、现代文明的发展看，这些理论虽然很少被西方社会所采纳，但它的存在确实对西方近代文明的建设起了相当甚至巨大的历史作用。

何况说，自古以来，没有十全十美的理论，如果十全十美，就没有了发展余地。十全十美只是人们的一种愿望，这愿望无法实现，也不能实现。且十全十美，人类对它只能叩拜，已经失去理论的价值，成为传统宗教偶像。

理论的魅力在于，它能对现实作出各成系统的不同反映，人们正是在这些不同反映中得到启发，从而加深对现实的深层认识。比如文艺理论，既有现实主义，也有浪漫主义，既要古典主义，也要现代主义。如果只许浪漫主义存在，人们就会读不到杜甫的史诗和《红楼梦》。如果只要古典主义，人们就会读不到萨特的小说和荒诞派戏剧。如果只要现代主义，人们又会看不到古典芭蕾，也听不到贝多芬和莫扎特。

（3）**规律平衡，寻找有效调整法**

凡客观规律都不能违背，只能发展。硬和规律较劲，只能导致失败。比如价值规律，到少在市场经济这个历史阶段，人们不能超越它，只能利用它，利用也是遵循，不过人类颇好面子，换个说法而已。

违背历史规律，会受到历史惩罚。违背价值规律，会受到经济惩罚。500 克土豆价值 1 元钱，因为供需关系，价格有些波动，也算正常。但你为着体现社会主义优越性，非卖 1 分钱不可。土豆当然拿你没办法，只好自认晦气，随你发落。但隐藏在土豆后面的价值规律却会想办法对付你，你让土豆吃亏，它让土豆减产，结果是你终于吃不到土豆，只能面对寒碜的餐桌去想像土豆烧牛肉的芳香。

市场经济有它自身的发展规律，马克思认为资本主义市场的发展可以分为繁荣、萧条、危机、复苏几个阶段，一般西方学者不这样划分，他们经常使用的词是增长和衰退。但不管怎么讲，增长和衰退也好，还是四个阶段也好，在市场经济的背后，确实仿佛有一只看不见的手，而且人们无法完全控制住这只手。所以增长与衰退作为一种规律，人们可以预见它，可以减少它的危害，却不能从根本上改变，例如做到只有增长，没有衰退。

大的衰退，便形成经济危机，如本世纪二三十年代出现的那场世界性经济危机。经济危机破坏了经济秩序，给社会生活和人民生活带来重大灾难，于是出现凯恩斯理论，出现罗斯福新政。但实际上，无论凯恩斯理论也好，罗斯福新政也好，并没有真正解决西方经济危机，至少没有完全解决美国人的经济危机。倒是第二次世界大战歪打正着，使美国的剩余生产力，得到充分利用，加上罗斯福政策对头，才使美国经济走向新的繁荣。

中国自1992年开始承认市场经济在中国的主导地位，但对经济发展曲线，还没有真正的理解，所以一出现疲软，就禁不住怨天怨地。其实，规律如此，抱怨无益。与其怨天怨地，不如冷静下来学习些市场经济的知识，借鉴些西方经济发展的历史经验，摸索些制止通货膨胀的办法，然后，运用各种手段特别是行政手段，减轻衰退，走向繁荣。

能与规律默契，必有好的回报，此所谓规律性平衡态。

(4) **贫、富平衡，寻求共同富裕法**

中国改革开放十几年的经验证明，让一部分人先富起来的政策是正确而且有效的。但要防止贫富差距的过度拉大。让一部分先富起来好，但不能让另一部分穷下去。

可以说任何一个时代，贫穷阶层的存在都是不可小视的大问题。封建时代，贫民一多，天下必乱。你总不给农民解决肚子问题，农民就要给你解决脑袋问题。自资本主义登上历史舞台以来，虽然它是以生产过剩为自己存在的特征的，但贫穷阶层的存在，依然给资本主义文明带来种种严重的打击。贫穷是人类的大敌，不能消除贫穷，社会便得不到自由。社会主义的本来目的，就是要解放天下所有受苦人，因此，解决贫困问题，尤其责无旁贷。

我国近几年贫富差距有过度拉大的危险，早两年就有人提出新的三大差别，有所谓新的三大差别的现象发生：东部沿海地区与西部内陆地区的收入差别；三资企业与国有企业职工的收入差别；私营企业主与工薪阶层的收入差别。社会主义的一大社会目标，即消灭三大差别，现在旧的差别未除，新的差别又生，可见解决社会平衡问题是个多么复杂的事情。

但不能任其发展，如果任其发展，必定殃及社会，会给改革开放十几年的事业带来莫大冲击。

就城市内部而言，城市中的贫困阶层问题同样应引起十分重视。贫困已经令人难堪，作为贫困阶层的生活尤其令人难忍。更为可怕的是，还另有一些因素加速和加大了贫富之间的差距。《科技日报》曾载文列举了如下种种怪现象："在我国担任领导的人享受政府的工资补贴多，不仅吃得好的人享受的政府的食品补贴多，而且有钱看病的人看病少花钱，没钱 看病的人看病却要多花钱；有储蓄能力的人政府给提供养老金，没有储蓄能力的人却要自己养老；有钱读书的人免费上学，没钱读书的人自费上学……这些数不清的令人震惊的‘不公道’，每日每时发生在我们生活之中，而我们却熟视无睹，习以为常。”①

当然，消除贫穷也有一个客观的发展过程。但我们希望，天天坐奔驰的人一定不要忘了天天爬大山的人；天天吃山珍的人切莫忘了天天吃咸菜的人；天天泡歌厅的人切勿忘了天天捡破烂的人；天天去豪华饭店的人可别忘了天天想上学的人。

若能如此，幸莫大焉。

5. 优化选择律

优化选择律研究的是人的创造性，适应性和跳跃性。

世界万物固有自身规律，但创造也是一条规律。没有创造，不可能出现奇迹，也不能出现辉煌。虽然就整体环境而言，超越历史阶段的发展绝不可能。比如，你不能要求亚里山大信仰社会主义，你也不能要求汉武帝进行维新变法，你不能要求孔夫子讲解牛顿力学，你也不能要求牛顿发明广义相对论和狭义相对论。

但是，创造是必要的，没有创造，哪有亚里山大的远征；没有创造，哪有汉武帝的“废黜百家，独尊儒术”；没有创造，孔夫子何必删诗书、定礼乐，——虽然孔夫子本身是最不喜欢靡靡之音的；没有创造，哪来的牛顿力学，更不会有爱因斯坦的相对论。

不但需要创造，而且凡能跳跃的，最好跳跃。20世纪中叶时，世界上还有许多原始部落，你不能说，那是原始部落，根据既有的历史发展规律，就该先进入奴隶社会，或者作奴隶主，或者钉上枷索，先当奴隶。然后，给七朝苦难，受八代压迫，再

① 转引自1996年5月27日《采风报》第3版。

考虑封建革命，有才有貌的便当潘必正，有勇有谋的便作卢俊义，缺德缺才的便当薛蟠，年轻美貌的便当林黛玉，实在没办法的只好当阿Q，没有骨气的便去作贾桂。然后又过他七代八代再考虑资本主义。我想，世界上一定没有这样的傻角。

所以，正确的选择是：

凡已经被前人证明过的错误，便不应再去重复。小纸厂已经危害一方，绝不应该让它再去危害第二方第三方。有根治办法，或可网开一面，无根治办法，就该立法禁办，这叫做构建新业去其害。

凡已经有先例的经验，就该汲取，而且最好以最快的速度将最好的东西引来我为。虽然以中国的现状论，很多地区只能去办劳动力密集型企业，但这不影响另开一点试验田。以中国的国力而论，任何新的创造和发现在中国都有发展自己的机会。既然如此，就该给最好的发现以一块滋生腾跃之地。这叫作结构创立，择优入选。

如果说，创造与跳跃都属于非常性行为，那么，改革本身就不是庸常之作。

在改革大潮面前，创造力只嫌其少，不嫌其多；

在改革大潮面前，想象力只嫌其少，不嫌其多；

在改革大潮面前，开拓力只嫌其少，不嫌其多；

在改革大潮面前，跳跃力只嫌其少，不嫌其多。

创造自会有牺牲，但为改革而牺牲，纵然少活30年，却也值得。